NOUVELLES

SUIVIES

DES FANTAISIES DU DÉRISEUR SENSÉ

PAR

CHARLES NODIER

DE L'ACADÉMIE FRANÇAISE

NOUVELLE ÉDITION

ACCOMPAGNÉE DE NOTES

Les Proscrits — Trilby
L'Amour et le Grimoire
Inés de las Sierras
Voyage dans le Paraguay-Roux
Les Marionnettes — Léviathan-le-Long
Hurlubleu — Lydie
La Vision — Franciscus Columna

PARIS

CHARPENTIER, LIBRAIRE-ÉDITEUR

28, QUAI DE L'ÉCOLE

—

1860

PUBLICATION NOUVELLE DE LA BIBLIOTHÈQUE CHARPENTIER

HISTOIRE

DE LA

LIBERTÉ RELIGIEUSE

EN FRANCE

ET DE SES FONDATEURS

PAR

J.-M. DARGAUD

PROSPECTUS.

La liberté religieuse, qui a fait sortir le monde moderne des ténèbres où il croupissait depuis tant de siècles, ce bien précieux qui a enfanté tous les autres et que des insensés contestent encore çà et là, nous le devons aux plus douloureux sacrifices de nos pères.

Au commencement du seizième siècle, le vieil et dur esprit romain, qui avait déjà si longtemps pesé sur le monde et qui depuis était reparu sous une autre forme, asservissait les âmes au nom d'une religion d'amour et de charité. Il était alors arrivé à l'état de corruption où tombent tous les pouvoirs dominateurs et exclusifs, quand cet éternel besoin de vérité, qui est l'honneur de l'espèce humaine, se fit jour à travers tous les obstacles.

Alors une lutte effroyable surgit entre l'esprit de vie et l'esprit de ténèbres.

D'un côté, tout ce qui avait de la pureté au cœur, de la noblesse dans l'âme, de l'élévation dans les idées, tous ceux qui croient en la bonté de Dieu et pensent que son œuvre peut être fécondée par le progrès; ceux-là, ensemble ou séparément, se levèrent et combattirent, chacun selon ses forces et son aptitude, l'amas d'erreurs, d'obscurités, de mensonges et de tyrannies qui enchaînaient l'homme à l'ignorance et à la misère.

De l'autre côté, tous les esprits étroits, bas, tous les cœurs corrompus, les consciences souillées, en un mot les plus mauvais instincts et les plus détestables passions qui trouvaient leur satisfaction dans l'atmosphère morbide où était l'humanité, se réunirent en commun pour résister à l'esprit nouveau qui paraissait ou plutôt qui reparaissait au monde, car c'est celui de l'Évangile : l'esprit de liberté, de tolérance et d'égalité.

Ceux-là ne reculèrent devant aucun moyen, devant aucun crime. Ils égorgèrent par masses, sans distinction d'âge ni de sexe; ils inventèrent de nouveaux supplices; ils proscrivirent la science, le commerce, l'industrie, le travail, et, nous le répétons, ils commirent toutes ces monstruosités au nom d'un Dieu de paix et de miséricorde !

La victoire est restée à la bonne cause; la liberté religieuse a triomphé, et l'on peut juger de ses bienfaits en comparant l'état actuel de l'homme à ce qu'il était au commencement du seizième siècle : la force brutale comprimée, le travail en honneur, les sciences, le commerce et l'industrie créant chaque jour de nouvelles richesses, les forces de la nature domptées et mises au service de l'homme, de grands continents arrachés à l'état sauvage, la civilisation chrétienne pénétrant partout, les famines, la peste et d'autres grands maux disparus ou amoindris, la vie de l'homme prolongée; tous ces biens, tous ces trésors, nous les devons à la liberté religieuse, cette mère féconde de toutes les autres libertés.

C'est l'histoire de ces grands événements que M. Dargaud a écrite et que nous annonçons. C'est la lutte des plus grandes passions et des plus grands intérêts, la peinture des plus grands crimes et des plus nobles vertus, le tableau des plus grands faits des temps modernes.

Avant de l'écrire, M. Dargaud l'avait préparée par de grandes recherches et des études approfondies sur tous les éléments qui la composent. Il a tout fouillé, tout compulsé, cherchant la vérité partout, dans les livres, dans les manuscrits, les correspondances privées, les pièces détachées; il a interrogé jusqu'à la gravure, jusqu'au marbre et la numismatique pour y saisir la physionomie des personnages ou la couleur des faits qu'ils reproduisent.

M. Dargaud est un écrivain, il l'a prouvé dans son histoire de MARIE STUART; il est peut-être encore plus un peintre et un statuaire. Il retrace les événements avec un pinceau ferme et coloré qui leur donne tout le relief de la réalité; il moule ses personnages avec une vigueur et une intelligence qui leur rend la vie. Aussi, son livre a tout le caractère de force, d'énergie et de couleur que le sujet comportait. Quoique passionné pour les idées libérales, M. Dargaud n'en est pas moins impartial et modéré dans ses jugements sur les hommes et sur les choses. Il a écrit, sans parti pris, pour ou contre les acteurs des grands drames qu'il a retracés. Il a été juste envers tous, quelle qu'ait été leur foi religieuse ou politique, plus heureux, quand il en trouvait l'occasion, de signaler le bien que de flétrir le vice et de maudire le crime.

A notre époque, le fanatisme religieux n'a pas encore disparu entièrement, et ce monstre, qui a dévoré tant de victimes humaines, reparaîtrait bientôt si nous nous endormions dans une fausse sécurité. Il a pour lui les âmes les plus tendres, les plus sincères et les plus naïves, mais aussi les plus faciles à égarer, comme il a aussi pour instruments les esprits les plus actifs, les plus sombres et les plus pervers. Quand on le croit abattu il reparaît sous un voile de candeur et d'innocence qui le fait accueillir par les cœurs simples et généreux jusqu'au moment où il croit pouvoir saisir sa proie et la dévorer. Cette proie, c'est la paix, la tolérance et la liberté, nos plus grands biens.

C'est la crainte de ce danger qui a entraîné M. Dargaud à écrire l'HISTOIRE DE LA LIBERTÉ RELIGIEUSE EN FRANCE; c'est le même sentiment qui nous la fait publier. CHARPENTIER.

Paris, 8 novembre 1859.

L'histoire de la Liberté religieuse en France se compose de 4 volumes de plus de 400 pages chacun, et fait partie de la BIBLIOTHÈQUE-CHARPENTIER.

Le prix de l'ouvrage complet est de 14 FRANCS

Il parviendra *franc de port* à toute personne, habitant la France ou l'Algérie, qui enverra à l'Éditeur cette somme de 14 francs, en un mandat de poste sur Paris ou en *timbres-poste*.

S'ADRESSER A L'ÉDITEUR

M. CHARPENTIER, 28, QUAI DE L'ÉCOLE, A PARIS

Et aux principaux Libraires.

Imprimerie P.-A. BOURDIER et Cie, rue Mazarine, 30.

NOUVELLES

Imprimerie de P.-A. BOURDIER et C°, 30, rue Mazarine.

NOUVELLES

SUIVIES

DES FANTAISIES DU DÉRISEUR SENSÉ

PAR

CHARLES NODIER

DE L'ACADÉMIE FRANÇAISE

NOUVELLE ÉDITION

ACCOMPAGNÉE DE NOTES

PARIS

CHARPENTIER, LIBRAIRE-ÉDITEUR

28, QUAI DE L'ÉCOLE

—

1860

AVERTISSEMENT.

Trois personnages très-différents, mais tous également aimables chacun dans son genre, — don Pic de Fanferluchio, Théodore et Breloque, occupent la scène dans l'*Histoire du roi de Bohême et de ses sept châteaux*. — Théodore, c'est la bonté, la rêverie; Breloque, l'entrain, la verve, la raillerie; don Pic de Fanferluchio, la science, ou ce qui est quelquefois bien différent, l'érudition frottée de grec et de latin, d'étymologies, d'onomatopées, de dates et de paradoxes. Or, la rêverie, la bonté, la verve à la fois railleuse et bienveillante, l'érudition parfois paradoxale, — Théodore, don Pic et Breloque, — n'est-ce pas Nodier représenté sous ses aspects les plus divers, et dans les reliefs les plus saillants de son talent et de son caractère? Lui-même, en se reflétant dans ces différents types, a pris soin de nous apprendre, par des phrases obscurcies à dessein, mais transparentes encore, qu'en esquissant ces trois figures il avait voulu tout simplement faire son portrait. Attentif à reproduire les compositions les plus remarquables, les plus attachantes de cet écrivain si original et si fécond, nous nous sommes efforcé également, par la distribution même et la juxta-position de ses œuvres, d'offrir comme une vue générale de la physionomie de son esprit, et pour faire apprécier les contrastes éclatants dont il offre un si brillant exemple, nous avons pensé qu'il étoit bien de rapprocher dans un seul et même cadre ce que Nodier eût signé *Théodore* et ce qu'il eût signé *Breloque*. Nous avons donc divisé le présent volume en deux parties distinctes, plaçant d'un côté les *Nouvelles*, de l'autre sous un titre indiqué par l'auteur lui-même les *Fantaisies du dériseur sensé;* dans les *Nouvelles*, c'est le cœur et l'imagination qui parlent; dans les *Fantaisies*, c'est l'esprit. L'admirateur passionné de *Werther*, le mélancolique rêveur des âges modernes, donne la main aux fins railleurs de la vieille France. Goëthe et Walter Scott se rencontrent avec Bonaventure Desperriers.

Les *Nouvelles*, prises chacune isolément, offrent aussi un spécimen distinct du talent de Nodier, dans chacun des genres qu'il a traités comme conteur. Les *Proscrits*, qui sont les premiers en date, se rattachent à la période werthérienne de la jeunesse de l'auteur, et touchent en même temps à l'histoire de sa vie politique. Mais, si sincère que Nodier se montrât dans l'expression de ses douleurs, il étoit trop poëte pour qu'à certains moments l'imagination ne vînt pas le distraire ou même le guérir, et, comme l'a justement remarqué M. Sainte-Beuve, sa sensibilité tempérée par la fantaisie ne prenoit point le malheur dans un sérieux aussi continu que de loin on le pourroit croire. — Quand Théodore a laissé couler ses larmes, Breloque agite ses grelots, — et se raille gaiement dans l'*Amour et le Grimoire* de Méphistophélès, de Marguerite et de Faust, en ramenant le poëme de Goëthe aux simples proportions de l'aventure la plus bourgeoise.

Comme dans les *Contes fantastiques* et les *Contes de la Veillée*, Nodier, dans les *Nouvelles*, varie sans cesse ses récits, et parcourt encore le temps, l'espace et l'histoire. *Trilby* est un voyage à travers les légendes et les traditions du monde suprà-sensible, comme *Inès de las Sierras* est un drame fantastique qui se passe dans les domaines de la réalité, et dont le merveilleux s'explique ingénieusement par des faits ordinaires. Dans *Une heure*, comme dans *Baptiste Montauban*, *Jean-François-les-Bas-bleus*, les *Aveugles de Chamouny*, l'auteur prend encore ses héros parmi ceux qui sont faibles et doux, simples et bons, ceux qui souffrent, et qui, déshérités de la fortune, de la santé, de la raison même, aspirent à la mort pour trouver dans une autre vie l'amour et le repos qu'ils ont en vain cherchés sur cette terre; enfin *Lydie* offre l'expression habituellement dramatisée de cette foi dans un avenir meilleur, où ceux qui se sont aimés quelques instants ici-bas se rencontrent pour ne plus se quitter et s'aimer toujours. Ici encore, Nodier, dans une donnée simple et attachante par sa simplicité même, encadre les sentiments les plus élevés, et se montre tout à la fois moraliste et poëte.

Dans les *Fantaisies du dériseur sensé, histoires progressives,* la scène change, et Breloque reste seul aux prises avec la sottise humaine, sujet aussi vieux, aussi vaste que le monde, mais toujours inépuisable et nouveau pour qui sait railler. Aussi voyez comme Nodier s'inspire heureusement de la muse drôlatique de Rabelais. Mais ne craignez pas que cette muse l'emporte, comme le curé de Meudon, jusqu'à ces hardiesses effrontées où la raillerie devient cynisme, où le doute se change en blasphème. En toutes choses Nodier sait la limite et possède la mesure. Chacun peut le suivre et gausser avec lui, car il ne s'attaque qu'à une immense mystification de l'orgueil, la perfectibilité indéfinie, qui comprend suivant lui toutes les variétés du charlatanisme. Dans sa promenade quotidienne de l'Arsenal à la place du Louvre, Nodier s'arrêtoit, sans y manquer jamais, à tous les étalages des bouquinistes en plein vent, pour regarder, comme il le disoit, *moisir la gloire*. Dans les *Fantaisies du dériseur sensé*, il s'arrête de même à tous les tréteaux du haut desquels les saltimbanques débitent à la foule hébétée leurs sornettes philosophiques, éclectiques, politiques, philanthropiques, scientifiques, industrielles et littéraires, et en dernière analyse il écrit une satire excellente dans un genre tout à fait abandonné depuis *Micromégas* ou *Gulliver*. Les *Marionnettes*, où la comédie humaine se trouve impitoyablement humiliée devant la comédie de polichinelle, couronnent heureusement les *Histoires progressives*, et comme ce morceau a été écrit peu de temps avant la mort de Nodier, nous l'avons à dessein placé à la fin du volume, pour marquer le point d'arrivée d'un talent dont les *Proscrits* sont le point de départ. Comment Nodier, parti de *Werther,* arrive-t-il, tout en gardant la chaleur de son cœur et la foi de son âme, à railler les choses humaines comme Voltaire ou Rabelais? Nous ne chercherons pas à expliquer ce fait. Nous l'indiquons seulement comme un curieux problème de psychologie littéraire, et en notre qualité d'éditeur nous en tirerons cette simple conséquence, que si belle que soit déjà la réputation de l'auteur de *Lydie* et *des Marionnettes,* cette réputation ne peut que grandir encore par la mise en lumière, les rapprochements et le contraste même de ses œuvres si longtemps dispersées.

LES PROSCRITS.

A FRANCIS DALLARDE.

La nature m'avoit refusé un frère ; je l'ai trouvé en toi.

Tu avois des plaisirs, et tu m'y as associé. J'avois des chagrins et tu y as compati. J'ai eu des torts et tu les oublies.

Quand j'ai essayé de peindre l'amitié, c'est à toi que je pensois, et je prenois mes traits dans mon cœur.

C'est à ce titre que je te soumets mon foible ouvrage. Si j'ai désiré qu'il fût meilleur, c'est que j'aurois voulu qu'il fût plus digne de toi

PRÉFACE.

— Votre ouvrage n'aura pas le suffrage des gens de goût.—
J'en ai peur.
— Vous avez cherché à être neuf. —
Cela est vrai.
— Et vous n'avez été que bizarre. —
Cela est possible.
— On a trouvé votre style inégal. —
Les passions le sont aussi.
— Et semé de répétitions. —
La langue du cœur n'est pas riche.
— Votre héros s'efforce de ressembler à Werther. —
Il y a tâché quelquefois.
— Votre Stella ne ressemble à personne. —
C'est pour cela que je lui consacre un monument.
— On a vu votre fou partout. —
Il y a tant de malheureux.
— Enfin, vos caractères sont mal choisis. —
Je ne choisissois pas.
— Vos incidents mal inventés. —
Je n'inventois rien.
— Et vous avez fait un mauvais roman. —
Ce n'est point un roman.

LES PROSCRITS[1].

CHAPITRE I.

J'ÉCRIRAI.

J'écrirai! Le souvenir des douleurs passées a quelquefois autant de douceur que celui d'un ancien ami.

Ma vie fut agitée par les orages du malheur, mais elle s'y est accoutumée; elle trouve aujourd'hui sa force dans ses chagrins. Aujourd'hui, j'aime à m'entretenir de mes revers comme un vieux soldat aime à montrer du doigt, sur la carte, la position où il fut blessé.

Cependant, je n'ai point formé le dessein orgueilleux d'écrire pour la réputation. A vingt ans, j'ai beaucoup

---

[1] Cette nouvelle, la première qu'ait publiée Nodier, parut, pour la première fois, sous ce titre : *Les Proscrits*, par Charles Nodier. Paris, 1802, 1 vol. in-18 de 132 pages. Elle a été réimprimée en 1820, sous le titre, *Stella ou les Proscrits*, dans les *Nouvelles vieilles et nouvelles*, par Charles Nodier, Topfer, etc. Paris, 1843. Cette dernière édition renferme quelques corrections de style, faites par l'auteur lui-même, et c'est le texte corrigé que nous suivons ici : mais si, par la reproduction de ces corrections, nous nous sommes écarté de l'édition *princeps*, nous nous y sommes conformé pour tout le reste en donnant : 1° la dédicace, 2° la préface, 3° la division des chapitres, ce qui ne se trouve plus dans l'édition de 1843, la seule qu'il soit facile aujourd'hui de se procurer dans le commerce.

L'exemplaire dont nous nous sommes servi pour ce travail de reproduction vécu, beaucoup souffert, beaucoup aimé, et j'ai fait un livre avec mon cœur.

Ne me lisez point, génération d'heureux, qui allez parcourir une carrière embellie par les prestiges de la fortune ; entourez votre existence de tableaux riants et gracieux. J'ai vogué sur une mer infidèle, et je n'ai vu que des écueils.

Ne me lisez point, femmes jolies, qui souriez à l'essaim brillant de vos jeunes adorateurs, et qui n'occupez le présent qu'à compter les jouissances du passé, qu'à épier le bonheur de l'avenir.

Roses du matin, balancez-vous au souffle des zéphyrs sur vos tiges parfumées. Stella étoit une rose comme vous, mais elle s'épanouit sous un soleil brûlant, et elle mourut.

C'est pour vous que j'écris, âmes sensibles, qui avez été froissées de bonne heure par le choc des passions, et qui vous êtes longtemps nourries des leçons de l'infortune.

Vous n'avez trouvé autour de la jeunesse confiante

---

provient de la bibliothèque de M. J.-B.-A. Soulié, homme aimable et savant, qui fut l'ami de Nodier et son collègue à l'Arsenal. Cet exemplaire contient quelques notes manuscrites de M. Soulié, qu'il nous a paru intéressant de reproduire. Nous remercions son fils, à qui nous devons d'utiles renseignements, d'avoir bien voulu nous autoriser à enrichir notre édition de ces notes.

Si les *Proscrits* n'occupent pas le premier rang, sous le rapport littéraire, dans l'œuvre si variée de Nodier, leur place néanmoins est belle encore. L'auteur, à son début, y révèle déjà en bien des pages ses grandes qualités d'écrivain, et on y surprend, comme l'a dit M. Sainte-Beuve, « ses affinités sentimentales et poétiques dans leurs origines. » Les *Proscrits* ont en outre une certaine importance comme œuvre d'opposition politique à Bonaparte. Nodier, qui avoit commencé la guerre par la *Napoléone*, ode ou plutôt satire en vers, continua cette guerre par les *Proscrits*. « Le vers, dit M. J. Janin, le vers passa à la faveur de l'étonnement général [1]. Tout d'abord on ne voulut pas savoir quel étoit l'imprudent qui se jetoit tête baissée dans cette mêlée. Lui, alors, au lieu de rendre grâce au ciel d'être sorti sain et sauf de l'antre du lion, il écrivit

---

[1] CHARLES NODIER, en tête de : *Franciscus Columna, dernière nouvelle*, etc. Paris, 1844. 1 vol. in-12, p. 13-14.

que séduction et perfidie. Les regrets douloureux vous ont suivies dans l'âge mûr ; la société vous a rebutées ; les hommes vous ont haïes, et vos douces erreurs se sont effacées comme le rayon fugitif qui suit de loin la rame et s'efface derrière elle.

Venez sur mon cœur ; je vous aimerai, j'adoucirai vos chagrins en les partageant, et nous pleurerons ensemble, s'il nous reste des pleurs à verser.

CHAPITRE II.

PROSCRIPTION ET SOLITUDE.

J'avois vingt ans ; les dernières fleurs s'étoient épanouies aux derniers rayons du mois de mai, et je laissois la chère patrie. Ce génie funèbre qui planoit sur la France épouvantée, enveloppoit dans ses immenses proscriptions toutes les époques de bonheur : la jeunesse et le printemps.

Oh ! si j'écrivois comme je sens, je dépeindrois en

Stella ou les Proscrits ! Cette fois, à l'étonnement succéda la fureur du maître. Quelle étoit donc cette voix hardie qui troubloit le triomphe du Consul ? Quel étoit l'ennemi caché ? D'où venoit-il ? Étoit-il l'enfant du club des Jacobins ? Étoit-il venu de Coblentz ? Hélas ! il arrivoit des montagnes du Jura, il étoit tout rempli d'une abondante poésie ; il s'étoit enivré d'air et de rêveries ; il avoit dans son cœur la joie et la passion du poëte, il ne savoit rien du monde nouveau, rien du pouvoir qui s'élevoit, rien de cet homme nouvellement débarqué de l'Egypte, rien de cette société expirante qui, les bras tendus au premier venu assez fort, assez grand pour la sauver, s'écrioit : — *A l'aide ! au secours ! je me meurs !* »

« Quand il vit qu'on le cherchoit pour tout de bon, et que la police de Fouché menaçoit de tomber sur quelque innocent, l'auteur de *Stella* s'écria, comme ce jeune homme dans Virgile : *Me ! me adsum !* — *Me voici ; tournez contre moi toutes vos fureurs.* Et il me semble que je le vois attendant l'ennemi de pied ferme. L'ennemi vint, sous les traits d'un gendarme, qui jeta le malheureux jeune homme dans cet affreux *dépôt de la Préfecture,* où les traits rapides les convulsions de ces jours de deuil, et vous frémiriez du souvenir de vos propres maux; mais je n'accuserois point la Providence comme cette foule injuste et irréfléchie qui aime mieux calomnier le ciel que de chercher la vérité.

Les révolutions sont de grandes maladies qui affligent l'espèce humaine et qui doivent se développer à des temps marqués. C'est par elles que les nations se purifient et que l'histoire devient l'école de la postérité.

Non, sans doute, ce bouleversement n'est point un ouvrage de ténèbres, préparé dans l'ombre de quelques nuits par une poignée de fanatiques et de séditieux; c'est l'ouvrage de tous les siècles, le résultat essentiel et inévitable de tous les événements passés, et pour que ce résultat ne fût point produit, il auroit fallu que l'ordre de l'univers fût violé.

Gémissez encore, gémissez toujours, vous qui avez perdu, au milieu des horreurs de ce fléau, les objets de vos plus chères affections, mais ne murmurez plus la vengeance; élevez des cyprès sur la tombe de vos parents assassinés, et n'y sacrifiez point de victimes humaines : les Mânes sont des dieux paisibles qui ne s'abreuvent pas de sang.

Pardonnez : c'est l'acte le plus juste, comme le plus doux de la puissance : je crois d'ailleurs qu'il y a peu de coupables. La fièvre et les passions rendent furieux,

---

malfaiteurs de nos jours ont grand'peine à rester vingt-quatre heures. » — Là il retrouva, comme le dit encore M. Janin, « les vaincus de la Montagne, les vaincus de la Vendée qui ne comprenoient pas d'où pouvait leur venir ce petit jeune homme tout blond, au fin sourire, au timide regard, et qui lui tendoient les bras au hasard, disant que la prison avoit retrouvé son printemps. »

La prison avait aussi trouvé son historien dans *le petit jeune homme blond, au fin sourire*, qui devoit, trente ans plus tard, écrire l'histoire de cette captivité par laquelle il expia la publication des *Proscrits*, histoire qui, sous le titre des *Prisons de Paris sous le Consulat*, forme l'un des épisodes les plus attachants des *Souvenirs de la Révolution*.

(*Note de l'Éditeur.*)

mais les hommes ne sont méchants que quand ils sont malades.

J'arrivai au pied de la montagne, et je vis sur le revers le clocher de Sainte-Marie qui se perdoit dans les sapins. Je m'assis sur un tronc d'arbre que l'orage avoit renversé, à quelques pas d'un ruisseau qui descendoit à travers les fentes d'un rocher et qui s'égaroit au loin dans le vallon.

— Est-ce un si grand mal, m'écriai-je, de quitter ainsi les villes et de se trouver seul avec soi-même ?

Je suis libre, et rien ne contraint ma pensée, ajoutai-je avec fierté ; elle est indépendante comme l'air que je respire.

Ces bois qui s'élèvent en amphithéâtre sur une terre agreste renferment peut-être quelque cabane hospitalière. J'y coucherai sur une natte que j'aurai tissue, et je m'y nourrirai d'aliments simples que j'aurai apprêtés. Je n'y goûterai point ces plaisirs tumultueux qui émoussent la sensibilité sans la satisfaire, mais rien ne troublera mon repos, et je jouirai d'une douce paix, tandis que mes semblables se déchirent pour de vagues abstractions.

J'appuyai ma tête sur mes mains, et je sentis rouler dans mes yeux une larme de douleur ; je les relevai vers le ciel ; elle devint une larme de reconnoissance. Il étoit cinq heures du soir, le ciel étoit pur ; la lumière du soleil trembloit dans le feuillage et étinceloit sur la neige des hautes montagnes ; on n'entendoit d'autre bruit que le frémissement de la bruyère, et ce calme vaste et profond étoit en harmonie avec mon cœur.

Je n'étois point une victime illustre, et mon nom se perdoit dans la foule des proscrits ; mais je rêvai la gloire de Barneveldt et de Sidney, et mon âme s'éleva [1].

---

[1] Nous trouvons, à propos de ce passage, la note suivante dans l'exemplaire de M. Soulié :

« Ce livre (*Les Proscrits*) est le premier roman que Charles Nodier publia

Il y a des instants où le sang coule avec plus de vitesse, où le cœur bat avec plus d'activité, où une douce chaleur anime tous les organes; les facultés s'augmentent, l'imagination s'embellit; les sensations se pressent et se confondent; on vit plus vite et on vit mieux.

J'étois dans un de ces moments d'exaltation, et il me sembla que la nature étoit un immense domaine, dont j'avois été longtemps banni et que je venois de reconquérir.

CHAPITRE III.

LE FOU DE SAINTE-MARIE.

Je me levai, et je suivis les bords du ruisseau en remontant vers sa source; son murmure entretenoit dans mon âme une langueur délicieuse, et le sentiment de mon existence étoit centuplé. Je n'aurois peut-être pas rendu raison de la douceur de ces émotions, mais elles étoient vives et pures; aucun objet ne m'occupoit particulièrement, mais tous affectoient agréablement mes sens; enfin, je ne pouvois pas suffire à toutes mes sen-

---

en 1802. J'habitois Bordeaux à cette époque, et quand il me tomba sous la main, je le lus avec transport, et toutes mes sympathies furent acquises à son auteur, comme si j'avois prévu que vingt ans après il deviendroit un de mes meilleurs amis. Je relisois ce livre sans cesse; j'en soulignois un grand nombre de passages qui me restoient si bien dans la mémoire que, deux ans après, étant retourné en Languedoc où circuloient furtivement des copies de *la Napolíone*, je reconnus que Nodier devoit être l'auteur de cette ode à quelques idées que j'avois remarquées dans le roman des *Proscrits*. »

Voici les vers de la *Napoléone*, cités par M. Soulié, comme lui ayant fait reconnoître l'auteur de cette ode :

>Il faut, Napoléon, que l'élite des braves
>Monte à l'échafaud de Sidney.
>. . . , ...
>Revois-tu quelquefois le poignard de Brutus?

sations, elles m'oppressoient avec quelque douceur, et mon cœur éprouvoit cette espèce d'étreinte qui le resserre sans le blesser.

Dans un endroit où le bois, devenu plus épais, déroboit à ma vue le cours du ruisseau, je m'appuyai contre un sapin, et je soupirai; toutes les puissances de mon âme s'élevoient vers le Créateur, et j'avois besoin de lui rendre une solennelle action de grâces.

— Repos et bonheur! dis-je tout haut.

— Pauvre Frantz [1], plus de repos, plus de bonheur! répondit une voix touchante.

— Il y a donc des êtres souffrants! m'écriai-je. Ma félicité étoit si complète, que son expansion auroit dû remplir toute la nature!

Je m'approchai, et je vis, assis sur un quartier de roc détaché de la montagne, un jeune homme qui paroissoit avoir vingt-cinq ans; ses cheveux blonds tomboient sur ses épaules, sans apprêt, mais sans désordre; sa figure étoit intéressante comme sa voix. Une longue habitude de chagrin l'avoit flétrie, sans lui ôter son expression naturelle de noblesse et de fierté. On voyait, à l'altération de ses traits, qu'ils avoient été autrefois fatigués par la douleur et par les larmes; mais sa physionomie exprimoit le calme d'une tristesse réfléchie: ce n'étoit plus là cette douleur violente et fougueuse qui dévore elle-même; c'étoit le caractère de la mélancolie qui gémit sur un tombeau.

J'avois eu tout le temps de faire ces réflexions, car nous nous regardions l'un et l'autre sans nous parler. J'ai remarqué que lorsque des hommes qui doivent s'aimer se rencontrent pour la première fois, leurs âmes s'élancent dans leurs yeux par un mouvement simultané, se cherchent, s'étudient, s'interrogent pour se juger. J'avois déjà apprécié Frantz dans cette contemplation si-

---

[1] Ce personnage s'appelle *Lovely*, dans la première édition.

lencieuse ; je trouvai ses yeux, et j'y lus une expression si éloquente, que je sentis, à n'en pas douter, que nous étions faits l'un pour l'autre ; et ce n'étoit point l'effet d'une vague prévention, mais celui d'une conviction irrésistible et profonde qui me crioit : Embrasse le frère que la Providence t'a choisi !

Qui oseroit en douter ? elle a fourni abondamment à tous nos besoins : elle a placé sur les arbres le fruit qui nous nourrit et qui nous désaltère ; elle nous a donné la laine des animaux pour nous vêtir, l'ombre des bois pour nous préserver des feux du soleil, et dans cette multitude de soins généreux, elle auroit oublié de nous préparer un ami !

Ne vous y trompez point : ce n'est pas sans but qu'elle a combiné, avec un si parfait accord, toutes les parties de deux organisations différentes, et dussiez-vous ne considérer mon système que comme le paradoxe d'un cœur qui cherche à se rappeler à la vie par le plus doux des liens... oui, je soutiendrois contre tous les rêveurs de votre métaphysique désespérante, que chaque fois que l'esprit créateur a formé deux êtres qui se conviennent, il les destinoit à se réunir et à s'aimer.

Je ne sais pas si les idées de Frantz s'exerçoient sur les mêmes raisonnements, mais son âme comprenoit la mienne ; et, au même instant, nous faisions tous les deux un mouvement involontaire l'un vers l'autre, pour nous embrasser. Une réflexion rapide repoussa ce mouvement en nous-mêmes. Chez moi cette réflexion tenoit aux bienséances du monde ; chez Frantz, elle étoit produite, peut-être, par la défiance du malheur.

Je m'assis à ses côtés... Je le regardai avec intérêt et je répétai ses paroles avec effusion...

Plus de repos, plus de bonheur...

Jamais, répondit Frantz.

Jamais ! Cela est affreux de désespérer ainsi de l'avenir, et d'avoir usé toutes les probabilités du bonheur à la fleur de ses années. Ce sentiment me glaça.

Frantz s'en aperçut et fut touché de ma pitié. J'ai beaucoup souffert, ajouta-t-il, mais je ne souffre plus... Et il s'efforça de faire passer dans mon âme un sourire consolateur, comme pour s'excuser de m'avoir affligé.

Il est barbare d'interroger les malheureux, et de rouvrir des plaies encore saignantes, par une compassion indiscrète; mais il y a des regards qui ont une signification plus étendue que tous les mots de nos langues imparfaites, et Frantz m'avoit compris.

Beaucoup souffert, reprit-il, en croisant ses mains sur sa poitrine gonflée et en soulevant lentement ses paupières : j'ai vécu dans les villes, et les plaisirs qu'on y achète à si haut prix ne sont que de hideux squelettes sous des habits somptueux. J'en ai cherché d'autres dans mon cœur, mais mon cœur étoit simple et confiant, et mon cœur a été trahi...

L'amour!... Il prononça ce mot avec un soupir; sa figure s'anima, ses yeux s'égaroient, ses muscles étoient crispés, et sa voix s'éteignit dans les sanglots.

Et l'amitié? dis-je, en posant ma main sur mon cœur, qui battoit avec précipitation...

Reste-t-il des amis à ceux qui souffrent? dit Frantz.

Oh! si j'avois été son ami!

Je l'étois déjà! Frantz laissa tomber sur ma main une larme brûlante.

Nous nous étions entendus, et nous n'avions plus rien à nous apprendre.

CHAPITRE IV.

J'AI UN FRÈRE.

La mère de Frantz nous surprit; elle cherchoit son fils avec une tendre inquiétude; et, dès qu'elle l'aperçut, elle vint à lui sans me voir.

J'étois bien aise qu'elle ne me vit pas; ce doux épanchement des affections les plus pures ne veut pas avoir de témoins.

Frantz combloit sa mère de caresses.

Ce spectacle m'émut, mais il ne m'étonna pas : les malheureux aiment mieux; la mélancolie est plus tendre, plus confiante, plus communicative que le plaisir, si toutefois la mélancolie n'est pas le plaisir de ceux qui n'en ont plus.

Comme j'étais ému! si la puissance divine m'avoit transporté dans ce moment aux genoux de ma mère, comme je les aurois doucement pressés! comme j'aurois imprimé sur ces pieds des baisers respectueux! Jamais je n'ai gémi avec plus d'amertume sur les chagrins dont j'ai quelquefois troublé son sommeil. Jamais je n'ai senti plus vivement la douceur de cette piété délicieuse, qui seroit un bonheur, quand la reconnoissance n'en auroit pas fait un devoir.

Que je le plains, ce malheureux qui est emporté par les tempêtes de la vie loin du seuil de ses foyers paternels, et qui est abandonné à lui-même dans un monde inconnu! Quand son cœur est navré par la douleur et qu'il ne saura plus où reposer sa tête, il dira : J'aurois reposé ma tête sur le sein de ma mère!... et il gémira de l'avoir quittée, et il mourra, peut-être, sans qu'elle ait pu rafraîchir son sang par un baiser réparateur!

O ma mère!

La mère de Frantz fut frappée de cette exclamation involontaire, et se tourna du côté où j'étois assis.

Le caractère de la bonté étoit empreint dans sa physionomie d'une manière si respectable, que le sentiment que sa vue fit naître en moi se confondit, sans que j'y pensasse, avec le souvenir de ma mère. — Je me levai et je m'inclinai.

— Vous n'avez qu'un fils? lui dis-je.

— Un seul, me répondit-elle; et toute mon âme se fixa sur Frantz.

— Au nom du ciel! ayez deux fils...

La mère de Frantz me regarda avec attention.

— Ne rebutez pas ma prière, lui dis-je; donnez un asile au malheur et un frère à Frantz.

Elle me sourit tendrement, et s'appuya sur moi pour retourner à la chaumière.

Dites-moi, fiers dominateurs du monde, si jamais une aussi noble candeur consacra vos traités? Je viens d'acquérir un bien plus précieux mille fois que tout l'éclat de votre puissance, et il m'est garanti par le sourire d'une pauvre femme!

Tandis que vos âmes hautaines font dépendre l'univers de leur orgueil, et le tourmentent de leurs caprices, la nature fait ici des alliances que vous n'avez pas prévues et qui ne sont ratifiées que par le malheur, mais qui survivront peut-être à votre pouvoir et à votre nom.

J'ai un frère, dit Frantz en passant ses bras autour de mon cou.

CHAPITRE V.

L'ILE SAUVAGE[1].

Oui, la solitude est une amie qui rend à l'âme sa première trempe, son empreinte effacée par les frottements du monde; mais c'est une amie qui ne lui suffit pas; nous ne retournons à elle que dans nos revers, et quand les douces communications de la société nous sont interdites. L'homme n'est point né pour être seul, comme

---

[1] Ce chapitre V a été réimprimé isolément et sous le même titre : *L'Ile sauvage*, dans les *Essais d'un jeune barde,* qui parurent en 1804. L'auteur n'indique pas que c'est une réimpression.

les bêtes farouches du désert, sans autres relations que celles qui lui sont prescrites par ses besoins, sans autre intérêt que celui de son existence; et quiconque a pu soutenir cette doctrine désolante est un blasphémateur qui déshonore l'humanité, ou un sophiste qui se joue de sa raison.

Un instant auparavant, j'avois été heureux de ma solitude, mais la joie de ma liberté se seroit rapidement dérobée à moi et je n'aurois plus trouvé que du vide dans mon cœur.

Il n'y a de jouissances que celles qu'on peut répandre; on ne multiplie son bonheur qu'en multipliant ses liens, et celui-là seul a été fortuné sur la terre, qui peut y laisser beaucoup de regrets.

J'ai cherché souvent à me représenter un homme, jeté par la tempête sur les bords d'une île sauvage et séparé de tous les autres, sans espérance de les revoir.

Tantôt il marche tristement sur les rivages abandonnés, craignant de laisser tomber ses yeux sur ces campagnes sans culture que jamais une main industrieuse n'a rendues fertiles.

Tantôt il reste debout, contemplant la vaste étendue des mers, et pendant qu'il calcule cet immense obstacle qui le sépare de tout ce qu'il a aimé, un soupir douloureux s'échappe de son cœur en le brisant.

Quelquefois il croit apercevoir un vaisseau qui déploie ses voiles dans le lointain; il y attache ses regards; il se couche sur la terre; il retient son haleine; il espère... il hésite... il prie; et quand le soleil à son coucher vient dissoudre ces formes fantastiques, il voudroit les saisir encore, et prolonger jusqu'au lendemain l'erreur qui le séduit.

Souvent il écrit sur le sable, avec un bois difficilement aiguisé, le nom de ses parents, de ses amis, de sa maîtresse, qu'il a perdus pour toujours. Souvent il le prononce; il s'entretient avec leur mémoire chérie; et quand l'écho répète sa voix, il croit les avoir entendus.

Quand un sommeil profond a calmé, durant quelques heures, l'agitation de ses pensées, il se réveille et les appelle encore... Un songe bienfaisant l'avoit ramené dans sa famille inquiète; il avoit vu les douces larmes de sa sœur bien-aimée et il lui semble que leur trace humide mouille encore son sein.

Il pleure aussi, mais ses pleurs tombent dans la poussière. — Il est seul!

Bientôt je le vois couché sur un sable aride, immobile d'accablement et de douleur, et souffrant les longues angoisses de la mort. La maladie a creusé ses joues; ses yeux sont sanglants; sa poitrine est soulevée par une respiration pénible; ses lèvres, desséchées par une soif ardente, exhalent une haleine enflammée, et quand il sent que tous les ressorts de son existence vont être rompus, il promène autour de lui un coup d'œil sinistre qui regrette de ne pas trouver un ami.

Un ami lui auroit préparé un lit de mousse; un ami auroit exprimé dans sa coupe le suc des plantes salutaires; un ami auroit jeté sur lui son vêtement pour le garantir des feux du soleil et de la fraîcheur de la rosée; les soins d'un ami embellissent la mort; mais il est seul.

Le mouvement de son cœur se précipite, s'interrompt, s'arrête... son sang brûle, et puis se glace, et reste suspendu dans ses veines; sa paupière tremble et se ferme; il dit : J'ai soif! et il expire, sans que personne lui ait répondu!

CHAPITRE VI.

ENCORE UN AMI.

Quand le soleil se leva, j'étois devant la chaumière, sur une pierre qui servoit de banc.

La vue n'étoit pas étendue; ce n'étoit qu'à travers la

cime des arbres et entre les pics des rochers qu'on pouvoit distinguer au loin les belles plaines de l'Alsace, dont les limites indéfinies se confondoient avec les vapeurs de l'horizon. Les autres points étaient occupés soit par des groupes confus de pins et de mélèzes, soit par des rochers que le temps détache du sommet des montagnes et qu'il entasse au hasard.

L'œil de l'homme contemple avec un effroi religieux ces grands débris de la création; et l'if, qui étend sur eux ses branches horizontales, les couronne avec majesté. Les ruines de l'art sont imposantes; celles de la nature sont sublimes.

Oh! que le culte du malheur est légitime! que les nobles infortunes sont imposantes! Qu'il est profond, le sentiment qu'inspire l'idée de la grandeur, alliée à l'idée de la destruction!

Je ne sais... mais je comprends mal, je ne comprends pas l'homme qui voit sans émotion un vieux chêne brisé par la foudre, et qui donneroit sans respect l'aumône à Bélisaire.

Au reste, mon paysage n'auroit peut-être pas fourni une idylle à Gessner et un tableau à Claude Lorrain : mais il avoit ce charme solennel, inspirateur et consolant, qui endort la douleur, et qui agrandit les forces de la pensée.

Je reconnus que j'avois une âme. Frantz vint me rejoindre, et je sentis, en lui donnant un baiser de frère, que nous n'en avions qu'une à nous deux.

Je n'avois fait qu'entrevoir, la veille, l'intérieur de la chaumière; j'y rentrai avec lui; elle étoit simple, mais l'amour maternel y sourioit à l'amour filial; elle étoit habitée par la vertu; elle étoit ouverte pour l'hospitalité, et je la pris pour un temple.

Mes yeux s'arrêtèrent sur quelques ouvrages qui composoient la bibliothèque de Frantz.

Le premier des livres, la Bible, y avoit le premier

rang; près d'elle y étoit placé le Messie de Klopstock : c'étoit le poëme de la religion à côté de ses annales; plus bas, je distinguai Montaigne, qui est le philosophe du cœur humain, entre Shakspeare qui en est le peintre, et Richardson qui en est l'historien; Rousseau, Sterne et un petit nombre d'autres venoient ensuite.

Frantz me pressa doucement la main, me regarda d'un air mystérieux, tira de son rayon une boîte d'ébène, l'ouvrit avec précaution et en ôta un volume enveloppé dans un crêpe.

Encore un ami, dit-il en me le présentant : c'étoit Werther. Je l'avouerai : j'avois dix-neuf ans, et je voyois Werther pour la première fois. Frantz secoua la tête et soupira. Je lirai ton Werther! m'écriai-je.

Vois, dit-il, comme ces pages sont usées! Quand ma raison se fut égarée et que je vins parcourir les montagnes, cet ami m'étoit resté; je le portois sur mon cœur, je le mouillois de mes larmes, j'attachois tour à tour sur lui mes yeux et mes lèvres brûlantes; je le lisois tout haut, et il peuploit ma solitude.

Oui, Frantz, je lirai ton Werther. — Nous le relirons ensemble, me dit Frantz. Nous l'avons relu souvent.

Un jour, je sortis seul avec Werther et je m'enfonçai dans le bois.

CHAPITRE VII.

ELLE.

Pourquoi ce livre ne peut-il plus me suffire? dis-je quelques jours après, en le refermant avec douleur.

Pourquoi mes plaisirs ont-ils perdu leur charme? pourquoi n'aimé-je plus ni le bruit du ruisseau, ni le coucher du soleil, ni les innocents souvenirs de mon enfance? Depuis que j'ai ouvert ce livre fatal, il me semble que je suis vêtu de la robe de Nessus, et que je ne respire qu'un air brûlant.

Je ne suis plus heureux!

Je m'assis sur la lisière du bois et j'interrogeai mon cœur; j'avois besoin d'aimer; cette idée m'étonna comme une lumière inattendue, mais elle me soulageoit d'une longue oppression, et je respirai avec plus de liberté; bientôt je jetai un regard profond sur l'avenir, et je le trouvai entouré de tous les prestiges du bonheur; cette illusion enchanteresse s'étendit peu à peu sur le présent; elle donna un aspect nouveau à ce qui m'environnoit; le jour me parut plus pur, la campagne plus riante, le feuillage plus doucement ému; mon âme s'ouvroit à l'amour, et, sans doute, c'est naître encore une fois.

Chaque minute me révéloit d'autres sensations, m'apprenoit d'autres plaisirs; mon imagination rapide s'égaroit dans ses brillantes espérances et me berçoit de ses heureuses chimères. Déjà, ce n'étoit plus un rêve... Je voyois la femme adorée qui alloit doubler mon existence... Je la peignois des plus vives couleurs... Je me plaisois à réunir en elle tous les attraits de la jeunesse et de la beauté, ornés par l'expression de la vertu; ses yeux respiroient la candeur et sa bouche la volupté; toutes ses actions respiroient la grâce... Une pudeur naïve animoit son teint d'une couleur si douce!... C'étoit encore l'innocence, et c'étoit déjà l'amour.

Je m'approchai, et je pus saisir jusqu'au désordre piquant de sa chevelure, jusqu'aux mouvements de son cœur qui soulevoit la gaze en palpitant.

Elle lisoit; je fis encore quelques pas et j'entendis le frémissement de la page qui glissoit sous ses doigts, le soupir que lui arrachoit une phrase touchante... Je vis une larme qui tomboit le long de sa joue, et je me serois jeté à ses genoux, si je n'avois pas craint d'imiter Pygmalion en adorant mon ouvrage...

Non! ce n'étoit plus un rêve... Je l'ai vue; et dussé-je vivre plusieurs siècles, ce moment me seroit toujours présent... Je la verrois toujours là, comme je la vis la première fois, quand elle souleva sur moi sa paupière et que mes yeux fixés trouvèrent son premier regard... Et maintenant, que j'ai été brisé par tant de douleurs; maintenant, que je nourris de si pénibles regrets, et qu'un nuage funèbre obscurcit mes souvenirs, je crois toujours la voir comme je la vis ce jour-là...

C'est là qu'elle étoit assise, au bas de ce petit champ, sur le revers du coteau, près de ce buisson d'églantier. Quand elle me vit, elle laissa tomber son livre sur ces genêts; la vieille Marthe étoit debout derrière elle; je m'approchai avec émotion... Stella sourit pour me rassurer, et je fus plus troublé qu'auparavant. Marthe se pencha vers Stella, s'appuya sur sa bêche et dit tout bas : Proscrit, peut-être. — Oui, proscrit.

Si tous les êtres vivants qui habitent l'espace s'étoient accordés dans ce moment pour me saluer roi, ils auroient moins flatté mon orgueil que cette femme en me saluant proscrit.

CHAPITRE VIII.

LA CHAUMIÈRE DE STELLA.

Oui, répondis-je, proscrit...

Mais, ajoutai-je, c'est ici qu'est le bonheur!

Avec un cœur pur et des souvenirs qui ne reprochent rien, le bonheur est partout, dit Stella. — Je le pense aussi; ce n'étoit point cela cependant que j'avois voulu dire, et elle s'en aperçut. Elle ne m'invita point à m'asseoir auprès d'elle, mais elle fit un léger mouvement de côté pour me donner une place; je m'assis; je la touchai, et un frémissement inconnu parcourut toutes mes veines. Le vide de mon cœur étoit rempli.

Quoique nous ne nous fussions jamais vus, il sembloit que nous avions beaucoup de choses à nous dire, et nous nous taisions pourtant... Stella étoit émue, embarrassée, attendrie, peut-être... elle cherchoit une diversion, et sa main ramena son livre sur ses genoux; il s'ouvrit à l'endroit où Werther voit Charlotte pour la première fois, car c'étoit Werther; j'attachai ma vue sur cette page et je la reportai sur Stella. Stella soupira.

Werther aussi, dis-je en lui présentant le volume de Frantz. — L'ami des malheureux, dit Stella... Vous avez donc aimé? repris-je vivement; et cette question étoit si irréfléchie que j'en rougis. Stella ne répondit pas; elle détacha de l'églantier une rose sauvage et l'effeuilla. Quand elle ramena sur moi ses yeux, elle vit sans doute au trouble qui m'agitoit que j'avois deviné sa funeste allégorie, et elle serra ma main avec tendresse, car les malheureux aiment qu'on les devine. Je recueillis les feuilles de rose et je les déposai sur mon cœur; il y a longtemps qu'elles sont flétries, mais elles sont encore là avec un de ses gants, sa romance et son ruban vert.

Quand le soleil se coucha derrière la montagne, Marthe avertit Stella qu'il étoit temps de retourner à la chaumière; j'aurois donné un empire pour accompagner Stella, mais j'aurois mieux aimé perdre mille fois la vie que de lui déplaire; je la consultai par un regard discret, et elle sembla me répondre : Pourquoi pas? — C'est que la défiance est étrangère aux nobles âmes.

J'ai peu goûté les faveurs de l'amour... Je sais qu'il en est de brûlantes qui suspendent toutes les facultés, qui enivrent tous les sens, qui jettent la vie dans une extase délicieuse, et qui font briller sur nous une lueur d'apothéose... Mais je doute que l'amour ait rien de plus doux que ces plaisirs délicats et purs qui sont encore le désir et qui sont déjà le bonheur. La jouissance a quelque chose d'amer et de douloureux; plus elle est parfaite, plus elle est accablante; quand on la goûte, on n'a pas la force de la saisir, et dès qu'on peut la saisir elle s'évanouit : c'est une flamme qui dévore et qui s'éteint. Oh! je regrette bien plus l'instant où Stella gravissoit avec moi le sentier difficile de la chaumière! elle étoit appuyée sur mon bras qui pressoit le sien; son haleine effleuroit ma joue; je respirois sa vie, et nos âmes se confondoient dans une étroite union de pensées. J'étois si heureux!

La chaumière étoit environnée de chèvre-feuilles et de cytises en fleur qui la déroboient à la vue; l'intérieur étoit simplement orné; mais cet ameublement modeste n'étoit pas sans élégance; il y avoit même du luxe dans la chaumière de Stella, le luxe de l'infortune qui s'entoure des arts consolateurs. J'y remarquai une harpe, des livres, de la musique et quelques dessins qui représentoient les plus beaux sites de la montagne. — Je m'en étois douté. — Proscrite aussi, dis-je tout bas. — Elle m'interrompit en imposant sa main sur ma bouche... Mes lèvres avoient touché sa main!...

Il étoit tard; je demandai la permission de revenir.— Souvent, dit Stella. — Tous les jours, répondis-je. — Bientôt, reprit-elle. — Oh! demain... et la nuit me parut si longue!

Je partis, et ses yeux me suivirent jusqu'à ce que je fusse rentré dans le bois.

CHAPITRE IX.

LE RETOUR.

C'étoit une nuit poétique...
Le sapin agité par le vent, l'eau qui tomboit des ro-

chers élevés, la tourterelle qui pleuroit dans les feuillages, tout parloit de Stella.

Quand je fus arrivé à la chaumière, j'ouvris ma fenêtre ; je prononçai doucement son nom, et je crus que toute la nature l'avoit entendu !

CHAPITRE X.

ENTREVUE.

Mais si elle en aimoit un autre ! Non, ce fatal soupçon ne flétrira point mon bonheur ! je repousserai ces illusions qui me font mourir. Stella n'a pas encore aimé.

J'arrivai près de l'églantier. Je cueillis une rose et je l'effeuillai sans dessein. J'en cueillis une autre, puis une troisième, et je dépouillai tout l'arbrisseau. Je me rappelois cette réponse muette de Stella. Je cherchois à me reporter au moment où elle l'avoit faite, et j'étudiois de loin son âme, pour expliquer l'emblème mystérieux qui m'avoit paru si simple la veille. Il est probable, dis-je, en repoussant avec dépit les roses que j'avois jonchées sous mes pieds, il est probable que je l'avois mal devinée.

Depuis l'instant où je l'avois quittée jusqu'à celui-là, je n'avois formé d'autre désir que celui de la revoir ; et quand j'aperçus la chaumière je fus frappé d'une crainte involontaire et d'un tressaillement de terreur. Je restai immobile d'effroi, comme si j'eusse lu à la porte de cette demeure paisible, habitée par une créature angélique, l'inscription de l'enfer.

Quelle est donc la nature de ce vague pressentiment qui fait apparoître autour de nous les malheurs de l'avenir et qui prévoit les arrêts de la destinée, pour nous punir d'une peine absente ?

Stella étoit assise et dessinoit. Je m'avançai sur la

pointe du pied et je m'arrêtai derrière elle. Elle se retourna et me salua d'un sourire. Mon trouble étoit un peu calmé, ou plutôt il avoit fait place à un trouble plus doux; mais le sourire de Stella m'anéantit.

Il y a dans l'amour une crise turbulente et fiévreuse qui ébranle fortement toute l'âme, qui absorbe toutes les impressions ordinaires. Les idées incertaines et confuses ne laissent plus de traces dans la mémoire, le corps s'affaisse, les yeux se voilent, le sang tourne et se précipite en bouillonnant vers le cœur...

Vous n'êtes pas tranquille? me dit Stella.

Je saisis sa main, et l'éclair n'est pas plus prompt que l'impression qui confondit toutes nos pensées.

Je fis quelques pas dans la chambre et je vins m'asseoir à ses côtés.

Elle avoit les yeux fixés sur son dessin : j'y fixai les miens, car je n'osois plus les tourner sur elle, et je trouvai quelque douceur à voir ce qu'elle voyoit; il me sembloit que ses regards y laissoient une empreinte particulière qui parloit à ma pensée, un caractère secret que je savois lire. Quel fut mon étonnement quand je reconnus dans ce dessin l'esquisse de notre première entrevue au bas du petit champ de Marthe!

Quoi! dis-je, Stella s'occupoit...

— Le point de vue est agréable, dit-elle en rougissant.

— Et l'imitation ravissante!

— Je vous le destinois, répondit-elle.

J'écrivis au bas : *Souvenir*... et la plume s'échappa de mes doigts.

Souvenir d'amitié, dit Stella, et elle écrivit. Si elle n'avoit pas donné le change à mes transports, j'allois tomber à ses pieds.

Elle s'approcha de sa harpe; elle en tira des sons touchants qui apaisèrent le tumulte de mes sentiments et qui firent succéder à cette frénésie pénible une émotion profonde. Jamais je n'ai entendu de la musique sans me croire meilleur... J'essayai d'envisager Stella, et le sentiment qu'elle m'inspira fut pur comme elle. L'expression céleste qui animoit sa figure et qui étoit répandue sur toute sa personne auroit contraint au respect, par l'ascendant de la vertu, les cœurs les plus dégradés. Je sentis que j'étois tranquille, et quand elle eut quitté sa harpe, j'écoutois encore.

L'attendrissement dispose à la confiance et une minute d'abandon franchit toutes les convenances de la société. Je lui parlai de mes parents, de ma sœur, de Frantz; nous pleurâmes ensemble, car nous apprenions que nous ne pouvions plus nous passer l'un de l'autre.

On s'aime si vite quand on n'est que deux dans le monde et qu'on a besoin d'aimer!

Lorsque l'ardeur du soleil fut un peu tempérée par l'approche du soir, nous sortîmes de la chaumière et nous nous promenâmes dans les environs.

Il y a dans la montagne une grande fleur, qui ne croît guère que dans les endroits escarpés et parmi les sables; c'est l'ancolie, dont les urnes bleues, suspendues à une tige frêle et élancée, retombent tout à coup vers la terre, comme si elles étoient fatiguées de leur poids, et cette plante est l'emblème d'une vie qui a cessé d'être heureuse. Stella aimoit cette triste fleur, et elle me la fit remarquer qui se penchoit sur le roc.

Je gravis jusqu'à elle et je la cueillis; mais, à mon retour, comme les pierres mal assurées cédoient sous mes pas, je me retins à des ronces qui me blessèrent légèrement, et une goutte de mon sang tomba sur l'ancolie: je voulois la rejeter.

Stella s'en empara vivement et l'attacha à son sein.

CHAPITRE XI.

LE PAUVRE FRANTZ!

Un jour j'étois sorti de bonne heure, et je marchois au hasard dans le bois. Frantz m'aperçut et vint à moi; mais j'étois trop à Stella pour rien voir. Il saisit ma main : Tu souffres, dit-il. — Je portai la sienne sur mon sein. — Tu aimes, ajouta Frantz : et il me considéra avec une pitié inquiète.

Oui! tu aimes! oh! malheur à toi, malheur à tout ce qui aime dans la nature!

Son cœur étoit brisé, le son de sa voix avoit quelque chose de douloureux, et quand l'écho répéta cette imprécation comme un gémissement lugubre, un frisson d'épouvante glaça mon sang.

— Oui, malheur à tout ce qui aime; connois-tu cette passion funeste qui brûle, qui dévore, qui use la vie, qui fait mal partout? as-tu déjà posé tes lèvres sur cette coupe d'amertume?

Comme toi, quand le premier éclair de l'amour vint échauffer mes sens, je souris à l'avenir, et je m'endormis dans mon bonheur; mais c'étoit un rêve d'enfant, car il n'est point d'amour heureux sur la terre.

Tu sauras comme il est contrarié par tous les événements, comme il est froissé par tous les orages, comme il semble frappé par le destin d'un éternel anathème!

Tu verras comme tout est conjuré pour empoisonner sa pureté, pour souiller son éclat, pour changer ses douceurs en angoisses!

T'es-tu jamais représenté ta bien-aimée, couchée sur un lit de mort, luttant contre la douleur qui la poursuit, contre le trépas qui la presse, cherchant à ressaisir l'existence qui lui échappe, soulevant vers toi une main qui ne te trouvera plus, tournant sur toi un regard qui ne pourra plus te voir, en exhalant un soupir qui ne sera plus suivi d'un soupir?

Arrête, Frantz! m'écriai-je, tu me déchires.

— Oh! si tu avois connu les fureurs de la jalousie, si tu avois gémi sur l'amour trompé, et que tu pusses comparer à ces tourments la foible douleur de pleurer sur une maîtresse qui n'est plus...

Écoute bien! être séparé de la moitié de son âme par la plus noire des perfidies; interroger un cœur qui ne se souvient plus de ce qu'il a senti; renfermer ses larmes dans son sein, tandis que celui de l'infidèle frémit de volupté sous les lèvres d'un nouvel amant; languir abandonné quand elle existe pour un autre; être seule, quand elle est deux! voilà le comble de l'infortune!... Et, réfléchis un moment! qui sait si maintenant elle n'a pas déjà accueilli un rival? qui sait si elle ne le couronne pas des fleurs que tu cueillois hier pour elle, et si elle ne palpite pas d'amour dans ses bras?...

— Frantz, dis-je en le repoussant, laisse-moi! tu m'as blessé...

— Tu ne m'aimes plus! dit Frantz...

— Non, je ne t'aime plus... — et je me maudis pour cette imposture; mais Frantz étoit déjà loin.

Ce tort pèse cruellement sur mon cœur! il souffroit et je l'ai maltraité... Sa raison étoit altérée, et j'ai aigri son mal; depuis deux jours il erroit dans la montagne... il avoit oublié son asile, et je ne lui ai pas tendu la main d'un ami... J'ai insulté à ses chagrins, et je l'ai repoussé avec dureté... Qu'il est affreux d'être coupable envers ceux que l'on aime, et combien ce souvenir oppresse!

Il m'a pardonné depuis, mais je ne me pardonnerai jamais. Frantz, hélas! cette larme est encore une larme de repentir!

Il fut longtemps absent; tous les soirs, je l'appelois,

il ne répondoit pas; je rentrois seul, et je cachois mon trouble à sa mère.

CHAPITRE XII.

LA PRIÈRE DU SOIR.

C'étoit par une belle soirée du commencement de septembre; trois mois s'étoient écoulés depuis le jour où je vis Stella pour la première fois au bas du petit champ de la vieille Marthe. Je m'arrêtai où je l'avois vue, je m'assis où elle avoit été assise; je me rappelai les premières paroles qu'elle m'avoit adressées; je les répétai tout haut; j'aperçus l'églantier, je détournai les yeux, je me levai, et j'allai à la chaumière. Il faisoit nuit; cependant il n'y avoit personne, et jamais il ne m'étoit arrivé de trouver la chaumière déserte, à moins que Marthe et Stella ne fussent dans le petit champ. J'étois bien sûr qu'elles n'y étoient point, mais j'y retournai, et je fus affligé comme si je m'étois attendu à la voir.

Il n'étoit point de danger que mon imagination ne prévît, n'exagérât. Tantôt je craignois que ses persécuteurs n'eussent découvert sa retraite, et cette idée ranimoit ma haine pour eux. Tantôt je tremblois qu'elle n'eût été attaquée par un animal féroce, ou surprise par un brigand : il n'y en avoit point, mais si Stella en avoit rencontré!

Je marchois, préoccupé par mille craintes, quand je distinguai à quelques pas de moi une lumière dans le feuillage; je m'avançai et j'entendis un léger mouvement. J'avois entendu bien des fois un bruit pareil à celui-là, mais ce bruit n'avoit jamais retenti comme cela dans mon cœur; c'étoit le frémissement de la robe de Stella.

La lampe étoit suspendue à un if; elle jetoit sur Stella

une clarté mourante, qui l'entouroit d'une pâle auréole, descendoit le long de sa robe en reflets tremblants et s'éteignoit derrière elle.

Stella étoit à genoux, immobile, le front prosterné, les mains jointes, dans l'attitude de la résignation et de la prière; quelquefois seulement, elle adressoit au ciel un regard, un sourire et une larme.

La vieille femme étoit à ses côtés, l'œil fixé sur son rosaire, et un rayon de la lampe éclairoit ses cheveux blancs.

Stella m'entendit; elle se tourna vers moi, et me fit un signe de la main pour me réduire au silence : j'étois à genoux.

Il y avoit longtemps que je n'avois prié et je sentis que cela me soulageoit, cette douce communication avec Dieu pénétroit mes sens, élevoit mon âme, purifioit mes pensées, et appliquoit à mes douleurs un baume consolant.

Je suis loin de professer cette dévotion exclusive et mal entendue qui repousse l'homme trompé et qui condamne l'erreur comme le crime. Je sens que je pourrois voir un athée sans horreur... mais je ne le verrois pas sans pitié; et il est assez à plaindre, le malheureux, qui ne connoît pas le charme de la prière!

Dieu nous a entendus, dis-je à Stella quand la prière du soir fut achevée; ce n'étoit pas un spectacle indigne de lui que cet hommage consacré par la double solennité du malheur et de la nuit, et offert par deux proscrits à une religion proscrite; il nous a entendus et sa bénédiction est tombée sur nous...

Stella me montra du doigt une fosse nouvellement couverte de gazons et de fleurs.

Elle aussi, dit Stella, elle nous a entendus, et sa bénédiction est-elle tombée sur nous?

La lumière devint plus vive un moment et s'éteignit tout à fait.

Nous revînmes à la chaumière sans prononcer un seul mot. Quand nous fûmes arrivés, Stella s'assit et me regarda fixement; elle avoit conservé quelque chose de la divinité avec qui elle venoit de s'entretenir; je baissai les yeux et je l'écoutai en silence.

— Mon ami, dit Stella, je n'ai pas toujours été seule dans ces montagnes, j'ai eu une mère.

Elle alloit pleurer; elle regarda le ciel.

— Elle m'avoit accompagnée dans ce triste exil, continua Stella, et nous nous tenions lieu du monde; elle est morte. Il y a un an que nous lui creusâmes cette fosse, et que je restai seule.

— Seule! m'écriai-je d'un ton de voix passionné. — Et Marthe! repris-je en rougissant.

— Oui, l'amitié, dit Stella, l'amitié est douce; mais qui me rendra les baisers d'une mère? elle est morte.

— Stella, n'en doutez pas! elle vit... elle vous voit; elle veille encore sur Stella, sur la chaumière; elle recueille les pleurs de l'amour filial et contemple avec orgueil les regrets qu'elle a laissés. Quand le temps aura usé les ressorts de la vie, ô Stella! son âme descendra sur votre couche funèbre, s'unira à votre âme, et l'escortera au pied du trône de Dieu. Stella, n'en doutez pas, vous reverrez votre mère!

... Et ma pensée se repose avec tant de charmes sur cette sublime espérance d'une meilleure vie! Dis ce que tu voudras, farouche matérialiste, tu ne me raviras pas mon immortalité; ma conviction est plus forte que tes sophismes. Je vivrai!

Quel mortel se sentiroit capable de supporter les dédains des grands, les humiliations de la misère et les tourments de l'amour outragé, s'il ne pouvoit se réfugier dans son âme sans y trouver le néant? De quel œil suivroit-il le cercueil d'un ami, s'il croyoit le descendre tout entier dans la tombe? Accablé des succès du crime, navré de persécutions et veuf de toutes les illusions du monde, que lui resteroit-il, si ce n'étoit ce besoin profond d'exister au delà de lui-même et d'assister à l'éternité : ce sentiment qui le soutient, qui l'agrandit et qui le console du passé en s'emparant de l'avenir?

Pourquoi Stella n'avoit-elle pas déposé plus tôt ce secret dans mon cœur?

Vous avez encore une mère, dit Stella, et les secrets de la douleur importunent les heureux.

Heureux! et Stella ne l'étoit pas!

CHAPITRE XIII.

L'ESPLANADE.

Quelque temps après, Stella revenoit avec moi du petit champ de Marthe, et nous nous arrêtâmes sur une esplanade de verdure, d'où la vue se perdoit dans un beau vallon.

Le soleil se couchoit, et son char de feu traçoit déjà une bande pourprée à l'occident; ses rayons, en s'élevant à la pointe des rochers, les peignoient d'une couleur brillante qu'ils réfléchissoient sur la campagne, et qui nuançoit tous les objets de l'incarnat le plus vif.

Je regardois Stella; son âme sembloit associée au vaste concert d'amour qui saluoit le crépuscule; et je ne compris pas si c'étoit ce tableau ravissant qui l'embellissoit encore à mes yeux, ou si c'étoit elle qui embellissoit ainsi la nature.

J'étendis mon bras autour d'elle, et elle appuya sa tête sur mon sein : une tendre langueur fermoit ses paupières, une douce chaleur animoit son teint, son cœur battoit... Je brûlois, j'avois la fièvre; mes lèvres étoient desséchées comme par une soif ardente; je les unis à ses lèvres, et je chancelai ; je frémis, je ne vis plus...

Nous descendîmes de l'esplanade, et Stella ne me regardoit point, ne me parloit point : j'étois si ému, que je ne m'aperçus pas que nous avions quitté le chemin de la chaumière. Nous arrivâmes au bosquet de la prière : le soleil étoit couché, la lampe étoit suspendue à l'if, et nous tombâmes à genoux.

Le lendemain nous passâmes près de l'esplanade : Stella me sourit et prit un chemin détourné.

CHAPITRE XIV.

LA GUIRLANDE.

Je marchois auprès d'elle ; j'aperçus des touffes d'ancolies sur le rocher, je les cueillis et je les lui apportai : elle les tressa en guirlandes, les ceignit en couronne autour de ses cheveux blonds, et les laissa retomber en festons sur ses épaules, à la manière dont on pare les victimes. Cet ornement funèbre lui rappela ses amis sacrifiés, et elle sema des fleurs sur son chemin, comme un hommage expiatoire aux mânes des innocents.

— Oui, Stella, m'écriai-je, des monstres ont épouvanté la patrie de leur audace et de leurs forfaits : ils ont dévasté les temples, ils ont égorgé la fille dans les bras de son père, l'époux sur le sein de son épouse bien-aimée ; ils ont fait de notre terre natale le patrimoine des bourreaux, et ils l'ont fertilisée avec les cadavres de nos parents...; ils t'ont bannie, ô Stella ! et je pourrois jamais sceller un baiser de pardon sur leurs lèvres ensanglantées ! jamais ! Vengeance et malédiction sur les tyrans !

Quand la justice n'est plus qu'un mot, la vengeance devient un droit ; et dès que les lois contemplent, dans un lâche silence, la fière impunité du crime, il faut que le poignard de l'opprimé lui tienne lieu de juge et d'ami !

Je l'ai dit; car il y a des instants où je voudrois être armé du glaive de l'exterminateur, pour renverser autour de moi tout ce qui est méchant; mais c'est un égarement qui outrage la nature et qui dégrade l'humanité.

— Que la clémence de Dieu descende sur eux! dit Stella. — Et je le répétai avec elle.

Une grande expression de piété brilloit dans son regard; on l'auroit prise alors pour un ange bienfaiteur qui appeloit sur les hommes l'indulgence du Très-Haut, et elle tenoit la place de cet anneau invisible qui unit le ciel et la terre, l'auteur et la créature.

Je fléchis le genou pour l'adorer; mais ses yeux voilés d'un nuage d'amour rencontrèrent les miens, et j'oubliai la prière qui erroit déjà sur ma bouche.

Stella n'étoit plus qu'une femme [1].

CHAPITRE XV.

LA FAUTE.

Le ciel se préparoit à l'orage.

Un vent brûlant rouloit dans les airs des tourbillons de sable et courboit la cime des forêts qui cédoit en gémissant, des nuages épais voiloient le soleil, de vastes ténèbres s'amonceloient sur l'horizon, et le ramier des bois jetoit de temps à autre un cri douloureux.

Je pense que si l'amour n'existoit pas, ce désordre des éléments en feroit sentir le besoin.

Quand nous fûmes arrivés à la chaumière, je m'assis tout près de Stella, et Stella s'approcha davantage. J'étois au comble du bonheur, et je voulois encore quelque

---

[1] L'édition de 1802 porte : *n'étoit plus qu'une mortelle.*

chose. Il y avoit une tempête dans mon sein comme dans la nature.

Je cherchois tous ses regards, j'épiois tous ses mouvements. Si j'avois trouvé dans ses yeux une pensée qui ne fût pour moi, j'en aurois été jaloux.

Un éclair descendit sur la chaumière. Il me sembla qu'il établissoit entre nous une communication plus parfaite : je la ceignis de mes deux bras, et déjà les siens me pressoient malgré elle.

La foudre gronda; elle pouvoit me frapper dans cette minute d'extase, et les heureux de la terre auroient envié mon tombeau.

Cependant un désir confus parcouroit mes veines, et mon sang refluoit vers le cœur. Je soulevai Stella en la serrant étroitement contre moi, et ma bouche enflammée rencontra sa bouche...

D'abord Stella trembla... bientôt elle demeura privée de vie; toute son âme s'étoit réunie à la mienne dans l'ivresse de ce baiser...

Je ne sais plus ce que j'éprouvai... c'étoit un songe vague, mais délicieux, qui me déroboit jusqu'au sentiment de mon être...

J'avois été coupable, puisque le bonheur peut être un crime.

CHAPITRE XVI.

LA BAGUE D'ALLIANCE.

Ma main étoit fixée dans la main de Stella, qui la repoussoit foiblement.

En dégageant mes doigts entrelacés dans les siens, je fis tomber un anneau qui vint se diviser à mes pieds.

— Malheureux! s'écria-t-elle avec l'accent du désespoir; je suis mariée...

— Mariée!

Si le monde s'étoit abîmé et que je fusse demeuré debout au milieu de ses ruines, le sentiment de ma vie m'auroit paru moins pénible, moins insupportable.

J'essayai de rejeter cette idée, mais elle avoit touché le fond de mon cœur.

CHAPITRE XVII.

SOPHISMES.

Je descendois rapidement le chemin de la chaumière : Marthe passa près de moi.

— Dieu ait pitié de nous! dit-elle; j'ai cru que cet orage renverseroit la montagne de ses fondements. Je m'étois assise là-haut, sous ce rocher qui se recourbe comme une voûte, et je voyois le ciel en feu. Par trois fois une longue flamme s'est élancée du clocher de Sainte-Marie, et l'oiseau de mort gémissoit dans les sapins. Dieu ait pitié de ceux qui ont une bonne conscience!

Je frissonnai.

— Mais voyez, monsieur, dit Marthe, l'orage recommence; vous seriez mieux à la chaumière.

— Mieux, bonne Marthe[1]!... Oh! non.

L'orage recommençoit en effet : une lumière subite brilloit quelquefois sur le précipice; un aquilon impétueux siffloit dans les bruyères et faisoit flotter mes cheveux, une pluie froide ruisseloit sur mon visage et traversoit mes vêtements; mais cela me faisoit du bien. Mon imagination se reposoit de ses tempêtes dans celles de la montagne, et mon trouble s'adoucissoit à être ainsi partagé par la nature.

[1] Marthe dans la première édition se nomme Brigitte.

—Eh bien! dis-je tout à coup, mariée! que signifie ce mot, et qu'a-t-il de magique pour me remplir de terreur? Pourquoi ce bruit affecte-t-il autrement mon oreille que les autres paroles de l'homme?

Et, au surplus, qu'est-ce que le mariage lui-même, sinon une institution fondée par le caprice, sanctionnée par le préjugé et maintenue par l'habitude? De quel droit ce lien despotique asserviroit-il l'avenir au présent? Quelle est la nature de ce serment bizarre qui soumet à la volonté d'un jour toutes les inclinations de la vie? Et quel être assez audacieux a pu dire dans la vérité de son cœur : — Maintenant, je jure de ne plus aimer?

Mais il ne leur a pas suffi de les enchaîner l'un à l'autre pour l'éternité, et de leur faire un long supplice de cette union qui seroit le bonheur, si elle n'étoit formée que par l'amour!... Le plus souvent ils les ont unis sans interroger leurs cœurs, sans consulter leurs rapports; ils ont immolé la paix de toute une génération à de frivoles intérêts, à des convenances froidement calculées; ils ont vendu au prix de l'or des faveurs qui se flétrissent dès qu'on parvient à les acheter, et la vierge modeste qui inspiroit autour d'elle la tendresse et le désir a été obligée de partager sa couche nuptiale avec la hideuse décrépitude, comme une rose naissante qu'on transplante sur un tombeau.

Ce n'étoit point là l'intention de la Providence; elle vouloit, dans ses desseins protecteurs, que tout ce qui respire fût heureux; elle avoit assorti tous les caractères avec un soin bienfaisant; elle avoit préparé de secrètes sympathies qui étoient le signal et le garant de l'amour.

Suis-je coupable de ce que les passions des hommes ont violé la loi de la nature et détruit l'ouvrage de Dieu?

Et si je me suis conservé libre au milieu de leur esclavage, si j'ai gardé une âme neuve parmi les désordres de la société, n'ai-je pas le droit de m'affranchir du joug qu'elle a inventé pour le vice?

Mon âme se souleva contre ce paradoxe, et se replia sur elle-même avec effroi.

Le tonnerre tomba.

CHAPITRE XVIII.

LE DERNIER ADIEU.

Dès que l'aube du jour éclaira l'intérieur de la chaumière, je me disposai à retourner chez Stella. Je désirois, je craignois de la voir, et ce mot mystérieux me poursuivoit avec l'acharnement d'un ennemi.

J'arrivai au petit champ, je reconnus l'églantier : il avoit souffert de l'orage, et ses rameaux dépouillés étoient penchés sur la terre.

Le feu du ciel avoit passé dans les genêts.

J'entrai dans la chambre de Stella; elle étoit couchée sur des sangles, couvertes d'une natte de jonc; son corps étoit enveloppé d'un linceul de couleur obscure, qu'elle croisoit sur sa poitrine, et sa chevelure était éparse autour d'elle; elle étoit pâle; mais quand je fus là, une fièvre ardente qui s'éleva dans son sein teignit peu à peu ses joues d'un pourpre foncé.

Je m'arrêtai à quelque distance et je restai immobile en attendant qu'elle me parlât.

Je vous attendois, dit Stella, avec un sourire amer : j'ai beaucoup de choses à vous dire.

Je m'assis.

Il arrive une heure où l'on peut se juger, reprit-elle, et cette heure est venue pour moi.

Heureuse si la justice divine ne me condamne pas comme mon cœur!

Je suis coupable depuis que je vous ai vu pour la première fois. Depuis que je vous ai vu pour la première fois je vous ai aimé. L'arrêt de ma destinée étoit cruel; il s'est appesanti de toute sa force sur ma tête. Croyez-vous que la femme adultère trouvera grâce devant Dieu?

Elle resta quelque temps en silence, et continua :

Je suis née d'une famille noble qui honora ses titres par ses vertus; elle fut proscrite. J'avois perdu mon père dans mes premières années, et j'ai oublié sa mémoire! Ma mère est morte ici, et j'ai souillé son lit de douleur! Ils m'avoient donné un époux de mon choix, et je l'ai trahi.

Quand il s'arracha de mes bras pour aller se ranger sous les drapeaux d'une cause malheureuse, Stella, dit-il en me donnant le dernier baiser, Stella, garde-moi ton cœur : et je ne lui ai pas gardé mon cœur. Il erroit transfuge, misérable et rebuté, dans des contrées inconnues; il erroit accablé par la fatigue et par le besoin, souffrant de la soif et de la faim; mais il pensoit à moi; il se consoloit dans mon amour, et mon amour l'a trompé!

Pourquoi vous ai-je caché ce fatal secret? cent fois il s'est approché de mes lèvres, mon cœur s'est serré, et j'ai tremblé de vous voir deviner ce que j'aurois dû vous apprendre! Pourquoi vous ai-je rencontré? je serois tranquille encore; je pourrois songer à mon époux sans tressaillir de honte, et je pourrois sans terreur implorer l'ombre de ma mère! J'ai tout perdu; je n'ose plus m'occuper ni de ma mère ni de mon époux!

Croyez-vous, répéta-t-elle d'un son de voix altéré, croyez-vous que la femme adultère trouvera grâce devant Dieu?

Elle ouvrit la Bible, chercha la page de la femme adultère, y attacha ses regards et la mouilla de larmes.

J'étois alors près d'elle, elle prit ma main et l'éleva vers le ciel. Toi, dit-elle, tu n'as pas été coupable, tu ne me suivras pas dans la réprobation éternelle; c'est moi seul qui ai brisé ce nœud; c'est sur moi seule que doivent retomber toutes les vengeances, et je t'absous devant celui qui juge les actions des hommes, car ton cœur étoit sans tache...

Mais va-t'en, ajouta Stella. Va-t'en pour toujours, c'est la dernière prière de Stella, le dernier vœu de ton amante! Laisse-moi avec mes regrets, j'ai besoin de préparer mon âme à subir mon jugement.

— Stella! m'écriai-je en me jetant à ses genoux, et je couvris sa main de pleurs.

— Laisse-moi, dit-elle, tes pleurs me brûlent comme tes baisers. Va-t'en.

Et son pouls s'affaissa, sa respiration enflammée devint plus lente, le mouvement de son cœur resta suspendu.

Je me précipitai vers la porte; je voulus la voir encore, et ses lèvres pâles me balbutioient un adieu.

CHAPITRE XIX.

LA CLOCHE DU VILLAGE.

Pendant ce temps-là je ne rentrai point dans la chaumière.

J'errois autour de sa demeure sans autre nourriture que les fruits sauvages de l'automne, sans autre lit que la terre humide, et je parcourois les campagnes désertes comme une ombre en peine que les anges de la nuit ont exilée de son cercueil.

C'étoit la cinquième soirée; je vins m'asseoir sous le rocher qui avoit servi de retraite à Marthe pendant l'orage.

En considérant ce dôme obscur et cette grotte inhabitée, en promenant mes yeux sur la solitude qui l'entouroit, en cherchant inutilement dans ce grand espace quelque être qui respirât, je me persuadai que j'étois plongé dans le silence éternel, que Dieu m'avoit relégué loin de sa vue, hors des bornes de la création, et que tout ce que je voyois n'étoit plus qu'une réminiscence incertaine de ce que j'avois vu.

Le jour finit ; mes sens s'assoupirent, mais ma douleur veilloit toujours.

Je rêvai que j'étois entouré d'images de mort, et que je marchois avec difficulté à travers des amas d'ossements. Une torche funèbre, portée au-devant de moi par une puissance invisible, éclairoit de sa flamme lugubre les horreurs de mon passage. Au bout de ce sentier mortuaire, j'aperçus Stella vêtue de la robe transparente des fantômes ; j'étendis mes bras vers elle, et je ne saisis qu'un nuage.

Alors j'arrachai de mon sein un cri d'épouvante qui se prolongea dans les détours de la montagne, et je me relevai sur mon rocher.

Il étoit encore là, ce flambeau fatal, comme je l'avois vu dans mon sommeil ; il descendoit lentement le revers de la colline, et mes regards avides ne cessèrent de le suivre que lorsque sa lueur blanchâtre s'effaça dans les ténèbres.

Je cherchois à rassurer ma raison contre ce prestige effrayant, quand tout à coup la cloche de Sainte-Marie sonna. Ses vibrations étoient interrompues par un calme affreux qui en remplissoit l'intervalle. Il y avoit entre ce rêve, ce flambeau, cette déchirante harmonie, je ne sais quelle liaison d'idées qui resserra mon cœur.

Je m'étois avancé sans but dans les avenues pénibles de la grotte... et cette clarté, ce souvenir... j'étois au bosquet de la prière... mon sang se glaça.

CHAPITRE XX.

UNE FOSSE DE PLUS.

Une fosse de plus... une fosse nouvellement creusée! Meurtriers! qu'avez-vous fait de Stella?

— Oui, répétez, Marthe, répétez encore! Écrasez-moi de tout le fardeau de ma douleur. Oui, c'est moi qui suis la cause.....

Et ma raison s'aliéna. — Je m'élançai dans les bois, je remplis l'air de mes cris, j'arrachai mes vêtements, je me roulai sur la pointe aiguë des rochers, et brisé, meurtri, sanglant, couvert de poussière et de blessures, je m'évanouis.

CHAPITRE XXI.

PLUS DE BONHEUR.

Cette nuit me parut longue comme l'éternité, car j'avois conservé la faculté de sentir pour l'exercer sur d'épouvantables chimères.

Le tableau de la mort de Stella poursuivoit mon imagination fatiguée. Je la voyois dans son drap funéraire, avancer un pied desséché sur la fosse et tomber contre la terre qui retentissoit de sa chute. Quelquefois il me sembloit qu'un songe cruel nous avoit trompés et que Stella n'étoit point morte. Je l'entendois frapper contre les ais de la bière et pousser une plainte étouffée. Je soulevois la pierre qui pesoit sur elle. Je brisois sa hideuse prison, et je l'enveloppois de mes bras pour réchauffer sur mon cœur son cœur déjà froid. Alors, le souffle violent des orages nous enlevoit, ainsi réunis, dans les airs; nous poussoit, frissonnants, sur des mers glacées, ou nous tenoit suspendus sur le cratère bouillonnant des volcans, au milieu d'une lave brûlante, et nous précipitoit de tempête en tempête dans la profondeur des abîmes.

Quand je revins à moi, j'étois à côté de Frantz; il avoit étanché mon sang, il avoit lavé mon visage et exprimé une eau froide sur mes tempes et sur mon sein. C'étoit auprès de la fontaine où je l'avois rencontré en arrivant dans la montagne. Ce rapprochement fut terrible. Hélas! plus de repos, plus de bonheur! m'écriai-je; et je me levai en poussant d'affreuses imprécations contre la destinée. Ensuite je dis mes malheurs à Frantz; il pleura et je ne pus pas pleurer.

— Écoute, me dit Frantz lorsque ce récit fut achevé, maintenant que tu as aussi l'expérience des grandes douleurs, je crois que nous nous conviendrons mieux, et mon amitié calmera tes peines. Un jour, quand ton cœur sera guéri, je te dirai les miennes, et en voyant comme l'infortune peut se reproduire sous des formes différentes, tu avoueras qu'aucun homme n'a le droit de se dire le plus malheureux! Tu te révoltes contre cette idée, continua Frantz, mais si tu savois!...

— Eh! dis-moi, Frantz, pourquoi ne mourus-tu pas?

— Oh! oh! dit Frantz, j'avois une mère! Je fus foudroyé. — Moi aussi, j'ai une mère! — Et puis, ajouta-t-il, je dois rendre grâce à la Providence d'avoir disputé mes jours au désespoir! si j'étois mort, qui t'eût consolé?

— Cela est vrai. A-t-on le droit de disposer de sa vie, tant qu'il reste des malheureux?

J'ai souffert tout cela, et j'ai vécu.

CHAPITRE XXII.

ELLE EST IMMORTELLE.

Mes peines furent longtemps à s'adoucir; longtemps je cherchai les déserts, la solitude et les scènes de la nuit, qui sembloient donner à ma douleur quelque chose de plus calme et de plus imposant. Chaque fois que la lune élevoit dans le ciel son disque majestueux et s'avançoit sur l'horizon dans sa beauté mélancolique, je parcourois, pensif, la cime des montagnes, et quand mes yeux tomboient sur l'endroit où j'avois rencontré Stella, je redemandois Stella à tout ce qui nous avoit vus ensemble, et je pleurois.

Souvent je croyois distinguer dans les ombres des formes vagues et confuses qui erroient autour de moi, et j'interrogeois ces fantômes, vaines illusions des ténèbres, sur les problèmes de l'éternité.

Qu'est devenue Stella? disois-je; est-elle égarée comme vous dans les nuages, ou dort-elle encore immobile dans la fosse qu'on lui a creusée? Le bruit des eaux du torrent trouble-t-il quelquefois son sommeil? Est-elle sensible au froid de l'hiver? Quand de longs frimas sont suspendus aux branches des ifs, et que la pluie pénètre la terre qui l'enveloppe, dit-elle : J'ai froid! — Dites-moi, dites-moi surtout si son âme s'est dépouillée dans sa nouvelle vie de tous les souvenirs de sa vie passée, si elle pense toujours à moi, et si, quand je prononce le nom de Stella, ma plainte va jusqu'à son cœur?

Non. Stella n'entend plus les orages de la montagne; et le vent du nord qui gronde dans les sapins respecte le silence de son tombeau!

Stella dormira jusqu'à ce que les éléments se confondent et que le temps finisse. Lorsque le jour sera venu, elle ira s'asseoir à côté de sa mère, au milieu des rayons d'une lumière immortelle, et elle respirera une éternité de délices dans une éternité de repos.

Lorsque le jour sera venu, et que Stella approchera de son juge, il n'armera point son front d'éclairs menaçants; et puisque c'est une loi commune à tout ce qui respire, qu'aimer c'est la vertu, qu'être aimé c'est le bonheur, Dieu ne rejettera point de son sein ceux qui ont beaucoup aimé. Qu'est-ce que la Divinité elle-même, sinon ce besoin d'aimer qui remplit toute la création, et qui est la source du bien, le mobile de la nature et l'âme de l'univers? L'amour est la vertu de l'humanité : il n'y a de peine dans l'autre vie que pour ceux qui ont haï.

Dors en paix, ma Stella! ton immortalité sera douce. — Le poison des regrets ne se mêle point au nectar des bienheureux. Dors en paix, ma Stella! tu étois née pour aimer, et tu as accompli ton destin sur la terre.

Un jour je retournerai vers toi....

Stella, un jour.... un jour!...

Quand l'ange du jugement dernier éveillera la poussière des hommes sur la poussière des mondes, je me lèverai sans terreur, et j'apparoîtrai avec confiance devant la justice de Dieu. Dans ce temps-là, je retournerai vers toi; tu me souriras et nous nous réunirons à jamais. Alors, ô Stella ! rien ne pourra plus nous séparer; ni la mort, ni les hommes, ni les tyrans, ni la nature : les temps de proscription seront effacés; les innocents auront trouvé leur vengeur et leur récompense; les oppresseurs auront subi leur châtiment; le mal sera oublié, et la destruction elle-même ne sera plus.

Ainsi, mon âme accablée par tant de funestes perplexités s'en délassoit dans la paix de l'avenir.

CHAPITRE XXIII ET DERNIER.

CONCLUSION.

Une année s'écoula, et je pus revoir la chaumière.

Depuis quelque temps je l'habite avec Marthe, Frantz et sa mère. Nous cultivons le petit champ, Frantz et moi ; chaque soir, nous faisons la prière dans le bosquet des tombeaux, et j'y ai planté un cyprès qui commence à ombrager la fosse de Stella.

Nous n'avons rien changé à l'ameublement de sa chambre ; elle est comme elle étoit alors ; Stella n'y est plus ; mais quelquefois je pense encore l'y voir.

Et je crois que je la reverrai !...

Pour être sûr de la revoir, pour en être digne aux yeux de Dieu, quelque chose cependant, quelque chose me manque souvent, — la force de vivre [1] !

---

[1] Cette dernière phrase n'est point dans la première édition, qui se termine par : et je crois que je la reverrai.

LETTRE

D'UN SOLITAIRE DES VOSGES

A L'ÉDITEUR DES PROSCRITS[1].

Monsieur, je me souviens[2] parfaitement de vous avoir vu pendant une de vos excursions botaniques dans les Vosges et de m'être entretenu avec vous du malheureux jeune homme qui vous intéressa si vivement; mais quoique j'aie eu dès lors des relations plus intimes avec lui qu'auparavant, je ne pourrai guère vous donner, sur son sort actuel, que des renseignements bien incertains et bien tristes.

Quelque temps après votre départ, je fus instruit qu'il étoit atteint d'une maladie lente, suite naturelle de ses peines, encore aggravées par la mort de son ami. Il me raconta son histoire et me soumit les mémoires qu'il vous avoit lus, et dont vous avez désiré que je cherchasse à vous procurer les fragments. Je vous avouerai que cette touchante expression d'une âme souffrante qui y règne me causa une émotion profonde, et qu'en voyant ses larmes je ne pus retenir les miennes. Cependant

---

[1] La première édition porte : *Lettre d'un curé des Vosges à l'éditeur*. Il n'y a dans les deux éditions aucune différence notable, quant au fond. L'auteur s'est attaché avant tout à des corrections de style, et même à des corrections de fautes contre la syntaxe. Nous avons reproduit dans des variantes quelques-unes de ces fautes, échappées à l'inexpérience du débutant. Dans les œuvres d'un philologue aussi éminent que Nodier, ce rapprochement nous a paru curieux.

[2] *Var.* Je me rappelle fort bien *de* vous avoir vu. Édition de 1802.

j'avois remarqué dans ce petit écrit des propositions hardies sur plusieurs points de religion et de morale, et des élans de désespoir qui sembloient partir d'un cœur accoutumé à se défier de la Providence. Je lui fis sentir[1] que ces passages étoient indignes d'un honnête homme, et qu'ils devoient être échappés à une imagination trop fortement préoccupée de ses chagrins. Il me répondit qu'il se repentoit d'avoir écrit cela, et il brûla tout ce que j'avois plus spécialement condamné; après quoi il me donna le reste, en me disant qu'il avoit eu d'abord le projet de publier ces tristes détails, mais qu'il croyoit qu'il seroit peut-être mieux de les laisser dans un éternel oubli.

Après son rétablissement, je le rencontrai au bas d'un petit champ qui appartient à la vieille Marthe, et il me pressa affectueusement sur son cœur; il me dit qu'il étoit un peu plus calme, que sa santé commençoit à se raffermir, et qu'il espéroit se bien porter tout à fait avant peu de temps; il ajouta qu'il me laissoit le maître des papiers qu'il m'avoit confiés, et que j'en disposerois comme je le trouverois bon; de sorte qu'en vous transférant la propriété de ce triste héritage du malheur, je ne cours point le risque de violer ses dernières volontés.

Quelques jours après cet entretien, ce jeune homme disparut, sans que personne pût savoir ce qu'il étoit devenu: on hasardoit bien des conjectures plus ou moins vraisemblables sur cet événement, mais elles n'apaisoient en rien mon inquiétude.

Je pris le parti de me rendre à la chaumière, et je trouvai les amies de l'infortuné dans les larmes: c'étoit une scène déchirante et qui me fit beaucoup de mal.

Je cherchai à leur donner des consolations, mais cela étoit impossible dans le moment; elles souffroient trop.

---

[1] *Var.* Je lui observai, édit. de 1802.

Je les quittai, et je m'en remis de leur guérison au temps, qui a seul le pouvoir de cicatriser les blessures de l'âme.

Je passai dans le bosquet où sont enterrées Stella et sa mère, et où la dépouille mortelle de Frantz avoit été nouvellement déposée. Le petit cyprès qui croissoit sur la fosse de l'amante venoit d'être déraciné par un coup de vent ; j'ordonnai qu'il fût remplacé avec quelque pompe, et le lendemain je fis consacrer secrètement par quelques prières le dernier asile de ces tendres créatures, qui ont été si cruellement agitées par les passions, et qui étoient si dignes de rester sans affliction dans le monde.

Ensuite je poursuivis mes informations sur le sort de notre ami, et tout ce qu'on m'en rapportoit me faisoit frémir.

Un jour, le bruit se répandit dans tout le village qu'on avoit aperçu son corps sur une petite île, que vous avez pu remarquer dans le vallon où elle se trouve comprise entre les détours du ruisseau. Je m'y rendis en bateau ; mais le cadavre étoit tellement défiguré, qu'il me fut impossible de retrouver aucun indice qui pût justifier les présomptions du peuple : je lui fis donner la sépulture, et je vous jure que cette circonstance me tenoit dans un tel doute sur la vie future de l'infortuné, que je ne pus avoir de sommeil qu'après m'être assuré que ce n'étoit point lui, par l'inspection des vêtements du suicidé, qui furent découverts dans les sables la semaine suivante.

Peu de temps après cette époque, et autant que je puis me [1] le rappeler, vers la fin de cette année-là, les feuilles publiques rapportèrent qu'on avoit arrêté un émigré dans la montagne, et que ce malheureux n'étoit plus.

---

[1] Var. Que je pu's *m'en* rappeler, édit de 1802.

Dans l'ignorance où j'étois de son véritable nom, je n'ai pu m'éclairer sur l'effrayante relation qu'il y avoit entre cette nouvelle et la date de son absence; mais un homme de la ville, qui a été témoin de la mort de l'émigré, nous l'a peint avec des traits si semblables à ceux de l'infortuné, que nous n'avons pas osé le méconnoître, et que nous nous sommes tous écriés : C'est lui !

Il est cependant possible encore que nous ayons été abusés par une de ces ressemblances frappantes qu'on observe quelquefois dans le monde, et j'aime à croire que notre ami n'est pas perdu pour toujours, que le ciel n'aura pas voulu que l'expérience de ses infortunes fût sans fruit, et qu'il aura conservé sa vie pour la rendre utile à une autre génération.

Quant à l'intention où vous êtes de donner au public les mémoires que je vous adresse, je crois, en effet, que le tableau des malheurs qui ont suivi une passion illégitime ne seroit pas sans utilité dans ces jours de corruption; mais votre entreprise ne seroit pas non plus sans inconvénient; et, pour ne considérer que ce qui est du ressort du goût, il m'a toujours semblé que des écrits de la nature de celui-ci étoient un mauvais présent à faire aux lettres. Vous l'aviez bien senti vous-même, à la lecture que vous en fîtes dans la montagne, et vous essayez de détruire cet obstacle par des moyens qu'il est trop facile de combattre.

Je conviens qu'on devroit supporter un style inégal et incorrect dans un livre qui n'est qu'une effusion rapide de sensibilité, et où les mots viennent représenter les sensations, sans que l'auteur se soit fort occupé de leur choix et de leur arrangement.

J'avoue qu'il étoit impossible de ne pas laisser échapper beaucoup de répétitions et de tournures semblables, dans un ouvrage où toutes les idées naissent d'un seul sentiment dans des circonstances à peu près pareilles.

Je sais qu'il y a bien des choses qui nous paroissent

bizarres, extravagantes et gigantesques, qui nous seroient peut-être venues dans la même situation, et qu'il n'est point étonnant qu'il y ait du dérangement dans l'expression toutes les fois qu'il y a du désordre dans la pensée.

Mais dès qu'une production où l'on remarquera ces fautes tombera entre les mains d'un homme de goût, ne pensez-vous pas qu'il fera mieux de la laisser circuler parmi un petit nombre de personnes, que de la livrer à la foule, qui n'y puiseroit que des idées nuisibles ou exagérées, et aux critiques, qui la déchireroient, faute d'avoir pu la sentir?

Permettez-moi de vous faire observer aussi que les feuilles que notre ami a sacrifiées à mes représentations contenoient, si je puis m'exprimer de la sorte, une espèce de fil de suture qui lioit le récit de tous les incidents, et dont l'absence a laissé, entre les fragments tels qu'ils sont aujourd'hui, un vide qui nuit à la marche et à l'intérêt de l'ouvrage.

Entreprendra-t-on de remplir ces intervalles? Je ne pense pas que le cri de la nature soit facile à imiter, et j'avouerai que je craindrois qu'on ne suppléât à ces lacunes que par une insipide marqueterie.

Cependant je vous adresse ces fragments, et je m'en rapporte, sur leur emploi, tant à votre avis qu'à celui des gens respectables que vous vous proposez de consulter.

Si vous pensez que cet écrit puisse être bon à quelque chose, si vous croyez que les malheurs d'un proscrit de vingt ans feront couler quelques pleurs, que ses sentiments trouveront quelques amis, que l'image de ses remords empêchera quelques égarements, n'hésitez pas.

D'ailleurs, tout réfléchi, les cœurs honnêtes sont si rares, qu'il est juste et louable de consacrer leur souvenir.

APPENDICE.

Jaloux de compléter dans toutes ses parties l'œuvre si variée et malheureusement si dispersée de Nodier, nous avons pris soin, pour placer les théories littéraires de l'auteur en regard de ses compositions, de réunir et de rapprocher, autant que possible, les morceaux d'imagination et de critique qui offroient entre eux quelque analogie. C'est ainsi que nous avons mis en tête du volume des *Romans* la belle étude sur *les Types* littéraires, et en tête du volume des *Contes fantastiques* les remarquables morceaux sur le *fantastique en littérature*. Nous agissons de même pour les *Proscrits*. Cette Nouvelle offrant l'un des premiers essais de la littérature romantique en France et pouvant être considérée comme la production la plus *werthérienne* de Nodier, nous avons pensé qu'on trouveroit ici avec quelque intérêt le morceau suivant, écrit bien longtemps après les *Proscrits*, morceau qui éclaire tout à la fois l'histoire générale de notre littérature et l'histoire des idées critiques de Nodier.

QUELQUES OBSERVATIONS

POUR SERVIR

A L'HISTOIRE DE LA NOUVELLE ÉCOLE LITTÉRAIRE[1].

On chercheroit inutilement dans les ouvrages des anciens des traces de cet amour passionné qui est le principal élément des

---

[1] Ces observations ont été suggérées à l'auteur par un drame romantique fort peu connu, dont une nouvelle édition doit paroître incessamment à la librairie de Techener, place de la colonnade du Louvre, n° 12.

(*Note de Nodier.*)

Ce drame fort peu connu n'est rien autre chose que le volume intitulé compositions de la nouvelle école. L'âme tendre et mélancolique de Virgile lui-même n'est pas parvenue à dégager le plus exalté de nos sentiments des liens d'une grossière matérialité. Platon avoit épuré l'amour, mais il l'avoit refroidi; il l'avoit transporté dans une région grave et solennelle qui n'étoit plus la terre, mais qui n'étoit encore ni l'enfer ni le ciel. Il étoit réservé au christianisme d'ouvrir cette nouvelle carrière à l'éthopée. Le touchant épisode de la pécheresse dans l'*Évangile*, les vagues et mystérieux souvenirs de saint Augustin dans les *Confessions*, quelques délicieux chapitres de l'*Imitation de Jésus-Christ*, consacrent d'une manière inimitable cette nouvelle révélation du cœur humain, subitement éclairé des lumières d'un pur spiritualisme qui ennoblit jusqu'à ses passions. Ainsi se vérifie cette grande parole de Montesquieu : « Que le christianisme, qui doit faire notre bonheur dans l'autre vie, y contribue déjà dans celle-ci. » Plus on étudie l'histoire des temps antérieurs à cette immense et bienfaisante révolution, plus on sent que l'organisation de l'homme y manquoit de quelque chose pour être complète, des extases de la piété, du sentiment réfléchi de la liberté politique, des illusions et des mélancolies de l'amour, mille fois plus ravissantes que ses plaisirs, c'est-à-dire de tout ce qui compose la meilleure partie de notre vie morale.

Notre génie national n'étoit certainement pas indigne de puiser à cette source abondante d'inspirations ; aussi est-il facile de voir qu'elle a fécondé longtemps les pures et naïves créations de nos romanciers, de nos chroniqueurs et de nos troubadours. Nos vieux poëtes antérieurs à Malherbe, quoique maîtrisés par cet esprit invincible d'imitation qui se trahit, de temps immémorial, dans notre littérature et dans nos mœurs,

---

Dernières aventures du jeune d'Olban, fragment des amours alsaciennes publié pour la première fois à Yverdun, en 1777, réimprimé douze ans plus tard sous le titre de *Chant de Schwartzbourg*, et enfin édité de nouveau par Nodier, en 1829. Les observations ci-dessus forment la *notice* dans la réimpression des *Aventures du jeune d'Olban*. Elles ont paru séparément dans la *Revue de Paris*, tome VII, octobre 1829.   (*Note de l'Édit.*)

sont pleins des élans d'une énergique sensibilité et de ces traits échappés à l'abandon des tendres rêveries qui ont manqué jusqu'à nous à leurs successeurs, en exceptant La Fontaine. Il y en a une foule d'exemples dans Du Bellay, dans Desportes et dans Marot lui-même, qui a dérobé à l'amour quelques secrets plus doux que ceux de la volupté.

Il n'est pas difficile de signaler l'événement qui empêcha, au dix-septième siècle, le développement de cette ressource vitale de la poésie. Un de ces génies que la foiblesse des temps rend puissants, et qu'une organisation funeste a prédestinés au despotisme, Richelieu, déterminé par un instinct irréfléchi de l'influence réciproque des lettres sur les institutions politiques, et de celles-ci sur les lettres, ou plutôt par le besoin de se délasser, dans les jeux frivoles des muses, des graves ennuis de l'administration publique, s'avisa de fonder une académie. La littérature françoise reconnut des chefs, des protecteurs, une oligarchie de fait, et elle fut dès lors tout ce qu'il lui étoit permis d'être encore, belle de formes et riche de style, mais pauvre d'invention, banale de caractère et dénuée de cette naïveté originale qui n'appartient qu'à l'indépendance. Emprisonnée dans des règles qui n'avoient pas été faites pour elle, astreinte à un ordre d'idées qui émanoit d'une civilisation antérieure à celle dont elle étoit l'expression, elle parla un langage élégant, pompeux et magnifique, mais tout à fait étranger à ce langage de la nature, qui revêt, avec un si grand mérite de propriété, la pensée humaine, et à tel point, qu'elle arriva enfin à ne pouvoir rendre des idées simples, qui n'étoient pas toutefois sans noblesse, qu'en dissimulant leurs éléments et leur physionomie sous le verbiage alambiqué de la périphrase. Il fallut se persuader, pour entrer dans le mystère de ces jouissances de convention, qu'il y avoit deux natures, celle qui est sensible à tous les hommes et à laquelle ils touchent par tous leurs organes, et une autre dont le type immodifiable se trouve inviolablement fixé dans les écrits des rhéteurs. Il résulta de là que le génie, balancé entre ses impressions et ses modèles, n'enfanta que d'admirables monstres, qui tenoient des uns et des autres, mais dont l'individualité équivoque ne ressemble à rien de ce qui existe. Comme nos passions les plus poétiques diffèrent essentiellement de celles des anciens, il semble que le drame devoit trouver dans cette nuance prononcée des temps modernes une ample compensation à la monotonie obligée des formes classiques; mais de quel droit auroit-il exprimé des passions que les anciens n'avoient pas prévues et des mœurs qu'ils ont ignorées? L'Académie le défendoit plus sévèrement qu'Aristote lui-même, dont le profond jugement se seroit révolté sans doute contre cette routine excessive; et les grands hommes qu'elle tenoit à sa lisière ne furent ni plus ni moins dociles que Chapelain et d'Aubignac. Aussi Bajazet aime précisément comme Britannicus, et l'on prendroit Gengis-Kan pour une contre-épreuve de Pyrrhus, si le Tartare n'étoit encore plus poli et plus civilisé que le Grec. Notre goût s'indigne aujourd'hui à la seule idée de ces bizarres mascarades de la scène, qui offroient à un parterre ébahi Titus en talons rouges et Agamemnon en perruque poudrée. Qu'avoient-elles cependant de plus choquant que la disparate effrayante du caractère historique et local des personnages avec leurs actions et leur langage, dans la plupart de nos tragédies? Il n'a fallu rien moins peut-être qu'une révolution pour accoutumer l'esprit humain à se déprendre de ces entraves pédantesques; mais il a tiré de sa première émancipation des conséquences si larges, qu'on peut prévoir qu'elle le conduira à toutes les autres, et que l'aristocratie académique ne restera pas seule à prévaloir contre l'affranchissement de la pensée. Puisqu'on a reconnu à peu près universellement que la liberté étoit bonne, il seroit par trop extraordinaire qu'elle demeurât exceptivement interdite à celle de nos facultés qui en est la plus altérée, à l'imagination; et à celui des arts qui sympathise le plus passionnément avec elle, qui se conçoit le moins sans elle, et qui lui doit le plus d'inspirations et de merveilles, à la poésie!

Il en auroit été de même chez tous les peuples soumis au joug des constitutions aristotéliques. La puissance de création de la muse romantique, si merveilleuse dans la sombre et sublime épopée du Dante, expira en Italie avec les derniers chants de l'Arioste et du Tasse. Cette terre classique des académies devint, sous leur influence, le patrimoine d'une poésie maniérée et servile, toute consacrée aux fades niaiseries d'une pastorale musquée, aux froides allusions d'une mythologie décrépite, aux *concetti* de cette galanterie de boudoirs qui soulève le cœur; complétement digne, en un mot, de sa sotto origine et des bosquets imaginaires de ses tristes bergers arcadiens. Ce n'est que dans ces derniers temps que l'Italie, régénérée comme le monde, a paru se ressentir du bienfait de l'émancipation générale, dans les belles compositions d'Alfieri, de Monti, de Manzoni et de Foscolo.

L'Angleterre, qui étoit appelée à nous ouvrir en tout les voies de la liberté, fut la première à se saisir de cette muse nouvelle, et à lui arracher ses secrets. Shakspeare, qui connoissoit, au moins par des traductions fidèles, tous les chefs-d'œuvre classiques, et qui s'approprie merveilleusement, quand il le veut, les couleurs fortes et naïves des anciens, ne crut pas devoir calquer toutefois sur les personnages convenus de la littérature grecque et romaine, ces grandes physionomies des siècles modernes qu'il représente avec tant de vérité; ces rois du septentrion, sauvages comme leurs montagnes de glace et de fer; ces chevaliers du moyen âge, arbitres redoutés des guerres civiles; ces esprits de sortilége et de malice, mélange inouï du fantastique et du grotesque, dont l'imagination de nos pères avoit peuplé la bruyère des forêts et les ruines des vieilles tours. Il pensa que les bienséances méthodiques de la tragédie, traitée à la manière d'Euripide et de Sénèque, s'assortiroient aussi mal avec les formes âpres du juif Shylock et du bâtard Falconbridge, que la toge ou la prétexte; et s'il a transporté dans ses sublimes ouvrages quelques-uns de ces types éternels qui ne varient à travers les siècles que par quelques modifications locales ou accidentelles, il leur a imprimé avec une autorité si puissante le sceau de ces modifications caractéristiques, qu'il en a presque toujours fait des êtres nouveaux. C'est ainsi qu'Hamlet rappelle Oreste, c'est ainsi que le roi Léar et sa Cordélia rappellent Œdipe et son Antigone; mais il y a entre les originaux et les copies, ou, pour s'exprimer plus justement, entre les originaux de l'antiquité et les originaux de Shakspeare, une civilisation tout entière. On sent que le torrent des âges a passé là, chargé des débris des religions et des empires. Oreste, par exemple, a la douleur impétueuse d'un enfant malade et irrité; Hamlet, le désespoir morne et la misanthropie amère d'une âme désabusée de tout. Le temps que le premier emploie à frapper le ciel d'imprécations furieuses, Hamlet le passe à méditer froidement dans une fosse sur quelques débris de l'homme. A très-peu d'exceptions près, les anciens ne paroissent pas avoir connu la mélancolie.

Mais c'est surtout en Allemagne qu'il faut chercher le drame et le roman modernes, ces tableaux vivants de la société où se réfléchissent, comme dans un miroir animé, les mœurs fortes et poétiques que le christianisme nous a faites. Je ne citerai pour exemple, dans ces considérations bien superficielles et bien rapides, que le fameux roman de *Werther*, esquisse extrêmement simple de composition, où l'action, toute d'une pièce, ne rachète sa pauvreté ni par la multiplicité des épisodes ni par la variété des détails, et qui n'a, pour attacher le lecteur, que les développements d'un caractère et d'un sentiment. Ce petit livre, tel que le voilà, tombé presque au hasard d'une plume alors peu exercée, est peut-être, de toutes les productions de la littérature contemporaine, celle qui a éveillé dans les deux dernières générations les sympathies les plus énergiques et les plus universelles. C'est que *Werther* réunit à la vérité d'un portrait fidèle comme le calque de l'artiste l'originalité d'une création. C'est que ce personnage, encore insaisi, n'est pas seulement ce que sont la plupart des personnages que nous voyons pulluler dans les romans, un mannequin flexible, mais mort; un automate qui fait illusion au premier abord, tant l'ouvrier qui l'a construit fut habile à parodier la vie, mais qui a une main de bois et une tête de bois. C'est un homme, un homme réel, organisé à notre manière, qui sent et qui aime comme nous, et avec l'âme duquel notre âme est pressée de s'identifier, parce qu'il y a dans toutes ses pensées quelque chose de nos pensées, dans toute son existence quelque chose qui est intime à notre existence propre, et dont l'impression agit sur nous à la manière des souvenirs. C'est que *Werther* est le type essentiel et complet de l'homme jeune des nouveaux siècles, et particulièrement du jeune Allemand, dont l'éducation spiritualisée maintient la belle et religieuse imagination à la hauteur de tous les sentiments inspirateurs et de toutes les idées solennelles. Dans son sein généreux habitent, comme dans leur sanctuaire, nos trois muses chrétiennes, la piété, l'amour et la liberté. Tout ce qui est beau l'émeut, le ravit, le pénètre d'admiration et d'enthousiasme; tout ce qui est bon trouve une harmonie, et développe une affection dans son cœur; tout ce qui est affliction pour les autres l'intéresse, l'attendrit, le déchire; tout ce qui est injustice ou tyrannie le révolte, le jette hors de lui-même. Comme sa poitrine se gonfle et palpite avec violence! Comme elles sont amères les larmes qui roulent dans ses yeux, à l'aspect de ces inégalités sociales, si absurdes et si insolentes! Comme il aime à s'en affranchir! Comme il s'en repose voluptueusement dans les ineffables joies de la solitude, quand il est rentré dans ses campagnes favorites, quand il a repris possession de la nature, et que son esprit embrasse cette nature magnifique avec une effusion de poésie qui n'a rien d'affecté, parce que la poésie est l'expression nécessaire, le langage naïf d'une telle organisation!

On entend bien que je parle ici de *Werther*, abstraction faite de sa dernière action. Je n'ai pas mission de la défendre; mais il faut que je remarque en passant que cet élan d'une âme impatiente, qui s'affranchit violemment de son esclavage, est au moins un des traits caractéristiques du temps. Il n'y a rien de commun entre le suicide des modernes et celui des anciens. Chez nous, le suicide est presque toujours la mort d'un fou. Chez eux, c'étoit l'acte culminant et décisif de la vie des sages. On se tuoit pour échapper aux vengeances d'un tyran, ou à l'humiliation cent fois plus redoutable de devoir quelque chose à sa clémence. On se tuoit pour ne pas survivre à une bataille dont la perte compromettoit la gloire ou l'indépendance du pays. On se tuoit pour accompagner au tombeau un être auquel on avoit été uni par une étroite et longue intimité d'affection et de pensée. On se tuoit le plus souvent pour en finir avec la vie, quand on croyoit en avoir assez, sentiment qui se manifeste ordinairement avec plus ou moins d'intensité chez les hommes de quarante à cinquante ans. Cela s'appeloit *la mort philosophique;* le suicide de Werther est *la mort passionnée*, dont les anciens n'offrent presque point d'exemples. En général, on peut tenir pour certain qu'ils n'auroient pas compris *Werther*, si quelqu'un de l'antiquité avoit pu l'écrire, parce qu'ils n'entendoient rien ni à nos idées religieuses, ni à celles que nous nous formons de la liberté, ni à celles que nous attachons aux émotions de l'amour; et comme toutes ces généreuses frénésies de l'âme ne sont pas ordinairement matières d'études scolastiques et universitaires, il y a maintenant encore beaucoup d'hommes jeunes qui sont anciens en ce point. Je déclare hautement que je ne les désapprouve en aucune manière; mais ce n'est pas pour eux que j'écris ceci.

Ce qui prouve jusqu'à l'évidence que *Werther* étoit un de ces livres nécessaires, qui sont l'expression attendue et infaillible d'une époque sociale, c'est l'enthousiasme avec lequel il fut accueilli dans toute l'Europe, le mouvement étrange qu'il imprima au roman, au drame, à la polémique littéraire; l'empressement de l'esprit d'imitation à s'en saisir, même dans notre France, où les passions et le langage de *Werther* étoient choses tout à fait nouvelles, et où l'idée de la mort et celle de l'amour, par exemple, ne s'étoient jamais alliées que dans les froides hyperboles du madrigal. Il est vrai que la plupart de ces pastiches, entièrement oubliés aujourd'hui, décèlent la précipitation et la maladresse d'un ouvrier inhabile, et qu'ils sont plus ou moins empreints, ou de cette exagération épileptique, ou de cette sentimentalité niaise qui trahissent, dès le premier abord, un contrefacteur sans inspiration et sans goût. Tel est le pâle et insignifiant *Saint-Alme* de Gorgy. Tel est le *Nouveau*

Werther du marquis de Langle, enthousiaste de tête, qui auroit brûlé le papier, si on le brûloit avec des mots, mais dont l'âme apparoît froide et maniérée à travers l'explosion factice de ses phrases retentissantes, comme l'échafaudage de l'artificier derrière ses fusées éteintes. Tels sont dix autres ouvrages du même temps, qu'il seroit inutile de nommer à qui ne les connoît point. Telles sont même, jusqu'à un certain point, les *Dernières aventures du jeune d'Olban*, la plus remarquable, sans doute, de ces contre-épreuves de *Werther*, mais dont l'exécution laisse deviner trop souvent les efforts d'un écrivain hasardeux et inexpérimenté, qui ne sait pas encore discerner l'originalité de la bizarrerie et de l'affectation. Il est probable, au reste, que l'auteur devoit être fort jeune, et on peut présumer, s'il ne mourut pas jeune, qu'il ne tarda pas à renoncer à la poésie. Les maîtres du style ne deviennent tels qu'avec l'âge. Les premiers discours de Rousseau même étoient moins pleins que tendus, moins nourris de pensées que de paroles, et il leur préfère, avec raison, ses admirables lettres à Christophe de Beaumont et à d'Alembert, qui sont des modèles d'éloquente simplicité. Il n'y a pas plus de quinze ans que notre grand écrivain vivant a enrichi sa prose de cette naïveté d'expressions qui en relève si puissamment la magnificence, et qu'il est parvenu à lui donner tout à fait cette *disinvoltura* qui a l'aisance et l'abandon d'un grand seigneur en frac. Cependant, malgré des défauts saillants de composition et de style, qui se reproduisent trop souvent, et qui seront aujourd'hui plus sensibles dans un genre dont le *René* de M. de Châteaubriand a depuis atteint l'apogée; malgré un rôle inconvenant, dont la position est ridicule dans nos mœurs, et qui ne pouvoit être conçu que par une âme tendre et ingénue, mais tout à fait étrangère aux moindres bienséances de notre monde, les *Dernières aventures du jeune d'Olban* obtinrent un succès qui ne s'est pas démenti jusqu'à nous dans une certaine classe de lecteurs. Si les conjectures que j'ai formées sur l'auteur, diversement illustre, de cet ouvrage anonyme, et dont ce n'est pas ici la place; si cette hypothèse, dis-je, qui aura, du moins jusqu'à nouvel ordre, l'attrait d'une énigme assez singulière, pouvoit se convertir en certitude, elle prouveroit qu'une organisation sensible et passionnée jusqu'à ce degré d'effusion véhémente, que l'imbécile vulgaire appelle exaltation ou délire, n'exclut pas les qualités qui commandent l'estime et le respect, et ce seroit autant de gagné sur les théories glacées des hommes positifs.

L'AMOUR ET LE GRIMOIRE.

Ne vous effrayez pas, âmes débonnaires et pieuses, du titre incendiaire de cette historiette. Je vous atteste que je ne me crois pas damné, et qu'il s'agit tout au plus ici d'un cas de conscience que le moindre *absolvo* d'un curé de votre village régleroit à l'amiable; mais enfin je vieillis vite et bien vite, puisque le monde ne m'amuse plus; et je ne suis pas fâché d'avoir le cœur net du dernier de mes scrupules.

Je confesse donc que j'ai eu deux grandes et puériles passions dans ma vie, et qu'elles l'ont absorbée tout entière.

La première des deux grandes et puériles passions que j'ai eues dans ma vie, c'étoit l'envie de me trouver le héros d'une histoire fantastique, de coiffer le chapeau de Fortunatus, de chausser la botte de l'Ogre, ou de percher sottement sur le Rameau d'or, à côté de l'Oiseau bleu. Vous me direz que ce goût n'est pas excusable dans une créature intelligente qui a fait d'assez bonnes études; mais c'étoit ma manie.

La seconde des deux grandes et puériles passions que j'ai eues dans ma vie, c'étoit l'ambition de faire, avant de mourir, quelque bonne histoire fantastique, bien extravagante et bien innocente, dans le goût de mademoiselle de Lubert ou de madame d'Aulnoy, parce que M. Perrault me paroissoit trop fort, et d'en amuser, au moins, pendant quelques générations, une petite postérité d'enfants badins et joufflus, aux joues roses, à l'œil éveillé, qui se souviendroit joyeusement de mes inventions pendant les heures les plus rebutantes du travail, et même aux heures délicieuses où l'on ne fait rien!

Quant à l'autre postérité que vous savez, figure pâle, efflanquée, insignifiante, stupide, qu'on vous montrera au prochain salon, et qui tient suspendues, au bout de deux vilains bras, deux vilaines couronnes de lauriers en plâtre, je vous jure sur l'honneur que je n'y ai jamais pensé.

Quoi qu'il en soit, je ne saurois me dissimuler que ces deux frénésies ont singulièrement déteint sur ma vie réelle et sur mon triste métier de conteur de fariboles. Il faut bien qu'il en aille ainsi. Défense à moi de réciter un fait patent, un événement qui s'est passé *coràm populo, senatu et patribus,* une de ces histoires sur la sincérité desquelles on se donneroit au diable sans qu'on crie à la fantaisie. Je parle de trois femmes charmantes que j'ai aimées en tout bien, tout honneur, et que j'ai vues mourir en quinze ans. — Trois femmes mortes en quinze ans! mais c'est une fable à dormir debout! fantastique! — Attendez, monsieur, s'il vous plaît! c'est que j'en ai aimé sept cents pendant ce temps-là, et cela rend un peu moins hyperbolique le chiffre de la mortalité. D'ailleurs, je vous ai parlé à dessein et très-exclusivement de mes amours posthumes, parce qu'un autre genre de confidences auroit été de mauvais goût dans ma jeunesse, et que je ne suppose pas qu'on ait rien changé aux bienséances. La pudeur de ces mystères ne s'affranchissoit de ses voiles qu'en prenant ceux du deuil et du veuvage, et c'est alors seulement qu'on permettoit à la douleur du survivant l'effusion respectueuse et délicate d'un sentiment longtemps caché! — Eh bien, raison de plus! fantastique, morbleu! fantastique s'il en fut jamais!

Fantastique si vous le voulez : fantastique, puisqu'il le faut ! Hélas! je ne demanderois pas mieux ; je voudrois bien en trouver dans mes souvenirs, du fantastique! Eh! que n'aurois-je pas échangé contre un peu de fantastique, surtout quand j'ai connu le vrai de ce monde, quand l'expérience me l'a fait percevoir et absorber par tous les pores? Du fantastique, mon Dieu! mais j'aurois donné dix ans de ma vie, et j'aurois fait un grand marché, pour la rencontre d'un sylphe, d'une fée, d'un sorcier, d'une somnambule qui sût ce qu'elle disoit, d'un idéologue qui se comprît ; pour celle d'un gnome aux cheveux flamboyants, d'un revenant à la robe de chambre de brouillards, d'un follet grand comme rien, du diablotin le plus succinct de corps et le plus pauvre d'esprit qui ait jamais grêlé sur le persil depuis le diable de Papefiguière. Pas possible, monsieur! s'il y avoit eu du fantastique à trois mille lieues à la ronde, il auroit été pour moi ; mais il n'y en avoit pas!

Et je ne sais ce qui seroit arrivé dans ma foi poétique dans le monde merveilleux, si je n'avois cédé un jour à l'étrange idée que je vous disois, celle de me donner au diable. C'est, à parler franchement, une résolution un peu dure, mais elle simplifie admirablement la question.

A l'époque dont je parle, j'aurois été bien fâché de ne pas passer pour un mauvais sujet : d'abord parce que c'étoit la mode, et puis parce qu'il est agréable d'occuper les femmes qui ne s'occupent jamais que des mauvais sujets. Je m'étois donc fait mauvais sujet, et j'en avois pris les licences au grand regret de mon excellent père, qui payoit chèrement mes professeurs pour me faire prendre des licences plus honorables ; mais je dois le dire tout de suite, afin de prémunir le lecteur contre l'infaillible dégoût qui s'attache à la renommée de Lovelace et de M. le chevalier de Faublas, oh ! je n'étois rien de pareil; j'en avois bien garde, vraiment. Vous ne trouveriez pas dans toute mon histoire trois pages qui pussent faire envie aux bonnes fortunes de votre valet de chambre, si vous en avez un, ce que je ne vous souhaite pas, car c'est un grand embarras. J'étois mauvais sujet sans préjudice de la morale et du sentiment, mauvais sujet timoré pour tout ce qui peut imposer le respect, pour tout ce qui peut effaroucher la bienséance, un de ces conquérants à l'amiable, qui ne tentent leurs invasions que dans les pays de bonne volonté. Cependant on savoit que j'étois mauvais sujet, parce que j'étois mauvais sujet à découvert, libertin affiché, séducteur en titre de tout ce qui vouloit être séduit, et cela pour me faire honneur. A cet énorme défaut près, j'ose dire que personne n'avoit des principes plus arrêtés sur les mœurs, et que je les portois en tout et partout à un degré d'observance judaïque, dont la combinaison, incroyable avec mes désordres expansifs, n'avoit pas de nom de mon temps. On pourroit appeler cela maintenant de la débauche éclectique, un libertinage doctrinaire, mais ce n'est pas la peine, parce que cela ne se rencontrera plus : les jours sont devenus trop mauvais.

Pour faire comprendre ma philosophie, car c'étoit une philosophie si on veut, il faut mettre l'exemple à côté de la définition, et j'ai peur encore qu'on ne me comprenne pas. L'idée de porter un moment de trouble dans un cœur innocent que la société me refusoit, l'idée de relâcher le moins du monde, par un effort criminel, un lien que la société avoit formé, auroit suffi à me faire subir une anticipation très-réelle des maux de l'enfer. Je me serois sauvé de Clarens au premier sourire significatif de Julie d'Étanges, de peur de ses âcres baisers. J'aurois laissé mon manteau dans les mains de la jolie épouse de Putiphar, eût-il valu celui d'Élie, par qui on devenoit prophète, mais rien ne m'arrêtoit pour goûter un fruit qui avoit perdu sa fleur, et qui étoit tombé de sa branche nourricière sans être recueilli par la main dédaigneuse du jardinier. — Ma foi, disois-je, il est agréable et doux, et je le savoure sans en faire tort à personne. — De sorte que si le maître s'étoit trouvé là de fortune, j'aurois pu répondre à ses reproches : « Pardon, maître! je ne maraude pas; c'est que je glane. »

Et cette conviction m'avoit procuré l'inappréciable sécurité du cœur, qui est la première récompense de la vertu.

Voilà précisément pourquoi j'étois alors un mauvais sujet, et ce qui m'avoit fait appeler *mauvais sujet* par excellence, comme un véritable prototype de l'espèce.

Je viens de dire de moi des choses si flatteuses, que j'ai quelque pudeur d'y ajouter encore. Cependant, je me le dois à moi-même, comme on dit, pour l'exactitude de ce récit qui est presque la seule chose du genre merveilleux que j'aie écrite : la seule chose merveilleuse, c'est une autre affaire, et cela dépend des goûts. Le plus extraordinaire des résultats de mon système, c'est que j'avois fait des élèves parmi de bons et dignes jeunes gens de mon âge, nés avec une singulière aptitude à la perfectibilité, et que j'étois heureusement parvenu à détourner du crime par la facilité du vice, en attendant que mes leçons portassent de meilleurs fruits et les convertissent tout à fait. Une vingtaine d'années après, c'étoient des hommes modèles. Le temps n'y a pas nui, mais c'est peut-être à moi qu'ils doivent de n'avoir point de remords, douce et précieuse allégeance pour leur vieillesse. Je ne sais pourtant comment cela se faisoit, mais les femmes de bonne compagnie nous avoient en exécration.

Le premier de mes acolytes s'appeloit Amandus. C'étoit mon lieutenant en pied, mon ménechme, mon *alter ego* dans toutes ces affaires de cœur où le cœur n'est pas intéressé, qui se multiplient par le seul acte de la volonté, qui se compliquent par les moindres condescendances de la politesse, et qui réduiroient un pacha sans auxiliaire à se rendre de guerre lasse en huit jours. Amandus étoit à la vérité un joli garçon complet. Avec une tournure à peindre, un jargon à étourdir, une suffisance accablante, il jouoit tous les jeux dans la perfection, et ne jouoit jamais sans perdre; montoit à cheval comme un centaure, et se rompoit quelque membre tous les mois; tiroit des armes comme Saint-Georges, et sortoit régulièrement de ces duels avec un bras en écharpe. Héritier d'une assez belle fortune, il l'avoit dissipée en six mois, ce qui prouve beaucoup d'esprit, et il trouvoit encore des dettes à faire, ce qui en prouve bien davantage. Enfin il n'y avoit qu'un cri sur son compte quand il traversoit un salon; c'est qu'Amandus étoit charmant. Amandus n'avoit pas le sens commun.

L'excellente éducation d'Amandus avoit été négligée sur un point que certains esprits routiniers tiennent pour capital. Il y a des taches dans le soleil. Soit incapacité, soit préoccupation, Amandus n'avoit jamais pu apprendre à écrire. J'incline à croire que c'est parce qu'il n'en sentoit pas la nécessité, et ce dédain cache une idée bien philosophique. Ce n'est pas qu'Amandus n'eût écrit s'il avoit voulu, mais il auroit mieux valu qu'il n'écrivît point. Ce n'est pas qu'Amandus n'eût une orthographe à lui, tant s'en faut! Elle étoit si bien à lui que personne n'avoit rien à y prendre : à y reprendre, je ne dis pas. Si je vous disois que c'étoit l'orthographe de M. Marle qui sera l'an prochain celle de l'Académie, vous me répondriez sans doute qu'il n'y a pas grand mal à écrire comme l'Académie, surtout si vous êtes de l'Académie, comme cela peut arriver à tout le monde; mais ce n'étoit pas l'orthographe de l'Académie, c'étoit l'orthographe d'Amandus, une orthographe miraculeuse! Amandus s'étoit avisé, au contraire de M. Marle, que le génie de l'écriture consistoit à déguiser le mot parlé sous toutes les formes qu'il avait vues éparses dans son syllabaire. A lui, sur tous les articles, sur tous les pronoms, sur toutes les particules, toutes les lettres parasites de la dernière personne du pluriel des verbes; à lui l'accent sur les lettres muettes ou atoniques, à lui le tréma sur les diphthongues, à lui l'apostrophe au milieu des mots, à lui de belles majuscules ornées, et des virgules, bon Dieu, des virgules partout! jamais on n'a vu tant de virgules! — Dans les habitudes de l'amour vulgaire dont j'ai parlé, cela ne tiroit pas à conséquence; la plupart de nos héroïnes ne savoient pas lire, mais si elles avoient su lire, elles auroient été dans un cruel embarras! Il y avoit cependant des occasions difficiles, des chances de notabilités galantes dans lesquelles je devenois d'un immense secours avec mon orthographe triviale que je n'avois pas jugé à propos d'enrichir de toutes ces magnificences. Le seul des amis d'Amandus qui lui fût resté fidèle depuis qu'il étoit ruiné, je me dévouai bravement à l'interprétation de ces hiéroglyphes dont l'impénétrable obscurité feroit tressaillir l'ombre savante de Champollion. Je venois de quitter l'hébreu, je me mis à l'Amandus, je réussis à lire assez couramment au bout de trois ou quatre mois, et je me hasardai enfin à mettre mes propres idées à la place, quand un texte scabreux et rebelle déroutoit mon érudition ou fatiguoit ma patience. Les traducteurs prennent souvent le même parti quand ils n'entendent plus leur auteur. Amandus, dépouillé de son luxe grammatical, copioit ensuite mot pour mot et lettre pour lettre, comme l'Homère de l'Anthologie sous la dictée d'Apollon. La comparaison est un peu fière, mais elle n'est pas trop disproportionnée. Ce temps, je l'avouerai, ne fut pas perdu pour mes études, car j'appris ainsi à tourner convenablement une lettre d'amour, et je m'étois obstiné jusqu'alors à n'en pas écrire une seule. Les écrits restent.

Nous ne fréquentions pas ce qu'on appelle la mauvaise société, mais la nature de nos occupations nous conduisoit rarement dans ce qu'on appelle la bonne. Voyageurs nomades au milieu de la vie, nous plantions tous les soirs notre tente aventurière entre deux mondes auxquels nous participions également, retenus au premier par les liens de l'éducation et de l'habitude, rappelés à tout moment vers le second par des plaisirs commodes et des conquêtes sans alarmes. Si la topographie de ce double hémisphère ne vous est pas exactement connue, j'aurai l'avantage de vous apprendre que le point contingent en est occupé par le théâtre, et pour mieux caractériser la localité, par la galerie des premières dans les bonnes villes de province. A peine la toile étoit levée d'une part, qu'une douzaine d'yeux noirs ou bleus (je parle des scènes d'ensemble) venoient nous chercher sur notre divan et nous accueillir de délicieux reproches ou de séduisantes promesses. Le regard furtif d'une beauté qui soupiroit *à la cantonade* avant de faire son entrée, nous épioit en tapinois derrière *le manteau d'Arlequin*, ou jaillissoit par éclairs à travers les énormes bâillements d'un châssis mal ajusté, entre deux touffes de roses en toile peinte. Elle entroit enfin en déployant les richesses d'un gosier de rossignol ou de tout autre gosier qu'il vous plaira de mettre à la place de celui-là. Elle entroit aux murmures flatteurs d'une assemblée qui sembloit n'applaudir que pour nous, car nous remportions la moitié de toutes les ovations. Il me semble que nous avions aussi quelquefois notre part dans les sifflets, mais il faut savoir s'accommoder aux circonstances. Je me crois même sûr que j'étois de nous deux le plus intéressé dans les disgrâces, parce que mon caractère impatient et mobile me rendoit fort chanceux; mais nous partagions en frères, Amandus et moi, et nous ne comptions pas. Il me souvient, sans aller plus loin, que ma mauvaise destinée m'avoit imposé ce mois-là une Dugazon de cinq pieds sept pouces et d'un embonpoint à l'avenant, mieux taillée pour le frac surdoré du tambour-major des Suisses que pour le corset des bergères. Quand elle jouoit Babet (tudieu, quelle Babet!) et qu'il lui arrivoit de me foudroyer d'une œillade aimable, en fouillant un panier de vilaines fleurs avec de grosses mains et en chantant d'une voix heureusement plus déliée que sa formidable personne,

<blockquote>C'est pour toi que je les arrange,</blockquote>

oh! vous pouvez m'en croire! j'aurois béni le poignard bienfaisant qui seroit venu me percer le sein! Mais qu'y faire? C'étoit une des conditions essentielles de mon bonheur, parce que c'étoit une des sauvegardes inexpugnables de mon innocence. J'ai oublié de dire qu'elle étoit fort laide, mais elle louchoit horriblement.

L'autre partie du monde étoit dans les loges, et ceci est fort clair si l'on a eu la complaisance de suivre ma métaphore. Les loges, notre moralité nous défendoit d'y regarder, mais non pas d'y voir, et à force d'avoir vu ce qui est bon à voir, on y regarde. C'est qu'il y avoit alors dans une des loges de ce petit théâtre d'une petite ville, et je ne vous dirai pas au juste quelle ville c'étoit, sinon que vous êtes parfaitement libre de la chercher à l'ouest, il y avoit, dis-je, dans la troisième loge de droite, une de ces figures d'ange qui font damner les hommes et rêver les saints. Je ne sais pas peindre, mais vous peignez à merveille quand vous avez une palette. Mettez seize ans, une taille de roseau, une peau blanche et cependant animée, sous laquelle le sang circule comme un esprit de vie, colorant tout et ne rougissant rien, des cheveux blonds qui se floconnent comme une vapeur sur des épaules où le regard coule comme feroit la main; relevez cela de je ne sais quoi de pur et de céleste qui ne peut pas se décrire, des traits qui auroient porté le sculpteur de la Vénus à se couper la gorge avec son ciseau, et d'un regard large et bleu qui enchante comme le ciel et qui brûle comme le soleil, vous n'aurez pas d'idée de la millième partie des perfections de Marguerite.

Marguerite avoit perdu fort jeune son père et sa mère. La pauvre petite étoit restée avec quatre-vingt mille francs de rentes aux soins d'une tante maternelle, veuve encore agaçante, qui passoit de si peu la quarantaine que ce n'est pas la peine d'en parler, et qu'on n'accusoit pas d'être insensible aux soupirs d'un cœur bien épris. Je m'en étois trouvé très-vivement et même très-significativement amoureux un ou deux ans auparavant (c'est de la tante que je parle), et cela m'avoit coûté je ne sais combien de mortelles heures de projets, d'angoisses et d'espérances, mais sans autre résultat, parce que cette passion m'étoit justement survenue la veille du jour auquel remonte l'ère mémorable de mes amours philosophiques. Depuis je n'y avois pas pensé une fois, même dans ces moments extatiques où l'âme se berce entre deux sommeils, et mon imperturbable mémoire, si fidèle au nom des mouches et des papillons, auroit peut-être perdu jusqu'au nom de la tante, si la tante n'avoit pas eu de nièce. Je n'ai pas besoin de dire que l'âge et l'innocence de cette charmante enfant (c'est de la nièce qu'il est maintenant question) jetoient entre elle et moi un espace infranchissable. Quatre-vingt mille francs de rentes, c'étoit bien pis! j'en avois à peine le capital en passif.

— Tu manques à nos conditions, me dit un jour Amandus, tu regardes aux loges!

— Comme les enfants morts sans baptême regardent le ciel depuis les limbes, lui répondis-je, et sans appeler de si haut un regard pour un regard. D'ailleurs, j'ai mes raisons, et je n'en fais pas mystère. Le temps marche impitoyablement, pendant que nous croyons éterniser le présent dans quelques heures de folie; et tout jolis garçons que nous voilà, nous risquons fort de vieillir aussi bien que les sept sages de la Grèce. Tu as encore en perspective une assez douce vie à couler entre les aimables loisirs de la paresse et le galant exercice de la chasse au renard dans les halliers de la Vulpinière, si ton oncle, désarmé par une conduite plus exacte, veut bien te laisser à sa mort, qui ne se fera pas attendre longtemps, son castel délabré, son colombier et ses broussailles. Moi, je n'ai ni oncle, ni castel, ni colombier, ni broussailles, ni renards en espérance : trop heureux, quand mes créanciers se seront partagé mes tristes dépouilles, de trouver un public d'assez bonne composition pour lire mes romans, et surtout pour les acheter! J'ai donc besoin de m'inspirer de quelque type qui vive à jamais dans mes souvenirs, de rêver, de caresser, de nourrir dans ma pensée quelque adorable figure, et quand je la rencontre, je la prends.

— La petite Marguerite, dit Amandus en épanouissant son binocle et en le tournant effrontément sur cette figure divine devant laquelle ma paupière s'abaissoit d'admiration et de respect. — C'est qu'elle est vraiment fort bien. Je te remercie de me l'avoir fait remarquer.. Il y a quelque chose, comme tu dis, qui exalte l'imagination, et qui cependant repose le cœur, — une morbidesse raphaëlesque, ne trouves-tu pas? — On se sent plus pur de la voir; on se sent meilleur d'y penser. Ravissant privilége de l'innocence! étrange sympathie des belles âmes! Hélas! mon vertueux ami, quelle perle, quel diamant dans un comptoir de modistes ou dans un groupe de figurantes! La fortune aveugle a tout gâté, mais elle n'en fait jamais d'autres. Il faut avouer que la destinée est d'une sottise bien amère de jucher ce minois délicieux dans un carrosse, au lieu de nous le montrer ce soir entre deux quinquets dans la coulisse des soupirs.

Je frissonnai d'indignation... — La coulisse des soupirs étoit la quatrième à gauche.

— Eh bien, inspire-toi, reprit Amandus en appuyant sa tête sur mon épaule, et en s'étalant sur la banquette, à mon grand scandale, car Marguerite pouvoit nous voir. — Inspire-toi de Marguerite, si cela te convient, car j'ai plus affaire que jamais de tes inspirations. Fais des romans, Maxime, fais des romans! Le mien, si je ne me trompe, touche à un dénoûment heureux. Mon oncle ne manque pas de bonne volonté pour moi, et je le sais décidé à m'assurer sa mince fortune le jour où je ferai mon premier acte de sagesse en me mariant honorablement.

— Te marier honorablement! m'écriai-je. Y penses-tu, Amandus? penses-tu à te marier?

— Pourquoi pas? continua-t-il avec un éclat de rire. Me crois-tu incapable d'une idée grave et d'une ferme résolution? — Mon Dieu, qu'Aglaé est mal faite aujourd'hui, et que sa toilette de mauvaise grâce est convenablement assortie à ses minauderies d'éléphant! — Il faut faire une fin, Maxime, une fin raisonnable, une fin sérieuse et très-sérieuse, quand on n'a plus d'argent. C'est l'avis de mon oncle et celui de la sagesse. Tu ne sais pas, toi, ce que c'est que la sagesse; mais cela te viendra. — Tiens, voilà qu'elle chante faux maintenant! — Inspire-toi donc pour me tourner une petite déclaration bien expresse, bien passionnée, bien sincère — là, un aveu sans détour de mes foiblesses, de mes erreurs, de tout ce que tu voudras; je n'y regarde pas. Taille, tranche, augmente si tu peux, retranche si tu l'oses! Tu es ma conscience, tu es mon cœur, tu sais tout ce qui repose de tendresse et de bons sentiments dans ce sein fraternel qui bat contre le tien! — Remarques-tu cette possédée de Laure qui ne m'a pas perdu de vue de la soirée..... Mais elle a beau se pincer les lèvres, il lui manque deux dents.

— Encore seroit-il à propos, repris-je sans avoir égard à ses digressions, que j'eusse quelque idée de l'heureuse fille qui a fixé ton choix, pour assortir ma correspondance aux convenances de ta proposition. *Est modus in rebus; sunt certi denique fines.* — Et puis je ne devine pas.....

— Il n'y a ni finesse ni rébus, Maxime; et si tu devinois, tu en saurois vraiment plus que moi sur l'avenir où je me précipite la tête baissée pour me sauver du présent. Si tu devinois, je te prierois de me dire à qui je pense, et quel est l'objet auquel le premier de mes amours raisonnables s'est attaché. Je ne te demande pas de deviner, de par tous les diables! je te demande une circulaire gracieuse et formaliste en beaux termes, comme *Télémaque* ou *la Princesse de Clèves*, qui puisse s'introduire sous l'adresse de tout le monde, un passe-partout épistolaire, un extrait de ton invention que je me hasarde à jouer à la loterie du mariage. Parle de candeur, de vertu, de beauté; ne te mêle pas de la couleur des cheveux, parce que cela pourroit nous faire tomber dans quelques méprises. Je copierai tout avec exactitude; la poste et mon étoile se chargeront de mes espérances; et mon digne oncle, qui veut que je prenne une femme, n'aura rien à me reprocher quand je pourrai lui démontrer que j'ai été refusé par cinquante. — Ou bien il en viendra deux, trois, une douzaine, je ne sais combien; et alors tu choisiras tout de suite après moi, mieux que moi, peut-être! tu as la main si heureuse!

Le traître! Aglaé chantoit, cependant!

— Moi! laisse donc, répondis-je avec aigreur, je n'ai pas le domaine de la Vulpinière!

— Eh quoi! cette foible espérance te tiendroit-elle à cœur! je vais la jouer contre ton cheval ou contre Aglaé, à la première rafle.

— J'ai vendu mon cheval hier; je te donne Aglaé ce soir, si tu la veux; quant à la lettre, je la ferai si j'y pense.

La correspondance alla son train; car, à ma grande

surprise et à celle d'Amandus sans doute, il n'en fut pas pour les frais de son initiative. Je ne jugeois pourtant de ses progrès que par ses importunités, car il étoit devenu discret, et je n'ai jamais été curieux. Quand nous en fûmes aux grands parents, je tombai de mon haut. Les difficultés ne procédoient plus que d'eux, et je m'abîmois dans l'idée qu'il se fût trouvé une femme assez intrépidement résolue pour croire aux incroyables serments d'Amandus.

Nous allions encore au spectacle, mais très-rarement; Amandus surtout, qui commençoit à garder, suivant sa promesse, un certain quant à soi fort respectable. J'étois malheureusement retenu, comme on sait, par un autre lien; ma colossale bergère n'avoit pas encore enfoncé les planches, et il ne s'étoit pas rencontré d'homme assez hardi pour me débusquer, quoique ce fût un beau temps de passage pour la cavalerie. Je ne me sentois pas d'aise à l'arrivée d'un régiment de dragons, tout brillant d'épaulettes, de poussière et de gloire, dont les chevaux piaffoient sous sa fenêtre. Vaine espérance! les hussards les suivirent, et ces papillons de plaisir et de guerre qui butinent partout ne daignèrent pas effleurer Aglaé d'un coup d'aile. Je comptai inutilement sur le courage éprouvé des cuirassiers. Aglaé conserva dans cette longue épreuve tous les honneurs d'une fidélité sans nuage, et en fit valoir tous les droits. C'étoit une femme inexpugnable, une constance à faire mourir. Sa vertu est de toutes les contrariétés que j'ai subies en amour celle qui m'a donné le plus d'envie de me brûler la cervelle.

Je ne cherchois qu'un prétexte pour m'exiler à jamais du monde, et ce fut le plus pur de mes sentiments moraux qui me le fournit, au moment où je m'y attendois le moins. J'avois déjà remarqué que Marguerite faisoit plus d'attention à nous que je ne l'aurois voulu. Cette préoccupation avoit même pris depuis quelque temps un caractère qui m'inquiétoit, l'expression d'un intérêt affectueux, d'une sensibilité rêveuse, de ce je ne sais quoi de vague, de tendre et d'idéal qui annonce au front pudique d'une jeune fille le développement d'un penchant secret. — Infortune et désolation! me dis-je en moi-même, serois-tu condamnée par ta mauvaise étoile, pauvre et gracieuse enfant, à aimer l'un de nous deux? Ah! je ne serai du moins pas complice de sa rigueur! Le temps des examens va venir, et je n'ai pas ouvert un livre pour m'y préparer. Eh bien! je renonce pour le travail à toutes ces déceptions passagères qu'on appelle des voluptés! Je lirai, s'il le faut, les dix volumes de Jacobus Cujacius dans l'édition d'Annibal Fabroti, *cum promptuariis*; je les lirai (*horresco referens*) avant de m'occuper d'une femme, et j'en prends à témoin l'ombre de Justinien! — Là-dessus je sortis de la salle, et je rentrai chez moi pour expédier un congé définitif à Aglaé. Je n'ai pas besoin de vous dire que cette résolution m'affranchit d'un grand fardeau.

Il y avoit probablement une assurance persuasive dans la communication que je fis le lendemain à mon père de ce nouveau plan de vie, car il me fit présent à l'instant, pour reconnoître mes sacrifices, de sa bibliothèque tout entière, et du joli pavillon qui la contenoit. C'étoient les deux choses qu'il aimoit le mieux après moi. Je passai le jour à y disposer tout ce qui pouvoit servir à mes études ou embellir mon exil volontaire, et je m'aperçus, à la satisfaction dont me comblèrent ces soins agréables, que le bonheur avoit plus d'un aspect. Que dis-je! le bonheur pur d'une âme contente d'elle-même l'emporte sur nos bonheurs imaginaires par sa durée comme par son objet. Je fus heureux jusqu'au soir : il ne m'en étoit jamais tant arrivé.

Le soir je bâillai; je regardai vingt fois à ma montre dans dix minutes; le premier coup d'archet de l'orchestre me poursuivoit; le bruit presque aussi discord des loges ouvertes et fermées retentissoit dans mon oreille; mes narines sollicitoient en vain dans un air, hélas! trop pur, le maussade arome qui se compose de la vapeur des lampes fumantes et de l'exhalaison des essences. Je demandois le délicieux regard de Marguerite à tous les attiques, à tous les lambris; je le demandois à toutes les tablettes de ma bibliothèque, et mes yeux ne rencontroient que le Jacobus Cujacius d'Annibal Fabroti.

Je serois curieux, m'écriai-je enfin, de savoir si ses regards étoient pour lui — ou s'ils étoient pour moi, — et comme il a emprunté ce matin une chaise de poste, il faut bien qu'il soit en voyage. Une meilleure occasion d'éclaircir mes doutes ne se présentera jamais, et je n'en serai que mieux confirmé, quel que soit le résultat de cette épreuve, dans les raisonnables desseins que j'ai formés. Je travaillerai demain!

Cette fois-là je n'eus pas à m'y tromper: je vous le déclare avec toute la suffisance que peut inspirer à un sot la plus inespérée des aubaines de l'amour : ces regards, ils étoient pour moi, pour moi seul! Vous me direz que j'étois seul, et que semblable à ce fossile merveilleux dont les pores amoureux de la lumière en recèlent encore quelques pâles atomes longtemps après le coucher du soleil, je n'étois peut-être pour Marguerite que la pierre de Bologne d'Amandus. Cette idée ne me vint pas; et puis, d'ailleurs, si je m'y connoissois, et quel homme ne croit pas s'y connoître? il y avoit dans l'expression intelligente et significative de cette physionomie céleste une pensée qui ne pouvoit se rapporter qu'à moi, et qui n'attendoit que de moi l'échange d'une pensée. J'essayai, je frémis de comprendre, je m'armai d'un courage héroïque, et je m'enfuis la mort dans le cœur, à force de me croire heureux!

Non, non, Marguerite! je ne violerai pas le sanctuaire de ton âme innocente pour y allumer ou pour y entretenir une passion qui nous perdroit tous les deux! Non, je ne transplanterai pas dans le stérile désert de ma vie ta tige si fraîche et si délicate avec ses fleurs embaumées ! Et cependant quel autre que moi t'aimera comme tu dois être aimée ! J'aurois été l'autel de tes pieds, la harpe de tes soupirs, le vase de tes parfums ! j'aurois brûlé devant toi comme l'encens ! je me serois anéanti dans un rayon de tes yeux comme une goutte de rosée dans les feux du midi ! Oh ! je ne crois pas que j'eusse dénoué les cordons de ta robe virginale avec des mains d'homme ! je me serois purifié au cratère d'un volcan avant d'approcher de toi, et mes lèvres elles-mêmes ne se seroient collées à ton sein qu'à travers un voile, de crainte de le profaner... Mais tu es riche, Marguerite, et il n'y a point d'événement possible qui puisse te dépouiller assez complétement de tant de biens inutiles pour te réduire à l'égal de ma fortune ! Tu ne serois encore que trop au-dessus d'elle et trop digne des rois !... Non, Marguerite, je ne vous reverrai jamais... — à moins que le diable ne s'en mêle.

En finissant cette apostrophe poétique, dont la fin triviale gâte un peu le commencement, je tombai d'accablement dans mon fauteuil, qui étoit par bonheur souple, élastique et profond. Dine alluma sur mon bureau trois bougies, luxe inaccoutumé de mes nuits, qui me témoignoit par une preuve de plus la satisfaction de ma famille, et je restai livré à ma studieuse solitude.

Je me penchai un moment sur mon balcon. Le ciel étoit limpide comme un lac, émaillé comme une prairie. On entendoit à peine le souffle de l'air dans les rameaux de mes jeunes arbres, et il sembloit ne les traverser, en se jouant, que pour en rapporter des émanations suaves. Le rossignol chantoit dans le lointain ; les phalènes bruissoient doucement en voletant sous les feuilles. C'étoit une belle soirée pour un autre amour que celui qui m'étoit connu, un magnifique empyrée dont j'aurois voulu parcourir les sphères innombrables avec la rapidité des feux qui s'y croisoient de toutes parts, mais dont mon âme ne pouvoit pas plus sonder la profondeur que mes yeux. Je fermai tout pour me délivrer de ces distractions immenses, et je m'assis, dans l'intention de me mettre tout de bon à la besogne, après avoir laissé tomber un dernier sourire de satisfaction sur l'admirable ordonnance de mon cabinet. Sa description n'est pas moins nécessaire ici que la carte du Latium à l'Énéide de Virgile.

Mon père avoit fait construire ce pavillon, dans des temps plus heureux, entre sa cour et son jardin, au-dessus d'une vaste allée-cochère, qui auroit pu aisément remiser dans ses flancs spacieux le cabriolet que je n'eus jamais. Tout le bâtiment ne contenoit qu'une longue chambre en parallélogramme, éclairée à l'est et à l'ouest par des fenêtres ogives, et qui s'ouvroit au midi sur un jardin de peu d'étendue, mais assez bien conçu dans sa distribution. Ce point étoit le seul par lequel on pût arriver à ma chambre, soit qu'on y vînt de la cour, soit qu'on y entrât du jardin, ce qui n'étoit pas difficile, son étroite enceinte communiquant de toutes parts et par des portes toujours ouvertes aux larges enclos de nos voisins. C'étoit entre d'excellents vieillards, accoutumés à se voir depuis l'enfance, le rendez-vous philosophique d'Académus et de ses amis. Le double escalier tournant qui conduisoit au balcon n'avoit pas plus de six degrés, parce qu'il s'élevoit d'une terrasse. Le second des côtés étroits du carré long qui faisoit face à l'entrée étoit occupé par mon lit, couchette modeste de l'étudiant, autour de laquelle s'arrondissoit en cloche le rideau blanc aux longs plis, passé sur une flèche dorée. Tout le reste de l'intérieur des murailles n'offroit rien à l'œil qui ne fût le dos d'un vieux livre. Ma table noire, taillée, dans une plus petite proportion, sur la même figure que ce petit édifice monoïque dont le souvenir me charme encore, en formoit le juste milieu; mais il restoit toute la place nécessaire pour circuler commodément autour d'elle, et pour en mesurer les quatre faces en vingt-quatre ou vingt-cinq pas, dans un espace de temps qui se précipite et se ralentit tour à tour, au gré des émotions du promeneur. J'y fis bien du chemin ce jour-là.

Toutefois je m'assis, et, jetant négligemment la main derrière moi à la tablette où s'appuyoit mon fauteuil, j'essayai d'en tirer le premier volume du beau *Traité de la procédure civile*, par Robert-Joseph Pothier, et je ramenai devant moi l'*Histoire des apparitions* de D. Calmet, qui est, comme tout le monde le sait, un des meilleurs recueils de facéties infernales qu'on puisse lire. La page étoit curieuse. Je tournai six fois le feuillet. Quelle misère, pensai-je enfin, qu'un homme aussi docte ait pu donner à plein collier dans de pareilles balivernes, comme une vieille femme de village qui rêve esprits et démons en ramassant des feuilles mortes et quelques bouts de ramées à la lisière des bois! Je voudrois bien vraiment que le diable m'apparût, et il ne tient qu'à moi de l'évoquer, puisque j'ai ici la *Clavicule du roi Salomon* et l'*Enchiridion de Léon pape* en manuscrit authentique, héritage précieux d'un dominicain de notre famille, qui s'est servi mille fois de ce grimoire pour la délivrance des possédés. La conversation du diable, en personne naturelle, seroit aussi amusante et aussi instructive, si je ne me trompe, que celle de Pothier et de Cujas; et s'il est difficile d'obtenir de lui cette faveur, qu'Agrippa et Cardan payèrent un peu cher, elle mérite au moins d'être tentée par un esprit résolu.

Cela dépendoit en effet d'un simple acte de ma volonté; car j'avois justement ce méchant grimoire sous les yeux, entre mon écritoire et mon sablier. Je ne sais qui diable l'avoit mis là.

J'allongeai sur lui des doigts tremblants, comme si le seul contact du parchemin éraillé avait dû faire passer dans mes sens quelque influence de malédiction. Il n'étoit que froid, sale et grippé. Je développai ses huit plis sans qu'il s'en exhalât le moindre atome de soufre ou de bitume brûlant. La terre ne tressaillit point; la flamme de mes bougies continua de reposer calme et blanche sur ses lumignons bleus; mes volumes inébranlables restèrent endormis sous les doctes tissus de leurs araignées bibliophiles. Je m'enhardis, j'essayai de lire, je lançai à haute voix dans l'air les formules solennelles de l'esprit de Python, dont je commençois à être animé, jusqu'à en faire résonner mes vitres innocentes, qui n'avoient jamais vibré sous de telles paroles. — Mais c'étoit bien un autre grimoire que je ne l'avois pensé. Je n'avois pas parcouru douze lignes du livre fatal que je me trouvai arrêté par des signes inintelligibles et vraiment diaboliques, par des symboles impénétrables et par des lettres innommées dans les alphabets de la terre, qui me coupèrent la parole.

Un autre auroit perdu courage à l'aspect de ces monogrammes hétéroclites, de ces hiéroglyphes de l'autre monde, qui pouvoient bien n'être, au bout du compte, que le caprice d'un charlatan de copiste. Imprudent, mais décidé, je me campai fièrement parmi mes bougies, en m'écriant d'une voix énergique : Venez à moi, saint et crédule Sperberus, savant Khunrath, immortel Knorr von Rosenroth! et toi, bon Gabriel de Collange, qui usa jadis une si digne vie à te rendre l'indéchiffrable traducteur de l'indéchiffrable Trithème! Venez, et développez-moi ces mystères dont l'ignorance seule peut s'effrayer!...

Le diable ne bougea pas plus qu'auparavant; car il faut que j'avertisse mes lecteurs, ce ne sont pas des noms de démons que je viens de prononcer, ce sont tout bonnement des noms de cabalistes.

Pour la première fois peut-être, ces braves auteurs virent flotter leurs signets jaunis sur des pages exposées au jour des flambeaux, et dont les angles rompus avoient vieilli sur la poussière. Je ne me sentis pas de surprise en comprenant, à travers ce long labyrinthe d'une folle science, tout ce qu'il avoit fallu de loisir, de patience, et surtout de bonne volonté, pour retrouver tant de langues perdues, sans en excepter celle des anges, qui est la plus sûre; mais la besogne ne m'épouvante pas quand elle m'amuse. Je vins à bout de celle-là en vingt minutes, qui suffiroient pour savoir tout ce qu'il y a d'utile à savoir si on les employoit bien. Je déclamai le grimoire nettement, et, j'ose le dire, sans fautes. Minuit sonna comme je finissois, et le diable, qui est essentiellement rebelle, le diable ne vint pas. Le diable vient fort rarement; il ne vient même plus sous la figure que vous savez, et cependant il ne faut pas s'y fier; car il a tout l'esprit nécessaire pour en prendre de plus séduisantes, quand il est bien sûr d'avoir quelque chose à y gagner.

Il faut convenir, dis-je en me replongeant dans mes coussins, que j'ai joué gros jeu à cette expérience d'étourdi. Quel embarras pour moi s'il m'étoit apparu en me demandant, suivant l'usage, d'une voix creuse et terrible, ce que j'exigeois de lui? On ne l'appelle pas impunément. Ses questions veulent des réponses, et c'est une adverse partie dont on ne se débarrasse pas comme d'un plaideur maladroit, avec quelque méchante fin de non-recevoir. Quelle grâce aurais-je essayé d'impétrer de sa noire puissance, en échange de ma pauvre âme que j'avois jetée sur le tapis de la damnation, ainsi qu'un enjeu de peu de valeur? De l'argent? A quoi bon? Les cartes m'ont été si favorables cette semaine, que le prix de mon cheval s'est presque décuplé dans ma bourse; une pièce d'or de plus n'y tiendroit pas, et je payerois trois de mes créanciers, si je le voulois. Du savoir? J'en ai plus qu'il ne m'en faut, sans vanité, pour mon usage particulier, et les honnêtes gens qui ont la bonté de prendre un peu d'intérêt à mes succès à venir ne se gênent pas de prédire qu'il répandra sur mes ouvrages, si j'en fais jamais, un vernis pédantesque d'assez mauvais goût. Du pouvoir? Dieu m'en préserve! on n'arrive à en obtenir qu'au prix du repos et du bonheur. Le don de prévision, peut-être? Avantage fatal, qu'il faut payer de toutes les douceurs de l'espérance et de toutes les délices de l'incertitude! le vague de la vie, voilà ce qui en fait le charme! Des femmes et des aventures? Ce seroit abuser de sa complaisance; le pauvre diable ne s'est que trop bien exécuté sur ce chapitre-là.

— Et cependant, continuai-je en sommeillant à demi, s'il m'avoit présenté cette jeune Marguerite, si fraîche, si déliée, si blonde, si rosée... Diable! c'est une autre paire de manches, comme disoit M. de Buffon... — Si Marguerite, émue, palpitante, un peu décoiffée, une mèche de cheveux pendante sur le sein, et le sein presque affranchi d'un fichu mal attaché... — Si Marguerite avoit tout à coup monté mon escalier d'un pas furtif; si, arrivée à ma porte, elle y avoit frappé d'une main timide, qui désire et qui craint d'être entendue, trois petits coups discrets... tac, tac, tac...

Je dormois à moitié, comme on sait, et je répétois vaguement... tac, tac, tac... en m'endormant tout à fait.

— Tac, tac, tac... — Ceci, ô merveille incompréhensible! ne se passoit plus dans les ténébreuses régions de ma pensée assoupie. Je le crus cependant un moment; je me mordis les doigts jusqu'au sang pour m'assurer que je veillois.

— Tac, tac, tac... — On a frappé, m'écriai-je en grelotant de tous mes membres. Ma pendule sonna une heure.

— Tac, tac, tac... — Je me levai, je marchai précipitamment; je rappelai, je recueillis mes esprits épouvantés.

— Tac, tac, tac... — Je m'armai d'une de mes bougies; je m'avançai résolûment du côté du balcon; j'ouvris le volet... O terreur! jamais la nature n'a rien montré de plus ravissant aux yeux de l'amour; je crus que je mourrois de peur.

C'étoit Marguerite, appuyée aux glaces de la porte, plus belle mille fois que je ne l'avois vue, plus belle qu'on ne peut la rêver; Marguerite, émue, palpitante, un peu décoiffée, une mèche de cheveux pendante sur le sein, et le sein presque affranchi d'un fichu mal attaché. — Je me signai; je me recommandai à Dieu, et j'ouvris.

C'étoit bien elle; c'étoit sa main douce, veloutée, délicate; c'étoit sa main tremblante que je touchai sans me brûler. Je la conduisis, toute interdite, jusqu'à mon fauteuil, et j'attendis un signe de ses yeux pour m'asseoir à quelques pas de là sur un pliant. Elle appuya son bras sur un des bras du fauteuil, sa tête sur sa main, et voila son front de ses jolis doigts. J'attendois qu'elle parlât; elle ne parla point; elle soupira.

— Oserais-je vous demander, mademoiselle (c'est moi qui commençai), à quel inconcevable hasard je suis redevable d'une démarche si faite pour m'étonner?...

— Eh quoi! monsieur, reprit-elle vivement, ma démarche vous étonneroit! n'étoit-ce pas une chose convenue?

— Convenue, mademoiselle, convenue, cela est vrai, quoique la convention n'ait été stipulée selon toutes les formes requises en pareil cas, et qu'elle soit loin d'être aussi positive et aussi valable en bonne justice que vous paroissez le croire. Il survient des idées si étranges dans un esprit malade qu'un amour imprudent a égaré... Enfin, pour vous dire vrai, je ne comptois pas du tout sur le bonheur... qui m'accable...

Je ne savois plus ce que je disois.

— Je vous comprends, monsieur, le dénoûment vous rebute de l'entreprise. Accoutumé à des plaisirs brillants, mais faciles, vous n'aviez jamais mesuré la portée des sacrifices du véritable amour...

— Arrêtez, Marguerite, et n'outragez pas mon cœur. La portée des sacrifices du véritable amour, je la connois... je m'en flatte.

(Je trouvois pourtant celui-là un peu fort.)

Mais encore, pourquoi n'est-il pas venu? pourquoi ne vous a-t-il pas accompagnée! Il falloit au moins entre nous cet échange de paroles qui est la première condition du contrat synallagmatique. Je ne sais pas si vous le savez.

— Après m'avoir enlevée il m'a quittée au bas de l'escalier, et il ne viendra me prendre qu'au point du jour.

— Vous prendre, ma chère enfant? mais je vous prie de croire que je n'ai traité que pour moi... si j'ai traité. Je lui dirois bien s'il étoit là.

— Il n'a pas osé monter auprès de vous, parce qu'il prévoyoit vos scrupules.

— Il n'a pas osé monter, dites-vous? Pas possible! je ne le croyois pas si timide.

— Je suppose qu'il a pu s'effrayer de l'irritabilité de vos sentiments, de la délicatesse de vos principes...

— Je lui en suis bien obligé; cela fait toujours plaisir; mais il faudra enfin que je le voie...

— Au lever du soleil, dans trois ou quatre heures d'ici.

— Trois ou quatre heures! dis-je avec expansion, en me rapprochant d'elle... Trois ou quatre heures, Marguerite!

— Et pendant ce temps-là, Maxime, reprit-elle avec douceur, en se rapprochant de moi, je n'ai d'abri et de protecteur que vous, puisqu'il faut que les portes soient ouvertes pour laisser passer sa chaise de poste...

— Ah! il faut que les portes soient ouvertes pour laisser passer sa chaise de poste, répliquai-je en me frottant les yeux comme un homme qui se réveille.

— Il vous auroit épargné l'inquiétude et la responsabilité du service que vous nous rendez à tous deux, si sa respectable mère n'étoit morte d'une fluxion de poitrine.

— Attendez, mademoiselle, m'écriai-je en repoussant mon pliant d'un coup de pied jusqu'à l'autre extrémité de mon cabinet, sa mère est morte d'une fluxion de poitrine! mais de qui me parlez-vous donc?

— Je vous parle d'Amandus, bon Maxime, d'Amandus, qui vous est si attaché et que vous aimez tant. Puisque vous ignorez ces détails, vous apprendrez qu'il est venu me chercher ce soir à l'heure indiquée entre nous pour m'enlever de la maison de ma tante, parce qu'elle s'obstinoit à lui refuser ma main. C'étoit le seul moyen, vous en conviendrez, d'obtenir d'elle une résolution plus favorable; mais comme il y avoit soirée, la cour étoit pleine d'allants, de venants et de domestiques qui auroient épié notre fuite, et nous nous sommes sauvés par les jardins. A peine a-t-il vu votre croisée éclairée qu'il m'a dit avec joie : « Vois-tu, Marguerite, le sage et studieux Maxime travaille encore; Maxime qui est mon frère, mon confident, ma providence; Maxime qui n'ignore aucun de mes secrets, et qui sera trop heureux, je connois son cœur, de te donner un asile jusqu'au jour. Monte et frappe avec assurance, Marguerite, pendant que je vais tout disposer pour notre départ. » Là-dessus, il m'a quittée; j'ai monté, j'ai frappé plusieurs fois sans reproche... et vous savez tout.

— Je n'en sais que trop; mais à tout prendre j'aime encore mieux cela qu'autre chose. Le principal, c'est que vous puissiez être heureuse. Vous avez donc une passion bien décidée pour Amandus? C'est pour lui, n'est-il pas vrai?

— Pour qui donc? Je ne lui ai parlé que trois fois; mais il écrit avec une chaleur si pénétrante, avec une tendresse si persuasive! il exprimoit avec une énergie si passionnée les sentiments qu'il éprouvoit pour moi, Amandus, mon cher Amandus!

— Attendez, attendez! C'est de ses lettres que vous parlez? — Et au même instant je m'arrêtai tout court, parce que j'allois dire, selon toute apparence, une sottise énorme. Je méditai ma pensée; je me réfugiai comme un personnage de mélodrame dans un *à parte* mystérieux. « Non, non, mon ami, dis-je au démon; vous n'êtes pas entré par le côté foible de l'amour; vous n'entrerez pas, je vous le signifie, par celui de la vanité. »

— Vous trouvez donc qu'Amandus écrit bien, murmurai-je avec une insouciance affectée en clouant ma langue entre mes dents? — C'est qu'en vérité, pensai-je tout bas, elle est aussi spirituelle que jolie!

— Vous étiez distrait par une autre idée, Maxime, et ce n'étoit pas cela que vous vouliez me répondre.

— Votre observation est juste, mademoiselle. Je faisois ce que vous auriez dû faire, souffrez que je vous le dise, avant de prendre une résolution aussi hasardée.

— Et quoi donc?

— Je réfléchissois. Amandus perdoit la tête, et il y a bien de quoi, quand il s'est avisé de vous faire passer une nuit, belle et sage Marguerite, dans la chambre d'un écervelé de mon espèce, d'un homme sans principes, qui n'a ni foi ni loi, et qui a failli se donner au diable il y a une demi-heure, — d'un mauvais sujet enfin.

— Vous parlez trop rigoureusement, par ironie peut-être, de deux ou trois étourderies de jeune homme qui ne compromettent pas le caractère, et qui ne vous ont rien fait perdre dans l'estime des honnêtes gens. Amandus, qui a quelques fautes du même genre à se reprocher, s'en justifie dans ses lettres avec une éloquence dont ma tante elle-même a été touchée, quoiqu'elle soit extraordinairement rigoriste. — Un mauvais sujet, Maxime! oh! vous n'en avez pas l'air!

— Je vous remercie, mademoiselle, de la bonne opinion que vous daignez avoir de moi. — Mais cette entrevue longue, mystérieuse, embarrassante à l'excès, tranchons le mot, pour la vertu que vous voulez bien me supposer, est au moins de nature à rendre votre innocence suspecte devant ce misérable vulgaire qui porte un jugement moins favorable de ma pureté juvénile; et je frémis pour vous d'y penser. Permettez, au nom de votre réputation, et par compassion pour la mienne, que je vous cherche une autre retraite jusqu'au matin. Je reviens à vous dans un moment, et je vous laisse maîtresse souveraine de toutes vos actions, si ce n'est de sortir seule et d'ouvrir à quelqu'un.

J'attendois son consentement; je l'obtins et je fis mieux. Je m'en assurai, *ne varietur*, en fermant la porte à double tour.

Ma résolution étoit prise, car j'avois les idées vives et soudaines du jeune âge. C'étoit soirée chez la tante de Marguerite, je venois de l'apprendre, et les soirées de province sont d'une longueur démesurée sous tous les rapports. Quand j'approchai, les derniers équipages s'éloignoient; je me glissai, leste et subtil comme un oiseau, entre deux laquais qui alloient fermer.

— Où va monsieur?
— Chez madame.
— Tout le monde est parti.
— J'arrive.
— Madame se couche.
— C'est égal.

A cette réponse décisive il n'y avoit point d'objection, et dix secondes après j'étois dans la chambre à coucher de madame, où je n'avois jamais mis le pied, ni si tard ni si matin, quoique j'y eusse pensé quelquefois.

Le bruit que je fis la força à se détourner, comme elle alloit détacher, Dieu me pardonne! l'avant-dernière de ses agrafes.

— Quelle horreur !... s'écria-t-elle. Vous, monsieur ! — chez moi ! — à cette heure ! — dans ma chambre à coucher ! ! ! sans être annoncé, sans égard pour les plus communes bienséances !...

— Comme vous dites, madame ; je n'en connois point quand j'obéis à l'impulsion de mon cœur.

— Eh ! monsieur, allez-vous en revenir à vos anciennes frénésies ? Gardez, je vous en supplie, tout cet étalage de sentiments qui s'expriment avec tant de véhémence et qui s'oublient si vite, pour un moment plus convenable.

— Il seroit difficile, madame, de le mieux choisir, si j'avois à vous entretenir du sujet auquel vous attribuez ma visite ; mais je suis appelé chez vous par des motifs plus sérieux et qui ne souffrent aucun retard. — Au nom du ciel, continuai-je en saisissant vivement sa main, Clarice, écoutez-moi !

— Des motifs plus sérieux, quelque résolution désespérée dont vous n'êtes que trop capable !... Vous m'épouvantez, monsieur, vous me faites une peur affreuse ! Je connois vos emportements ; j'ai des violences à redouter, monsieur, je vais sonner.

— Gardez-vous en bien, madame, repris-je en m'emparant de celle de ses mains qui étoit encore libre, et en la contraignant assez brusquement à s'asseoir sur son canapé. — Ceci doit se passer entre nous, madame, dans le mystère le plus profond, loin de toutes les oreilles et de tous les yeux ; et c'est à vos genoux que je vous conjure de m'écouter un seul instant ! Nous n'avons point de temps à perdre !

— Malheur à moi, sanglota-t-elle d'une voix étouffée ; il faut que j'aie renvoyé mes femmes !

— Elles seroient de trop, encore une fois ; et si elles étoient ici, j'exigerois qu'elles sortissent ; le moindre éclat vous perdroit.

— Mais c'est un guet-apens, c'est un assassinat, c'est

un crime inimaginable. Monstre! qu'exigez-vous donc!

— Presque rien; et si vous m'aviez écouté, vous sauriez déjà ce que c'est. Faites-moi la grâce de dire où est Marguerite?

— Marguerite? ma nièce? quelle étrange question! Qu'a Marguerite à démêler avec la scène outrageante que vous me faites? Marguerite se retire de bonne heure, surtout quand j'ai du monde. C'est une des pratiques scrupuleuses de l'éducation tendre, mais régulière, que je lui ai donnée. Marguerite est dans sa chambre, Marguerite est dans son lit, Marguerite dort; j'en suis sûre comme de ma propre existence!

— Dieu, qui est le maître de tout, pourroit l'avoir permis, comme tant de choses inexplicables qu'il est impossible de nier; mais cela seroit bien curieux! Au reste, voilà sa porte, si j'ai bonne mémoire : il vous est facile de vous convaincre qu'elle n'est pas sortie de chez elle, si elle n'en est réellement pas sortie, et de nous tirer tous les deux d'un doute affligeant qui intéresse de plus près la responsabilité d'une tante que celle d'un voisin...

— Éveiller cette enfant! Maxime, et l'éveiller quand il y a un homme dans mon appartement!

— Oh! que vous ne l'éveillerez pas, répondis-je en m'assurant que ma clef n'étoit pas absente de ma poche.

— Elle est, parbleu, bien éveillée, je vous en réponds, éveillée s'il en fut jamais; et si vous la trouvez endormie dans son lit, le diable en sait plus long aujourd'hui que du temps de dom Calmet.

Elle prit une bougie, entra, fit quelques pas, et revint juste à point pour s'évanouir sur le canapé.

Comme je m'attendois à l'événement, je m'étois muni sur sa toilette d'un flacon de sel. Je détachai l'agrafe retardataire, je frappai légèrement sur dix doigts potelés qui se crispoient sous les miens, et j'en baisai l'extrémité plus légèrement encore avec toute la modestie dont je suis capable.

J'avois à cœur d'éviter l'attaque de nerfs, parce que l'attaque de nerfs tire en longueur.

— Nous n'avons pas le temps de nous livrer à des émotions inutiles, trop belle et trop adorable Clarice (où diable va-t-on prendre ces choses-là?)! les circonstances nous demandent une prompte résolution.

— Hélas! je le sais bien! mais à qui s'adresser, si ce n'est à vous, Maxime, le complice de cet attentat!... le coupable, peut-être!

— Ma foi non, dis-je en soupirant.

— Vous savez où elle est, Maxime! vous le savez, mon ami! vous ne pouvez le nier!... rendez-la-moi!

— Ceci, madame, est interdit à ma loyauté : j'ai son secret, mais il ne sortira pas de mon cœur, et vous me mépriseriez si j'en abusois. Ce que j'atteste, c'est qu'elle est sous la garde d'un homme d'honneur, qui ne la remettra que dans vos mains, quand vous aurez consenti à la laisser passer dans celles d'un époux, comme vous le devez, Clarice! Hier c'étoit question, aujourd'hui c'est nécessité : voilà ce que j'avois à vous dire.

— Un époux! Amandus, sans doute! un fou, un débauché, un dissipateur! beau mariage, en vérité!

— On ne se marie pas comme on veut, madame, quand on a été enlevée; et l'homme qui passe à la légère sur ce scrupule, en considération d'une dot opulente, est mille fois pire qu'un fou : c'est un misérable. Amandus n'est pas un personnage fort exemplaire, j'en conviens, mais un noble amour doit le corriger. Mon cœur n'a jamais mieux compris qu'aujourd'hui la facilité de cette métamorphose. — Je sais de bonne part, car c'est lui qui me l'a dit, que la fortune de son oncle lui sera assurée au contrat de mariage. Le domaine n'est pas très-productif, mais c'est un beau pays de chasse. — Quant à la dot de la mineure, il est aisé de l'assurer contre les dilapidations d'un mari extravagant, par cinquante précautions que je me ferai un devoir de vous indiquer, aussitôt que j'aurai achevé mes immenses travaux sur Cujas, et cela ne sera pas long; j'y passe les jours et les nuits; il y a quelques minutes que je travaillois encore. — L'alliance est, sous tout autre rapport, aussi convenable qu'on puisse le désirer, et les défauts même d'Amandus n'obscurcissent pas en lui des qualités brillantes et honorables : il est franc, loyal, obligeant, brave!

— Et il écrit à merveille; il tourne une lettre dans la perfection, c'est une justice qu'il faut lui rendre.

— Comment, madame, vous daignez penser... c'est un effet de votre indulgence!

— Ne seriez-vous pas de cette opinion? j'ai peur, Maxime, que vous n'en parliez par envie.

— Au contraire, madame, je m'en rapporte aveuglément à votre goût, répliquai-je en me reprenant : je souhaite seulement que vous ne lui trouviez pas, par la suite, le style un peu inégal. Mais son style ne fait rien à l'affaire, si j'entends quelque chose aux bienséances matrimoniales : il s'agit ici d'autres précautions et d'autres convenances que les convenances et les précautions oratoires. Vous jugerez en dix minutes de réflexion, et l'urgence de la position actuelle ne vous en laisse pas davantage, de la nature des moyens à prendre pour détourner de votre maison le scandale qui la menace. D'abord ceci ne change rien à l'état de fortune. Marguerite se formoit, comme vous voyez; elle est très-avancée, mais extrêmement avancée pour son âge! Il auroit bien fallu tôt ou tard vous décider à la marier, quand vous la verriez fille à se marier toute seule. Oh! c'est une aimable enfant! c'est grand bonheur qu'elle soit devenue amoureuse d'un étourdi que sa vie passée soumet d'avance à toutes les concessions, au lieu de se jeter à la tête d'un homme d'argent ou d'un homme de loi. Le procès seroit entré chez vous par la même porte que le sacrement, si elle avoit eu le guignon de se passionner d'un avocat: c'est une supposition. — Avec Amandus, pas un embarras à subir ! il est si coulant en affaires, ce digne Amandus, qu'il y a des jours où il vous donneroit acquit de toute la succession pour un rouleau de louis rognés; encore seroit-il homme à payer le notaire et à faire une grosse gratification au maître clerc : un caractère sublime! — D'un autre côté, la petite grandissoit. Sa beauté d'enfant, qui est très-remarquable, auroit fini par afficher l'impertinente prétention de rivaliser avec la vôtre, et j'ai déjà entendu des sots se crier d'une loge à l'autre : « Cette jolie personne a dû se marier bien jeune!... » — Ils vous prenoient pour la mère !

— Fi donc! Maxime, je n'étois pas encore en pension quand elle vint au monde!

— A qui le dites-vous! Enfin l'événement prononce, et je lui sais gré de mettre un terme à vos irrésolutions.

— Vous en parlez à votre aise! l'événement, l'événement! il ne sera pas connu si elle revient, et je compte assez sur votre discrétion...

— Ma discrétion, madame, est à toute épreuve; — mais Marguerite ne reviendra pas, et l'événement sera ébruité demain. — Et si Marguerite revenoit, et que l'événement ne fût pas ébruité demain par hasard, il le seroit probablement d'ici à... Permettez, continuai-je en feignant de supputer sur mes doigts, car ce n'étoit ici qu'un effort d'imaginative, l'argument captieux de la péroraison, recommandé par les rhéteurs...

Je me penchai ensuite à son oreille et j'y chuchotai deux ou trois mots.

— Quelle horrible idée! s'écria-t-elle en se laissant presque défaillir sur son coussin.

— C'est comme j'ai pris la liberté de vous le dire : le monde marche d'un pas effrayant!

— Monsieur, reprit-elle en se levant avec dignité, vous connoissez la retraite de Marguerite : allez la chercher, et promettez-lui sur ma foi qu'elle sera dans quinze jours la femme d'Amandus, puisqu'elle l'a voulu. — Eh bien ! vous n'êtes pas parti ?

— Sur votre foi, madame ?... Que ne peut-on y compter pour son bonheur comme pour celui des autres !

— Allez, allez, Maxime, baisez ma main, — et ramenez ma nièce. — Eh bien ! ne sortez-vous pas sans rattacher mon agrafe ? je paroîtrois à ses yeux dans un bel état !

Je reconduisis Marguerite après l'avoir convaincue, par un nouveau plaidoyer, de la sincérité des promesses que je venois de recevoir pour elle. La tante fut austère mais raisonnable, la petite respectueuse mais résolue. Les choses se passèrent dans la perfection de part et d'autre ; Marguerite m'embrassa, je l'en aurois volontiers dispensée.

— Vous avez accommodé bien des difficultés en peu de temps, me dit la tante en me reconduisant ; vous êtes un homme admirable pour terminer les débats de famille : j'espère que nous vous verrons à la noce ?

— Oui, madame, et nous y reprendrons la conversation de cette nuit au moment où elle a commencé.

— Si vous le voulez... mais vous ne perdrez rien à la reprendre où elle a fini.

Cela étoit fort joli, mais il y a des mots délicieux qui perdent beaucoup de leur agrément à n'être pas mimés.

— Il faut convenir, dis-je en regagnant mon pavillon, que j'ai en effet accompli dans quelques heures des entreprises d'intelligence et des œuvres d'héroïsme qui n'ont pas beaucoup à céder aux travaux d'Hercule : — D'abord j'ai appris le Grimoire sans y manquer un mot ni une lettre, un esprit ni un séphiroth ; secondement, j'ai marié avec son amant, contre toute espérance, une jeune fille dont j'étois passionnément amoureux, et qui ne paroissoit pas trop mal disposée de son côté à me vouloir du bien, puisqu'elle me faisoit la grâce de venir passer la nuit sans façon dans ma chambre à coucher; troisièmement, j'ai fait la cour à une femme de quarante-cinq ans, si plus ne passe; — quatrièmement, je me suis donné au diable, ce qui est à peu près le seul moyen d'expliquer comment je suis venu à bout de tant de merveilles. — Cette dernière idée me chiffonnoit tellement l'esprit au moment où j'achevois de tourner ma clef dans la serrure, que je n'eus pas la force de faire deux pas sur le tapis : je trouvai à propos à l'intérieur de la porte le pliant que j'y avois brutalement lancé en recevant la confidence inopinée de Marguerite, et je m'y assis les jambes croisées, les mains croisées, la tête pendante sous le poids d'une méditation chagrine, en soupirant de temps à autre comme une âme en peine qui attend son jugement.

Mes paupières fatiguées de veilles et de soucis ne se soulevèrent que lentement. Deux de mes trois bougies étoient éteintes; la dernière se mouroit en jetant çà et là des lueurs blafardes et vacillantes qui prêtoient à tous les objets des mouvements étranges et des couleurs ou des ombres inaccoutumées. Tout à coup je sentis mes cheveux se hérisser sur ma tête et mon sang se figer d'horreur. Mon fauteuil étoit occupé comme celui de Banquo dans la tragédie de *Macbeth*; il n'y avoit pas à en douter. — Ma première pensée fut de courir directement à l'apparition; mais mes membres enchaînés par la peur refusèrent leur office à ma volonté impuissante. Je fus réduit à mesurer d'un regard effaré le spectre grêle, décharné, livide, qui étoit venu prendre la place de Marguerite, comme pour me punir du péché par une hideuse parodie des illusions qui l'avoient produit. — Ce devoit être effectivement un fantôme de femme, à en juger par les longues barbes de sa noire coiffure, sous laquelle se dessinoit confusément je ne sais quoi de vague et d'épouvantable qui tenoit à peu près la place d'un visage. De l'endroit où l'on auroit dû chercher les épaules dans la conformation d'une créature régulière, descendoient sur les deux bras du fauteuil deux espèces de bras minces et inarticulés qui se cramponnoient de part et d'autre à leur extrémité par une paire de griffes pâles dont l'éclat du maroquin relevoit la blancheur; l'accoutrement de cette larve funèbre consistoit d'ailleurs dans le simple appareil

D'une beauté qu'on vient d'arracher au sommeil.

— Protection du Seigneur! m'écriai-je en élevant les mains au ciel, m'abandonnerez-vous dans cette terrible extrémité? Ne daignerez-vous pas descendre par pitié sur l'infortuné Maxime qui a, sans le savoir et sans le vouloir, ô mon Dieu! appelé le diable en personne dans la maison de son père?

— Voilà précisément ce que j'imaginois, répondit le fantôme d'une voix aigre, en se dressant de toute sa hauteur, et en retombant comme foudroyé sur le dossier. Que le ciel ait pitié de nous!

— Eh quoi! Dine, est-ce vous qui avez parlé? Par quel miracle êtes-vous ici, à l'heure qu'il est?

Dine, que j'ai nommée ailleurs sans la faire connoître, avoit été, un demi-siècle auparavant, la nourrice de ma mère, et, du vivant de ma mère, elle ne l'avoit jamais quittée. Depuis sa mort, elle étoit restée dans la famille, à titre de femme de charge et de gouvernante absolue. J'aimois Dine tendrement.

— Je ne suis pas entrée ici par miracle, reprit Dine en grommelant; j'y suis entrée avec la double clef qui me sert à veiller à tous les soins de la maison, et à faire l'appartement de monsieur, dans son absence.

— Voilà qui est bien, ma bonne amie; mais on ne s'occupe guère de faire les appartements à deux heures du matin, et vous me permettrez de dire, ajoutai-je en souriant, car cette péripétie m'avoit rendu un peu de confiance, qu'avec votre physionomie encore fraîche et votre air encore égrillard, l'instant est singulièrement pris pour s'introduire chez un jeune homme qui a fait ses preuves de témérité.

— Il le falloit bien, mauvais plaisant, puisque vous ne m'avez pas laissée dormir de la nuit! et quelle veille, sainte Vierge! un bruit d'imprécations à faire frémir! plus de mots et de noms diaboliques qu'il n'y a de saints dans les litanies! des lumières errantes qui se promènent, des esprits noirs et blancs qui tombent des nues dans le jardin, les esprits noirs qui s'en vont des deux côtés, les esprits blancs qui ouvrent vos croisées, comme pour prendre l'air, en fredonnant des romances de comédie, et le plus terrible de tous, qui vous emporte enfin sous mes yeux dans quelque purgatoire dont mes prières vous ont probablement tiré! — Maxime! qu'avez-vous fait!

— Tout cela s'explique à merveille, ma pauvre Dine, et D. Calmet lui-même n'auroit cependant pas représenté ces hallucinations infernales avec plus d'énergie et de naïveté. — Mais puisque vous voilà réveillée, il faut que vous entendiez ma réponse, car vous êtes une femme pleine d'esprit, de jugement et d'expérience, et il n'y a que vous qui puissiez m'affranchir de mes scrupules. Écoutez-moi donc avec attention, si vous ne dormez pas.

Je lui racontai là-dessus tout ce que je viens de raconter (et je suppose que vous ne seriez pas curieux de l'entendre raconter deux fois). Je le lui racontai, dis-je, avec une componction si pénétrante et une inquiétude si sincère sur les résultats de ma faute, que le diable lui-même en auroit été touché s'il m'avoit entendu.

Quand j'eus fini, j'attendis en tremblant la réponse de Dine, comme mon arrêt suprême. Elle tarda si longtemps que je craignis que Dine ne se fût endormie pendant que je racontois. Cela pouvoit arriver.

Enfin elle détacha solennellement ses lunettes, qu'elle

avoit mises préalablement pour suivre le jeu de ma physionomie, à la clarté des bougies, renouvelées par ses soins depuis mon retour. Elle en frotta un à un les verres à sa manche, les fit rentrer dans leur étui, et les remit dans sa poche (les dignes femmes de ménage qui se piquent de précaution et d'exactitude ne se séparent jamais de leurs poches). Ensuite elle se leva, et marcha en ligne droite au pliant où j'étois encore assis.

— Va te coucher, badin, me dit-elle en frappant doucement mes deux joues d'un petit coup du revers de sa main. — Va te coucher, Maxime, et dors tranquillement, mon enfant. — Non, vraiment, tu n'es pas encore damné cette fois; mais ce n'est pas la faute du diable!

TRILBY,

ou

LE LUTIN D'ARGAIL.

PRÉFACE

Le sujet de cette nouvelle est tiré d'une préface ou d'une note des romans de sir Walter Scott, je ne sais pas lequel. Comme toutes les traditions populaires, celle-ci a fait le tour du monde et se trouve partout. C'est le *Diable amoureux* de toutes les mythologies. Cependant le plaisir de parler d'un pays que j'aime, et de peindre des sentiments que je n'ai pas oubliés; le charme d'une superstition qui est, peut-être, la plus jolie fantaisie de l'imagination des modernes; je ne sais quel mélange de mélancolie douce et de gaieté naïve que présente la fable originale, et qui n'a pas pu passer entièrement dans cette imitation : tout cela m'a séduit au point de ne me laisser ni le temps, ni la faculté de réfléchir sur le fond trop vulgaire d'une espèce de composition dans laquelle il est naturel de chercher avant tout l'attrait de la nouveauté. J'écrivois, au reste, en sûreté de conscience, puisque je n'ai lu aucune des nombreuses histoires dont celle de mon lutin a pu donner l'idée, et je me promettois d'ailleurs que mon récit, qui diffère nécessairement des contes du même genre, par tous les détails de mœurs et de localités, auroit encore, en cela, un peu de cet intérêt qui s'attache aux choses nouvelles. Je l'abandonne, quoi qu'il en soit, aux lecteurs accoutumés des écrits frivoles, avec cette déclaration faite dans l'intérêt de ma conscience, beaucoup plus que dans celui de mes succès. Il n'est pas de la destinée de mes ouvrages d'être jamais l'objet d'une controverse littéraire.

Quand j'ai logé le lutin d'Argail dans les pierres du foyer, et que je l'ai fait converser avec une fileuse qui s'endort, je connoissois depuis longtemps une jolie composition de M. de Latouche, où cette charmante tradition étoit racontée en vers enchanteurs; et comme ce poëte est, selon moi, dans notre littérature, l'Hésiode des esprits et des fées, je me suis enchaîné à ses inventions avec le respect qu'un homme qui s'est fait auteur doit aux classiques de son école. Je serai bien fier s'il résulte pour quelqu'un de cette petite explication que j'étois l'ami de M. de Latouche, car j'ai aussi des prétentions à ma part de gloire et d'immortalité.

C'est ici que cet avertissement devoit finir, et il pourroit même paroître long, si l'on n'avoit égard qu'à l'importance du sujet; mais j'éprouve la nécessité de répondre à quelques objections qui se sont élevées d'avance contre la forme de mon foible ouvrage, pendant que je m'amusois à l'écrire, et que j'aurois mauvaise grâce de braver ouvertement. Quand il y a déjà tant de chances probables contre un bien modeste succès, il est au moins prudent de ne pas laisser prendre à la critique des avantages trop injustes, ou des droits trop rigoureux. Ainsi, c'est avec raison, peut-être, qu'on s'élève contre la monotonie d'un choix de localité que la multiplicité des excellents romans de sir Walter Scott a rendu populaire jusqu'à la trivialité, et j'avouerai volontiers que ce n'est maintenant ni un grand effort d'imagination, ni un grand ressort de nouveauté, que de placer en Écosse la scène d'un poëme ou d'un roman. Cependant, quoique sir Walter Scott ait produit, je crois, dix ou douze volumes depuis que j'ai tracé les premières lignes de celui-ci, distraction rare et souvent négligée de différents travaux plus sérieux, je ne choisirois pas autrement le lieu et les accessoires de la scène, si j'avois à recommencer. Ce n'est toutefois pas la manie à la mode qui m'a assujetti, comme tant d'autres, à cette cosmographie un peu barbare, dont la nomenclature inharmonique épouvante l'oreille et tourmente la prononciation de nos dames. C'est l'affection particulière d'un voyageur pour une contrée qui a rendu à son cœur, dans une suite charmante d'impressions vives et nouvelles, quelques-unes des illusions du jeune âge; c'est le besoin si naturel à tous les hommes de se *rebercer*, comme dit Schiller, *dans les rêves de leur printemps*. Il y a une époque de la vie où la pensée recherche avec un amour exclusif les souvenirs et les images du berceau. Je n'y suis pas encore parvenu. Il y a une époque de la vie où l'âme déjà fatiguée se rajeunit encore dans d'agréables conquêtes sur l'espace et sur le temps. C'est celle-là dont j'ai voulu fixer en courant les sensations prêtes à s'effacer. Que signifieroit, au reste, dans l'état de nos mœurs et au milieu de l'éblouissante profusion de nos lumières, l'histoire crédule des rêveries d'un peuple enfant, appropriée à notre siècle et à notre pays? Nous sommes trop perfectionnés pour jouir de ces mensonges délicieux, et nos hameaux sont trop savants pour qu'il soit possible d'y placer avec vraisemblance aujourd'hui les traditions d'une superstition intéressante. Il faut courir au bout de l'Europe, affronter les mers du Nord et les glaces du pôle, et découvrir dans quelques huttes à demi-sauvages une tribu tout à fait isolée du reste des hommes, pour pouvoir s'attendrir sur de touchantes erreurs, seul reste des âges d'ignorance et de sensibilité.

Une autre objection dont j'avois à parler, et qui est beaucoup moins naturelle, mais qui vient de plus haut, et qui offroit des consolations trop douces à la médiocrité didactique et à l'impuissance ambitieuse pour n'en être pas accueillie avec empressement, est celle qui s'est nouvellement développée dans des considérations d'ailleurs fort spirituelles *sur les usurpations réciproques de la poésie et de la peinture*, et dont le genre qu'on appelle *romantique* a été le prétexte. Personne n'est plus disposé que moi à convenir que le genre *romantique* est un fort mauvais genre, surtout tant qu'il ne sera pas défini, et que tout ce qui est essentiellement détestable appartiendra, comme par une nécessité invincible, au genre romantique; mais c'est pousser la proscription un peu loin que de l'étendre au style descriptif; et je tremble de penser que si on enlève ces dernières ressources, empruntées d'une nature physique invariable, aux nations avancées chez lesquelles les plus précieuses ressources de l'inspiration morale n'existent plus, il faudra bientôt renoncer aux arts et à la poésie. Il est généralement vrai que la poésie descriptive est la dernière qui vienne à briller chez les peuples ; mais c'est que chez les peuples vieillis il n'y a plus rien à décrire que la nature, qui ne vieillit jamais. C'est de là que résulte à la fin de toutes les sociétés le triomphe inévitable des talents d'imitation sur les arts d'imagination, sur l'invention et le génie. La démonstration rigoureuse de ce principe seroit, du reste, fort déplacée ici.

Je conviens d'ailleurs que cette question ne vient pas jusqu'à moi, dont les essais n'appartiennent à aucun genre avoué. Et que m'importe ce qu'on en pensera dans mon intérêt? C'est pour un autre Châteaubriand, pour un Bernardin de Saint-Pierre à venir, qu'il faut décider si le style descriptif est une usurpation ambitieuse sur l'art de peindre la pensée, comme certains tableaux de David, de Gérard et de Girodet sur l'art de l'écrire; et si l'inspiration circonscrite dans un cercle qu'il ne lui est plus permis de franchir n'aura jamais le droit de s'égarer sous le *frigus opacum* et à travers les *gelidæ fontium perennitates* des poëtes paysagistes, qui ont trouvé ces heureuses expressions sans la permission de l'Académie.

N. B. L'orthographe propre des sites écossois, qui doit être inviolable dans un ouvrage de relation, me paroissant fort indifférente dans un ouvrage d'imagination qui n'est pas plus destiné à fournir des autorités en cosmographie qu'en littérature, je me suis permis de l'altérer en quelques endroits, pour éviter de ridicules équivoques de prononciation, ou des consonnances désagréables. Ainsi, j'ai écrit *Argail* pour *Argyle*, et *Balva* pour *Balvaig*, exemples qui seroient au moins justifiés, le premier par celui de l'Ariosto et de ses traducteurs, le second par celui de Macpherson et de ses copistes, mais qui peuvent heureusement se passer de leur appui aux yeux du public sagement économe de son temps qui ne lit pas les préfaces.

TRILBY,

ou

LE LUTIN D'ARGAIL.

NOUVELLE ÉCOSSOISE [1].

Il n'y a personne parmi vous, mes chers amis, qui n'ait entendu parler des *drows* de Thulé et des *elfs* ou lutins familiers de l'Écosse, et qui ne sache qu'il y a peu de maisons rustiques dans ces contrées qui ne comptent un follet parmi leurs hôtes. C'est d'ailleurs un démon plus malicieux que méchant et plus espiègle que malicieux, quelquefois bizarre et mutin, souvent doux et serviable, qui a toutes les bonnes qualités et tous les défauts d'un enfant mal élevé. Il fréquente rarement la demeure des grands et les fermes opulentes qui réunissent un grand nombre de serviteurs; une destination plus modeste lie sa vie mystérieuse à la cabane du pâtre

---

[1] La première édition de *Trilby* est de 1822. Lorsque Nodier écrivit cette charmante nouvelle, il étoit sous l'impression toute récente d'un voyage en Écosse, dont la relation avoit été publiée l'année précédente sous ce titre: *Promenade de Dieppe aux montagnes d'Écosse*, par Ch. Nodier. Paris, Barba, 1821. Petit in-12 de 332 pages. (*Note de l'Éditeur.*)

ou du bûcheron. Là, mille fois plus joyeux que les brillants parasites de la fortune, il se joue à contrarier les vieilles femmes qui médisent de lui dans leurs veillées, ou à troubler de rêves incompréhensibles, mais gracieux, le sommeil des jeunes filles. Il se plaît particulièrement dans les étables, et il aime à traire pendant la nuit les vaches et les chèvres du hameau, afin de jouir de la douce surprise des bergères matinales, quand elles arrivent dès le point du jour, et ne peuvent comprendre par quelle merveille les jattes rangées avec ordre regorgent de si bonne heure d'un lait écumeux et appétissant; ou bien il caracole sur les chevaux qui hennissent de joie, roule dans ses doigts les longs anneaux de leurs crins flottants, lustre leur croupe polie, ou lave d'une eau pure comme le cristal leurs jambes fines et nerveuses [1]. Pendant l'hiver il préfère à tout les environs de l'âtre domestique et les pans couverts de suie de la cheminée, où il fait son habitation dans les fentes de la muraille, à côté de la cellule harmonieuse du grillon. Combien de fois n'a-t-on pas vu Trilby, le joli lutin de la chaumière de Dougal, sautiller sur le rebord des pierres calcinées avec son petit *tartan* de feu et son *plaid* ondoyant couleur de fumée, en essayant de saisir au passage les étincelles qui jaillissoient des tisons et qui montoient en gerbe brillante au-dessus du foyer! Trilby étoit le plus jeune, le plus galant, le plus mignon des follets. Vous auriez parcouru l'Écosse entière, depuis l'embouchure du Solway jusqu'au détroit de Pentland, sans en trouver

---

[1] Cette croyance aux lutins qui remplissent les humbles et utiles fonctions de valet de ferme, ou celles plus *aristocratiques* de piqueur ou de jockey, n'est point exclusivement particulière à l'Écosse ou aux pays du Nord. « Dans « le Perche, dit M. Alfred Maury, dans le savant travail : *Les Fées du moyen* « *âge*, on trouve des croyances analogues : des servants prennent soin des « animaux et promènent quelquefois d'une main invisible l'étrille sur la croupe « du cheval. Dans la Vendée, moins complaisants, ils s'amusent à leur tirer les « crins. Cependant, en général, les soins de tous ces êtres singuliers ne sont

un seul qui pût lui disputer l'avantage de l'esprit et de
la gentillesse. On ne racontoit de lui que des choses aimables et des caprices ingénieux. Les châtelaines d'Argail et de Lennox en étoient si éprises que plusieurs
d'entre elles se mourroient du regret de ne pas posséder
dans leurs palais le lutin qui avoit enchanté leurs songes, et le vieux laird de Lutha auroit sacrifié, pour pouvoir l'offrir à sa noble épouse, jusqu'à la claymore
rouillée d'Archibald, ornement gothique de sa salle
d'armes; mais Trilby se soucioit peu de la claymore
d'Archibald, et des palais et des châtelaines. Il n'eût pas
abandonné la chaumière de Dougal pour l'empire du
monde, car il étoit amoureux de la brune Jeannie, l'agaçante batelière du lac Beau, et il profitoit de temps en
temps de l'absence du pêcheur pour raconter à Jeannie
les sentiments qu'elle lui avoit inspirés. Quand Jeannie,
de retour du lac, avoit vu s'égarer au loin, s'enfoncer
dans une anse profonde, se cacher derrière un cap
avancé, pâlir dans les brumes de l'eau et du ciel la lumière errante du bateau voyageur qui portoit son mari
et les espérances d'une pêche heureuse, elle regardoit
encore du seuil de la maison, puis rentroit en soupirant,
attisoit les charbons à demi blanchis par la cendre, et
faisoit pirouetter son fuseau de cytise en fredonnant le
cantique de saint Dunstan, ou la ballade du revenant
d'Aberfoïl, et dès que ses paupières, appesanties par le
sommeil, commençoient à voiler ses yeux fatigués,
Trilby, qu'enhardissoit l'assoupissement de sa bien-ai-

« qu'à moitié désintéressés; ils se contentent de peu; mais, en général, ils
« veulent être payés de leurs peines. » Dans Shakspeare, le lutin *Robin good
fellow* est chargé à minuit de balayer la maison, de moudre la moutarde;
mais si on n'a pas soin de laisser pour lui une tasse de crème ou de lait caillé,
malheur pour le lendemain, malheur à la ménagère! Son beurre ne prendra
pas et la soupe sera brûlée... Trilby est plus aimable que *Robin good fellow*.
Il est surtout plus complaisant et moins intéressé. Il appartenoit à Nodier d'embellir les lutins et les fées.   (*Note de l'Éditeur.*)

mée, sautoit légèrement de son trou, bondissoit avec une joie d'enfant dans les flammes, en faisant sauter autour de lui un nuage de paillettes de feu, se rapprochoit plus timide de la fileuse endormie, et quelquefois, rassuré par le souffle égal qui s'exhaloit de ses lèvres à intervalles mesurés, s'avançoit, reculoit, revenoit encore, s'élançoit jusqu'à ses genoux en les effleurant comme un papillon de nuit du battement muet de ses ailes invisibles, alloit caresser sa joue, se rouler dans les boucles de ses cheveux, se suspendre, sans y peser, aux anneaux d'or de ses oreilles; ou se reposer sur son sein en murmurant d'une voix plus douce que le soupir de l'air à peine ému, quand il meurt sur une feuille de tremble[1] : « Jeannie, ma belle Jeannie, écoute un moment l'amant qui t'aime et qui pleure de t'aimer, parce que tu ne réponds pas à sa tendresse. Prends pitié de Trilby, du pauvre Trilby. Je suis le follet de la chaumière. C'est moi, Jeannie, ma belle Jeannie, qui soigne le mouton que tu chéris, et qui donne à sa laine un poli qui le dispute à la soie et à l'argent. C'est moi qui supporte le poids de tes rames pour l'épargner à tes bras, et qui repousse au loin l'onde qu'elles ont à peine touchée. C'est moi qui soutiens ta barque lorsqu'elle se penche sous l'effort du vent, et qui la fais cingler contre la marée comme sur une pente facile. Les poissons bleus du lac Long et du lac Beau, ceux qui font jouer aux rayons du soleil sous les eaux basses de la rade les saphirs de leurs dos éblouissants, c'est moi qui les ai apportés des mers lointaines du Japon, pour réjouir les yeux de la première fille que tu mettras au monde, et que tu verras s'élancer à demi de tes bras en suivant leurs mouvements agiles et les reflets variés de leurs écailles brillantes. Les fleurs que tu t'étonnes de trouver le matin sur ton passage

---

[1] Cette phrase a été indiquée par M. Sainte-Beuve comme l'une des plus parfaites qui se puissent lire.

dans la plus triste saison de l'année, c'est moi qui vais les dérober pour toi à des campagnes enchantées dont tu ne soupçonnes pas l'existence, et où j'habiterois, si je l'avois voulu, de riantes demeures, sur des lits de mousse veloutée que la neige ne couvre jamais, ou dans le calice embaumé d'une rose qui ne se flétrit que pour faire place à des roses plus belles. Quand tu respires une touffe de thym enlevée au rocher, et que tu sens tout à coup tes lèvres surprises d'un mouvement subit, comme l'essor d'une abeille qui s'envole, c'est un baiser que je te ravis en passant. Les songes qui te plaisent le mieux, ceux dans lesquels tu vois un enfant qui te caresse avec tant d'amour, moi seul je te les envoie, et je suis l'enfant dont tes lèvres pressent les lèvres enflammées dans ces doux prestiges de la nuit. Oh! réalise le bonheur de nos rêves! Jeannie, ma belle Jeannie, enchantement délicieux de mes pensées, objet de souci et d'espérance, de trouble et de ravissement, prends pitié du pauvre Trilby, aime un peu le follet de la chaumière! »

Jeannie aimoit les jeux du follet, et ses flatteries caressantes, et les rêves innocemment voluptueux qu'il lui apportoit dans le sommeil. Longtemps elle avoit pris plaisir à cette illusion sans en faire confidence à Dougal, et cependant la physionomie si douce et la voix si plaintive de l'esprit du foyer se retraçoient souvent à sa pensée, dans cet espace indécis entre le repos et le réveil où le cœur se rappelle malgré lui les impressions qu'il s'est efforcé d'éviter pendant le jour. Il lui sembloit voir Trilby se glisser dans les replis de ses rideaux, ou l'entendre gémir et pleurer sur son oreiller. Quelquefois même, elle avoit cru sentir le pressement d'une main agitée, l'ardeur d'une bouche brûlante. Elle se plaignit enfin à Dougal de l'opiniâtreté du démon qui l'aimoit et qui n'étoit pas inconnu au pêcheur lui-même, car ce rusé rival avoit cent fois enchaîné son hameçon ou lié les mailles de son filet aux herbes insidieuses du lac.

Dougal l'avoit vu au-devant de son bateau, sous l'apparence d'un poisson énorme, séduire d'une indolence trompeuse l'attente de sa pêche nocturne, et puis plonger, disparoître, effleurer le lac sous la forme d'une mouche ou d'une phalène, et se perdre sur le rivage avec l'*Hope-Clover* dans les moissons profondes de la luzerne. C'est ainsi que Trilby égaroit Dougal, et prolongeoit longtemps son absence.

Pendant que Jeannie, assise à l'angle du foyer, racontoit à son mari les séductions du follet malicieux, qu'on se représente la colère de Trilby, et son inquiétude, et ses terreurs! Les tisons lançoient des flammes blanches qui dansoient sur eux sans les toucher; les charbons étinceloient de petites aigrettes pétillantes, le farfadet se rouloit dans une cendre enflammée et la faisoit voler autour de lui en tourbillons ardents. — Voilà qui est bien, dit le pêcheur. J'ai passé ce soir le vieux Ronald, le moine centenaire de Balva, qui lit couramment dans les livres d'église, et qui n'a pas pardonné aux lutins d'Argail les dégâts qu'ils ont faits l'an dernier dans son presbytère. Il n'y a que lui qui puisse nous débarrasser de cet ensorcelé de Trilby, et le reléguer jusque dans les rochers d'Inisfaïl, d'où nous viennent ces méchants esprits.

Le jour n'étoit pas arrivé que l'ermite fut appelé à la chaumière de Dougal. Il passa tout le temps que le soleil éclaira l'horizon en méditations et en prières, baisant les reliques des saints, et feuilletant le Rituel et la Clavicule. Puis, quand les heures de la nuit furent tout à fait descendues, et que les follets égarés dans l'espace rentrèrent en possession de leur demeure solitaire, il vint se mettre à genoux devant l'âtre embrasé, y jeta quelques frondes de houx bénit, qui brûlèrent en craquetant, épia d'une oreille attentive le chant mélancolique du grillon qui pressentoit la perte de son ami, et reconnut Trilby à ses soupirs. Jeannie venoit d'entrer.

Alors le vieux moine se releva, et prononçant trois fois le nom de Trilby d'une voix redoutable : — Je t'adjure, lui dit-il, par le pouvoir que j'ai reçu des sacrements, de sortir de la chaumière de Dougal le pêcheur, quand j'aurai chanté pour la troisième fois les saintes litanies de la Vierge. Comme tu n'avois jamais donné lieu, Trilby, à une plainte sérieuse, et que tu étois même connu en Argail pour un esprit sans méchanceté; comme je sais d'ailleurs par les livres secrets de Salomon, dont l'intelligence est en particulier réservée à notre monastère de Balva, que tu appartiens à une race mystérieuse dont la destinée à venir n'est pas irréparablement fixée, et que le secret de ton salut ou de ta damnation est encore caché dans la pensée du Seigneur, je m'abstiens de prononcer sur toi une peine plus sévère. Mais qu'il te souvienne, Trilby, que je t'adjure, au nom du pouvoir que les sacrements m'ont donné, de sortir de la chaumière de Dougal le pêcheur, quand j'aurai chanté pour la troisième fois les saintes litanies de la Vierge!

Et le vieux moine chanta pour la première fois, accompagné des répons de Dougal et de Jeannie dont le cœur commençoit à palpiter d'une émotion pénible. Elle n'étoit pas sans regret d'avoir révélé à son mari les timides amours du lutin, et l'exil de l'hôte accoutumé du foyer lui faisoit comprendre qu'elle lui étoit plus attachée qu'elle ne l'avoit cru jusqu'alors.

Le vieux moine prononçant de nouveau par trois fois le nom de Trilby : — Je t'adjure, lui dit-il, de sortir de la chaumière de Dougal le pêcheur, et afin que tu ne te flattes pas de pouvoir éluder le sens de mes paroles, car ce n'est pas d'aujourd'hui que je connois votre malice, je te signifie que cette sentence est irrévocable à jamais...

— Hélas! dit tout bas Jeannie.

— A moins, continua le vieux moine, que Jeannie ne te permette d'y revenir.

Jeannie redoubla d'attention.

— Et que Dougal lui-même ne t'y envoie.

— Hélas! répéta Jeannie.

— Et qu'il te souvienne, Trilby, que je t'adjure, au nom du pouvoir que les sacrements m'ont donné, de sortir de la chaumière de Dougal le pêcheur, quand j'aurai chanté deux fois encore les saintes litanies de la Vierge.

Et le vieux moine chanta pour la seconde fois, accompagné des répons de Dougal et de Jeannie qui ne prononçoit plus qu'à demi-voix, et la tête à demi enveloppée de sa noire chevelure, parce que son cœur étoit gonflé de sanglots qu'elle cherchoit à contenir, et ses yeux mouillés de larmes qu'elle cherchoit à cacher. Trilby, se disoit-elle, n'est pas d'une race maudite; ce moine vient lui-même de l'avouer; il m'aimoit avec la même innocence que mon mouton; il ne pouvoit se passer de moi. Que deviendra-t-il sur la terre quand il sera privé du seul bonheur de ses veillées? Étoit-ce un si grand mal, pauvre Trilby, qu'il se jouât le soir avec mon fuseau, quand, presque endormie, je le laissois échapper de ma main, ou qu'il se roulât en le couvrant de baisers dans le fil que j'avois touché?

Mais le vieux moine répétant encore par trois fois le nom de Trilby, et recommençant ses paroles dans le même ordre : Je t'adjure, lui dit-il, au nom du pouvoir que les sacrements m'ont donné, de sortir de la chaumière de Dougal le pêcheur, et je te défends d'y rentrer jamais, sinon aux conditions que je viens de te prescrire, quand j'aurai chanté une fois encore les saintes litanies de la Vierge.

Jeannie porta sa main sur ses yeux.

— Et crois que je punirai ta rébellion d'une manière qui épouvantera tous tes pareils! je te lierai pour mille ans, esprit désobéissant et malin, dans le tronc du bouleau le plus noueux et le plus robuste du cimetière.

— Malheureux Trilby! dit Jeannie.

— Je le jure sur mon grand Dieu, continua le moine, et cela sera fait ainsi.

Et il chanta pour la troisième fois, accompagné des répons de Dougal. Jeannie ne répondit pas. Elle s'étoit laissée tomber sur la pierre saillante qui borde le foyer, et le moine et Dougal attribuoient son émotion au trouble naturel que doit faire naître une cérémonie imposante. Le dernier répons expira; la flamme des tisons pâlit; une lumière bleue courut sur la braise éteinte et s'évanouit. Un long cri retentit dans la cheminée rustique. Le follet n'y étoit plus.

— Où est Trilby? dit Jeannie en revenant à elle. — Parti, dit le moine avec orgueil. — Parti! s'écria-t-elle, d'un accent qu'il prit pour celui de l'admiration et de la joie. Les livres sacrés de Salomon ne lui avoient pas appris ces mystères.

A peine le follet avoit quitté le seuil de la chaumière de Dougal, Jeannie sentit amèrement que l'absence du pauvre Trilby en avoit fait une profonde solitude. Ses chansons de la veillée n'étoient plus entendues de personne, et certaine de ne confier leurs refrains qu'à des murailles insensibles, elle ne chantoit que par distraction ou dans les rares moments où il lui arrivoit de penser que Trilby, plus puissant que la Clavicule et le Rituel, avoit peut-être déjoué les exorcismes du vieux moine et les sévères arrêts de Salomon. Alors, l'œil fixé sur l'âtre, elle cherchoit à discerner, dans les figures bizarres que la cendre dessine en sombres compartiments sur la fournaise éblouissante, quelques-uns des traits que son imagination avoit prêtés à Trilby; elle n'apercevoit qu'une ombre sans forme et sans vie qui rompoit çà et là l'uniformité du rouge enflammé du foyer, et se dissipoit à la moindre agitation de la touffe de bruyères sèches qu'elle faisoit siffler devant le feu pour le ranimer. Elle laissoit tomber son fuseau, elle abandonnoit son fil, mais Trilby ne chassoit plus devant lui le fuseau roulant comme pour le dérober à sa maîtresse, heureux alors de le ramener jusqu'à elle et de se servir du fil à peine ressaisi, pour s'élever à la main de Jeannie et y déposer un baiser rapide, après lequel il étoit si prompt à retomber, à s'enfuir et à disparoître, qu'elle n'avoit jamais eu le temps de s'alarmer et de se plaindre. Dieu! que les temps étoient changés! que les soirées étoient longues, et que le cœur de Jeannie étoit triste!

Les nuits de Jeannie avoient perdu leur charme comme sa vie, et s'attristoient encore de la secrète pensée que Trilby, mieux accueilli chez les châtelaines d'Argail, y vivoit paisible et caressé, sans crainte de leurs fiers époux. Quelle comparaison humiliante pour la chaumière du lac Beau ne devoit pas se renouveler pour lui à tous les moments de ses délicieuses soirées, sous les cheminées somptueuses où les noires colonnes de Staffa s'élançoient des marbres d'argent de Firkin, et aboutissoient à des voûtes resplendissantes de cristaux de mille couleurs! Il y avoit loin de ce magnifique appareil à la simplicité du triste foyer de Dougal. Que cette comparaison étoit plus pénible encore pour Jeannie, quand elle se représentoit ses nobles rivales, assemblées autour d'un brasier dont l'ardeur étoit entretenue par des bois précieux et odorants qui remplissoient d'un nuage de parfums le palais favorisé du lutin! quand elle détailloit dans sa pensée les richesses de leur toilette, les couleurs brillantes de leurs robes à quadrilles, l'agrément et le choix de leurs plumes de *ptarmigan* et de héron, la grâce apprêtée de leurs cheveux, et qu'elle croyoit saisir dans l'air les concerts de leurs voix mariées avec une ravissante harmonie! — Infortunée Jeannie, disoit-elle, tu croyois donc savoir chanter! et quand tu aurois une voix plus douce que celle de la jeune fille de la mer que les pêcheurs ont quelquefois entendue le matin, qu'as-tu fait, Jeannie, pour qu'il s'en souvînt? Tu chantois comme s'il n'étoit pas là, comme si l'écho seul t'avoit écoutée, tandis que toutes ces coquettes ne chantent que pour lui; elles ont d'ailleurs tant d'avantages sur toi : la fortune, la noblesse, peut-être même la beauté! Tu es brune, Jeannie, parce que ton front découvert à la surface resplendissante des eaux brave le ciel brûlant de l'été. Regarde tes bras : ils sont souples et nerveux, mais ils n'ont ni délicatesse ni fraîcheur. Tes cheveux manquent peut-être de grâce, quoique noirs, longs, bouclés et superbes, lorsque, flottant sur tes épaules, tu les abandonnes aux fraîches brises du lac; mais il m'a vue si rarement sur le lac, et n'a-t-il pas oublié déjà qu'il m'a vue?

Préoccupée de ces idées, Jeannie se livroit au sommeil bien plus tard que d'habitude, et ne goûtoit pas le sommeil même, sans passer de l'agitation d'une veille inquiète à des inquiétudes nouvelles. Trilby ne se présentoit plus dans ses rêves sous la forme fantastique du nain gracieux du foyer. A cet enfant capricieux avoit succédé un adolescent aux cheveux blonds, dont la taille svelte et pleine d'élégance le disputoit en souplesse aux joncs élancés des rivages; c'étoient les traits fins et doux du follet, mais développés dans les formes imposantes du chef du clan des Mac-Farlane, quand il gravit le Cobler en brandissant l'ac redoutable du chasseur, ou quand il s'égare dans les boulingrins d'Argail, en faisant retentir d'espace en espace les cordes de la harpe écossoise; et tel devoit être le dernier de ces illustres seigneurs, lorsqu'il disparut tout à coup de son château après avoir subi l'anathème des saints religieux de Balva, pour s'être refusé au payement d'un ancien tribut envers le monastère. Seulement les regards de Trilby n'avoient plus l'expression franche, la confiance ingénue du bonheur. Le sourire d'une candeur étourdie ne voloit plus sur ses lèvres. Il considéroit Jeannie d'un œil attristé, soupiroit amèrement, et ramenoit sur son front les boucles de ses cheveux, ou l'enveloppoit des longs replis de son manteau; puis se perdoit dans les vagues ombres de la nuit. Le cœur de Jeannie étoit pur, mais elle souffroit de l'idée qu'elle étoit la seule cause des malheurs d'une créature charmante qui ne l'avoit jamais offensée, et dont elle avoit trop vite redouté la naïve tendresse. Elle s'imaginoit, dans l'erreur involontaire des songes, qu'elle crioit au follet de revenir, et que, pénétré de reconnoissance, il s'élançoit à ses pied et les couvroit de baisers et de larmes. Puis, en le regardant sous sa nouvelle forme, elle comprenoit qu'elle ne pouvoit plus prendre à lui qu'un intérêt coupable, et déploroit son exil sans oser désirer son retour.

Ainsi se passoient les nuits de Jeannie, depuis le départ du lutin; et son cœur, aigri par un juste repentir ou par un penchant involontaire, toujours repoussé, toujours vainqueur, ne s'entretenoit que de mornes soucis qui troubloient le repos de la chaumière. Dougal, lui-même, étoit devenu inquiet et rêveur. Il y a des priviléges attachés aux maisons qu'habitent les follets! Elles sont préservées des accidents de l'orage et des ravages de l'incendie, car le lutin attentif n'oublie jamais, quand tout le monde est livré au repos, de faire sa ronde nocturne autour du domaine hospitalier qui lui donne un asile contre le froid des hivers. Il resserre les chaumes du toit à mesure qu'un vent obstiné les divise, ou bien il fait rentrer dans ses gonds ébranlés une porte agitée par la tempête. Obligé à nourrir pour lui la chaleur agréable du foyer, il détourne de temps en temps la cendre qui s'amoncelle; il ranime d'un souffle léger une étincelle qui s'étend peu à peu sur un charbon prêt à s'éteindre, et finit par embraser toute sa noire surface. Il ne lui en faut pas davantage pour se réchauffer; mais il paye généreusement le loyer de ce bienfait, en veillant à ce qu'une flamme furtive ne vienne pas à se développer pendant le sommeil

insouciant de ses hôtes; il interroge du regard tous les
recoins du manoir, toutes les fentes de la cheminée antique; il retourne le fourrage dans la crèche, la paille
sur la litière; et sa sollicitude ne se borne pas aux soins
de l'étable; il protége aussi les habitants pacifiques de la
basse-cour et de la volière auxquels la Providence n'a
donné que des cris pour se plaindre, et qu'elle a laissés
sans armes pour se défendre. Souvent le chatpard, altéré
de sang, qui étoit descendu des montagnes en amortissant sur les mousses discrètes son pas qui les foule à
peine, en contenant son miaulement de tigre, en voilant
ses yeux ardents qui brillent dans la nuit comme des lumières errantes; souvent la martre voyageuse, qui tombe
inattendue sur sa proie, qui la saisit sans la blesser, l'enveloppe comme une coquette d'embrassements gracieux,
l'enivre de parfums enchanteurs et lui imprime sur le
cou un baiser qui donne la mort; souvent le renard
même a été trouvé sans vie à côté du nid tranquille des
oiseaux nouveau-nés, tandis qu'une mère immobile dormoit la tête cachée sous l'aile, en rêvant à l'heureuse
histoire de sa couvée tout éclose, où il n'a pas manqué
un seul œuf. Enfin l'aisance de Dougal avoit été fort
augmentée par la pêche de ces jolis poissons bleus qui
ne se laissoient prendre que dans ses filets; et depuis le
départ de Trilby, les poissons bleus avaient disparu.
Aussi n'arrivoit-il plus au rivage sans être poursuivi des
reproches de tous les enfants du clan de Mac-Farlane,
qui lui crioient : — C'est affreux, méchant Dougal! c'est
vous qui avez enlevé tous les jolis petits poissons du lac
Long et du lac Beau; nous ne les verrons plus sauter à
la surface de l'eau, en faisant semblant de mordre à nos
hameçons, ou s'arrêter immobiles, comme des fleurs couleur du temps, sur les herbes roses de la rade. Nous ne
les verrons plus nager à côté de nous quand nous nous
baignons, et nous diriger loin des courants dangereux,
en détournant rapidement leur longue colonne bleue; et

Dougal poursuivoit sa route en murmurant; il se disoit même quelquefois : — C'est peut-être, en effet, une chose bien ridicule que d'être jaloux d'un lutin; mais le vieux moine de Balva en sait là-dessus plus que moi.

Dougal enfin ne pouvoit se dissimuler le changement qui s'étoit fait depuis quelque temps dans le caractère de Jeannie, naguère encore si serein et si enjoué; et jamais il ne remontoit par la pensée au jour où il avoit vu sa mélancolie se développer, sans se rappeler au même instant les cérémonies de l'exorcisme et l'exil de Trilby. A force d'y réfléchir, il se persuada que les inquiétudes qui l'obsédoient dans son ménage, et la mauvaise fortune qui s'obstinoit à le poursuivre à la pêche, pourroient bien être l'effet d'un sort, et sans communiquer cette pensée à Jeannie dans des termes propres à augmenter l'amertume des soucis auxquels elle paroissoit livrée, il lui suggéra peu à peu le désir de recourir à une protection puissante contre la mauvaise destinée qui le persécutoit. C'étoit peu de jours après que devoit avoir lieu, au monastère de Balva, la fameuse vigile de saint Colombain, dont l'intercession étoit plus recherchée qu'aucune autre des jeunes femmes du pays, parce que, victime d'un amour secret et malheureux, il était sans doute plus propice qu'aucun des autres habitants du séjour céleste aux peines cachées du cœur. On en rapportoit des miracles de charité et de tendresse dont jamais Jeannie n'avoit entendu le récit sans émotion, et qui depuis quelque temps se présentoient fréquemment à son imagination parmi les rêves caressants de l'espérance. Elle se rendit d'autant plus volontiers aux propositions de Dougal, qu'elle n'avoit jamais visité le plateau du Calender, et que dans cette contrée nouvelle pour ses yeux, elle croyoit avoir moins de souvenirs à redouter qu'auprès du foyer de la chaumière, où tout l'entretenoit des grâces touchantes et de l'innocent amour de Trilby. Un seul chagrin se mêloit à l'idée de ce pèlerinage : c'est que l'ancien du monastère, cet inflexible Ronald dont les exorcismes cruels avoient banni Trilby pour toujours de son obscure solitude, descendroit probablement lui-même de son ermitage des montagnes, pour prendre part à la solennité anniversaire de la fête du saint patron; mais Jeannie, qui craignoit avec trop de raison d'avoir beaucoup de pensées indiscrètes et peut-être jusqu'à des sentiments coupables à se reprocher, se résigna promptement à la mortification ou au châtiment de sa présence. Qu'alloit-elle, d'ailleurs, demander à Dieu, sinon d'oublier Trilby, ou plutôt la fausse image qu'elle s'en étoit faite; et quelle haine pouvoit-elle conserver contre ce vieillard, qui n'avoit fait que remplir ses vœux et que prévenir sa pénitence?

— Au reste, reprit-elle à part soi, sans se rendre compte de ce retour involontaire de son esprit, Ronald avoit plus de cent ans à la dernière chute des feuilles, et peut-être est-il mort.

Dougal, moins préoccupé, parce qu'il étoit bien plus fixé sur l'objet de son voyage, calculoit ce que devoit lui rapporter à l'avenir la pêche mieux entendue de ces poissons bleus dont il avoit cru ne voir jamais finir l'espèce; et comme s'il avoit pensé que le seul projet d'une pieuse visite au sépulcre du saint abbé pouvoit avoir ramené ce peuple vagabond dans les eaux basses du golfe, il les sondoit inutilement du regard, en parcourant le petit détour de l'extrémité du lac Long, vers les délicieux rivages de Tarbet, campagnes enchantées dont le voyageur même qui les a traversées, le cœur vide de ces illusions de l'amour qui embellissent tous les pays, n'a jamais perdu le souvenir. C'étoit un peu moins d'un an après le rigoureux banissement du follet. L'hiver n'étoit point commencé, mais l'été finissoit. Les feuilles, saisies par le froid matinal, se rouloient à la pointe des branches inclinées, et leurs bouquets bizarres, frappés d'un rouge éclatant, ou jaspés d'un fauve doré, sembloient orner la tête des arbres de fleurs plus fraîches ou de fruits plus brillants que les fleurs et les fruits qu'ils ont reçus de la nature. On aurait cru qu'il y avoit des bouquets de grenades dans les bouleaux, et que des grappes mûres pendoient à la pâle verdure des frênes, surprises de briller entre les fines découpures de leur feuillage léger. Il y a dans ces jours de décadence de l'automne quelque chose d'inexplicable qui ajoute à la solennité de tous les sentiments. Chaque pas que fait le temps imprime alors sur les champs qui se dépouillent, ou au front des arbres qui jaunissent, un nouveau signe de caducité plus grave et plus imposant. On entend sortir du fond des bois une sorte de rumeur menaçante qui se compose du cri des branches sèches, du frôlement des feuilles qui tombent, de la plainte confuse des bêtes de proie que la prévoyance d'un hiver rigoureux alarme sur leurs petits, de rumeurs, de soupirs, de gémissements, quelquefois semblables à des voix humaines, qui étonnent l'oreille et saisissent le cœur. Le voyageur n'échappe pas même à l'abri des temples aux sensations qui le poursuivent. Les voûtes des vieilles églises rendent les mêmes bruits que les profondeurs des vieilles forêts, quand le pied du passant solitaire interroge les échos sonores de la nef, et que l'air extérieur qui se glisse entre les ais mal joints ou qui agite le plomb des vitraux rompus, marie des accords bizarres au sourd retentissement de sa marche. On diroit quelquefois le chant grêle d'une jeune vierge cloîtrée qui répond au mugissement majestueux de l'orgue; et ces impressions se confondent si naturellement en automne, que l'instinct même des animaux y est souvent trompé. On a vu des loups errer sans défiance, à travers les colonnes d'une chapelle abandonnée, comme entre les fûts blanchissants des hêtres; une volée d'oiseaux étourdis descend indistinctement sur le faîte des grands arbres, ou sur le clocher pointu des églises gothiques. A l'aspect de ce mât élancé, dont la forme et la matière sont dérobées à la forêt natale, le milan resserre peu à peu les orbes de son vol circulaire, et s'abat sur sa pointe aiguë comme sur un plat d'armoiries. Cette idée auroit pu prémunir Jeannie contre l'erreur d'un pressentiment douloureux, quand elle arriva sur les pas de Dougal à la chapelle de Glenfallach, vers laquelle ils s'étoient dirigés d'abord, parce que c'est là qu'étoit marqué le rendez-vous des pèlerins. En effet, elle avoit vu de loin un corbeau à ailes démesurées s'abaisser sur la flèche antique, et s'y arrêter avec un cri prolongé qui exprimoit tant d'inquiétude et de souffrance qu'elle ne put s'empêcher de le regarder comme un présage sinistre. Plus timide en s'approchant davantage, elle égaroit ses yeux autour d'elle avec un saisissement involontaire, et son oreille s'effrayoit au foible bruit des vagues sans vent qui viennent expirer au pied du monastère abandonné.

C'est ainsi que, de ruines en ruines, Dougal et Jeannie parvinrent aux rives étroites du lac Kattrinn; car, dans ce temps reculé, les bateliers étoient plus rares, et les stations du pèlerin plus multipliées. Enfin, après trois jours de marche, ils découvrirent de loin les sapins de Balva, dont la verdure sombre se détachoit avec une hardiesse pittoresque entre les forêts desséchées ou sur le fond des mousses pâles de la montagne. Au-dessus de son revers aride, et comme penchées à la pointe d'un roc perpendiculaire d'où elles sembloient se précipiter vers l'abîme, on voyoit noircir les vieilles tours du monastère, et se développer, au loin, les ailes des bâtiments à demi écroulés. Aucune main humaine n'avoit été employée à y réparer les ravages du temps depuis que les saints avoient fondé cet édifice, et une tradition universellement répandue dans le peuple attestoit que lorsque ses restes solennels achèveroient de joncher la terre de leurs débris, l'ennemi de Dieu triompheroit pour plusieurs siècles en Écosse, et y obscurciroit de ténèbres impies les pures splendeurs de la foi. Aussi c'étoit un sujet de joie toujours nouveau pour la multitude chrétienne que de le voir encore imposant dans son aspect, et offrant pour l'avenir quelques promesses de durée. Alors des cris de joie, des clameurs d'enthousiasme, de doux murmures d'espoir et de reconnoissance venoient se confondre dans la prière commune. C'est là, c'est dans ce moment de pieuse et profonde émotion qu'excite l'attente ou la vue d'un miracle, que tous les pèlerins à genoux récapituloient pendant quelques minutes d'adoration les principaux objets de leur voyage : la femme et les filles de Coll Cameron, un des plus proches voisins de Dougal, de nouvelles parures qui éclipseroient dans les fêtes prochaines la beauté simple de Jeannie; Dougal, un coup de filet miraculeux qui l'enrichiroit de quelque trésor, contenu dans une boîte précieuse que sa bonne fortune auroit amenée intacte à l'extrémité du lac; et Jeannie, le besoin d'oublier Trilby, et de ne plus y rêver; prière que son cœur ne pouvoit cependant avouer tout entière, et qu'elle se réservoit de méditer encore au pied des autels, avant de la confier sans réserve à la pensée attentive du saint protecteur.

Les pèlerins arrivèrent enfin au parvis de la vieille église, où un des plus anciens ermites de la contrée étoit ordinairement chargé d'attendre leurs offrandes, et de leur présenter des rafraîchissements et un asile pour la nuit. De loin, la blancheur éblouissante du front de l'anachorète, l'élévation de sa taille majestueuse qui n'avoit pas fléchi sous le poids des ans, la gravité de son attitude immobile et presque menaçante, avoient frappé Jeannie d'une réminiscence mêlée de respect et de terreur. Cet ermite, c'étoit le sévère Ronald, le moine centenaire de Balva. — « J'étois préparé à vous voir, » dit-il à Jeannie avec une intention si pénétrante, que l'infortunée n'auroit pas éprouvé plus de trouble en s'entendant publiquement accuser d'un péché. Et vous aussi, bon

Dougal, continua-t-il en le bénissant : vous venez chercher avec raison les grâces du ciel dans la maison du ciel, et nous demander contre les ennemis secrets qui vous tourmentent les secours d'une protection que les péchés du peuple ont fatiguée, et qui ne peut plus se racheter que par de grands sacrifices.

Pendant qu'il parloit de la sorte, il les avoit introduits dans la longue salle du réfectoire; le reste des pèlerins se reposoient sur les pierres du vestibule, ou se distribuoient, chacun suivant sa dévotion particulière, dans les nombreuses chapelles de l'église souterraine. Ronald se signa et s'assit. Dougal l'imita; Jeannie, obsédée d'une inquiétude invincible, essayoit de tromper l'attention obstinée du saint prêtre en laissant errer la sienne sur les nouveaux objets de curiosité qui s'offroient à ses regards dans ce séjour inconnu. Elle observoit avec une curiosité vague le cintre immense des voûtes antiques, la majestueuse élévation des pilastres, le travail bizarre et recherché des ornements, et la multitude de portraits poudreux qui se suivoient dans des cadres délabrés sur les innombrables panneaux des boiseries. C'étoit la première fois que Jeannie entroit dans une galerie de peinture, et que ses yeux étoient surpris par cette imitation presque vivante de la figure de l'homme, animée au gré de l'artiste de toutes les passions de la vie. Elle contemploit émerveillée cette succession de héros écossois, différents d'expression et de caractère, et dont la prunelle mobile, toujours fixée sur ses mouvements, sembloit la poursuivre de tableaux en tableaux, les uns avec l'émotion d'un intérêt impuissant et d'un attendrissement inutile, les autres avec la sombre rigueur de la menace et le regard foudroyant de la malédiction. L'un d'eux, dont le pinceau d'un artiste plus hardi avoit pour ainsi dire devancé la résurrection, et qu'une combinaison, peu connue alors d'effets et de couleurs, paroissoit avoir jeté hors de la toile, effraya tellement Jeannie de l'idée de le voir se précipiter de sa bordure d'or et traverser la galerie comme un spectre, qu'elle se réfugia en tremblant vers Dougal, et tomba interdite sur la banquette que Ronald lui avoit préparée.

— Celui-là, dit Ronald qui n'avoit pas cessé de converser avec Dougal, est le pieux Magnus Mac-Farlane, le plus généreux de nos bienfaiteurs, et celui de tous qui a le plus de part à nos prières. Indigné du manque de foi de ses descendants dont la déloyauté a prolongé pour bien des siècles encore les épreuves de son âme, il poursuit leurs partisans et leurs complices jusque dans ce portrait miraculeux. J'ai entendu assurer que jamais les amis des derniers Mac-Farlane n'étoient entrés dans cette enceinte sans voir le pieux Magnus s'arracher de la toile où le peintre avoit cru le fixer, pour venger sur eux le crime et l'indignité de sa race. Les places vides qui suivent celle-ci, continua-t-il, indiquent celles qui étoient réservées aux portraits de nos oppresseurs, et dont ils ont été repoussés comme du ciel.

— Cependant, dit Jeannie, la dernière de ces places paroît occupée... Voilà un portrait au fond de cette galerie, et si ce n'étoit le voile qui le couvre...

— Je vous disois, Dougal, reprit le moine, sans prêter d'attention à l'observation de Jeannie, que ce portrait est celui de Magnus Mac-Farlane, et que tous ses descendants sont dévoués à la malédiction éternelle.

— Cependant, dit Jeannie, voilà un portrait au fond de cette galerie, un portrait voilé qui ne seroit pas admis dans ce lieu saint, si la personne qui doit y être représentée étoit aussi chargée d'une éternelle malédiction. N'appartiendroit-il pas par hasard à la famille des Mac-Farlane comme la disposition du reste de cette galerie semble l'annoncer, et comment un Mac-Farlane?...

— La vengeance de Dieu a ses bornes et ses conditions, interrompit Ronald; et il faut que ce jeune homme ait eu des amis parmi les saints...

— Il étoit jeune! s'écria Jeannie...

— Eh bien! dit durement Dougal, qu'importe l'âge d'un damné?...

— Les damnés n'ont point d'amis dans le ciel, répondit vivement Jeannie en se précipitant vers le tableau. Dougal la retint. Elle s'assit.- Les pèlerins pénétroient lentement dans la salle, et resserroient peu à peu leur cercle immense autour du siége du vénérable vieillard qui avoit repris avec eux son discours où il l'avoit laissé. — Vrai, vrai, répétoit-il, les mains appuyées sur son front renversé! — de terribles sacrifices! nous ne pouvons appeler la protection du Seigneur par notre intercession que sur les âmes qui la demandent sincèrement et comme nous, sans mélange de ménagements et de foiblesse. Ce n'est pas tout que de craindre l'obsession d'un démon, et que de prier le ciel de nous en délivrer. Il faut encore le maudire! Savez-vous que la charité peut être un grand péché?

— Est-il possible? répondit Dougal. — Jeannie se retourna du côté de Ronald et le regarda d'un air plus assuré qu'auparavant.

— Infortunés que nous sommes, reprit Ronald, comment résisterions-nous à l'ennemi acharné à notre perte si nous n'usions pas contre lui de toutes les ressources que la religion nous a réservées, de tout le pouvoir qu'elle a mis entre nos mains? A quoi nous serviroit de prier toujours pour ceux qui nous persécutent, s'ils ne cessent de renouveler contre nous leurs manœuvres et leurs maléfices? La haire sacrée et le cilice rigoureux des saintes épreuves ne nous défendent pas eux-mêmes contre les prestiges du mauvais esprit; nous souffrons comme vous, mes enfants, et nous jugeons de la rigueur de vos combats par ceux que nous avons livrés. Croyez-vous que nos pauvres moines aient parcouru une si longue carrière sur cette terre si riche en plaisirs, dans une vie si recherchée pour eux en austérités et en misères, sans lutter quelquefois contre le goût des voluptés et le désir de ce bien temporel que vous appelez le bonheur? Oh! que de rêves délicieux ont assailli notre jeunesse! que d'ambitions criminelles ont tourmenté notre âge mûr! que de regrets amers ont hâté la blancheur de nos cheveux, et de combien de remords nous arriverions chargés sous les yeux de notre maître, si nous avions hésité à nous armer de malédictions et de vengeances contre l'esprit du péché!...

A ces mots, le vieux Ronald fit un signe, la foule s'aligna sur le banc étroit qui couroit comme une moulure sur toute la longueur des murailles, et il continua :

— Mesurez la grandeur de nos afflictions, dit Ronald, par la profondeur de la solitude qui nous environne, par l'immense abandon auquel nous sommes condamnés! Les plus cruelles rigueurs de votre destinée ne sont du moins pas sans consolation et même sans plaisir. Vous avez tous une âme qui vous cherche, une pensée qui vous comprend, un autre *vous* qui est associé de souvenir ou d'intérêt ou d'espérance à votre passé, à votre présent ou à votre avenir. Il n'y a point de but interdit à votre pensée, point d'espace fermé à vos pas, point de créature refusée à votre affection; tandis que toute la vie du moine, toute l'histoire de l'ermite sur la terre s'écoule entre le seuil solitaire de l'église et le seuil solitaire des catacombes. Il n'est question, dans le long développement de nos années invariablement semblables entre elles, que de changer de tombeau et de marcher du chœur des prêtres à celui des saints. Ne croiriez-vous pas devoir quelque retour à un dévouement si pénible et si persévérant pour votre salut? Eh bien! mes frères, apprenez à quel point le zèle qui nous attache à vos intérêts spirituels aggrave de jour en jour l'austérité de notre pénitence! — Apprenez que ce n'étoit pas assez pour nous d'être soumis comme le reste des hommes à ces démons du cœur, dont aucun des malheureux enfants d'Adam n'a pu défier les atteintes! Il n'y a pas jusqu'aux esprits les plus disgraciés, jusqu'aux lutins les plus obscurs qui ne se fassent un malin plaisir de troubler les rapides instants de notre repos et le calme si longtemps inviolable de nos cellules. Certains de ces follets désœuvrés surtout dont nous avons, avec tant de peine et au prix de tant de prières, débarrassé vos habitations, se vengent cruellement sur nous du pouvoir qu'un exorcisme indiscret nous a fait perdre. En les bannissant de la demeure secrète qu'ils avoient usurpée dans vos métairies, nous avons omis de leur indiquer un lieu d'exil déterminé, et les maisons dont nous les avons repoussés sont elles seules à l'abri de leurs insultes. Croiriez-vous que les lieux consacrés eux-mêmes n'ont plus rien de respectable pour eux, et que leur cohorte infernale n'attend, au moment où je vous parle, que le retour des ténèbres pour se répandre en épais tourbillons sous les lambris du cloître?

— L'autre jour, à l'instant où le cercueil d'un de nos frères alloit toucher le sol du caveau mortuaire, la corde se rompt tout à coup en sifflant comme avec un rire aigu, et la châsse roule, grondant, de degrés en degrés sous les voûtes. Les voix qui en sortoient ressembloient à la voix des morts, indignés qu'on ait troublé leur sépulture, qui gémissent, qui se révoltent, qui crient. Les assistants les plus rapprochés du caveau, ceux qui commençoient à plonger leurs regards dans sa profondeur, ont cru voir les tombes se soulever et flotter les linceuls, et les squelettes agités par l'artifice des lutins jaillir avec eux des soupiraux, s'égarer sous les nefs, se grouper confusément dans les stalles ou se mêler comme des figures bouffonnes dans les ombres du sanctuaire. Au même moment, toutes les lumières de l'église... — Écoutez!

On se pressoit pour écouter Ronald. Jeannie seule, les doigts passés dans une boucle de ses cheveux, l'âme fixée à une pensée, écoutoit et n'entendoit plus.

— Écoutez, mes frères, et dites quel péché secret, quelle trahison, quel assassinat, quel adultère d'action ou de pensée a pu attirer cette calamité sur nous. Toutes les lumières du temple avoient disparu. Les torches des acolytes, dit Ronald, lançoient à peine quelques flammèches fugitives qui s'éloignoient, se rapprochoient, dansoient en rayons bleus et grêles, comme les feux magiques des sorcières, et puis montoient et se perdoient dans les recoins noirs des vestibules et des chapelles. Enfin, la lampe immortelle du Saint des Saints...
— Je la vis s'agiter, s'obscurcir et mourir. — Mourir! La nuit profonde, la nuit tout entière, dans l'église, dans le chœur, dans le tabernacle! la nuit descendue pour la première fois sur le sacrement du Seigneur! La nuit si humide, si obscure, si redoutable partout; effrayante, horrible sous le dôme de nos basiliques où est promis le jour éternel!... — Nos moines éperdus s'égaroient dans l'immensité du temple, agrandi encore par la profondeur de la nuit; et trahis par les murailles qui leur refusoient de tous côtés l'issue étroite et oubliée, trompés par la confusion de leurs voix plaintives qui se heurtoient dans les échos et qui rapportoient à leurs oreilles des bruits de menace et de terreur, ils fuyoient épouvantés, prêtant des clameurs et des gémissements aux tristes images du tombeau qu'ils croyoient entendre pleurer sur leur lit de pierre. L'un d'eux sentit la main glacée de saint Duncan, qui s'ouvroit, s'épanouissoit, se fermoit sur la sienne et le lioit à son monument d'une étreinte éternelle. Il y fut retrouvé mort le lendemain. Le plus jeune de nos frères (il étoit arrivé depuis peu de temps, et nous ne connoissions encore ni son nom ni sa famille) saisit avec tant d'ardeur la statue d'une jeune sainte dont il espéroit le secours, qu'il l'entraîna sur lui et qu'elle l'écrasa de sa chute. C'étoit celle, vous le savez, qu'un habile sculpteur du pays avoit ciselée nouvellement, à la ressemblance de cette vierge du Lothian

qui est morte de douleur, parce qu'on l'avoit séparée de son fiancé. Tant de malheurs, continua Ronald en cherchant à fixer le regard immobile de Jeannie, sont peut-être l'effet d'une pitié indiscrète, d'une intercession involontairement criminelle ; d'un péché, d'un seul péché d'intention...

— D'un seul péché d'intention, s'écria Clady, la plus jeune des filles de Coll Cameron !...

— D'un seul ! reprit Ronald avec impatience. — Jeannie tranquille et inattentive n'avoit pas même soupiré. Le mystère incompréhensible du portrait voilé préoccupoit toute son âme.

— Enfin, dit Ronald en se levant et en donnant à ses paroles une expression solennelle d'exaltation et d'autorité, nous avons marqué ce jour pour frapper d'une imprécation irrévocable les mauvais esprits de l'Écosse.

— Irrévocable ! murmura une voix gémissante qui s'éloignoit peu à peu.

— Irrévocable, si elle est libre et universelle. Quand le cri de malédiction s'élèvera devant l'autel, si toutes les voix le répètent...

— Si toutes les voix répètent un cri de malédiction devant l'autel ! reprit la voix. — Jeannie gagnoit l'extrémité de la galerie.

— Alors tout sera fini, et les démons retomberont pour jamais dans l'abîme.

— Que cela soit fait ainsi ! dit le peuple. Et il suivit en foule le redoutable ennemi des lutins. Les autres moines, ou plus timides, ou moins sévères, s'étoient dérobés à l'appareil redoutable de cette cruelle cérémonie ; car nous avons déjà dit que les follets de l'Écosse, dont la damnation éternelle n'étoit pas un point avéré de la croyance populaire, inspiroient plus d'inquiétude que de haine, et un bruit assez probable s'étoit répandu que certains d'entre eux bravoient les rigueurs de l'exorcisme et les menaces de l'anathème, dans la cellule d'un solitaire charitable ou dans la niche d'un apôtre. Quant aux pêcheurs et aux bergers, ils n'avoient qu'à se louer pour la plupart de ces intelligences familières, tout à coup si impitoyablement condamnées ; mais, peu sensibles au souvenir des services passés, ils s'associoient volontiers à la colère de Ronald et n'hésitoient pas à proscrire cet ennemi inconnu qui ne s'étoit manifesté que par des bienfaits.

L'histoire de l'exil du pauvre Trilby étoit d'ailleurs parvenue aux voisins de Dougal, et les filles de Coll Cameron se disoient souvent dans leurs veillées que c'étoit probablement à quelqu'un de ses prestiges que Jeannie avoit été redevable de ses succès dans les fêtes du clan, et Dougal de ses avantages à la pêche sur leurs amants et sur leur père. Mainch Cameron n'avoit-elle pas vu Trilby lui-même, assis à la proue du bateau, jeter à pleines mains, dans les nasses vides du pêcheur endormi, des milliers de poissons bleus, le réveiller en frappant la barque du pied et rouler de vague en vague jusqu'au rivage, dans une écume d'argent ?... — Malédiction ! cria Mainch... Malédiction ! dit Feny... Ah ! Jeannie seule a pour vous le charme de la beauté ! pensa Clady ; c'est pour elle que vous m'avez quittée, fantôme de mon sommeil que je n'ai que trop aimé, et si la malédiction prononcée contre vous ne s'accomplit pas, libre encore de choisir entre toutes les chaumières de l'Écosse, vous vous fixerez pour toujours à la chaumière de Jeannie ? Non ! vraiment !

— Malédiction, répéta Ronald avec une voix terrible ! — Ce mot coûtoit à prononcer à Clady, mais Jeannie entra si belle d'émotion et d'amour qu'elle n'hésita plus. — Malédiction ! dit Clady...

Jeannie seule n'avoit pas été présente à la cérémonie, mais la rapidité de tant d'impressions vives et profondes avoit d'abord empêché qu'on remarquât son absence. Clady s'en étoit cependant aperçue, parce qu'elle ne croyoit pas avoir en beauté d'autre rivale digne d'elle. Nous nous rappelons qu'un vif intérêt de curiosité entraînoit Jeannie vers l'extrémité de la galerie des tableaux au moment où le vieux moine disposoit l'esprit de ses auditeurs à remplir le devoir cruel qu'il imposoit à leur piété. A peine la foule se fut écoulée hors de la salle, que Jeannie, frémissant d'impatience, et peut-être aussi préoccupée malgré elle d'un autre sentiment, s'élança vers le tableau voilé, arracha le rideau qui le couvroit, et reconnut d'un regard tous les traits qu'elle avoit rêvés. — C'étoit lui. — C'étoit la physionomie connue, les vêtements, les armes, l'écusson, le nom même des Mac-Farlane. Le peintre gothique avoit tracé au-dessous du portrait, selon l'usage de son temps, le nom de l'homme qui y étoit représenté :

JOHN TRILBY MAC-FARLANE.

— Trilby! s'écrie Jeannie éperdue, et, prompte comme l'éclair, elle parcourt les galeries, les salles, les degrés, les passages, les vestibules, et tombe au pied de l'autel de saint Colombain, au moment où Clady, tremblante de l'effort qu'elle venoit de faire sur elle-même, achevoit de proférer le cri de malédiction. — Charité, cria Jeannie en embrassant le saint tombeau, AMOUR ET CHARITÉ, répéta-t-elle à voix basse. Et si Jeannie avoit manqué du courage de la charité, l'image de saint Colombain auroit suffi pour le ranimer dans son cœur. Il faut avoir vu l'effigie sacrée du protecteur du monastère pour se faire une idée de l'expression divine dont les anges ont animé la toile miraculeuse, car tout le monde sait que cette peinture n'a pas été tracée d'une main d'homme, et que c'étoit un esprit qui descendoit du ciel pendant le sommeil involontaire de l'artiste pour embellir du sentiment d'une piété si tendre, et d'une charité que la terre ne connoît pas, les traits angéliques du bienheureux. Parmi tous les élus du Seigneur, il n'y avoit que saint Colombain dont le regard fût triste et dont le sourire fût amer, soit qu'il eût laissé sur la terre quelque objet d'une affection si chère que les joies ineffables promises à une éternité de gloire et de bonheur n'aient pas pu la lui faire oublier, soit que, trop sensible aux peines de l'humanité, il n'ait conçu dans son nouvel état que l'indicible douleur de voir les infortunés qui lui survivent exposés à tant de périls et livrés à tant d'angoisses qu'il ne peut ni prévenir ni soulager. Telle doit être en effet la seule affliction des saints, à moins que les événements de leur vie ne les aient liés par hasard à la destinée d'une créature qui s'est perdue et qu'ils ne retrouveront plus. Les éclairs d'un feu doux qui s'échappoient des yeux de saint Colombain, la bienveillance universelle qui respiroit sur ses lèvres palpitantes de vie, les émanations d'amour et de charité qui descendoient de lui, et qui disposoient le cœur à une religieuse tendresse, affermirent la résolution déjà formée de Jeannie; elle répéta dans sa pensée avec plus de force : AMOUR ET CHARITÉ. — De quel droit, dit-elle, irois-je prononcer un arrêt de malédiction? Ah! ce n'est pas du droit d'une foible femme, et ce n'est pas à nous que le Seigneur a confié le soin de ses terribles vengeances. Peut-être même il ne se venge pas! et s'il a des ennemis à punir, lui qui n'a point d'ennemis à craindre, ce n'est pas aux passions aveugles de ses plus débiles créatures qu'il a dû remettre le ministère le plus terrible de sa justice. Comment celle dont il doit un jour juger toutes les pensées!... comment irois-je implorer sa pitié pour mes fautes, quand elles lui seront dévoilées par un témoignage, hélas! que je ne pourrai pas contredire, si pour des fautes qui me sont inconnues.... si pour des fautes qui n'ont peut-être pas été commises, je profère ce cri terrible de malédiction qu'on me demande contre quelque infortuné qui n'est déjà sans doute que trop sévèrement puni? — Ici, Jeannie s'effraya de sa propre supposition, et ses regards ne se relevèrent qu'avec effroi vers le regard de saint Colombain; mais rassurée par la pureté de ses sentiments, car l'intérêt invincible qu'elle prenoit à Trilby ne lui avoit jamais fait oublier qu'elle étoit l'épouse de Dougal, elle chercha, elle fixa des yeux et de la pensée la pensée incertaine du saint des montagnes. Un foible rayon du soleil couchant brisé à travers les vitraux, et qui descendoit sur l'autel chargé des couleurs tendres et brillantes du pinceau animées par le crépuscule, prêtoit au bienheureux une auréole plus vive, un sourire plus calme, une sérénité plus reposée, une joie plus heureuse. Jeannie pensa que saint Colombain étoit content, et pénétrée de reconnoissance, elle pressa de ses lèvres les pavés de la chapelle et les degrés du tombeau, en répétant des vœux de charité. Il est possible même qu'elle se soit occupée alors d'une prière qui ne pouvoit pas être exaucée sur la terre. Qui pénétrera jamais dans tous les secrets d'une âme tendre, et qui pourroit apprécier le dévouement d'une femme qui aime?

Le vieux moine qui observoit attentivement Jeannie, et qui, satisfait de son émotion, ne doutoit pas qu'elle n'eût répondu à son espérance, la releva du saint parvis et la rendit aux soins de Dougal qui se disposoit à partir, déjà riche en imagination de tous les biens qu'il fondoit sur le succès de son pèlerinage, et sur la protection des saints de Balva. « Malgré cela, dit-il à Jeannie « en apercevant la chaumière, je ne puis pas cacher « que cette malédiction m'a coûté, et que j'aurai besoin « de m'en distraire à la pêche. » Quant à Jeannie, c'en étoit fait pour elle. Rien ne pouvoit plus la distraire de ses souvenirs.

Le lendemain d'un jour où la batelière avoit conduit jusque vers le golfe de Clyde la famille du laird de Roseneiss, elle retournoit vers l'extrémité du lac Long à la merci de la marée qui faisoit siller son bateau à une égale distance des syrtes d'Argail et de Lennox, sans qu'elle eût besoin de recourir au jeu fatigant de ses rames; debout sur la barge étroite et mobile, elle livroit aux vents ses longs cheveux noirs dont elle étoit si fière, et son cou d'une blancheur que le soleil avoit foiblement nuancée sans la flétrir s'élevoit avec un éclat singulier au-dessus de sa robe rouge des manufactures d'Ayr. Son pied nu, imposé sur un des côtés du frêle bâtiment, lui imprimoit à peine un balancement léger qui repoussoit et rappeloit la vague agitée, et l'onde excitée par cette résistance presque insensible revenoit bouillonnante, s'élevoit en blanchissant jusqu'au pied de Jeannie, et rouloit autour de lui son écume fugitive. La saison étoit encore rigoureuse, mais la température s'étoit sensiblement adoucie depuis quelque temps, et la journée paroissoit à Jeannie une des plus belles dont elle eût conservé le souvenir. Les vapeurs qui s'élèvent ordinairement sur le lac, et s'étendent au-devant des montagnes sous la forme d'un rideau de crêpe, avoient peu à peu élargi les losanges flottantes de leurs réseaux de brouillards. Celles que le soleil n'avoit pas encore tout à fait dissipées se berçoient sur l'occident comme une trame d'or tissue par les fées du lac pour l'ornement de leurs fêtes. D'autres étinceloient de points isolés, mobiles, éblouissants comme des paillettes semées sur un fond transparent de couleurs merveilleuses. C'étoit de petits nuages humides où l'oranger, la jonquille, le vert pâle, luttoient suivant les accidents d'un rayon ou le caprice de l'air contre l'azur, le pourpre et le violet. A l'évanouissement d'une brume errante, à la disparition d'une côte abandonnée par le courant, et dont l'abaissement subit laissoit un libre passage à quelque vent de travers, tout se confondoit dans une nuance indéfinissable et sans nom qui étonnoit l'esprit d'une sensation si nouvelle qu'on auroit pu s'imaginer qu'on venoit d'acquérir un sens; et pendant ce temps-là les décorations variées du rivage se succédoient sous les yeux de la voyageuse. Il y avoit des coupoles immenses qui couroient au-devant d'elle en brisant sur leurs flancs circulaires tous les traits du soleil couchant, les unes éclatantes comme le cristal, les autres d'un gris mat et presque effacé comme le fer, les plus éloignées à l'ouest cernées à leur sommet d'auréoles d'un rose vif qui descendoient en pâlissant peu à peu sur les flancs glacés de la montagne, et venoient expirer à sa base dans des ténèbres foiblement colorées qui participoient à peine du crépuscule. Il y avoit des caps d'un noir sombre qu'on auroit pris de loin pour des écueils inévitables, mais qui reculoient tout à coup devant la proue et découvroient de larges baies favorables aux nautoniers. L'écueil redouté fuyoit, et tout s'embellissoit après lui de la sécurité d'une heureuse navigation. Jeannie avoit vu de loin les barques errantes des pêcheurs renommés du lac Goyle. Elle avoit jeté un regard sur les fabriques fragiles de Portincaple. Elle contemploit encore avec une émotion qui se renouveloit tous les jours sans s'affoiblir cette foule de sommets qui se poursuivent, qui se pressent, qui se confondent, ou ne se détachent les uns des autres que par des effets inattendus de lumière, surtout dans la saison où disparoissent sous le voile monotone des neiges, et la soie argentée des sphaignes, et la marbrure foncée des granits, et les écailles nacrées des récifs. Elle avoit cru reconnoître à sa gauche, tant le ciel étoit transparent et pur, les dômes du Ben-More et du Ben-Neathan; à sa droite, la pointe âpre du Ben-Lomond se distinguoit par quelques saillies obscures que la neige n'avoit pas couvertes, et qui hérissoient de crêtes foncées la tête chauve du roi des montagnes. Le dernier plan de ce tableau rappeloit à Jeannie une tradition fort répandue dans ce pays, et que son esprit, plus disposé que jamais aux émotions vives et aux idées merveilleuses, se retraçoit alors sous un aspect nouveau. A la pointe même du lac, monte vers le ciel la masse énorme du Ben-Arthur, surmontée de deux noirs rochers de basalte dont l'un paroît penché sur l'autre comme l'ouvrier sur le socle où il a déposé les matériaux de son travail journalier. Ces pierres colossales furent apportées des cavernes de la montagne sur laquelle régnoit Arthur le géant, quand des hommes audacieux vinrent élever aux bords du Forth les murailles d'Édimbourg. Arthur, banni de ses hautes solitudes par la science d'un peuple téméraire, fit un pas jusqu'à l'extrémité du lac Long, et imposa sur la plus haute montagne qui s'offrit devant lui les ruines de son palais sauvage. Assis sur un de ses rochers et la tête appuyée sur l'autre, il tournoit des regards furieux sur les remparts impies qui usurpoient ses domaines et qui le séparoient pour toujours du bonheur et même de l'espérance; car on dit qu'il avoit aimé sans succès la reine mystérieuse de ces rivages, une de ces fées que les anciens appeloient des nymphes et qui habitent des grottes enchantées où l'on marche sur des tapis de fleurs marines, à la clarté des perles et des escarboucles de l'Océan. Malheur au bateau aventureux qui effleuroit en courant la surface du lac immobile, quand la longue figure du géant, vague comme une vapeur du soir, s'élevoit tout à coup entre les deux rochers de la montagne, appuyoit ses pieds difformes sur leurs sommets inégaux, et se balançoit au gré des vents en étendant sur l'horizon des bras ténébreux et flottants qui finissoient par l'embrasser d'une large ceinture. A peine son manteau de nuages avoit mouillé ses derniers plis dans le lac, un éclair jaillissoit des yeux redoutables du fantôme, un mugissement pareil à la foudre grondoit dans sa voix terrible, et les eaux bondissantes alloient ravager leurs bords. Son apparition, redoutée des pêcheurs, avoit rendu déserte la rade si riche et si gracieuse d'Arroquhar, quand un pauvre ermite, dont le nom s'est perdu, arriva un jour des mers orageuses d'Irlande, seul, mais invisiblement escorté d'un esprit de foi et d'un esprit de charité, sur une barque poussée par une puissance irrésistible, et qui sillonnoit les vagues soulevées sans prendre part à leur agitation, quoique le saint prêtre eût dédaigné le secours de la rame et du gouvernail. A genoux sur le frêle esquif, il tenoit dans ses mains une croix et regardoit le ciel. Parvenu près du terme de sa navigation, il se leva avec dignité, laissa tomber quelques gouttes d'eau consacrée sur les vagues furieuses, et adressa au géant du lac des paroles tirées d'une langue inconnue. On croit qu'il lui ordonnoit, au nom des premiers compagnons du Sauveur, qui étoient des pêcheurs et des bateliers, de rendre aux pêcheurs et aux bateliers du lac Long l'empire paisible des eaux que la Providence leur avoit données. Au même instant du moins le spectre menaçant se dissipa en flocons légers comme ceux que le souffle du matin roule sur l'onde invisible, et qu'on prendroit de loin pour un nuage d'édredon enlevé au nid des grands oiseaux qui habitent ses rivages. Le golfe entier aplanit sa vaste surface; les flots mêmes qui s'élevoient en blanchissant contre la plage ne redescendirent point : ils perdirent leur fluidité sans perdre leur forme et leur aspect, et l'œil encore trompé aux contours arrondis, aux mouvements onduleux, au ton bleuâtre et frappé de reflets changeants des brisants écailleux qui hérissent la côte, les prend de loin pour des bancs d'écume dont il attend toujours le retour impossible. Puis le saint vieillard tira sa barque sur la grève, dans l'espérance peut-être qu'elle y seroit retrouvée par le pauvre montagnard, pressa de ses bras entrelacés le crucifix sur sa poitrine, et gravit d'un pas ferme le sentier du rocher jusqu'à la cellule que les anges lui avoient bâtie à côté de l'aire inaccessible de l'aigle blanc. Plusieurs anachorètes le suivirent dans ces solitudes, et se répandirent lentement en pieuses colonies dans les campagnes voisines. Telle fut l'origine du monastère de Balva, et sans doute celle du tribut que s'étoit longtemps imposé envers les religieux de ce couvent la reconnoissance trop vite oubliée des chefs du clan des Mac-Farlane. Il est facile de comprendre par quelle liaison secrète l'histoire de cet exorcisme ancien et de ses conséquences bien connues du peuple se rattachoit aux idées habituelles de Jeannie.

Cependant les ombres d'une nuit si précoce, dans une saison où tout le règne du jour s'accomplit en quelques heures, commençoient à remonter du lac, à gravir les hauteurs qui l'enveloppent, à voiler les sommets les plus élevés. La lassitude, le froid, l'exercice d'une longue contemplation ou d'une réflexion sérieuse, avoient abattu les forces de Jeannie, et, assise dans un épuisement inexplicable à la poupe de son bateau, elle le laissoit dériver du côté des boulingrins d'Argail vers la maison de Dougal, en dormant à demi, quand une voix partie de la rive opposée lui annonça un voyageur. La pitié seule qu'inspire un homme égaré sur une côte où n'habitent pas sa femme et ses enfants, et qui va leur laisser compter beaucoup d'heures d'attente et d'angoisses, dans l'espérance toujours déçue de son retour, si l'oreille du batelier se ferme par hasard à sa prière; cet intérêt que les femmes surtout portent à un proscrit, à un infirme, à un enfant abandonné, pouvoit seul forcer Jeannie à lutter contre le sommeil dont elle étoit accablée, pour retourner sa proue, depuis si longtemps battue des eaux, vers les joncs marins qui bordent le long golfe des montagnes. Qui auroit pu le contraindre à traverser le lac à cette heure, disoit-elle, si ce n'étoit le besoin d'éviter un ennemi, ou de rejoindre un ami qui l'attend? Oh! que ceux qui attendent ce qu'ils aiment ne soient jamais trompés dans leur espérance; qu'ils obtiennent ce qu'ils ont désiré!...

Et les lames si larges et si paisibles se multiplioient sous la rame de Jeannie, qui les frappoit comme un fléau. Les cris continuoient à se faire entendre, mais tellement grêles et cassés, qu'ils ressembloient plutôt à la plainte d'un fantôme qu'à la voix d'une créature humaine, et la paupière de Jeannie, soulevée avec effort du côté du rivage, ne lui dévoiloit qu'un horizon sombre dont rien de vivant n'animoit la profonde immobilité. Si elle avoit cru apercevoir d'abord une figure penchée sur le lac, et qui étendoit contre elle des bras suppliants, elle n'avoit pas tardé à reconnoître dans le prétendu étranger une souche morte qui balançoit sous le poids des frimas deux branches desséchées. S'il lui avoit semblé un instant qu'elle voyoit circuler une ombre à peu de distance de son bateau, parmi les brumes tout à fait descendues, c'étoit la sienne que la dernière lumière du crépuscule horizontal peignoit sur le rideau flottant, et qui se confondoit de plus en plus avec les immenses ténèbres de la nuit. Sa rame, enfin, frappoit déjà les fûts sifflants des roseaux du rivage, quand elle en vit sortir un vieillard si courbé sous le poids des ans qu'on auroit dit que sa tête appesantie cherchoit un appui sur ses genoux, et qui ne maintenoit l'équilibre de son corps chancelant qu'en se confiant à un jonc fragile qui cependant le supportoit sans fléchir; car ce vieillard étoit nain, et le plus petit, selon toute apparence, qu'on eût jamais vu en Écosse. L'étonnement de Jeannie redoubla, lorsque, tout caduc qu'il paroissoit, il s'élança légèrement dans la barque, et prit place en face de la batelière, d'une manière qui ne manquoit ni de souplesse ni de grâce.

— Mon père, lui dit-elle, je ne vous demande point où vous vous proposez de vous rendre, car le but de votre voyage doit être trop éloigné pour que vous puissiez espérer d'y arriver cette nuit.

— Vous êtes dans l'erreur, ma fille, lui répondit-il :

je n'en ai jamais été aussi près, et depuis que je suis dans cette barque, il me semble que je n'ai plus rien à désirer pour y parvenir, même quand une glace éternelle la saisiroit tout à coup au milieu du golfe.

— Cela est étonnant, reprit Jeannie. Un homme de votre taille et de votre âge seroit connu dans tout le pays s'il y faisoit son habitation, et à moins que vous ne soyez le petit homme de l'île de Man dont j'ai entendu souvent parler à ma mère, et qui a enseigné aux habitants de nos parages l'art de tresser avec des roseaux de longs paniers, dont les poissons (retenus par quelque pouvoir magique) ne peuvent jamais retrouver l'issue, je répondrois que vous n'avez point de toit sur les côtes de la mer d'Irlande.

— Oh! j'en avois un, ma chère enfant, qui étoit bien voisin de ce rivage, mais on m'en a cruellement dépossédé!

— Je comprends alors, bon vieillard, le motif qui vous ramène sur les côtes d'Argail. Il faut y avoir laissé de bien tendres souvenirs pour quitter dans cette saison et à cette heure avancée les riants rivages du lac Lomond, bordé d'habitations délicieuses, où abonde un poisson plus exquis que celui de nos eaux marines, et un wiskey plus salutaire pour votre âge que celui de nos pêcheurs et de nos matelots. Pour revenir parmi nous, il faut aimer quelqu'un dans cette région des tempêtes, que les serpents eux-mêmes désertent à l'approche des hivers. Ils se glissent vers le lac Lomond, le traversent en désordre comme un clan de maraudeurs qui vient de lever l'impôt noir, et cherchent à se réfugier sous quelques rochers exposés au midi. Les pères, les époux, les amants ne craignent pas cependant d'aborder des contrées rigoureuses quand ils s'attendent à y rencontrer les objets auxquels ils sont attachés; mais vous ne pourriez songer sans folie à vous éloigner cette nuit des bords du lac Long.

— Ce n'est pas là mon intention, dit l'inconnu. J'aimerois cent fois mieux y mourir!

— Quoique Dougal soit fort réservé sur la dépense, continua Jeannie qui n'abandonnoit pas sa pensée, et qui n'avoit prêté qu'une légère attention aux interruptions du passager, quoiqu'il souffre, ajouta-t-elle avec un peu d'amertume, que la femme et les filles de Coll Cameron, qui est moins aisé que nous, me surpassent en toilette dans les fêtes du clan, il y a toujours dans sa chaumière du pain d'avoine et du lait pour les voyageurs; et j'aurois bien plus de plaisir à vous voir épuiser notre bon wiskey qu'à ce vieux moine de Balva qui n'est jamais venu chez nous que pour y faire du mal.

— Que m'apprenez-vous, mon enfant? reprit le vieillard en affectant le plus grand étonnement; c'est précisément vers la chaumière de Dougal le pêcheur que mon voyage est dirigé; c'est là, s'écria-t-il en attendrissant encore sa voix tremblante, que je dois revoir tout ce que j'aime, si je n'ai pas été trompé par des renseignements infidèles. La fortune m'a bien servi de me faire trouver ce bateau!...

— Je comprends, dit Jeannie en souriant. Grâces soient rendues au petit homme de l'île de Man! Il a toujours aimé les pêcheurs.

— Hélas! je ne suis pas celui que vous pensez; un autre sentiment m'attire dans votre maison. Apprenez, ma jolie dame, car ces lumières boréales qui baignent le front des montagnes, ces étoiles qui tombent du ciel en se croisant et qui blanchissent tout l'horizon, ces sillons lumineux qui glissent sur le golfe et qui étincellent sous votre rame; la clarté qui s'avance, qui s'étend et vient trembler jusqu'à nous depuis ce bateau éloigné, tout cela m'a permis de remarquer que vous étiez fort jolie; apprenez, vous disois-je donc, que je suis le père d'un follet qui habite maintenant chez Dougal le pêcheur; et si j'en crois ce qu'on m'a raconté, si j'en crois surtout votre physionomie et votre langage, je comprendrois à peine à l'âge où je suis parvenu qu'il eût pu choisir une autre demeure. Il n'y a que peu de jours que j'en suis informé, et je ne l'ai pas vu, le pauvre enfant, depuis le règne de Fergus. Cela tient à une histoire que je n'ai pas eu le temps de vous raconter ; mais jugez de mon impatience ou plutôt de mon bonheur, car voilà le rivage.

Jeannie imprima au bateau un mouvement de retour, et jeta sa tête en arrière en appuyant une main sur son front.

— Eh bien ! dit le vieillard, nous n'abordons pas ?

— Aborder ! répondit Jeannie en sanglotant. Père infortuné ! Trilby n'y est plus !...

— Il n'y est plus ! et qui l'en auroit chassé ? Auriez-vous été capable, Jeannie, de l'abandonner à ces méchants moines de Balva, qui ont causé tous nos malheurs ?...

— Oui, oui, dit Jeannie avec l'accent du désespoir en repoussant le bateau du côté d'Arroqhar. Oui, c'est moi qui l'ai perdu, qui l'ai perdu pour toujours !...

— Vous, Jeannie, vous si charmante et si bonne ! Le misérable enfant ! Combien il a dû être coupable pour mériter votre haine !...

— Ma haine ! reprit Jeannie en laissant tomber sa main sur la rame et sa tête sur sa main ; Dieu seul peut savoir combien je l'aimois !...

— Tu l'aimois ! s'écria Trilby en couvrant ses bras de baisers (car ce voyageur mystérieux étoit Trilby lui-même, et je suis fâché d'avouer que si mon lecteur éprouve quelque plaisir à cette explication, ce n'est probablement pas celui de la surprise !) tu l'aimois ! ah ! répète que tu l'aimois ! ose le dire à moi, le dire pour moi, car ta résolution décidera de ma perte ou de mon bonheur ! Accueille-moi, Jeannie, comme un ami, comme un amant, comme ton esclave, comme ton hôte, comme tu accueillois du moins ce passager inconnu. Ne refuse pas à Trilby un asile secret dans ta chaumière!...

Et en parlant ainsi, le follet s'étoit dépouillé du travestissement bizarre qu'il avoit emprunté la veille aux Shoupeltins du Shetland. Il abandonnoit au cours de la marée ses cheveux de chanvre et sa barbe de mousse blanche, son collier varié d'algue et de criste marine qui se rattachoit d'espace en espace à des coquillages de toutes couleurs, et sa ceinture enlevée à l'écorce argentée du bouleau. Ce n'étoit plus que l'esprit vagabond du foyer; mais l'obscurité prêtoit à son aspect quelque chose de vague qui ne rappeloit que trop à Jeannie les prestiges singuliers de ses derniers rêves, les séductions de cet amant dangereux du sommeil qui occupoit ses nuits d'illusions si charmantes et si redoutées, et le tableau mystérieux de la galerie du monastère.

— Oui, ma Jeannie, murmuroit-il d'une voix douce mais foible comme celle de l'air caressant du matin quand il soupire sur le lac ; rends-moi le foyer d'où je pouvois t'entendre et te voir, le coin modeste de la cendre que tu agitois le soir pour réveiller une étincelle, le tissu aux mailles invisibles qui court sous les vieux lambris, et qui me prêtoit un hamac flottant dans les nuits tièdes de l'été. Ah ! s'il le faut, Jeannie, je ne t'importunerai plus de mes caresses, je ne te dirai plus que je t'aime, je n'effleurerai plus ta robe, même quand elle cédera en volant vers moi au courant de la flamme et de l'air. Si je me permets de la toucher une seule fois, ce sera pour l'éloigner du feu près d'y atteindre, quand tu t'endormiras en filant. Et je te dirai plus, Jeannie, car je vois que mes prières ne peuvent te décider, accorde-moi pour le moins une petite place dans l'étable : je conçois encore un peu de bonheur dans cette pensée; je baiserai la laine de ton mouton, parce que je sais que tu aimes à la rouler autour de tes doigts; je tresserai les fleurs les plus parfumées de la crèche pour lui en faire des guirlandes, et lorsque tu rempliras l'aire d'une nouvelle litière de paille fraîche, je la presserai avec plus d'orgueil et de délices que les riches tapis des rois ; je te nommerai tout bas : Jeannie, Jeannie !.... et personne ne m'entendra, sois-en sûr, pas même l'insecte monotone qui frappe dans la muraille à intervalles mesurés, et dont l'horloge de mort interrompt seule le silence de la nuit. Tout ce que je veux, c'est d'être là, et de respirer un air qui touche à l'air que tu respires ; un air où tu as passé, qui a participé de ton souffle, qui a circulé entre tes lèvres, qui a été pénétré par tes regards, qui t'auroit caressée avec tendresse si la nature inanimée jouissoit des priviléges de la nôtre, si elle avoit du sentiment et de l'amour !

Jeannie s'aperçut qu'elle s'étoit trop éloignée du rivage ; mais Trilby comprit son inquiétude et se hâta de la rassurer en se réfugiant à la pointe du bateau.

— Va, Jeannie, lui dit-il, regagne sans moi les rives d'Argail où je ne puis pénétrer sans la permission que tu me refuses. Abandonne le pauvre Trilby sur une terre d'exil pour y vivre condamné à la douleur éternelle de ta perte ; rien ne lui coûtera si tu laisses tomber sur lui un regard d'adieu ! Malheureux ! que la nuit est profonde !

Un feu follet brilla sur le lac.

— Le voilà, dit Trilby ; mon Dieu, je vous remercie ! j'aurois accepté votre malédiction à ce prix !

— Ce n'est pas ma faute, dit Jeannie, je ne m'attendois point, Trilby, à cette lumière étrange, et si mes yeux ont rencontré les vôtres... si vous avez cru y lire l'expression d'un consentement dont, en vérité, je ne prévoyois pas les conséquences, vous le savez, l'arrêt du redoutable Ronald porte une autre condition. Il faut que Dougal lui-même vous envoie à la chaumière. Et d'ailleurs votre bonheur même n'est-il pas intéressé à son refus et au mien ? Vous êtes aimé, Trilby, vous êtes adoré des nobles dames d'Argail, et vous devez avoir trouvé dans leurs palais....

— Les palais des dames d'Argail! reprit vivement Trilby. Oh! depuis que j'ai quitté la chaumière de Dougal, quoique ce fût au commencement de la plus mauvaise saison de l'année, mon pied n'a pas foulé le seuil de la demeure de l'homme; je n'ai pas ranimé mes doigts engourdis à la flamme d'un foyer pétillant. J'ai eu froid, Jeannie, et combien de fois, las de grelotter au bord du lac, entre les branches des arbustes desséchées qui plient sous le poids des frimas, je me suis élevé en bondissant, pour réveiller un reste de chaleur dans mes membres transis, jusqu'au sommet des montagnes! combien de fois je me suis enveloppé dans les neiges nouvellement tombées, et roulé dans les avalanches, mais en les dirigeant de manière à ne pas nuire à une construction, à ne pas compromettre l'espérance d'une culture, à ne pas offenser un être animé! L'autre jour, je vis en courant une pierre sur laquelle un fils exilé avoit écrit le nom de sa mère; ému, je m'empressai de détourner l'horrible fléau, et je me précipitai avec lui dans un abîme de glace où n'a jamais respiré un insecte. — Seulement, si le cormoran, furieux de trouver le golfe emprisonné sous un muraille de glace qui lui refuse le tribut de sa pêche accoutumée, le traversoit en criant d'impatience pour aller ravir une proie plus facile au Firth de Clyde ou au Sund du Jura, je gagnois, tout joyeux, le nid escarpé de l'oiseau voyageur, et sans autre inquiétude que de le voir abréger la durée de son absence, je me réchauffois entre ses petits de l'année, trop jeunes encore pour prendre part à ses expéditions de mer, et qui, bientôt familiarisés avec leur hôte clandestin, car je n'ai jamais manqué de leur porter quelque présent, s'écartoient à mon approche pour me laisser une petite place parmi eux au milieu de leur lit de duvet. Ou bien, à l'imitation du mulot industrieux qui se creuse une habitation souterraine pour passer l'hiver, j'enlevois avec soin la glace et la neige amoncelées dans un petit coin de la montagne qui devoit être exposé le lendemain aux premiers rayons du soleil levant, je soulevois avec précaution le tapis des vieilles mousses qui avoient blanchi depuis bien des années sur le roc, et au moment d'arriver à la dernière couche, je me liois de leurs fils d'argent comme un enfant de ses langes, et je m'endormois protégé contre le vent de la nuit sous mes courtines de velours; heureux, surtout, quand je m'avisois que tu avois pu les fouler en allant payer la dîme du grain ou du poisson. Voilà, Jeannie, les superbes palais que j'ai habités, voilà le riche accueil que j'ai reçu depuis que je suis séparé de toi, celui de l'escarbot frileux que j'ai quelquefois, sans le savoir, dérangé au fond de sa retraite, ou de la mouette étourdie qu'un orage subit forçoit à se réfugier près de moi dans le creux d'un vieux saule miné par l'âge et le feu dont les noires cavités et l'âtre comblé de cendre marquent le rendez-vous habituel des contrebandiers. C'est là, cruelle, le bonheur que tu me reproches. Mais, que dis-je? Ah! ce temps de misère n'a pas été sans bonheur! Quoiqu'il me fût défendu de te parler, et même de m'approcher de toi sans ta permission, je suivois du moins ton beau bateau du regard, et des follets moins sévèrement traités, compatissants à mes chagrins, m'apportoient quelquefois ton souffle et tes soupirs! Si le vent du soir avoit chassé de tes cheveux les débris d'une fleur d'automne, l'aile d'un ami complaisant la soutenoit dans l'espace jusqu'à la cime du rocher solitaire, jusque dans la vapeur du nuage errant où j'étois relégué, et la laissoit tomber en passant sur mon cœur. Un jour même, t'en souvient-il? le nom de Trilby avoit expiré sur ta bouche; un lutin s'en saisit, et vint charmer mon oreille du bruit de cet appel involontaire. Je pleurois alors en pensant à toi, et les larmes de ma douleur se changèrent en larmes de joie : est-ce près de toi qu'il m'étoit réservé de regretter les consolations de mon exil?

— Expliquez-vous, Trilby, dit Jeannie qui cherchoit à se distraire de son émotion. — Il me semble que vous venez de me dire, ou de me rappeler qu'il vous étoit défendu de me parler et de vous rapprocher de moi sans ma permission. C'étoit en effet l'arrêt du moine de Balva. Comment se fait-il donc que maintenant vous soyez dans mon bateau, près de moi, connu de moi, sans que je vous l'aie permis?...

— Jeannie, pardonnez-moi de vous le répéter, si cet aveu coûte à votre cœur!... Vous avez dit que vous m'aimiez!

— Séduction ou foiblesse, égarement ou pitié, je l'ai dit, reprit Jeannie, mais auparavant, mais jusque-là je croyois que le bateau devait être inaccessible pour vous, comme la chaumière...

— Je ne le sais que trop! combien de fois n'ai-je pas tenté inutilement de l'appeler près de moi! l'air emportoit mes plaintes, et vous ne m'entendiez pas!

— Alors, comment puis-je comprendre?...

— Je ne le comprends pas moi-même, répondit Trilby, à moins, continua-t-il d'un ton de voix plus humble et plus tremblant, que vous n'ayez confié le secret que je vous ai surpris par hasard à des cœurs favorables, à des amitiés tutélaires, qui, dans l'impossibilité de révoquer entièrement ma sentence, n'ont pas renoncé à l'adoucir...

— Personne, personne, s'écria Jeannie épouvantée; moi-même je ne savois pas, moi-même je n'étois pas sûre encore... et votre nom n'est parvenu de ma pensée à mes lèvres que dans le secret de mes prières...

— Dans le secret même de vos prières, vous pouviez émouvoir un cœur qui m'aimât, et si devant mon frère Colombain, Colombain Mac-Farlane...

— Votre frère Colombain! si devant lui... et c'est votre

frère! Dieu de bonté!... prenez pitié de moi! pardon!... pardon!...

— Oui, j'ai un frère, Jeannie, un frère bien-aimé qui jouit de la contemplation de Dieu, et pour qui mon absence n'est que l'intervalle pénible d'un triste et périlleux voyage dont le retour est presque assuré. Mille ans ne sont qu'un moment sur la terre pour ceux qui ne doivent se quitter jamais.

— Mille ans, — c'est le terme que Ronald vous avoit assigné, si vous rentriez à la chaumière...

— Et que sont mille ans de la plus sévère captivité, que seroit une éternité de mort, une éternité de douleur, pour l'âme que tu aurois aimée, pour la créature trop favorisée de la Providence qui auroit été associée pendant quelques minutes aux mystères de ton cœur, pour celui dont les yeux auroient trouvé dans tes yeux un regard d'abandon, sur ta bouche un sourire de tendresse! Ah! le néant, l'enfer même n'auroit que des tourments imparfaits pour l'heureux damné dont les lèvres auroient effleuré tes lèvres, caressé les noirs anneaux de tes cheveux, pressé tes cils humides d'amour, et qui pourroit penser toujours, au milieu des supplices sans fin, que Jeannie l'a aimé un moment! Conçois-tu cette volupté immortelle? Ce n'est pas ainsi que la colère de Dieu s'appesantit sur les coupables qu'elle veut punir! — Mais tomber, brisé de sa puissante main, dans un abîme de désespoir et de regrets où tous les démons répètent pendant tous les siècles : Non, non, Jeannie ne t'a pas aimé! — Cela, Jeannie, c'est une horrible pensée, un inconcevable avenir! — Vois, regarde, consulte; mon enfer dépend de toi.

— Songez du moins, Trilby, que l'aveu de Dougal est nécessaire à l'accomplissement de vos désirs, et que sans lui....

— Je me charge de tout, si votre cœur répond à mes prières. — O Jeannie!... à mes prières et à mes espérances!...

— Vous oubliez!...

— Je n'oublie rien!...

— Dieu! cria Jeannie, tu ne vois pas!... tu ne vois pas!... tu es perdu!...

— Je suis sauvé, répondit Trilby en souriant.

— Voyez... voyez... Dougal est près de nous.

En effet, au détour d'un petit promontoire qui lui avoit caché un moment le reste du lac, la barque de Jeannie se trouva si près de la barque de Dougal que, malgré l'obscurité, il auroit infailliblement remarqué Trilby, si le lutin ne s'étoit précipité dans les flots à l'instant même où le pêcheur préoccupé y laissoit tomber son filet. — En voici bien d'une autre, dit-il en le retirant, et en dégageant de ses mailles une boîte d'une forme élégante et d'une matière précieuse qu'il crut reconnoître à sa blancheur si éclatante et à son poli si doux pour de l'ivoire incrusté de quelque métal brillant, et enrichi de grosses escarboucles orientales, dont la nuit ne faisoit qu'augmenter la splendeur. — Imagine-toi, Jeannie, que depuis le matin je ne cesse de remplir mes filets des plus beaux poissons bleus que j'aie jamais pêchés dans le lac; et, pour surcroît de bonne fortune, je viens d'en tirer un trésor; car si j'en juge par le poids de cette boîte et par la magnificence de ses ornements, elle ne contient rien moins que la couronne du roi des îles, ou les joyaux de Salomon. Empresse-toi donc de la porter à la chaumière, et reviens en hâte vider nos filets dans le réservoir de la rade, car il ne faut pas négliger les petits profits, et la fortune que saint Colombain m'envoie ne me fera jamais oublier que je suis un simple pêcheur.

La batelière fut longtemps sans pouvoir se rendre compte de ses idées. Il lui sembloit qu'un nuage flottoit devant ses yeux et obscurcissoit sa pensée, ou que, transportée d'illusion en illusion par un songe inquiet, elle subissoit le poids du sommeil et de l'accablement au point de ne pouvoir se réveiller. En arrivant à la chaumière, elle commença par déposer la boîte avec précaution, puis s'approcha du foyer, détourna la cendre encore ardente, et s'étonna de trouver des charbons enflammés comme à la veillée d'une fête. Le grillon chantoit de joie sur le bord de sa grotte domestique, et la flamme vola vers la lampe qui trembloit dans la main de Jeannie, avec tant de rapidité que la chambre en fut subitement éclairée. Jeannie pensa d'abord que sa paupière étoit frappée enfin à la suite d'un long rêve par la clarté du matin; mais ce n'étoit pas cela. Les charbons étinceloient comme auparavant; le grillon joyeux chantoit toujours, et la boîte mystérieuse se trouvoit toujours à l'endroit où elle venoit d'être placée, avec ses compartiments de vermeil, ses chaînes de perles et ses rosaces de rubis. — Je ne dormois pas! dit Jeannie.... je ne dormois pas! — Fortune déplorable! continua-t-elle en s'asseyant près de la table et en laissant retomber sa tête sur le trésor de Dougal. Que m'importent les vaines richesses que renferme cette cassette d'ivoire? Les moines de Balva pensent-ils avoir payé à ce prix la perte du malheureux Trilby; car je ne puis douter qu'il ait disparu sous les flots, et qu'il faille renoncer à le revoir jamais! Trilby, Trilby! dit-elle en pleurant, et un soupir, un long soupir lui répondit. Elle regarda autour d'elle, elle prêta l'oreille pour s'assurer qu'elle s'étoit trompée. En effet, on ne soupiroit plus. — Trilby est mort! s'écria-t-elle, Trilby n'est pas ici! D'ailleurs, ajouta-t-elle avec une maligne joie, quel parti Dougal tirera-t-il de ce meuble qu'on ne peut ouvrir sans le briser? qui lui apprendra le secret de la serrure fée qui doit rouler sur ces émeraudes? Il faudroit savoir les mots magiques de l'enchanteur qui l'a construite, et vendre son âme à quelque démon pour en pénétrer le mystère. — Il ne faudroit qu'aimer Trilby et que lui dire qu'on l'aime, repartit une voix qui s'échappoit de l'écrin merveilleux. Condamné pour toujours si tu refuses, sauvé pour toujours si tu consens, voilà ma destinée, la destinée que ton amour m'a faite....

— Il faut dire?... reprit Jeannie.

— Il faut dire : Trilby, je t'aime!

— Le dire... et cette boîte s'ouvriroit alors?... et vous seriez libre?

— Libre et heureux !

— Non, non, dit Jeannie éperdue, non, je ne le peux pas, je ne le dois pas!...

— Et que pourrais-tu redouter?

— Tout! répondit Jeannie, un parjure affreux — le désespoir — la mort!...

— Insensée! qu'as-tu donc pensé de moi?... t'imagines-tu, toi qui es tout pour l'infortuné Trilby, qu'il iroit tourmenter ton cœur d'un sentiment coupable, et le poursuivre d'une passion dangereuse qui détruiroit ton bonheur, qui t'empoisonneroit ta vie?... Juge mieux de sa tendresse. Non, Jeannie, je t'aime pour le bonheur de t'aimer, de t'obéir, de dépendre de toi. — Ton aveu n'est qu'un droit de plus à ma soumission ; ce n'est pas un sacrifice. — En me disant que tu m'aimes, tu délivres un ami et tu gagnes un esclave! Quel rapport oses-tu imaginer entre le retour que je te demande et la noble et touchante obligation qui te lie à Dougal? L'amour que j'ai pour toi, ma Jeannie, n'est pas une affection de la terre : ah! je voudrois pouvoir te dire, pouvoir te faire comprendre comment, dans un monde nouveau, un cœur passionné, un cœur qui a été trompé ici dans ses affections les plus chères, ou qui en a été dépossédé avant le temps, s'ouvre à des tendresses infinies, à d'éternelles félicités qui ne peuvent plus être coupables! — Tes organes trop foibles encore n'ont pas compris l'amour ineffable d'une âme dégagée de tous les devoirs, et qui peut sans infidélité embrasser toutes les créatures de son choix d'une affection sans limites! O Jeannie! tu ne sais pas combien il y a d'amour hors de la vie, et combien il est calme et pur! — Dis-moi,

Jeannie, dis-moi seulement que tu m'aimes! Cela n'est pas difficile à dire... Il n'y a que l'expression de la haine qui doive coûter quelque chose à ta bouche. — Moi, je t'aime, Jeannie, je n'aime que toi! — Vois-tu, ma Jeannie, il n'y a pas une pensée de mon esprit qui ne t'appartienne! — Il n'y a pas un battement de mon cœur qui ne soit pour le tien! mon sein palpite si fort, quand l'air que je parcours est frappé de ton nom! — mes lèvres mêmes frémissent et balbutient quand je veux le prononcer! O Jeannie! que je t'aime! — et tu ne diras pas, tu n'oseras pas dire, toi : Je t'aime, Trilby! pauvre Trilby, je t'aime un peu!...

— Non, non, dit Jeannie, en s'échappant avec effroi de la chambre où étoit déposée la riche prison de Trilby; non, je ne trahirai jamais les serments que j'ai faits à Dougal, que j'ai faits librement, et au pied des saints autels; il est vrai que Dougal a quelquefois une humeur difficile et rigoureuse, mais je suis assurée qu'il m'aime. Il est vrai aussi qu'il ne sait pas exprimer les sentiments qu'il éprouve, comme ce fatal esprit déchaîné contre mon repos; mais qui sait si ce don funeste n'est pas un effet particulier de la puissance du démon, et si ce n'est pas lui qui me séduit dans les discours artificieux du lutin! Dougal est mon ami, mon mari, l'époux que je choisirois encore; il a ma foi, et rien ne triomphera de ma résolution et de mes promesses! rien! pas même mon cœur, continua-t-elle en soupirant! qu'il se brise plutôt que d'oublier le devoir que Dieu lui a imposé!...

Jeannie avoit à peine eu le temps de s'affermir dans la détermination qu'elle venoit de prendre, en se la répétant à elle-même avec une force de volonté d'autant plus énergique qu'elle avoit plus de résistance à vaincre; elle murmuroit encore les dernières paroles de cet engagement secret, quand deux voix se firent entendre auprès d'elle, au-dessous du chemin de traverse qu'elle avoit pris pour arriver plus tôt au bord du lac, mais qu'on ne pouvoit parcourir avec un fardeau considérable, tandis que Dougal arrivoit ordinairement par l'autre, chargé des plus beaux de ses poissons, surtout lorsqu'il amenoit un hôte à la chaumière. Les voyageurs suivoient la route inférieure et marchoient lentement comme des hommes occupés d'une conversation sérieuse. C'étoient Dougal et le vieux moine de Balva que le hasard venoit de conduire sur le rivage opposé, et qui étoit arrivé à temps pour passer dans la barque du pêcheur, et pour lui demander l'hospitalité. On peut croire que Dougal n'étoit pas disposé à la refuser au saint commensal du monastère dont il avoit reçu ce jour-là même tant de bienfaits signalés, car il n'attribuoit pas à une autre protection le retour inespéré des trésors de la pêche, et la découverte de cette boîte, si souvent rêvée, qui devoit contenir des trésors bien plus réels et bien plus durables. Il accueillit donc le vieux moine avec plus d'empressement encore que le jour mémorable où il avoit à lui demander le bannissement de Trilby, et c'étoit des expressions réitérées de sa reconnoissance, et des assurances solennelles de la continuation des bontés de Ronald, qu'avoit été frappée l'attention de Jeannie. Elle s'arrêta comme malgré elle pour écouter, car elle avoit craint d'abord, sans se l'avouer, que ce voyage n'eût un autre objet que la quête ordinaire d'Inverary, qui ne manquoit jamais de ramener, dans cette saison, un des émissaires du couvent; sa respiration étoit suspendue, son cœur battoit avec violence; elle attendoit un mot qui lui révélât un danger pour le captif de la chaumière, et quand elle entendit Ronald prononcer d'une voix forte : —Les montagnes sont délivrées, les méchants esprits sont vaincus : le dernier de tous a été condamné aux vigiles de Saint-Colombain, elle conçut un double motif de se rassurer, car elle ne doutoit point des paroles de Ronald. — Ou le moine ignore le sort de Trilby, dit-elle, ou Trilby est sauvé et pardonné de Dieu comme il paroissoit l'espérer. Plus tranquille, elle gagna la baie où les bateaux de Dougal étoient amarrés, vida les filets pleins dans le réservoir, étendit les filets vides sur la plage après en avoir exprimé l'eau avec soin pour les prémunir contre l'atteinte d'une gelée matinale, et reprit le sentier des montagnes avec ce calme qui résulte du sentiment d'un devoir accompli, mais dont l'accomplissement n'a rien coûté à personne. — Le dernier des méchants esprits a été condamné aux vigiles de Saint-Colombain, répéta Jeannie; ce ne peut pas être Trilby, puisqu'il m'a parlé ce soir, et qu'il est maintenant à la chaumière, à moins qu'un rêve n'ait abusé mes esprits. Trilby est donc sauvé, et la tentation qu'il vient d'exercer sur mon cœur n'étoit qu'une épreuve dont il ne se seroit pas chargé lui-même, mais qui lui a été probablement prescrite par les saints. Il est sauvé, et je le reverrai un jour; un jour certainement! s'écria-t-elle; il vient lui-même de me le dire : mille ans ne sont qu'un moment sur la terre pour ceux qui ne doivent se quitter jamais!

La voix de Jeannie s'étoit élevée de manière à se faire entendre autour d'elle, car elle se croyoit seule alors. Elle suivoit les longues murailles du cimetière qui à cette heure inaccoutumée n'est fréquenté que par les bêtes de rapine, ou tout au plus par de pauvres enfants orphelins qui viennent pleurer leur père. Au bruit confus de ce gémissement qui ressembloit à une plainte du sommeil, une torche s'exhaussa de l'intérieur jusqu'à l'élévation des murs de l'enceinte funèbre et versa sur la longue tige des arbres les plus voisins des lumières effrayantes. L'aube du Nord, qui avoit commencé à blanchir l'horizon polaire depuis le coucher du soleil, déployait lentement son voile pâle à travers le ciel et sur toutes les montagnes, triste et terrible comme la clarté d'un incendie éloigné auquel on ne peut porter du secours. Les oiseaux de nuit, surpris dans leurs chasses insidieuses, resserroient leurs ailes pesantes et se laissoient rouler étourdis sur les pentes du Cobler, et l'aigle épouvanté crioit de terreur à la pointe de ses rochers, en contemplant cette aurore inaccoutumée qu'aucun astre ne suit et qui n'annonce pas le matin.

Jeannie avoit souvent ouï parler des mystères des sorcières, et des fêtes qu'elles se donnoient dans la dernière demeure des morts, à certaines époques des lunes d'hiver. Quelquefois même, quand elle rentroit fatiguée sous le toit de Dougal, elle avoit cru remarquer cette lueur capricieuse qui s'élevoit et retomboit rapidement; elle avoit cru saisir dans l'air des éclats de voix singuliers, des rires glapissants et féroces, des chants qui paroissoient appartenir à un autre monde, tant ils étoient grêles et fugitifs. Elle se souvenoit de les avoir vues, avec leurs tristes lambeaux souillés de cendre et de sang, se perdre dans les ruines de la clôture inégale, ou s'égarer comme la fumée blanche et bleue du soufre dévoré par la flamme, dans les ombres des bois et dans les vapeurs du ciel. Entraînée par une curiosité invincible, elle franchit le seuil redoutable qu'elle n'avoit jamais touché que de jour pour aller prier sur la tombe de sa mère. — Elle fit un pas et s'arrêta. — Vers l'extrémité du cimetière, qui n'étoit d'ailleurs ombragé que de cette espèce d'ifs dont les fruits, rouges comme des cerises tombées de la corbeille d'une fée, attirent de loin tous les oiseaux de la contrée; derrière l'endroit marqué pour une dernière fosse qui étoit déjà creusée et qui étoit encore vide, il y avoit un grand bouleau qu'on appeloit L'ARBRE DU SAINT, parce que l'on prétendoit que saint Colombain, jeune encore, et avant qu'il fût entièrement revenu des illusions du monde, y avoit passé toute une nuit dans les larmes, en luttant contre le souvenir de ses profanes amours. Ce bouleau étoit depuis un objet de vénération pour le peuple, et si j'avois été poëte, j'aurois voulu que la postérité en conservât le souvenir.

Jeannie écouta, retint son souffle, baissa la tête pour entendre sans distraction, fit encore un pas, écouta encore. Elle entendit un double bruit semblable à celui d'une boîte d'ivoire qui se brise ou d'un bouleau qui éclate, et au même instant elle vit la longue réverbération d'une clarté éloignée courir sur la terre, blanchir à ses pieds et s'éteindre sur ses vêtements. Elle suivit timidement jusqu'à son origine le rayon qui l'éclairoit; il aboutissoit à L'ARBRE DU SAINT, et devant L'ARBRE DU SAINT il y avoit un homme debout dans l'attitude de l'imprécation, un homme prosterné dans l'attitude de la prière. Le premier brandissoit un flambeau qui baignoit de lumière son front impitoyable, mais serein. L'autre étoit immobile. Elle reconnut Ronald et Dougal. Il y avoit encore une voix, une voix éteinte comme le dernier souffle de l'agonie, une voix qui sanglotoit foiblement le nom de Jeannie, et qui s'évanouit dans le bouleau. — Trilby! cria Jeannie... et laissant derrière elle toutes les fosses, elle s'élança dans la fosse qui l'attendoit sans doute, car personne ne trompe sa destinée. — Jeannie, Jeannie! dit le pauvre Dougal. — Dougal! répondit Jeannie en étendant vers lui sa main tremblante, et en regardant tour à tour Dougal et L'ARBRE DU SAINT, Daniel, mon bon Daniel, mille ans ne sont rien sur la terre... rien, reprit-elle en soulevant péniblement sa tête; puis elle la laissa retomber et mourut. Ronald, un moment interrompu, reprit sa prière où il l'avoit laissée.

Il s'étoit passé bien des siècles depuis cet événement quand la destinée des voyages, et peut-être aussi quelques soucis du cœur, me conduisirent au cimetière. Il est maintenant loin de tous les hameaux, et c'est à plus de quatre lieues qu'on voit flotter sur la même rive la fumée des hautes cheminées de Portincaple. Toutes les murailles de l'ancienne enceinte sont détruites; il n'en reste même que de rares vestiges, soit que les habitants du pays aient employé leurs matériaux à de nouvelles constructions, soit que les terres des boulingrins d'Argail, entraînées par des dégels subits, les aient peu à peu recouverts. Cependant la pierre qui surmontoit la fosse de Jeannie a été respectée par le temps, par les cataractes du ciel et même par les hommes. On y lit toujours ces mots tracés d'une main pieuse : *Mille ans ne sont qu'un moment sur la terre pour ceux qui ne doivent se quitter jamais.* L'ARBRE DU SAINT est mort, mais quelques arbustes pleins de vigueur couronnoient sa souche épuisée de leur riche feuillage, et quand un vent frais souffloit entre leurs scions verdoyants, et courboit, et relevoit leurs épaisses ramées, une imagination vive et tendre pouvoit y rêver encore les soupirs de Trilby sur la fosse de Jeannie. Mille ans sont si peu de temps pour posséder ce qu'on aime, si peu de temps pour le pleurer!...

UNE HEURE,

OU LA VISION[1].

J'avois le cœur plein d'amertume, et je cherchois la solitude et la nuit. Ma promenade ne s'étendoit guère au delà des jardins de Chaillot, et je ne la commençois ordinairement qu'après que onze heures du soir étoient sonnées. Mais j'étois obsédé de si tristes pensées, mon imagination se nourrissoit de tant de funestes rêveries, que souvent, dans cet état d'exaltation involontaire qui est familier aux âmes souffrantes, j'ai eu à repousser je ne sais combien de prestiges dont un moment de réflexion me faisoit rougir.

Un jour je m'étois rendu, plus tard que d'habitude, à l'endroit accoutumé; et, soit que les ténèbres plus obscures eussent trompé mon dessein, soit que la succession de mes idées, plus inégale et plus fortuite, m'eût fait perdre de vue le but de ma course nocturne, la cloche du village frappoit une heure quand je m'aperçus que je ne suivois plus ma route familière, et que mes distractions m'avoient poussé dans un chemin inconnu. Je hâtai le pas vers le lieu d'où le son étoit parti.

---

[1] Ce morceau a paru pour la première fois, en 1806, dans *les Tristes*.

Au détour d'un passage étroit, une ombre se leva devant mes pieds et disparut dans la haie. Je m'arrêtai en frémissant, et je vis une longue pierre de la forme d'une tombe. J'entendis un soupir; le feuillage trembla.

Le lendemain, préoccupé de cette aventure, je cherchai le même lieu à peu près à la même heure : l'apparition se réitéra et le fantôme m'effleura en passant; ses pas retentissoient sur la terre; l'herbe sèche siffloit derrière lui, et de temps en temps je le voyois fuir, comme une nuée sombre, entre les saules voisins ou à l'angle d'un sentier. Suivant toujours cette trace incertaine et légère, j'arrivai à l'ancien monastère de Sainte-Marie; mais, errant de décombres en décombres, je ne retrouvai plus rien.

Ce couvent délabré offre un des plus tristes aspects qui puissent frapper les regards de l'homme. Il ne reste de l'église que de grands pilastres isolés qui portent çà et là quelques débris d'une voûte détruite. Quand la lune laisse tomber sa lumière à travers ces colonnes, et que les hiboux hululent sur les corniches; quand on gagne ensuite le sommet des terrasses incultes, qu'on s'avance le long des hautes murailles en trébuchant parmi les fosses, et que descendant les escaliers rompus et jonchés de plantes vénéneuses, telles que la jusquiame et l'éclaire, on aboutit à des bâtiments tout dégradés dont il ne subsiste plus que des pans menaçants et des combles soutenus d'une manière presque miraculeuse; quand on est conduit par le hasard à cette avenue funèbre qui, par une pente rocailleuse et sous des cintres humides, mène aux anciennes catacombes, et qu'à la lueur de quelque lampe mourante on peut lire sur les pierres éparses les noms de ces chastes filles qui y ont déposé leurs ossements... il n'est point de force humaine qui résiste à de pareilles émotions. Elles absorbèrent tellement toutes mes facultés, que j'oubliai en quelque sorte l'étrange motif de mes recherches; ce ne fut que le lendemain que je sentis renaître plus vivement le désir de pénétrer l'être mystérieux dont la rencontre m'avoit troublé, et qui s'étoit fait de ce grand sépulcre une habitation aussi mystérieuse que lui-même.

A une heure, retenant mon souffle et marchant d'un pied silencieux, j'arrivai à la tombe et je reconnus le spectre.

Il étoit assis, les yeux fixés sur un certain point du ciel. C'étoit un jeune homme maigre et très-défait, habillé de mauvais lambeaux, et dont les cheveux hérissés retomboient en boucles épaisses. A voir sa bouche béante, son col tendu, ses bras roidis et toute son attitude attentive, on pouvoit penser qu'il se livroit à une grave contemplation. Mais un sanglot lui échappa, et je présumai qu'il n'avoit pas vu ce qu'il paroissoit chercher.

Il m'aperçut alors, et s'élança pour fuir. Puis s'arrêtant aussitôt, et me regardant doucement : — Que me veux-tu ? me dit-il.

— Te connoître, et peut-être te consoler.

— Tu es homme, reprit-il, et ton cœur est fait comme le leur. Je n'aime pas ton espèce : il y en avait quelques-uns dans mon premier âge qui compatissoient aux douleurs d'autrui ; c'étoient des cœurs nobles et aimés de Dieu : maintenant c'est bien différent.

Il secoua la tête en essuyant sa paupière.

— Il y en a maintenant encore, continuai-je, ne ferme pas ton cœur à tes frères.

— Je n'ai plus de frères ; les malheureux en ont-ils ? Regarde comme je suis hâve et flétri, regarde comme je suis souillé. J'ai eu faim pendant le jour ; pendant la nuit j'ai couché mes membres sur la boue et dans l'eau des marais. Dieu m'a donné de mauvais jours. Il y a des moments où mes yeux se troublent, où mes dents se joignent avec effort. Ma poitrine se soulève, mes nerfs s'ébranlent comme les cordes d'une harpe ; je sens des larmes qui veulent s'échapper, un froid qui parcourt mes membres, un malaise inexplicable qui me tient à la gorge. On dit que je suis maniaque et épileptique, et on passe en laissant tomber sur moi un sourire de dédain.

— Voilà ce que je sais.

Il s'assit sur la tombe, et je m'assis tout près de lui.

— Je peux bien te raconter, dit-il tout à coup...

Aussi bien elle ne viendra pas cette nuit. Vois-tu cette coupole noire qui s'élève là-haut dans le fond bleu du ciel.

Et cette étoile qui brille au-dessus, nageant dans une clarté si pure, la vois-tu?

C'est elle, en vérité, puisqu'elle me l'a dit. Mais elle n'en descend plus.

J'étois presque aussi riche qu'Octavie; mais l'héritier d'une grande maison se présenta, et ses parents me rebutèrent.

Deux jours avant la noce, je me promenois sous les arbres du Luxembourg, et je me complaisois dans ma douleur. Que de rêves ne faisois-je pas? Je porterai, disois-je, un poignard acéré dans la salle du festin, et je donnerai l'éternité à ma bien-aimée et à moi; ou bien je jetterai l'épouvante dans le temple, et j'enlèverai Octavie du milieu de ses amis consternés; ou bien je mêlerai les horreurs d'un incendie aux préparatifs de son hymen; et dans le trouble de cette scène d'effroi, je la ravirai morte ou vivante au crime d'un nouvel amour.

Elle vint à passer. Le satin de sa robe crioit.

Je tressaillis partout; un nuage rougeâtre offusqua ma vue; tout mon sang courut à mon cœur.

Elle m'avoit reconnu, mon Octavie. Je reviendrai bientôt, dit-elle à ceux qui l'entouroient; le calme de minuit doit être ici plus ravissant. Je reviendrai bientôt; je viendrai peut-être demain.

Elles retentissent comme une si douce musique les paroles de celle qu'on aime! elles retentissent longtemps; toutes les facultés s'en saisissent, l'âme se les identifie. Il semble qu'en emportant sa dernière pensée on l'emportera tout entière.

J'allois répétant : Je viendrai bientôt, je viendrai peut-être demain.

Peut-être demain, disoit-elle. Cependant elle ne vint pas.

Une heure sonna.

Et puis une cloche lugubre, frappée à de longs intervalles, remplit les airs d'une symphonie de mort.

Je n'aurois pas pu définir l'émotion dont mes sens furent surpris; mais elle étoit comme émanée du ciel. Quoi qu'il en soit, un acte de volonté dont je ne m'étois pas rendu compte m'entraina vers l'hôtel d'Octavie; et fendant la foule des domestiques empressés, je m'arrêtai au-dessous de l'appartement qu'elle occupoit.

Les croisées étoient ouvertes. Derrière les rideaux on voyoit passer tour à tour des ombres et des flambeaux, et je ne sais quels cris étouffés s'élevoient du fond de sa chambre. — Elle est morte! m'écriai-je. — Non, répondit son père, en me serrant convulsivement le bras, elle dort.

Elle étoit couchée sur son lit de damas rouge; il y avoit une bougie sur son guéridon, un livre à ses pieds : un prêtre étoit immobile à son chevet; sa mère étoit évanouie sur le plancher. Eulalie pleuroit à chaudes larmes, et un homme habillé de noir disoit avec un sang-froid féroce : Il n'y a plus d'espérance, je savois bien qu'elle ne s'en tireroit pas.

J'ai oublié toute l'année qui suivit cette soirée, car je fus, dit-on, malade, et ma maladie excitoit la répugnance et l'horreur. Depuis la mort d'Octavie il n'y avoit plus personne qui m'aimât.

Une année après, jour pour jour, je montois la rue de Tournon à la clarté des illuminations d'une fête publique; je divisois lentement vingt groupes qui m'affligeoient des éclats de leur joie grossière quand une heure sonna... Si le coup du battant avoit frappé là, il m'auroit blessé moins rudement qu'en faisant gronder cette cloche. Pourquoi cette heure ne fut-elle pas retranchée du nombre des heures? cette heure dont les derniers murmures ont couvert les sanglots de ton agonie!

Alors un adolescent d'une figure angélique me salua d'un regard humide et lumineux et disparut dans la foule en me montrant le Luxembourg.

J'hésitois. Je le vis encore; une larme glissoit le long de sa face et brilloit en tombant.

J'entrai tout ému dans les jardins, moi qui n'ai jamais connu de crainte; et la poussière qui s'élevoit à mon passage, et les traits de la lune qui jaillissoient entre les feuilles, et le tumulte éloigné du peuple qui regagnoit ses demeures, tout me remplissoit d'inquiétude et d'alarmes. Elle m'apparut enfin vêtue et voilée de blanc, comme dans cette belle soirée où nous traversâmes à pied tous les quais de la Seine, et je vis distinctement qu'elle flottoit dans une vapeur aussi douce que l'aurore. Je perdis connoissance et Octavie ne s'éloigna point de moi. Elle se penchoit sur mon corps immobile, et son haleine brûlante réchauffoit mon sein. Ses baisers voloient de ma bouche à mes paupières, de mes paupières à mes cheveux. Ses bras m'enveloppoient mollement et me berçoient dans une région pleine de lumière et de parfums. Il y avoit sur tous mes organes un fardeau de volupté; et quand mes esprits rassurés commencèrent à mieux jouir de cette scène d'ivresse, quand mes yeux inquiets cherchèrent Octavie autour de moi, je ne distinguai plus que la trace de sa fuite, un sillon pâle et tremblant qui s'étendoit jusqu'à cet astre et qui s'effaçoit peu à peu.

Je ne sais pourquoi elle ne vient plus; mais si elle ne vient pas, j'irai.

Je crois que j'irai, reprit-il à demi-voix.

Tel fut le récit que me fit cet épileptique, et depuis je m'informai longtemps et inutilement de son sort. Je désespérois même de le revoir quand le hasard m'apprit qu'on avoit remarqué quelqu'un de pareil à l'infirmerie de Bicêtre. J'y courus, et je me fis conduire à son lit. Ce n'étoit plus qu'un cadavre presque totalement décharné et d'une lividité affreuse. Ses yeux avoient encore quelque feu et se mouvoient assez rapidement dans leur orbite enfoncé; mais ses regards faisoient mal.

Après avoir réfléchi durant quelques minutes de l'air d'un homme qui essaie de fixer des réminiscences très-confuses, un sourire amer crispa légèrement ses lèvres, et il s'inclina tendrement de mon côté.

— Je savois bien, dit-il, que j'irois; j'irai probablement demain; Octavie est venue pour m'y inviter, et j'ai déjà reçu d'elle un gage de prochaine alliance; car c'est bien, ajouta-t-il, la main d'Octavie qui se déploie ainsi vers moi à toute heure, et ce n'est point une main des échés par la mort, ce n'est point une main noire et hideuse comme celle des squelettes qui ont vieilli dans les tombeaux; ce sont des formes plus suaves que celles des anges. Il est vrai que je n'ai pas pu la toucher jusqu'ici; mais quand le moment sera près de s'accomplir, cette main me saisira et m'entraînera par delà le ciel.

En achevant ces paroles il se mit à regarder son oreiller avec une joie effrayante, et s'écria d'une voix sourde et effarée : La voilà, la voilà toujours, et voilà son onyx ovale avec un petit cercle d'or.

Je n'irai donc que demain, reprit-il en soupirant.

Capricieux écarts d'une imagination vive ou crédule! il me sembla voir la paille où reposoit sa tête, et le drap grossier qui la couvroit s'abaisser sous le poids de la main d'Octavie et conserver son empreinte.

Que sais-je, infortuné qu'ils appellent fou, si cette prétendue infirmité ne seroit pas le symptôme d'une sensibilité plus énergique, d'une organisation plus complète, et si la nature, en exaltant toutes tes facultés, ne les rendit pas propres à percevoir l'inconnu ?

Cette idée m'occupoit encore quand j'arrivai le lendemain. Je m'approchai du lit de l'épileptique et je ne le vis point; mais un linceul jeté sur lui me laissa deviner son corps. Il y avoit aussi un petit cierge qui brûloit en ce lieu, et tout le reste étoit comme à l'ordinaire.

Quand la soirée fut un peu avancée, je me rendis à l'endroit où je l'avois rencontré naguère, et je m'assis sur la tombe où nous nous étions assis tous les deux. On l'avoit dérangée dans l'intention de l'enlever, peut-être pour en faire la borne d'un champ ou la pierre angulaire d'un bâtiment. J'entendis sonner une heure, et je calculai que cette nuit devoit être le second anniversaire de la mort d'Octavie.

Le ciel n'étoit pas pur; un nuage terne et orageux me cachoit d'abord l'étoile où son ami l'avoit si souvent cherchée; mais elle se dégagea lentement de ces ténèbres et parut plus resplendissante.

Pauvre fou ! dis-je tout haut, que sont maintenant, au prix de tes découvertes, les vaines sciences de la terre? Il n'y a rien d'obscur pour toi dans tant de merveilles qui font l'étonnement des sages, et si quelque nuage a voilé tes jours, tu t'en es affranchi comme cette étoile pour reprendre, dans une nouvelle vie, ta première grâce et ta première beauté.

INÈS DE LAS SIERRAS.

1.

— Et toi, dit Anastase, ne nous feras-tu pas aussi un conte de revenants?...

— Il ne tiendroit qu'à moi, répondis-je; car j'ai été témoin de la plus étrange apparition dont il ait jamais été parlé depuis Samuel; mais ce n'est pas un conte, vraiment! C'est une histoire véritable.

— Bon! murmura le substitut en pinçant ses lèvres; y a-t-il quelqu'un aujourd'hui qui croie aux apparitions?

— Vous y auriez peut-être cru aussi fermement que moi, repris-je, si vous aviez été à ma place.

Eudoxie rapprocha son fauteuil du mien, et je commençai :

C'étoit dans les derniers jours de 1812. J'étois alors capitaine de dragons en garnison à Gironne, département du Ter. Mon colonel trouva bon de m'envoyer en remonte à Barcelone, où se tenoit, le lendemain de Noël, un marché de chevaux fort renommé dans toute la Catalogne, et de m'adjoindre pour cette opération deux lieutenants du régiment, nommés Sergy et Boutraix, qui étoient mes amis particuliers. Vous permettrez, s'il vous plaît, que je vous entretienne un moment de l'un et de l'autre, parce que les détails dans lesquels j'entrerai sur leur caractère ne sont pas entièrement inutiles au reste de mon récit.

Sergy étoit un de ces jeunes officiers que nous donnoient les écoles, et qui avoient à vaincre quelques préventions, et même quelques antipathies, pour être bien vus de leurs camarades. Il en avoit triomphé en peu de temps. Sa figure étoit charmante, ses manières distinguées, son esprit vif et brillant, sa bravoure à toute épreuve. Il n'étoit point d'exercice dans lequel il n'excellât, point d'art dont il n'eût le goût et le sentiment, quoique son organisation délicate et nerveuse le rendît plus sensible au charme de la musique. Un instrument qui chantoit sous des doigts habiles, et surtout une belle voix, le remplissoient d'un enthousaisme qui se manifestoit quelquefois par des cris et par des larmes. Quand c'étoit une voix de femme, et que cette femme étoit jolie, ses transports alloient jusqu'au délire. Ils m'avoient souvent inquiété sur sa raison. Vous jugerez aisément que le cœur de Sergy devoit être fort accessible à l'amour, et presque jamais, en effet, on ne l'auroit trouvé libre de l'une de ces passions violentes dont la vie d'un homme paroît dépendre; mais l'heureuse exaltation de sa sensibilité le défendoit elle-même contre ses excès. Ce qu'il falloit à cette âme ardente, c'étoit une âme ardente comme elle, avec laquelle elle pût s'associer et se confondre; et bien qu'il crût la voir partout, il ne l'avoit jusque-là rencontrée nulle part. Il résultoit de là que l'idole de la veille, dépouillée du prestige qui l'avoit divinisée, n'étoit plus qu'une femme le lendemain, et que le plus passionné des amants en étoit aussi le plus mobile. Pendant ces jours de désabusement, où il retomboit de toute la hauteur de ses illusions dans l'humiliante conviction de la réalité, il avoit coutume de dire que l'objet inconnu de ses vœux et de ses espérances n'habitoit pas la terre; mais il le cherchoit encore, sauf à se tromper encore comme il avoit fait mille fois. La dernière erreur de Sergy avoit été produite par une petite chanteuse assez médiocre, attachée à la troupe de Bascara qui venoit de quitter Gironne. Deux jours entiers, la virtuose avoit occupé les plus hautes régions de l'Olympe. Deux jours avoient suffi à l'en faire descendre au rang des plus simples mortelles. Sergy ne s'en souvenoit plus.

Avec cette irritabilité de sentiment, il étoit impossible que Sergy n'eût pas beaucoup de penchant pour le merveilleux. Il n'y avoit pas de région où ses idées s'égarassent plus volontiers. Spiritualiste par raisonnement ou par éducation, il l'étoit bien davantage par imagination ou par instinct. Sa foi dans la maîtresse imaginaire que le monde des esprits lui avoit réservée n'étoit donc pas un simple jeu de la fantaisie : c'étoit le sujet favori de ses rêveries, le roman secret de sa pensée, une espèce d'énigme gracieuse et consolante qui le dédommageoit du fâcheux retour de ses essais inutiles. Loin de me révolter contre cette chimère, quand le hasard la ramenoit dans la conversation, je m'en étois servi plus d'une fois avec succès pour combattre ses désespoirs amoureux, qui se renouveloient tous les mois. En général, c'est une chose assez bien entendue pour le bonheur, que de se réfugier dans une vie idéale, quand on sait au juste ce que vaut celle-ci.

Boutraix faisoit avec Sergy le contraste le plus parfait. C'étoit un grand et gros garçon, plein, comme lui, de loyauté, d'honneur, de bravoure, de dévouement à ses camarades ; mais sa figure étoit fort commune, et son esprit ressembloit à sa figure : il ne connoissoit que par ouï-dire l'amour moral, cet amour de tête et de cœur qui trouble ou embellit la vie, et il le regardoit comme une invention des romanciers et des poëtes qui n'a jamais existé que dans les livres. Quant à l'amour qu'il savoit comprendre, il en faisoit quelque usage dans l'occasion, mais sans lui donner plus de soins et de temps qu'il n'en mérite. Ses loisirs les plus doux étoient pour la table, où il étoit le premier assis, et qu'il quittoit toujours le dernier, à moins que le vin ne manquât. Après un beau fait de guerre, le vin étoit la seule chose de ce monde qui lui inspirât quelque enthousiasme. Il en parloit avec une sorte d'éloquence, et il en buvoit beaucoup sans en boire jusqu'à l'ivresse. Par une faveur particulière de son tempérament, il n'étoit jamais tombé dans cet état grossier qui rapproche l'homme de la brute; mais il faut convenir qu'il s'endormoit à propos.

La vie intellectuelle se réduisoit, pour Boutraix, à un très-petit nombre d'idées sur lesquelles il s'étoit fait des principes invariables, ou qu'il étoit parvenu à exprimer par des formules absolues, fort commodes pour le dispenser de discuter. La difficulté de prouver quelque chose par une suite de bons raisonnements l'avoit déterminé à tout nier. A toutes les inductions tirées de la foi ou du sentiment, il répondoit par deux mots sacramentels, accompagnés d'un haussement d'épaules : *fanatisme* et *préjugé*. Si on s'obstinoit, il penchoit sa tête sur le dos de sa chaise, et poussoit un sifflement aigu dont la tenue duroit autant que l'objection, et lui épargnoit l'embarras de l'entendre. Quoiqu'il n'eût jamais lu deux pages de suite, il croyoit avoir lu Voltaire, et même Piron, qu'il regardoit comme un philosophe : ces deux beaux esprits étoient ses autorités suprêmes; et l'*ultima ratio* de toutes les controverses auxquelles il daignoit prendre part se résumoit dans cette phrase triomphante : Voyez d'ailleurs ce qu'ont dit Voltaire et Piron! L'altercation finissoit ordinairement là, et il en remportoit l'honneur, ce qui lui avoit valu dans son escadron la réputation d'un excellent logicien. Avec tout cela, Boutraix étoit un bon camarade, et l'homme de l'armée, sans contredit, qui se connoissoit le mieux en chevaux.

Comme nous nous proposions de nous remonter nous-mêmes, nous étions convenus de nous servir, pour notre voyage à Barcelone, de la voix des *arrieros*, ou voituriers, qui abondent à Gironne; et la facilité d'en trouver nous avoit inspiré une confiance qui faillit être trompée. La solennité du 24 au soir, et le marché du surlendemain, attiroient, de tous les points de la Catalogne, une quantité innombrable de voyageurs, et nous avions précisément attendu à ce jour-là pour nous procurer le véhicule nécessaire. A onze heures du matin, nous cherchions encore un *arriero*, et il ne nous en restoit exactement qu'un seul en espérance, quand nous le rencontrâmes à sa porte en disposition de partir.

— Malédiction sur ta carriole et sur tes mules! s'écria Boutraix, excédé de colère, en s'asseyant sur une borne. Que tous les diables d'enfer, s'il y en a, se déchaînent sur ton passage, et que Lucifer lui-même te donne le couvert! Nous ne partirons donc pas!...

L'*arriero* se signa et recula d'un pas.

— Dieu vous ait en sa sainte garde, maître Estevan, repris-je en souriant. Avez-vous des voyageurs?

— Je ne peux pas dire positivement que j'aie des voyageurs, répondit le voiturier, puisque je n'en ai qu'un, le seigneur Bascara, régisseur et *gracioso* de la comédie, qui va rejoindre sa troupe à Barcelone, et qui étoit resté en arrière pour accompagner les bagages, c'est-à-dire cette malle bourrée de nippes et de chiffons, qui ne feroit pas la charge d'un âne.

— Voilà qui est pour le mieux, maître Estevan! Votre voiture est à quatre places, et le seigneur Bascara nous permettra volontiers de payer les trois quarts du voyage, qu'il sera libre d'ailleurs de porter tout entier en compte à son directeur. Nous lui garderons le secret. Prenez la peine de lui demander s'il veut bien nous autoriser à l'accompagner.

Bascara n'hésita qu'autant qu'il le falloit pour trouver moyen de donner à son consentement l'apparence d'un procédé obligeant. A midi nous étions partis de Gironne.

La matinée avoit été aussi belle qu'on pût la désirer pour la saison ; mais à peine eûmes-nous dépassé les dernières maisons de la ville, que les blanches vapeurs qui flottoient, depuis le lever du soleil, au sommet des collines, en draperies molles et légères, se développèrent avec une rapidité surprenante, embrassèrent tout l'horizon, et nous pressèrent de toutes parts, comme une muraille. Bientôt elles se résolurent en pluie mêlée de neige, et d'une extrême finesse, mais si intense et si pressée, qu'on auroit cru que l'atmosphère étoit convertie en eau, ou que nos mules nous avoient entraînés dans les bas-fonds d'un fleuve heureusement perméable à la respiration. L'élément équivoque que nous parcourions avoit perdu sa transparence, au point de nous dérober les lisières, et les points les plus rapprochés du chemin ; notre conducteur lui-même ne s'assuroit de le suivre qu'en le sondant à tout moment du regard et du pied, avant d'y engager son équipage, et ces essais, souvent répétés, retardoient de plus en plus notre marche. Les gués les plus commodes avoient d'ailleurs assez grossi en quelques heures pour devenir périlleux, et Bascara n'en traversoit pas un sans se recommander à saint Nicolas, ou à saint Ignace, patrons des navigateurs.

— J'ai réellement peur, dit Sergy en souriant, que le ciel n'ait prit au mot la terrible imprécation dont Boutraix a ce matin accueilli le malheureux *arriero*. Tous les diables de l'enfer semblent s'être déchaînés sur notre passage, comme il l'avoit souhaité, et il ne nous manque plus que de souper avec le démon en personne, pour voir son présage accompli. Il est fâcheux, vous en conviendrez, de subir les conséquences de cette colère impie !

— Bon, bon, répondoit Boutraix en se réveillant à demi. Préjugé ! superstition ! fanatisme !

Et il se rendormoit aussitôt.

La route devint un peu plus sûre quand nous fûmes parvenus aux grèves rocheuses et solides de la mer; mais la pluie, ou plutôt le déluge au travers duquel nous nagions si péniblement, n'avoit point diminué. Il ne sembla tarir que trois heures après le coucher du soleil, et nous étions encore fort loin de Barcelone. Nous arrivions à Mattaro, où nous résolûmes de coucher; dans l'impossibilité de faire mieux, car notre attelage étoit excédé de fatigue; il eut cependant à peine tournée pour s'introduire dans la vaste allée de l'auberge, que l'*arriero* vint ouvrir notre portière, et nous annonça d'un air triste que la cour étoit déjà encombrée de voitures qu'on ne pouvoit héberger.

— C'est une fatalité, ajouta-t-il, qui nous poursuit dans ce voyage de malheur! Il n'y a de logement vacant qu'au château de Ghismondo.

— Voyons, dis-je en m'élançant de la chaise, s'il faut nous résoudre à bivouaquer dans une des cités les plus hospitalières de l'Espagne, ce seroit une rude extrémité après un voyage aussi pénible.

— Seigneur officier, répondit un muletier qui fumoit son *cigarro*, indolemment adossé contre le montant de la porte, vous ne manquerez pas de compagnons dans votre disgrâce, car il y a plus de deux heures qu'on refuse tout le monde dans les auberges et dans les maisons particulières, où les premiers venus ont trouvé à s'abriter. Il n'y a de logement vacant qu'au château de Ghismondo.

Je connoissois depuis longtemps cette manière de parler, familière au peuple en pareille occasion; mais jamais son retour fastidieux n'avoit importuné plus désagréablement mon oreille.

Je me fis jour toutefois jusqu'auprès de l'hôtesse, à travers une tumultueuse cohue de voyageurs, d'*arrieros*, de mules et de palefreniers, et je parvins à tourner sur moi son attention, et frappant rudement je ne sais quel ustensile d'airain du pommeau de mon épée :

— Une écurie, une chambre, une table bien servie, m'écriai-je de ce ton impérieux qui nous réussissoit d'ordinaire, et tout cela sur-le-champ! c'est pour le service de l'empereur!

— Eh! seigneur capitaine, répliqua-t-elle avec assurance, l'empereur lui-même ne trouveroit pas dans toute mon hôtellerie une place où se tenir assis! Des vivres et du vin, tant qu'il vous plaira, si vous êtes d'humeur à souper au grand air, car il n'est, grâce à Dieu, pas difficile de s'en pourvoir, dans une ville telle que celle-ci; mais il n'est pas en ma puissance d'élargir la maison pour vous recevoir. Sur ma foi de chrétienne, il n'y a de logement vacant qu'au château....

— La peste soit des proverbes et du pays de Sancho! interrompis-je brusquement. Passe encore si ce château maudit existoit réellement quelque part, car j'aimerois mieux y passer la nuit que dans la rue.

— N'est-ce que cela? reprit-elle en me regardant fixement. C'est qu'en vérité vous m'y faites penser! le château de Ghismondo n'est pas à plus de trois quarts de lieue d'ici, et on y trouve en effet des logements ouverts en tout temps. Il est vrai qu'on profite peu de cet avantage, mais vous n'êtes pas hommes, vous autres François, à céder un bon gîte au démon. Voyez si cela vous convient, et votre voiture va être chargée de tout ce qui est nécessaire pour vous faire passer la nuit joyeusement, si vous ne recevez quelque fâcheuse visite.

— Nous sommes trop bien armés pour en redouter aucune, répondis-je; et quant au démon lui-même, j'en ai entendu parler comme d'un convive assez agréable. Avisez donc à nos provisions, ma bonne mère! Des rations pour cinq, dont chacun mange comme quatre, du fourrage pour nos mules, et un peu trop de vin, s'il vous plaît, car Boutraix est avec nous...

— Le lieutenant Boutraix! s'écria-t-elle en rapprochant ses mains étendues, ce qui est, comme tout le monde le sait, une exclamation en gestes : *Mozo*, deux paniers de douze, et vrai *rancio!*...

Dix minutes après, l'intérieur du coche étoit transformé en office de bonne maison, et si plantureusement garni, qu'on n'y auroit pas introduit le plus exigu de nos voyageurs; mais, ainsi que je l'ai dit, le temps, qui n'avoit pas cessé d'être menaçant, paroissoit du moins apaisé pour un moment. Nous n'hésitâmes pas à faire le chemin à pied.

— Où allons-nous, seigneur capitaine? dit l'*arriero* surpris de ces préparatifs.

— Où irions-nous, mon pauvre Estevan, si ce n'étoit à l'endroit que vous-même aviez indiqué? Au château de Ghismondo, probablement.

— Au château de Ghismondo! Que la bienheureuse Vierge ait pitié de nous! Mes mules elles-mêmes n'oseroient entreprendre ce voyage!

— Elles le feront cependant, repartis-je en lui glissant dans la main une pincée de piécettes, et elles seront dédommagées de cette dernière fatigue par une réfection copieuse. Pour vous, mon cher camarade, il y a là dedans trois bouteilles de vieux vin de Palamos dont vous me direz des nouvelles. Seulement, ne perdons point de temps, car nous sommes presque à jeun les uns et les autres, et, d'ailleurs, le ciel commence furieusement à se brouiller.

— Au château de Ghismondo, répéta lamentablement Bascara. Savez-vous, mes seigneurs, ce que c'est que le château de Ghismondo? Personne n'y a jamais pénétré impunément, sans avoir fait un pacte préalable avec l'esprit de malice, et je n'y mettrois pas le pied pour la charge des galions. Non, vraiment, je n'irai pas!...

— Vous irez, sur mon honneur, aimable Bascara, reprit Boutraix en le ceignant d'un bras vigoureux. Siéroit-il à un généreux Castillan, qui exerce avec gloire une profession libérale, de reculer devant le plus inepte des préjugés populaires? Ah! si Voltaire et Piron avoient été traduits en espagnol, comme ils devroient l'être dans toutes les langues du monde, je ne serois pas en peine de vous prouver que le diable dont on vous fait peur est un épouvantail de vieilles femmes, inventé au profit des moines par quelque méchant buveur d'eau de théologien; mais je vous ferai toucher cela au doigt quand nous aurons soupé, car j'ai l'estomac trop vide et la bouche trop sèche pour soutenir avec avantage, à l'heure qu'il est, une discussion philosophique. Marchez donc, brave Bascara, et soyez assuré de trouver toujours le lieutenant Boutraix entre le diable et vous, s'il étoit assez téméraire pour vous menacer de la moindre offense. Mordieu! il feroit beau voir!

Nous nous étions engagés, en parlant ainsi, dans le chemin raboteux et haché de la colline, au bruit des *hélas!* sanglotants de Bascara, qui marquoit chacun de ses pas d'une des effusions des psaumes ou d'une des invocations des litanies. Je dois convenir que les mules elles-mêmes, ralenties par la fatigue et par la faim, ne se rapprochoient du but de notre équipée nocturne que d'une allure maussade et rechignée, s'arrêtant de temps en temps, comme si elles avoient attendu un contre-ordre salutaire, et retournant piteusement une tête abattue vers chaque toise de la route qu'elles achevoient de parcourir.

— Qu'est-ce donc, dit Sergy, que ce château de fatale renommée qui inspire à ces bonnes gens une terreur si sincère et si profonde? Un rendez-vous de revenants, peut-être?

— Et peut-être, lui répondis-je tout bas, un repaire de voleurs; car le peuple n'a jamais conçu de superstition de ce genre qui ne fût fondée sur quelque motif légitime de crainte. Mais, à nous trois, nous avons trois épées, trois paires d'excellents pistolets, des munitions pour recharger ; et, outre son couteau de chasse, l'*arriero* est certainement muni, suivant l'usage, d'un bon ganivet de Valence.

— Qui ne sait ce que c'est que le château de Ghismondo ? murmura Estevan d'une voix déjà émue. Si ces illustres seigneurs sont curieux de l'apprendre, je suis en état de les satisfaire, car feu mon père y est entré. C'étoit un brave celui-là ! Dieu lui pardonne d'avoir un peu trop aimé à boire !

— Il n'y a pas de mal, interrompit Boutraix. Que diable vit donc ton père au château de Ghismondo ?

— Raconte-nous cette histoire, reprit Sergy, qui auroit donné la partie de plaisir la plus raffinée pour un conte fantastique.

— Aussi bien, après cela, répliqua le muletier, leurs seigneuries seront libres de retourner, si elles le jugent à propos. — Et il poursuivit :

— Ce malheureux Ghismondo, dit-il, — et, se reprenant aussitôt comme s'il craignoit d'avoir été entendu par quelque témoin invisible, — malheureux en effet, continua-t-il, pour avoir attiré sur lui l'inexorable colère de Dieu, car je ne lui veux d'ailleurs aucun mal !... Ghismondo étoit à vingt-cinq ans le chef de l'illustre famille de Las Sierras, si renommée en nos chroniques. Il y a de cela trois cents ans, ou à peu près ; mais l'année au juste est mentionnée dans les livres. C'étoit un beau et brave cavalier, libéral, gracieux, longtemps bien venu de tous, mais trop enclin à de méchantes compagnies, et qui ne sut pas se conserver dans la crainte et dans le respect du Seigneur, si bien qu'il se fit un mauvais bruit dans ses déportements, et qu'il se ruina presque entièrement par ses prodigalités. C'est alors qu'il fut obligé de chercher un asile dans le château où vous avez résolu fort imprudemment, révérence gardée, de passer la nuit prochaine, et qui étoit le seul débris de son riche patrimoine. Content d'échapper dans cette retraite à la poursuite de ses créanciers et à celle de ses ennemis qui ne laissoient pas d'être fort nombreux, parce que ses passions et ses débauches avoient porté le trouble dans beaucoup de familles, il acheva de la fortifier, et il s'y confina pour le reste de ses jours, avec un écuyer d'aussi mauvaise vie que lui, et un jeune page dans lequel la corruption de l'âme avoit devancé les années; leur maison se composa seulement d'une poignée d'hommes d'armes qui avoient pris part à leurs excès, et dont l'unique ressource étoit de s'associer à leur fortune. Une des premières expéditions de Ghismondo eut pour objet de se procurer une compagne, et, semblable à l'infâme oiseau qui souille son nid, ce fut dans sa propre famille qu'il choisit sa propre victime. Quelques-uns disent cependant qu'Inès de Las Sierras, c'étoit le nom de sa nièce, souscrivit en secret à son enlèvement. Qui pourra jamais expliquer les mystères du cœur des femmes?

Je vous ai dit que ce fut là une de ses premières expéditions, parce que l'histoire lui en attribue beaucoup d'autres. Les revenus attachés à ce rocher, qui semble avoir été frappé, de tout temps, de la malédiction céleste, n'auroient pas suffi à ses dépenses, s'il n'y avoit suppléé par des impôts levés sur les passants, et que l'on qualifie de vols de grand chemin, quand la perception n'est pas exécutée par de grands seigneurs. Les noms de Ghismondo et de son château devinrent en peu de temps redoutables.

— N'est-ce que cela? dit Boutraix. Ce que tu viens de dire est partout. C'étoit un des résultats nécessaires de la féodalité, une des suites de la barbarie, dans ces siècles d'ignorance et d'esclavage.

— Ce qui me reste à vous raconter est un peu moins commun, reprit l'*arriero*. La douce Inès, qui avoit reçu une éducation chrétienne, fut tout à coup, à pareil jour qu'aujourd'hui, éclairée d'un brillant rayon de la grâce. A l'instant où l'heure de minuit vient rappeler aux fidèles la naissance du Sauveur, elle pénétra, contre son usage, dans la salle des banquets, où les trois brigands, assis devant le foyer, s'étourdissoient sur leurs crimes dans les excès d'une orgie. Ils étoient à moitié ivres. Animée par la foi, elle leur peignit en vives paroles la méchanceté de leurs actions, et les châtiments éternels qui en seroient la suite; elle pleura, elle pria, elle s'agenouilla devant Ghismondo, et, sa blanche main étendue sur ce cœur qui naguère encore avoit battu pour son amour, elle essaya d'y rappeler quelques sentiments humains. C'étoit, mes seigneurs, une entreprise au-dessus de ses forces, et Ghismondo, excité par ses barbares compagnons, lui répondit d'un coup de poignard qui lui perça le sein.

— Le monstre! s'écria Sergy, aussi ému que s'il avoit entendu le récit d'une histoire véritable.

— Cet incident horrible, continua Estevan, ne rabattit rien de la licence et de la joie accoutumées. Les trois convives continuèrent à boire et à chanter des chansons impies, en présence de la jeune fille morte; et il étoit trois heures du matin, quand les hommes d'armes, avertis par le silence de leurs maîtres, pénétrèrent au lieu du festin pour relever quatre corps étendus dans des flots de sang et de vin. Ils emportèrent sans sourciller les trois ivrognes dans leurs lits, et le cadavre dans son linceul.

Mais la vengeance céleste, poursuivit Estevan après une pause assez solennelle, mais l'infaillible justice de Dieu n'avoit pas perdu ses droits. A peine le sommeil eut commencé à dissiper les vapeurs qui obscurcissoient la raison de Ghismondo, qu'il vit Inès entrer dans sa chambre à pas mesurés, non pas belle, frémissante d'amour et de volupté, et vêtue comme autrefois d'un tissu léger qui alloit tomber; mais pâle, ensanglantée, traînant le long habit des morts, et déployant vers lui une main flamboyante qu'elle vint imposer lourdement sur son cœur, à l'endroit même qu'elle avoit inutilement pressé quelques heures auparavant. Lié par une puissance irrésistible, Ghismondo tenta en vain de se soustraire à l'effroyable apparition. Ses efforts et sa douleur ne purent se manifester que par quelques gémissements sourds et confus. L'implacable main restoit clouée à sa place, et le cœur de Ghismondo brûloit, et il brûla ainsi jusqu'au lever du soleil, où disparut le fantôme. Ses complices reçurent la même visite et subirent le même supplice.

Le lendemain, et tous les lendemains qui le suivirent pendant une année presque éternelle, les trois maudits se trouvèrent au jour en s'interrogeant du regard sur le songe qu'ils avoient fait, car ils n'osoient se parler ; mais la communauté du péril et du gain les appeloit bientôt à de nouveaux crimes ; la licence de la nuit les appeloit à de nouvelles orgies qu'ils prolongeoient davantage ; et l'heure du sommeil leur étoit redoutable ; et l'heure du sommeil arrivée, la main vengeresse les brûloit toujours.

Revint enfin l'anniversaire du 24 décembre (c'est aujourd'hui, mes seigneurs!), et le repas du soir les réunissoit comme d'ordinaire à la clarté d'un foyer ardent, quand l'heure de la rédemption sonnoit à Mattaro pour convoquer les chrétiens à ses solennités. Tout à coup une voix s'élève dans la galerie du château : ME VOILA! crioit Inès, c'étoit elle. Ils la virent entrer, rejeter son drap funèbre, et s'asseoir parmi eux dans ses plus riches atours. Saisis d'étonnement et de terreur, ils la virent manger du pain et boire du vin des vivants ; on dit même qu'elle chanta et qu'elle dansa, suivant la coutume du passé, mais tout à coup sa main flamboya comme dans les mystères de leurs songes, et toucha au cœur le chevalier, l'écuyer et le page. Alors tout fut fini pour cette vie passagère, car leur cœur calciné avoit fini de se réduire en cendres, et il ne renvoya plus de sang à leurs veines. Il étoit trois heures du matin quand les hommes d'armes, avertis par le silence de leurs maîtres, pénétrèrent, suivant l'usage, au lieu du festin; et cette fois-là, ils remportèrent quatre cadavres. Le lendemain, personne ne se réveilla.

Sergy avoit paru profondément préoccupé pendant tout le récit, parce que les idées qu'il faisoit naître se rapportoient à la matière ordinaire de ses rêveries; Boutraix poussoit de temps à autre un soupir expressif, mais qui n'exprimoit guère que l'impatience et l'ennui; le comédien Bascara murmuroit entre ses dents quelques paroles inintelligibles qui sembloient broder sourdement une basse monotone et mélancolique sur ce roman lugubre de l'*arriero*, et un mouvement souvent renouvelé de sa main me fit soupçonner qu'il défiloit les grains d'un rosaire. Quant à moi, j'admirois ces lambeaux poétiques de la tradition qui venoient se coudre naturellement au récit d'un homme simple, et lui prêter des couleurs que l'imagination éclairée par le goût ne dédaigneroit pas toujours.

— Ce n'est pas tout, reprit Estevan, et je vous prie de m'écouter un moment encore avant de persister dans votre dangereux projet. Depuis la mort de Ghismondo et des siens, son détestable repaire, devenu odieux à tous les hommes, est resté en partage au démon. La route même par laquelle on y arrive a été abandonnée, comme vous pouvez vous en apercevoir. On sait seulement, à n'en pas douter, que tous les ans, le 24 décembre à minuit (mes seigneurs, c'est aujourd'hui, et ce sera tout à l'heure), les croisées du vieil édifice s'illuminent subitement. Ceux qui ont osé pénétrer dans ces terribles secrets savent qu'alors le chevalier, l'écuyer et le page reviennent du sein des morts prendre place à l'orgie sanglante. C'est l'arrêt qu'ils ont à subir jusqu'à la consommation des siècles. Un peu plus tard entre Inès, dans son linceul qu'elle dépouille pour étaler sa toilette accoutumée, Inès, qui boit et mange, qui chante et danse avec eux. Quand ils se sont bercés quelque temps dans le délire de leur folle joie, imaginant, à chaque fois, qu'elle ne doit jamais cesser, la jeune fille leur montre sa blessure encore ouverte, les touche au cœur de sa main enflammée, et retourne aux feux du purgatoire après les avoir rendus à ceux de l'enfer!

Ces derniers mots firent partir Boutraix d'un éclat de rire convulsif qui lui ôta un instant la respiration.

— Que le diable t'emporte! s'écria-t-il en frappant l'*arriero* sur l'épaule d'un coup de poing rudement amical; j'ai failli être ému de ces sornettes que tu racontes d'ailleurs assez bien; et je me sentois troublé comme un sot, quand l'enfer et le purgatoire m'ont rendu à moi-même. Préjugés, mon Catalan! préjugés d'enfant qu'on épouvante avec des masques! Vieilles fables de la superstition qui n'ont plus de crédit qu'en Espagne! Tu verras, tantôt, si la peur du diable m'empêche de trouver le vin bon (et, par parenthèse, cela me rappelle que j'ai soif). Presse donc tes mules, s'il te plaît; car, pour voir le souper plus promptement servi, je porterois un toast à Satan lui-même.

— C'étoient les propres paroles de mon père dans une partie de débauche qu'il fit à Mattaro avec des soldats comme lui, dit l'*arriero*. Comme on demandoit encore du vin au maître de la posada:

— Il n'y en a plus qu'au château de Ghismondo, répondit-il.

— J'en aurai donc, répliqua mon père, qui étoit alors impie comme un gavache; et, par le saint corps de Dieu! j'en aurai, quand Satan devroit le verser. J'irai. — Tu n'iras pas! Oh! que tu n'iras pas!... — J'irai, répliqua-t-il avec un blasphème plus exécrable encore; et il s'obstina si bien qu'il y alla.

— A propos de ton père, dit Sergy, tu avois oublié la question de Boutraix. Que vit-il de si effrayant au château de Ghismondo ?

— Ce que je vous ai dit, mes nobles seigneurs. Après avoir parcouru une longue galerie de tableaux fort anciens, il s'arrêta au seuil de la salle des banquets ; et, comme la porte étoit ouverte, il y jeta un regard assez assuré. Les damnés étoient à table, et Inès leur montroit sa plaie sanglante. Ensuite elle dansa, et chacun de ses pas la rapprochoit de l'endroit où il étoit placé. Son cœur se brisa tout à coup à l'idée qu'elle venoit le prendre. Il tomba de son haut comme un corps mort, et ne revint à lui que le lendemain sur le seuil de l'église paroissiale.

— Où il s'étoit endormi la veille, reprit Boutraix, parce que le vin qu'il avoit bu l'empêcha d'aller plus loin. Rêve d'ivrogne, mon pauvre Estevan ! Que la terre lui soit aussi légère qu'il l'a trouvée souvent mobile et chancelante sous ses pas ! Mais cet infernal château, n'y arriverons-nous jamais ?

— Nous y sommes, répondit l'*arriero* en arrêtant ses mules.

— Il étoit temps, dit Sergy ; voilà la tourmente qui commence, et (chose étrange dans cette saison !) j'ai entendu gronder le tonnerre deux ou trois fois.

— On l'entend toujours à pareille époque, auprès du château de Ghismondo, répliqua l'*arriero*.

Il n'avoit pas fini de parler qu'un éclair éblouissant déchira le ciel, et nous montra les blanches murailles du vieux castel, avec ses tourelles groupées comme un troupeau de spectres, sur une immense plate-forme d'un roc uni et glissant.

La porte principale paroissoit avoir été fermée longtemps ; mais les gonds supérieurs avoient fini par céder à l'action de l'air et des années, avec les pierres qui les soutenoient ; et ses deux battants, retombés l'un sur l'autre, tout rongés par l'humidité et tout mutilés par le vent, surplomboient, prêts à crouler, au-dessus du parvis. Nous n'eûmes pas de peine à les abattre. Dans l'intervalle qu'ils avoient laissé en se séparant vers leur base, et où le corps d'un homme auroit eu peine à s'introduire, s'étoient amassés quelques débris du cintre et de la voûte qu'il fallut écarter devant nous. Les feuilles robustes d'aloès qui s'étoient fait jour dans leurs interstices, tombèrent ensuite sous nos épées, et la voiture entra dans la vaste allée dont les dalles n'avoient pas gémi sous le passage d'une roue depuis le règne de Ferdinand le Catholique. Nous nous hâtâmes alors d'allumer quelques-unes des torches dont nous nous étions munis à Mattaro, et dont la flamme, nourrie par un courant impétueux, résista heureusement aux battements d'ailes des oiseaux nocturnes qui s'enfuyoient de toutes les fentes du vieux bâtiment en poussant des cris lamentables. Cette scène, qui avoit, en vérité, quelque chose d'extraordinaire et de sinistre, me rappela involontairement la descente de don Quichotte dans la caverne de Montésinos; et l'observation que j'en fis en riant auroit peut-être arraché un sourire à l'*arriero* et à Bascara lui-même, s'ils avaient pu sourire encore; mais leur consternation augmentoit à chaque pas.

La grande cour s'ouvrit enfin devant nous. Sur sa gauche s'étendoit un large auvent qui servoit de toit à une espèce de hangar, destiné autrefois à protéger, contre l'intempérie des saisons, les chevaux du châtelain, comme l'attestoient des anneaux de fer placés, de distance en distance, à la muraille. Nous nous réjouîmes à l'idée d'y remiser commodément notre équipage; et cette pensée parut égayer jusqu'au souci d'Estevan, qui s'occupoit, avant toutes choses, du bien-être et du repos de ses mules. Deux torches, fortement fixées à des crampons qui paroissoient préparés pour elles, jetèrent sur cet abri une lumière réjouissante; et le fourrage, dont nous avions chargé le derrière de la voiture, splendidement étalé devant l'attelage harassé de jeûne et de travail, lui rendit un air de gaieté qui faisoit plaisir à voir.

— C'est au mieux, mes seigneurs, dit Estevan un peu rassuré ; je comprends que mes mules puissent passer ici la nuit ; et il y a un proverbe qui dit : « Que le muletier est bien partout où peuvent loger ses mules. » S'il vous plaît de me laisser quelques vivres pour souper à côté d'elles, je crois pouvoir vous en répondre jusqu'à demain ; car je crains moins les démons de l'écurie que ceux du salon. Ce sont d'assez bons diables que l'accoutumance nous a rendus familiers, à nous autres *arrieros*, et dont la malignité se borne à mêler les crins des chevaux, ou à les étriller à rebrousse-poil. Quant à nous, pauvres gens que nous sommes, ils se contentent de nous pincer assez serré pour que la marque en reste pendant une semaine, sous la forme d'une tache jaune que toute l'eau du Ter ne laveroit pas ; de nous donner des crampes qui retournent le mollet sur l'os de la jambe, ou de se coucher pesamment sur notre estomac en riant comme des fous. Je me sens homme à braver tout cela, moyennant la grâce de Dieu et les trois bouteilles de vin de Pálamos que le seigneur capitaine m'a promises.

— Les voilà, lui dis-je en l'aidant à détacher la voiture, et, de plus, deux pains et un quartier de brebis rôtie. Maintenant que la cavalerie et le train sont logés, allons pourvoir là-haut à l'étape des fantassins.

Nous enflammâmes quatre torches, et nous nous engageâmes dans le grand escalier, à travers les débris dont il étoit obstrué partout, Bascara entre Sergy et Boutraix, qui l'encourageoient de leur parole et de leur exemple, et faisant céder la peur à la vanité, si puissante sur une âme espagnole. J'avouerai que cette incursion sans périls avoit cependant quelque chose d'aventureux et de fantastique dont mon imagination étoit secrètement flattée, et je puis ajouter qu'elle présentoit des difficultés propres à exciter notre ardeur. Une partie des murailles avoit croulé çà et là, et dressé devant nous en vingt endroits différents autant de barricades accidentelles qu'il falloit tourner ou franchir. Des planches, des solives, des poutres tout entières, tombées des parties supérieures de la charpente, se croisoient et s'impliquoient en tous sens sur les degrés rompus dont les éclats anguleux se hérissoient sous nos pieds. Les vieilles croisées qui avoient donné du jour au vestibule et aux degrés étoient depuis longtemps tombées, arrachées par les orages, et nous n'en reconnoissions les vestiges qu'au bruit des vitres déjà brisées que la semelle de nos bottes faisoit craquer. Un vent impétueux, chargé de neige, s'introduisoit avec d'horribles sifflements à travers l'espace qu'elles avoient abandonné en s'abattant d'une pièce, un ou deux siècles auparavant; et la végétation sauvage dont la tempête y avoit jeté les semences, ajoutoit encore aux embarras de ce passage et à l'horreur de cet aspect. Je pensai, sans le dire, que le cœur d'un soldat seroit porté d'un élan plus facile et plus naturel à l'attaque d'une redoute ou à l'assaut d'une forteresse. Nous arrivâmes enfin au palier du premier étage, et nous reprimes haleine un moment.

A notre gauche s'ouvroit un corridor long, étroit et obscur, dont nos torches, pressées à l'entrée, ne purent éclaircir les ténèbres. Devant nous étoit la porte des appartements, ou plutôt elle n'y étoit plus. Cette nouvelle invasion ne nous donna que la peine d'entrer, la torche au poing, dans une salle carrée qui avoit dû recevoir les hommes d'armes. Nous en jugeâmes du moins ainsi à deux rangs de banquettes délabrées qui la garnissoient sur toutes ses faces, et à quelques trophées d'armes communes, à demi rongées par la rouille, qui pendoient encore à ses parois. Nous la traversâmes en faisant rouler sous nos pieds quatre ou cinq tronçons de lance et autant de canons d'escopette. Elle aboutissoit en retour d'équerre à une galerie beaucoup plus étendue en longueur, mais d'une largeur médiocre, dont le côté droit étoit percé de croisées vides comme celles de l'escalier, et auxquelles battoient à peine encore les restes d'un chambranle pourri. Le plancher de cette partie du bâtiment avoit été tellement dégradé par les influences de l'atmosphère et par la chute de la pluie, qu'il abandonnoit toutes ses mortaises, et qu'il ne prolongeoit plus vers le mur extérieur qu'une frange mince et déchirée. De cette direction, on le sentoit fléchir et se relever avec une élasticité suspecte, et le pied s'y engageoit comme dans une poussière compacte qui ne demande qu'à céder. D'espace en espace, les parties les moins solides commençoient à s'écailler en compartiments bizarres et béants, que la marche d'un curieux plus téméraire que moi n'auroit pas sondés impunément. J'entraînai brusquement mes camarades vers la muraille de gauche, où le passage paroissoit moins hasardeux. Elle étoit garnie de tableaux.

— Aussi vrai qu'il n'y a pas de Dieu, ce sont des tableaux, dit Boutraix. L'ivrogne qui a engendré ce malotru d'*arriero* seroit-il venu jusqu'ici?

— Eh non! lui répondit Sergy avec un rire un peu amer. Il s'endormit sur le parvis de l'église de Mattaro, parce que le vin qu'il avoit bu l'empêcha d'aller plus loin.

— Je ne te demande pas ton avis, reprit Boutraix en braquant son lorgnon sur les cadres disloqués et poudreux qui tapissoient le mur en lignes inégales sous une multitude d'angles capricieux, mais sans qu'ils s'en trouvât un seul qui ne s'éloignât pas plus ou moins de la perpendiculaire. Ce sont des tableaux en effet, et des portraits, si je ne me trompe. Toute la famille de Las Sierras a posé dans ce coupe-gorge.

De pareils vestiges de l'art des siècles reculés auroient pu fixer notre attention dans une autre circonstance; mais nous étions trop pressés d'assurer à notre petite caravane un gîte sûr et commode pour employer beaucoup de temps à l'examen de ces toiles frustes qui avoient presque disparu sous l'enduit humide et noir des années. Cependant, parvenu aux derniers portraits, Sergy en rapprocha son flambeau avec émotion, et, me saisissant vivement par le bras :

— Regarde, regarde, s'écria-t-il, ce chevalier au sombre regard, dont le front est ombragé par un panache rouge : ce doit être Ghismondo lui-même! Vois comme le peintre a merveilleusement exprimé dans ces traits jeunes encore les lassitudes de la volupté et les soucis du crime. C'est une chose triste à voir!...

— Le portrait suivant t'en dédommagera, répondis-je en souriant à son hypothèse. C'est celui d'une femme, et s'il étoit mieux conservé ou plus rapproché de nos yeux, tu t'extasierois à la vue des charmes d'Inès de Las Sierras, car on pourroit supposer aussi que c'est elle. Ce qu'on en distingue est déjà de nature à produire une vive impression. Que d'élégance dans cette taille élancée! quel attrait piquant dans cette attitude! que ce bras et cette main, si parfaitement modelés, promettent de beautés dans l'ensemble qui nous échappe! C'est ainsi que devoit être Inès!

— Et c'est ainsi qu'elle étoit, reprit Sergy en m'entraînant vers lui, car, sous ce point de vue, je viens de rencontrer ses yeux. Oh! jamais une expression plus passionnée n'a parlé à l'âme! jamais la vie n'est descendue plus vivante du pinceau! Et si tu veux suivre cette indication sous les écailles de la toile jusqu'au doux contour où la joue s'arrondit autour de cette bouche charmante, si tu saisis comme moi le mouvement de cette lèvre un peu dédaigneuse, mais où l'on sent respirer toute l'ivresse de l'amour....

— Je me ferai une idée imparfaite, continuai-je froidement, de ce que pouvoit être une jolie femme de la cour de Charles-Quint.

— De la cour de Charles-Quint, dit Sergy en baissant la tête. Cela est vrai.

— Attendez, attendez, dit Boutraix, à qui sa haute taille permettoit d'atteindre de la main jusqu'au cartouche gothique dont la baguette inférieure du cadre étoit décorée, et qui venoit d'y passer son mouchoir à plusieurs reprises. Il y a ici un nom écrit en allemand ou en hébreux; si ce n'est en syriaque ou en bas-breton; mais le diable emporte qui le déchiffre. J'aimerois autant expliquer l'Alcoran.

Sergy poussa un cri d'enthousiasme.

— *Inès de Las Sierras !* Inès de Las Sierras ! répéta-t-il en pressant mes mains avec une sorte de frénésie. Lis plutôt !

— *Inès de Las Sierras !* répliquai-je : c'est cela; et ces trois montagnes de sinople sur un champ d'or devoient être les armoiries parlantes de sa famille. Il paroît que cette infortunée a réellement existé et qu'elle habitoit ce château. Mais il est bientôt temps d'y chercher un asile pour nous-mêmes. N'êtes-vous pas disposés à pénétrer plus avant?

— A moi! messieurs, à moi! cria Boutraix, qui nous avoit précédés de quelques pas. Voici un salon de compagnie qui ne nous fera pas regretter les rues humides de Mataro; un logement digne d'un prince ou d'un intendant militaire! Le seigneur Ghismondo aimoit ses aises; et il n'y a rien à dire sur la distribution de l'appartement! Oh! le superbe corps de caserne!

Cette pièce immense étoit en effet mieux conservée que le reste. Le fond seulement recevoit la lumière de deux croisées très-étroites, que la faveur de leur disposition avoit préservées des dégradations communes à tout le bâtiment. Ses tentures en jouin imprimé et ses grands fauteuils à l'antique avoient je ne sais quel air de magnificence que leur vieillesse rendoit encore plus imposant. La cheminée aux proportions colossales, qui ouvroit ses vastes flancs sur la muraille de gauche, sembloit avoir été bâtie pour des veillées de géants, et les bois de démolition épars dans l'escalier nous auroient fourni un feu réjouissant pendant des centaines de nuits pareilles à celle qui alloit s'écouler. Une table ronde, qui n'en étoit éloignée que de quelques pieds, nous rappela involontairement les festins impies de Ghismondo, et je conviendrai volontiers que je ne la regardai pas sans un peu de saisissement.

Il nous fallut plusieurs voyages, soit pour nous approvisionner du bois nécessaire, soit pour transporter nos vivres, et ensuite nos paquets, dont l'inondation pluviale de la journée pouvoit avoir sérieusement compromis l'économie. Tout se trouva heureusement sain et sauf, et les nippes mêmes de la troupe de Bascara, étendues devant le foyer incendié sur les dossiers des fauteuils, brillèrent à nos yeux de ce lustre factice et de cette fraîcheur surannée que leur prête l'éclat imposteur des quinquets. Il est vrai que la salle à manger de Ghismondo, éclairée alors par dix torches ardentes habilement assujetties à dix vieux candélabres, étoit certainement mieux illuminée que ne le fut jamais, de mémoire d'homme, le théâtre d'une petite ville de Catalogne. La partie la plus éloignée seulement, celle qui se rapprochoit de la galerie des tableaux, et par laquelle nous étions entrés, n'avoit pas perdu toutes ses ténèbres. On eût dit qu'elles s'y étoient amassées comme à dessein pour établir entre nous et le vulgaire profane une mystérieuse barrière. C'étoit la nuit visible du poëte.

— Je ne doute pas, dis-je en m'occupant avec mes compagnons des préparatifs du repas, que ceci ne fournisse un nouveau prétexte à la crédulité des habitants de la plaine. Il est l'heure où Ghismondo revient s'asseoir tous les ans à son banquet infernal, et la lumière que ces croisées doivent répandre au dehors n'annonce rien de moins qu'une fête de démons. C'est peut-être sur une circonstance pareille qu'est fondée la vieille légende d'Estevan.

— Ajoute à cela, dit Boutraix, que la fantaisie de représenter cette scène au naturel peut être venue à des aventuriers de bonne humeur, et qu'il n'est pas impossible que le père de l'*arriero* ait réellement assisté à une comédie de ce genre. Nous sommes servis à ravir pour la recommencer, continua-t-il en soulevant pièce à pièce les hardes de la troupe voyageuse. Voilà un habit de chevalier qui semble taillé pour le capitaine; je rappellerai trait pour trait, avec celui-ci, l'intrépide écuyer du damné qui étoit, selon toute apparence, un garçon de fort bonne mine; et ce costume coquet, qui relèvera la physionomie un peu langoureuse du beau Sergy, lui donnera facilement l'air du plus séduisant des pages. Convenez que l'invention est heureuse, et qu'elle nous promet une nuit d'une gaieté folle!

Pendant que Boutraix parloit, il s'étoit travesti de pied en cap, et nous l'avions imité en riant, car il n'y a rien de plus contagieux qu'une extravagance entre de jeunes cervelles. Cependant nous avions eu la précaution de conserver nos épées et nos pistolets, qui, à la date près de leur fabrication, ne contrastoient pas d'une manière trop criante avec notre déguisement. Les héros mêmes de la galerie de Ghismondo, s'ils étoient descendus subitement de leurs toiles gothiques, ne se seroient pas trouvés très-dépaysés dans leur castel héréditaire.

— Et la belle Inès! s'écria Boutraix. Vous n'y avez pas pensé? Le seigneur Bascara, que la nature a revêtu de dons extérieurs dont les Grâces seroient jalouses, voudroit-il bien se charger de ce rôle pour cette fois seulement, à la demande générale du public?

— Messieurs, répondit Bascara, je me prête volontiers

aux plaisanteries qui n'intéressent pas le salut de mon âme, et c'est ma profession; mais celle-ci est d'un genre qui ne me permet pas d'y prendre part. Vous verrez peut-être, à votre grand dommage, qu'on ne brave pas impunément les puissances de l'enfer. Réjouissez-vous comme bon vous semblera, puisque la grâce ne vous a pas touchés; mais je vous atteste que je renonce hautement à ces joies de Satan, et que je ne demande qu'à y échapper pour me rendre moine dans quelque bonne maison du Seigneur. Accordez-moi seulement, comme à votre frère en Jésus-Christ, dont le nom soit toujours loué, la permission de passer la nuit sur ce fauteuil, avec quelque réfection pour soutenir mon corps, et la liberté de prier.

— Tiens, lui dit Boutraix, cette magnifique oraison jaculatoire mérite une oie tout entière et deux flacons du meilleur. Garde ton siége, mon ami; mange, bois, prie et dors. Tu ne seras jamais qu'un fou! — D'ailleurs, ajouta-t-il en se rasseyant et en remplissant son verre, Inès ne vient qu'au dessert, — et j'espère bien qu'elle viendra.

— Dieu nous en préserve! dit Bascara.

Je pris la place opposée au feu, l'écuyer à ma droite, à ma gauche le page. En face de moi, la place d'Inès resta vacante. Je promenai un regard autour de la table, et, soit préoccupation, soit foiblesse d'esprit, je trouvai aussi que ce divertissement avoit quelque chose de sérieux qui me serroit le cœur. Sergy, plus avide que moi d'impressions romanesques, paroissoit plus ému encore. Boutraix buvoit.

— D'où vient, dit Sergy, que ces idées solennelles dont la philosophie se fait un jeu ne perdent jamais entièrement leur empire sur les esprits les plus fermes et les plus éclairés? La nature de l'homme auroit-elle un besoin secret de se relever jusqu'au merveilleux pour entrer en possession de quelque privilége qui lui a été ravi autrefois, et qui formoit la plus noble partie de son essence?

— Sur mon honneur, répondit Boutraix, je ne croirois pas à cette supposition, quand même tu l'aurois énoncée en termes assez clairs pour me la faire comprendre. L'effet dont tu parles résulte tout bonnement d'une vieille habitude des organes du cerveau, qui ont retenu, comme une espèce de cire molle durcie par le temps, les sottes impressions que nos mères et nos nourrices leur ont inculquées dans notre enfance, et c'est ce qui est admirablement expliqué par Voltaire dans un livre superbe que je t'engage à lire quand tu seras de loisir. Penser autrement, c'est se ravaler au niveau de ce bonhomme qui grommelle depuis un quart d'heure le *Benedicite* sur sa ration, avant d'oser se hasarder à y mettre la dent.

Sergy insista. Boutraix défendit son terrain pied à pied, en se retranchant, comme à l'ordinaire, derrière ses arguments irrésistibles, *préjugé*, *superstition* et *fanatisme*. Je ne l'avois jamais vu si tenace et si méprisant dans un combat métaphysique; mais la conversation ne se maintint pas longtemps à la hauteur de ces sublimes régions de l'intelligence, car le vin étoit capiteux, et nous en buvions copieusement en gens qui n'ont rien de mieux à faire. Il étoit minuit à nos montres, et près d'une bouteille de plus, quand nous nous écriâmes tous ensemble avec un transport de joie, comme si cette conviction nous avoit affranchis d'une inquiétude cachée :

— Minuit! messieurs, minuit! et Inès de Las Sierras n'est pas venue!

L'unanimité avec laquelle nous nous étions rencontrés dans une observation si puérile nous arracha un éclat de rire.

— Tête et mort! dit Boutraix en se soulevant sur deux jambes avinées, dont il cherchoit à dissimuler l'oscillation sous un air de nonchalance et d'abandon; — quoique cette belle ait fait défaut à notre réunion joyeuse, la galanterie chevaleresque dont nous faisons profession nous défend de l'oublier. Je porte ce rouge bord à la santé de notre demoiselle Inès de Las Sierras et à sa prochaine délivrance!

— A Inès de Las Sierras! cria Sergy.

— A Inès de Las Sierras! répétai-je en rapprochant mon verre à demi vide de leurs verres déjà pleins.

— Me voilà! cria une voix qui partoit de la galerie des tableaux.

— Hein? dit Boutraix en se rasseyant. — La plaisanterie n'est pas mauvaise; mais qui l'a faite?

Je jetai les yeux derrière moi. Bascara s'étoit cramponné tout pâle aux barreaux de mon fauteuil.

— Ce faquin de voiturier, répondis-je, que le vin de Palamos a mis en gaieté.

— Me voilà! me voilà! reprit la voix. Salut et bonne humeur aux hôtes du château de Ghismondo!

— C'est une voix de femme, et de jeune femme, dit Sergy en se levant avec une noble et gracieuse assurance.

Au même instant, nous discernâmes dans la partie la moins éclairée de la salle un blanc fantôme qui couroit vers nous d'une incroyable rapidité, et qui, parvenu à notre portée, laissa tomber son linceul. Il passa entre nous, car nous étions debout, la main sur la garde de nos épées, et s'assit à la place d'Inès.

— Me voilà! dit le fantôme en poussant un long soupir et en rejetant de droite et de gauche de longs cheveux noirs, négligemment retenus par quelques nœuds de ruban ponceau. Jamais beauté plus accomplie n'avoit frappé mes regards.

— C'est une femme en effet, repris-je à demi-voix; et puisqu'il est bien convenu entre nous que rien ne peut se passer ici qui ne soit parfaitement naturel, nous n'avons de conseils à prendre que de la politesse françoise. La suite expliquera ce mystère, s'il peut s'expliquer.

Nous reprîmes nos places, et nous servîmes l'inconnue, qui paroissoit pressée par la faim. Elle mangea et but sans parler. Quelques minutes après, elle nous avoit oubliés tout à fait, et chacun des personnages de cette scène bizarre sembla s'être isolé en lui-même, immobile et muet, comme s'il avoit été frappé de la baguette pétrifiante d'une fée. Bascara étoit tombé à mes côtés, et je l'aurois cru mort de terreur, si je n'avois pas été rassuré par le mouvement de ses mains palpitantes, qui se croisoient convulsivement en signe de prière. Boutraix ne laissoit pas échapper un souffle; une profonde expression d'anéantissement avoit remplacé son audace bachique, et le brillant vermillon de l'ivresse, qui éclatoit une minute auparavant sur son front assuré, s'étoit changé en mortelle pâleur. Le sentiment qui dominoit Sergy n'enchaînoit pas sa pensée avec moins de puissance, mais il étoit du moins plus doux, à en juger par ses regards. Ses yeux, fixés sur l'apparition avec tout le feu de l'amour, paroissoient s'efforcer de la retenir, comme ceux d'un homme endormi qui craint de perdre au réveil le charme irréparable d'un beau songe; et il faut avouer que cette illusion valoit la peine d'être conservée avec soin, car la nature entière n'offroit peut-être point alors de beauté vivante qui méritât d'être mise à sa place. Je vous prie de croire que je n'exagère pas.

L'inconnue n'avoit pas plus de vingt ans; mais les passions, le malheur — ou la mort — avoient imprimé à ses traits ce caractère étrange d'immuable perfection et d'éternelle régularité que le ciseau des anciens a consacré dans le type des dieux. Il ne restoit rien dans cette physionomie qui appartînt à la terre, rien qui pût y craindre l'offense d'une comparaison. Ce fut là le froid jugement de ma raison, bien prémunie dès ce temps-là contre les folles surprises de l'amour, et il me dispense d'une peinture à laquelle chacun de vous sera libre de pourvoir au gré de son imagination. Si vous parvenez à vous figurer quelque chose qui approche de la réalité, vous irez mille fois plus loin que tous les artifices de la parole, de la plume et du pinceau. Seulement, et il le faut bien pour la garantie de mon impartialité, laissez courir, sur ce front vaste et poli, un trait oblique, extrêmement léger, qui vient mourir à un pouce au-dessus du sourcil ; et dans le regard divin dont ces longs yeux bleus répandent l'ineffable lumière, entre des cils noirs comme le jais, exprimez, si vous le pouvez, quelque chose de vague et d'indécis, comme le trouble d'un doute inquiet qui cherche à s'expliquer à lui-même. Ce seront des imperfections de mon modèle, et je vous réponds que Sergy ne les a pas aperçues.

Ce qui me frappa le plus pourtant, quand je fus capable de m'occuper de quelques détails, c'étoit le vêtement de notre mystérieuse étrangère. Je ne doutois pas de l'avoir vu quelque part, peu de temps auparavant, et je ne tardai à me rappeler que c'étoit dans le portrait d'Inès. Il paroissoit emprunté, comme le nôtre, au magasin d'un costumier assez habile en *mise en scène*, mais il avoit moins de fraîcheur. Sa robe de damas vert encore riche, mais molle et hâlée, que rattachoient çà et là des rubans flétris, devoit avoir appartenu à la garderobe d'une femme morte depuis plus d'un siècle, et je pensai en frémissant que le toucher y trouveroit peut-être la froide humidité de la tombe ; mais je rejetai aussitôt cette idée indigne d'un esprit raisonnable, et j'étois parfaitement rendu au libre exercice de mes facultés, quand, avec un accent enchanteur, la nouvelle venue rompit enfin le silence :

— Eh quoi! nobles chevaliers, dit-elle en laissant errer sur ses lèvres un sourire de reproche, aurois-je eu le malheur de troubler les plaisirs de cette agréable soirée ? Vous ne pensiez, à mon arrivée, qu'à vous livrer au bonheur d'être ensemble, et, quand je suis venue, vos ris joyeux éclatoient à réveiller tous les oiseaux de nuit qui ont fait leurs nids dans les lambris du château. Depuis quand la présence d'une femme toute jeune, et à laquelle la ville et la cour ont trouvé quelques foibles agréments, alarme-t-elle la gaieté ? Le monde auroit-il changé à ce point depuis que j'en suis sortie ?

— Pardonnez, madame, répondit Sergy ; tant d'attraits étoient faits pour nous surprendre, et l'admiration est muette comme l'effroi.

— Je sais gré à mon ami de cette explication, repris-je aussitôt. Les sentiments que votre vue inspire ne peuvent pas s'exprimer par des paroles. Quant à votre visite elle-même, elle a dû exciter en nous un étonnement passager dont nous avons été quelque temps à nous remettre. Vous savez que rien ne pouvoit nous l'annoncer dans ces ruines qui ont depuis si longtemps perdu leurs habitants, et ce lieu sauvage, cette heure avancée de la nuit, ce désordre inaccoutumé des éléments ne nous permettoient pas de l'espérer. Vous serez sans doute bienvenue, madame, partout où vous daignerez paroître ; mais nous attendions avec respect, pour vous rendre les honneurs que nous vous devons, qu'il vous plût de nous apprendre à qui nous avons l'honneur de parler.

— Mon nom ? reprit-elle vivement ; ne le savez-vous pas ? Dieu m'est témoin que je ne suis venue qu'à votre appel !...

— A notre appel ! dit Boutraix en balbutiant et couvrant son visage de ses mains.

— En vérité, continua-t-elle en souriant, et je connois trop les bienséances pour en agir autrement. Je suis Inès de Las Sierras.

— Inès de Las Sierras ! cria Boutraix, plus consterné que s'il avoit vu la foudre tomber auprès de lui. O justice éternelle !

Je la regardai fixement. Je cherchai en vain dans sa figure quelque chose qui trahît la feinte et le mensonge.

— Madame, lui dis-je en affectant un peu plus de

calme que je n'en avois réellement, les déguisements sous lesquels vous nous avez trouvés, et qui sont peut-être assez malséants pour ce saint jour, cachent d'ailleurs des hommes inaccessibles à la crainte. Quel que soit votre nom, et quel que soit le motif pour lequel il vous plaira de le déguiser, vous pouvez attendre de nous une hospitalité discrète et respectueuse; nous nous prêterons même volontiers à reconnoître en vous Inès de Las Sierras, si ce jeu d'esprit, autorisé par la circonstance, amuse votre imagination, et tant de beauté vous donne le droit de la représenter avec plus d'éclat qu'elle n'en eut jamais; c'est le plus sûr de tous les prestiges; mais nous vous prions d'être bien persuadée que cet aveu, qui ne coûte rien à notre courtoisie, n'auroit pu être arraché à notre crédulité.

— Je suis loin de lui demander un pareil effort, répondit Inès avec dignité; mais qui pourroit me contester le titre que je prends dans la propre maison de mes pères? Oh! continua-t-elle en s'animant par degrés, j'ai payé assez cher ma première faute pour croire la vengeance de Dieu satisfaite par cette expiation; mais puisse l'indulgence tardive que j'attends de lui, et dans laquelle j'ai mis ma seule espérance, m'abandonner pour toujours aux tourments qui me dévorent, si le nom d'Inès de Las Sierras n'est pas mon nom! Je suis Inès de Las Sierras, la coupable et malheureuse Inès! Quel intérêt aurois-je à voler un nom que j'ai tant d'intérêt à cacher, et de quel droit repousseriez-vous l'aveu, assez pénible déjà, d'une infortunée dont le sort ne demande que de la pitié?...

Elle laissa échapper quelques larmes, et Sergy se rapprocha d'elle avec une émotion toujours croissante, pendant que Boutraix, qui avoit depuis quelque temps la tête appuyée sur ses bras accoudés, la laissoit lourdement tomber sur la table.

— Tenez, seigneur! dit-elle en arrachant de son bras

un carcan d'or à demi rongé par les années, et en le jetant dédaigneusement devant moi, voilà le dernier présent de ma mère, et le seul joyau de son héritage qui me soit resté dans la misère et dans l'opprobre de ma vie. Voyez si je suis en effet Inès de Las Sierras, ou une vile aventurière, vouée par la bassesse de sa naissance aux divertissements de la populace.

Les trois montagnes de sinople y étoient incrustées en fines émeraudes, et le nom de *Las Sierras*, gravé en vieilles lettres, s'y lisoit distinctement encore sous la rouille du temps.

Je relevai le bracelet avec respect, et je le lui présentai, en m'inclinant profondément. Dans l'état d'exaltation où étoit parvenu son esprit, elle ne me remarqua point.

— S'il vous falloit d'autres preuves, reprit-elle avec une sorte de délire, le bruit de mes malheurs n'est-il pas venu jusqu'à vous? Voyez! ajouta-t-elle en détachant l'agrafe de sa robe et en nous montrant la cicatrice de son sein. C'est là que le poignard m'a frappée!

— Malheur! malheur! cria Boutraix en soulevant sa tête, et en se rejetant, dans un désordre inexprimable, sur le dossier de son fauteuil.

— Les hommes! les hommes! dit Inès du ton d'un mépris amer, ils savent tuer les femmes, et la vue des blessures leur fait peur!...

Le mouvement mêlé de pudeur et de compassion qu'elle fit pour rapprocher les pans de sa robe entr'ouverte, et cacher son sein aux yeux effrayés de Boutraix, livra l'autre à ceux de Sergy, dont l'émotion étoit à son comble, et je comprenois trop bien son ivresse pour la condamner.

Un nouveau silence s'établit alors, plus long, plus absolu, plus triste que le premier. Abandonnés, chacun de notre côté, à nos préoccupations particulières, Boutraix à une terreur irréfléchie qui étoit devenue incapable de raisonner, Sergy aux jouissances intérieures d'un amour naissant, dont l'objet réalisoit les rêves favoris de sa folle imagination, moi-même à la méditation de ces hauts mystères sur lesquels je craignois de m'être formé, par le passé, des opinions téméraires, nous devions ressembler à ces figures pétrifiées des contes orientaux que la mort a saisies au milieu de la vie, et dont les traits réfléchissent pour toujours l'expression du sentiment passager dans lequel elle les a surprises. La physionomie d'Inès paroissoit beaucoup plus animée; mais à travers la multitude d'aspects mobiles qu'un enchaînement inexplicable d'idées lui faisoit prendre tour à tour, comme sous l'empire d'un songe, il auroit été impossible de déterminer celle qui la dominoit, quand elle prit la parole en riant :

— Je ne me rappelle pas, dit-elle, ce que je vous priois de m'expliquer tout à l'heure, mais vous savez bien que ma pensée ne peut suffire à la conversation des hommes, depuis qu'une main que j'aimois, et qui m'assassina, m'a jetée parmi les morts. Prenez pitié, je vous prie, de la foiblesse d'une intelligence qui ressuscite, et pardonnez-moi d'avoir oublié trop longtemps que je n'ai pas fait honneur encore au salut que vous me portiez quand je suis entrée. Messieurs, ajouta-t-elle en se levant avec une grâce infinie et en nous présentant son verre, Inès de Las Sierras vous salue à son tour. A vous, noble chevalier ! le ciel vous soit favorable dans vos entreprises ! à vous, écuyer mélancolique, dont quelque peine secrète altère la gaieté naturelle ! puissent des jours plus propices que celui-ci vous rendre une sérénité sans mélange ! à vous, beau page, dont la tendre langueur annonce une âme occupée de soucis plus doux ! puisse l'heureuse femme qui a fixé votre amour y répondre par un amour digne de vous ; et si vous n'aimez pas encore, puissiez-vous aimer bientôt une beauté qui vous aime ! à vous, mes seigneurs !...

—Oh! j'aime, et j'aime pour toujours! s'écria Sergy. Qui pourroit vous avoir vue et ne pas vous aimer? A Inès de Las Sierras! à la belle Inès!...

— A Inès de Las Sierras! répétai-je en me levant de mon fauteuil.

— A Inès de Las Sierras! murmura Boutraix sans changer de place; et, pour la première fois de sa vie, il porta une santé solennelle sans boire.

— A vous tous! reprit Inès en rapprochant pour la seconde fois son verre de sa bouche, mais sans l'épuiser.

Sergy s'en saisit, et y plongea une lèvre ardente; je ne sais pourquoi j'aurois voulu le retenir, comme si j'avois pensé qu'il y bût la mort.

Quant à Boutraix, il étoit retombé dans une sorte de stupeur réfléchie qui absorboit toute son âme.

— Voilà qui est bien, dit Inès en jetant un de ses bras autour du cou de Sergy, et en posant de temps à autre sur son cœur une main aussi incendiaire que celle dont nous avoit parlé la légende d'Estevan. — Cette soirée est plus douce et plus charmante qu'aucune de celles dont j'ai conservé le souvenir. Nous sommes tous si gais et si heureux! Ne pensez-vous pas, seigneur écuyer, qu'il ne nous manque ici que le charme de la musique?...

—Oh! dit Boutraix, qui ne pouvoit presque plus articuler autre chose, chanteroit-elle?...

— Chantez, chantez! répondit Sergy en passant des doigts frémissants dans les cheveux d'Inès: c'est votre Sergy qui vous en prie.

— Je le veux bien, reprit Inès; mais l'humidité de ces caveaux doit avoir altéré ma voix, qu'on trouvoit autrefois belle et pure, et je ne sais d'ailleurs que de tristes chansons, peu dignes d'une *tertulia* bachique, où devroient ne résonner que des airs joyeux. Attendez, continua-t-elle en élevant ses yeux célestes vers la voûte et en préludant par des sons enchanteurs. C'est la romance de la *Nina Matada*, qui sera nouvelle pour vous comme pour moi, car je la composerai en chantant.

Il n'est personne qui n'ait pu reconnoître combien le mouvement animé de l'improvisation prêtoit de séductions à une voix inspirée. Malheur à l'homme qui écrit froidement sa pensée, élaborée, discutée, éprouvée par la réflexion et par le temps. Il n'ira jamais émouvoir une âme jusque dans ses sympathies les plus secrètes. Assister à l'enfantement d'une grande conception, la voir s'élancer du génie de l'artiste, comme Minerve de la tête de Jupiter, se sentir emporté dans son essor à travers les régions inconnues de l'imagination, sur les ailes de l'éloquence, de la poésie, de la musique, c'est la plus vive des jouissances qui aient été données à notre nature imparfaite ; c'est la seule qui la rapproche sur la terre de la Divinité dont elle a tiré son origine.

Ce que je viens de vous dire, c'est ce que j'éprouvois aux premiers accents d'Inès. Ce que j'éprouvai un peu plus tard, il n'y a point de termes dans les langues qui puissent l'exprimer. Les deux essences de mon être se séparoient distinctement dans ma pensée : l'une, inerte et grossière, que son poids matériel retenoit fixée sur un des fauteuils de Ghismondo ; l'autre, déjà transformée, qui s'élevoit au ciel avec les paroles d'Inès, et qui en recevoit, à leur gré, toutes les impressions d'une vie nouvelle, inépuisable en voluptés. Soyez bien convaincus que si quelque génie malheureux a douté de l'existence de ce principe éternel, dont la vie impérissable est enchaînée quelques jours dans les liens de notre vie passagère, et qu'on appelle l'âme, c'est qu'il n'avoit pas entendu chanter Inès, ou une femme qui chantât comme elle.

Mes organes, vous le savez, ne se refusent pas à ce genre d'émotion ; mais je suis loin de les croire assez délicats pour le subir dans toute sa puissance. Il en étoit autrement de Sergy, dont l'organisation entière étoit celle d'une âme à peine captive, et qui ne touchoit à l'humanité que par quelque lien fragile, toujours prêt à le laisser libre quand il vouloit s'en affranchir. Sergy crioit, Sergy pleuroit, Sergy n'étoit plus en lui-même, et quand Inès, transportée, alloit se perdre dans des inspirations plus sublimes encore que tout ce que nous avions entendu, elle sembloit l'appeler à elle d'un sourire. Boutraix s'étoit un peu réveillé de son morne abattement, et fixoit sur Inès deux gros yeux attentifs, où l'expression d'un plaisir étonné avoit un moment remplacé celle de la frayeur. Bascara n'avoit pas changé de position, mais les douces sensations du virtuose commençoient à triompher des craintes de l'homme du peuple. Il relevoit de temps à autre un front où l'admiration le disputoit à l'épouvante, et soupiroit d'extase ou d'envie.

Un cri d'enthousiasme succéda au chant d'Inès. Elle versa elle-même à boire à la ronde, et choqua d'un verre délibéré le verre de Boutraix. Il le retira vers lui d'une main mal assurée, me regarda boire et but. Je remplis de nouveau les verres, et je saluai Inès.

— Hélas! dit-elle, je ne sais plus chanter, ou bien cette salle a trahi ma voix. Autrefois il n'y avoit pas un atome de l'air qui ne me répondît, et qui ne me prêtât un accord. La nature n'a plus pour moi ces harmonies toutes-puissantes que j'interrogeois, que j'écoutois, qui se marioient à mes paroles, quand j'étois heureuse et aimée. O Sergy! continua-t-elle en le regardant avec tendresse, il faut être aimée pour chanter!...

— Aimée! cria Sergy en couvrant sa main de baisers, adorée, Inès, idolâtrée comme une déesse! S'il ne faut que le sacrifice sans réserve d'un cœur, d'une âme, d'une éternité, pour inspirer ton génie, chante, Inès, chante encore, chante toujours!

— Je dansois aussi, reprit-elle en appuyant languissamment sa tête sur l'épaule de Sergy; mais comment danser sans instrument? — Merveille! ajouta-t-elle tout à coup. Quelque démon favorable a glissé des castagnettes dans ma ceinture... Et elle les dégagea en riant.

— Jour irrévocable de la damnation, dit Boutraix, vous voilà donc venu! Le mystère des mystères est accompli! Le jugement dernier s'approche! Elle dansera!...

Pendant que Boutraix achevoit de parler, Inès s'étoit levée, et débutoit par des pas graves et lentement mesurés, où se déployoient avec une grâce imposante la majesté de ses formes et la noblesse de ses attitudes. A mesure qu'elle changeoit de place et qu'elle se montroit sous des aspects nouveaux, notre imagination s'étonnoit, comme si une belle femme de plus avoit apparu à nos regards, tant elle savoit enchérir sur elle-même dans l'inépuisable variété de ses poses et de ses mouvements. Ainsi, par des transitions rapides, nous l'avions vue passer d'une dignité sérieuse aux transports modérés du plaisir qui s'anime, puis aux molles langueurs de la volupté, puis au délire de la joie, puis je ne sais à quelle extase plus délirante encore, et qui n'a point de nom; puis elle disparoissoit alors dans les ténèbres lointaines de la salle immense, et le bruit des castagnettes s'affoiblissoit en proportion de son éloignement, et diminuoit, diminuoit toujours, jusqu'à ce qu'on eût cessé de l'entendre en cessant de la voir; puis il revenoit de loin, s'augmentoit par degrés, éclatoit tout à fait quand elle reparoissoit subitement sous des torrents de lumière à l'endroit où elle étoit le moins attendue; et alors elle se rapprochoit de nous au point de nous effleurer de sa robe, en faisant claqueter avec une volubilité étourdissante les castagnettes réveillées, qui babilloient comme des cigales, et en jetant çà et là, au travers de leur fracas monotone, quelques cris perçants, mais tendres, qui pénétroient l'âme. Ensuite, elle s'éloignoit encore, s'enfonçoit à demi dans l'ombre, paroissant et disparoissant tour à tour, fuyant à dessein sous nos yeux, et cherchant à se laisser voir; et ensuite on ne la voyoit plus, on ne l'entendoit plus, on n'entendoit plus qu'une note éloignée et plaintive comme le soupir d'une jeune fille qui meurt; et nous restions éperdus, palpitants d'admiration et de crainte, en attendant le moment où son voile, emporté par le mouvement de la danse, viendroit flotter et s'éclairer à la lumière des flambeaux, où sa voix nous avertiroit du retour par un cri de joie, auquel nous répondions sans le vouloir, parce qu'il faisoit vibrer en nous une multitude d'harmonies cachées. Alors elle revenoit, elle tournoit sur elle-même, comme une fleur que le vent a détachée de son rameau, elle s'élançoit de la terre, comme s'il avoit dépendu d'elle de la quitter pour toujours, elle y redescendoit, comme s'il avoit dépendu d'elle de n'y pas toucher; elle ne bondissoit pas sur le sol; vous auriez cru qu'elle ne faisoit qu'en jaillir, et qu'un arrêt mystérieux de sa destinée lui avoit défendu d'y toucher autrement que pour le fuir. Et sa tête, penchée avec l'expression d'une caressante impatience, et ses bras, gracieusement arrondis en signe d'appel et de prière, paroissoient nous implorer pour la retenir. Sergy céda, quand j'allois y céder, à cet attrait impérieux, et l'enveloppa dans les siens.

— Reste, lui dit-il, ou je meurs!...

— Je pars, répondit-elle, et je meurs si tu ne viens!... Ame d'Inès, ne viendras-tu pas?

Elle tomba demi assise sur le fauteuil de Sergy, les mains nouées autour de son cou, et, pour cette fois, elle avoit décidément cessé de nous voir.

— Écoute, Sergy, continua Inès. En sortant de cet appartement, tu verras à ta droite un corridor long, étroit, obscur. (Je l'avois remarqué en entrant.) Tu le suivras longtemps, avec précaution, sur des dalles toutes rompues. Marche, marche toujours! Tu ne te rebuteras pas des détours infinis qu'il doit présenter à ta vue; il n'y a pas moyen de s'égarer. Tu descendras les degrés par lesquels il s'abaisse, d'étage en étage, vers les souterrains. Il en manque quelques-uns; mais l'amour franchit aisément ces obstacles qui n'ont pas retardé, pour venir te trouver, les pas d'une foible femme. Marche, marche toujours! Tu arriveras ainsi à un escalier tortueux, encore plus délabré que le reste, mais où je te guiderai, car tu me trouveras au-dessus. Ne t'inquiète pas de mes hiboux, car ils sont, depuis longtemps, mes seuls amis. Les hiboux entendent ma voix, et, par les soupiraux entr'ouverts du sépulcre où j'habite, je les renverrai aux créneaux avec tous leurs petits. Marche, marche toujours! Mais, viens, et ne tarde pas... Viendras-tu?

— Si j'irai! s'écria Sergy. Oh! plutôt la mort éternelle que de ne pas te suivre partout!...

— Qui m'aime me suive, répondit Inès en poussant un éclat de rire effrayant.

Au même instant, elle ramassa son linceul, et nous ne la vîmes plus; l'obscurité des parties éloignées de la salle nous l'avoit cachée déjà pour toujours.

Je me jetai au-devant de Sergy, et je le saisis fortement. Boutraix, rendu à lui par le péril de son camarade, étoit venu me seconder. Bascara lui-même se leva.

— Monsieur, dis-je à Sergy, comme votre aîné, comme votre ancien de service, comme votre ami, comme votre capitaine, je vous défends de faire un pas! Ne vois-tu pas, malheureux, que tu es ici responsable de notre vie à tous? Ne vois-tu pas que cette femme, trop séduisante, hélas! n'est que le magique instrument dont se sert une troupe de bandits cachée dans cet affreux repaire, pour nous séparer et pour nous perdre? Oh! si tu étois seul et libre de disposer de toi-même, je comprendrois ton funeste égarement, et je ne pourrois que te plaindre; Inès a tout ce qu'il faut pour justifier un pareil sacrifice. Mais songe qu'on n'espère nous réduire qu'en nous isolant, et que si nous devons mourir ici, nous devons mourir autrement que dans une embûche grossière, en vendant cher notre vie aux assassins. Sergy, tu nous appartiens avant tout; tu ne nous quitteras pas!

Sergy, dont la raison paroissoit combattue par une foule de sentiments contraires, me regarda fixement, et tomba sans force sur son fauteuil.

— A nous, maintenant, messieurs, continuai-je en tournant péniblement la porte sur ses gonds rouillés. Amassons ces vieux meubles en barricades pour nous en faire un rempart. Pendant qu'il s'ébranlera sous une attaque presque infaillible, nous aurons le temps de nous mettre sur nos gardes, et de tenir nos armes prêtes. Nous sommes en état de résister à vingt brigands, et je doute qu'ils soient ici.

— J'en doute aussi, dit Boutraix, quand ces précautions furent prises, et que nous nous retrouvâmes autour de la table près de laquelle s'étoit enfin assis Bascara, un peu rassuré par notre air de résolution. Les mesures dont le capitaine vient de s'aviser sont conseillées par la prudence, et le guerrier le plus intrépide ne fait rien d'indigne de sa bravoure en se mettant à l'abri des surprises; mais l'idée qu'il se forme de ce château me paroît dénuée de toute vraisemblance; une bande de scélérats n'occuperoit pas impunément, au temps où nous vivons, sous la terreur de nos armes, et au milieu de l'activité infatigable de notre police, les ruines d'un vieux bâtiment à demi-lieue d'une grande ville. C'est une chose plus impossible que toutes celles dont nous avons nié tantôt la possibilité.

— En vérité, lui dis-je en raillant, pensez-vous, Boutraix, que Voltaire et Piron seroient de cet avis?

— Capitaine, répliqua-t-il avec une froide dignité dont je ne l'aurois jamais cru capable, et que lui inspiroit sans doute la nature des idées nouvelles auxquelles son esprit commençoit à s'ouvrir, — l'ignorance et la présomption de mes jugements méritoient cette ironie, et je ne m'en offenserai point. J'imagine que Voltaire et Piron n'expliqueroient guère mieux que moi ce qui s'est passé tout à l'heure sous nos yeux; mais, quoi qu'il en soit de cet événement et de tout ce qui peut le suivre, vous me permettrez de penser que les ennemis auxquels nous avons affaire maintenant n'ont pas besoin de trouver des portes ouvertes.

— Ajoutez à cela, dit Bascara, qu'un semblable expédient est indigne des voleurs les plus maladroits. Vous envoyer cette Inès si bien apprise, que vous regardez comme leur complice, c'étoit éveiller votre attention et non pas la distraire. Leur supposerez-vous la pensée qu'il ait pu se trouver un homme assez fou (j'en demande bien pardon au seigneur Sergy) pour suivre un fantôme dans une tombe; et s'il est impossible de compter sur un pareil résultat, à quoi bon les frais de cette prodigieuse apparition, qui n'auroit servi qu'à vous avertir? N'étoit-il pas plus naturel de vous laisser passer la première partie de la nuit dans l'aveuglement d'une folle confiance, et d'attendre le moment où, surpris par le sommeil et par le vin, vous ne leur donneriez plus que la peine de vous égorger sans péril, si vos dépouilles, assez légères et plus propres à les déceler qu'à les enrichir, eussent offert un appât bien tentant à leur cupidité? Je ne vois, quant à moi, dans cette explication, que l'effet d'un esprit incrédule qui s'obstine contre l'évidence, et qui aime mieux croire aux calculs de sa fausse prudence qu'aux miracles de Dieu.

— Fort bien, repris-je, seigneur Bascara, on ne sauroit mieux raisonner, et je reviens à votre avis. Mais si cette explication n'est pas bonne, êtes-vous sûr que je ne vous en tiens pas une autre en réserve? Vos sens paroissent assez reposés maintenant pour l'entendre, et le calme parfait qui a succédé à vos terreurs, si promptement dissipées, me fournira, au besoin, une preuve de plus. Vous êtes comédien, seigneur Bascara, et très-bon comédien, je vous en réponds; vous l'avez mieux prouvé cette nuit que vous ne le fîtes jamais à Gironne. Cette merveilleuse cantatrice, cette danseuse incomparable, que vous tenez probablement en réserve pour l'ouverture du théâtre de Barcelone, ne la connoissez-vous pas? N'auroit-il pas été piquant d'en faire l'essai, dans une scène admirablement conduite, sur la sensibilité irritable de trois amateurs passionnés, dont l'enthousiasme peut servir de garantie à vos succès à venir? Votre vanité espagnole ne se seroit-elle pas amusée en même temps, avec trop de complaisance, à l'espoir d'inspirer quelque mouvement d'inquiétude et de crainte à trois officiers français? Qu'en dites-vous, monsieur?

— Ah! ah! dit Boutraix souriant et achevant de vider son verre, car il ne cherchoit encore qu'un prétexte à redevenir un grand philosophe comme autrefois, qu'en dites-vous, mauvais plaisant?...

Sergy, qui n'étoit pas sorti jusqu'alors de son abattement rêveur, releva vers nous un œil moins triste et moins égaré. L'idée de retrouver Inès sur la terre des vivants avoit apporté quelque adoucissement à sa douleur; il entrevoyoit l'espérance de la rappeler parmi nous et de la revoir encore. Il écouta.

Bascara haussa les épaules.

— Permettez, continuai-je en lui prenant la main, cette plaisanterie n'est pas d'assez mauvais goût pour nous irriter, et nous y avons pris trop de plaisir pour vous en faire un crime. J'ajouterai même, sans crainte d'être démenti par mes camarades, que chacun de nous payera volontiers sa place à la répétition; mais, maintenant, la comédie est jouée, et vous nous en devez le secret comme à d'honnêtes gens qu'on ne mystifie pas impunément, et dans lesquels un homme tel que vous est heureux de trouver des amis. Expliquez-vous avec franchise, détruisons ces barricades ridicules, et faites rentrer Inès! Je vous préviens que toute réticence prolongée au-delà des bornes que notre politesse a bien voulu y mettre deviendroit une injure sanglante, et que vous payeriez chèrement! Pourquoi ne répondez-vous pas?

— Parce qu'il est inutile de répondre, dit Bascara. Un seul moment de réflexion vous auroit épargné la peine de m'interroger. Je m'en rapporte à vous-même.

— Réellement, monsieur! — Mais encore! Il me semble que j'ai été assez précis.

— De la précision, soit, répliqua Bascara. Mais la vraisemblance, où est-elle? Écoutez plutôt. — N'est-il pas vrai que vous m'avez rencontré ce matin dans la voiture d'Estevan? n'est-il pas vrai que vous y avez pris place à côté de moi? n'est-il pas vrai que je ne pouvois vous y attendre? n'est-il pas vrai que je ne vous ai pas quittés un moment depuis?

— Cela est vrai, dit Sergy.

— Cela est vrai, dit Boutraix.

— Continuons, dit Bascara. La tempête inopinée qui nous a surpris en sortant de Gironne, avois-je pu la prévoir? avois-je pu prévoir que nous n'arriverions pas aujourd'hui à Barcelone? avois-je prévu que l'auberge de Mattaro seroit pleine? avois-je prévu que vous formeriez le projet téméraire de coucher dans ce château de Ghismondo dont le seul aspect fait dresser les cheveux à la tête des voyageurs? n'ai-je pas combattu cette résolution de toutes mes forces, et suis-je venu ici autrement qu'en cédant presque à la force?

— Cela est vrai, dit Boutraix.

— Cela est vrai, dit Sergy.

— Attendez, continua Bascara. Dans quel dessein aurois-je organisé cette prodigieuse intrigue? Dans le dessein d'essayer sur trois officiers de la garnison de Gironne les débuts d'une cantatrice, d'une danseuse comme celle que vous venez de voir. (Il vous plaît de l'appeler ainsi, et je ne m'y oppose pas.) Vraiment, mes seigneurs, vous faites trop d'honneur à la munificence d'un pauvre régisseur de province, en supposant qu'il donne de pareilles représentations *gratis*. Oh! si j'avois une actrice comme Inès (la miséricorde du Seigneur puisse-t-elle descendre sur elle!), je me garderois bien de l'exposer à gagner un rhume mortel sous les voûtes humides de ce château de malédiction, ou une entorse dans leurs ruines. Je me garderois bien de la conduire à Barcelone où il n'y a pas d'eau à boire depuis la guerre, quand elle feroit ma fortune dans une saison à la *Scala* de Milan, ou à l'Opéra de Paris. Et que dis-je, dans une saison! dans une seule soirée, dans un seul air, dans un pas! La Pedrina de Madrid, dont on a tant parlé, quoiqu'elle n'ait paru qu'une fois, et qui se réveilla, dit-on, le lendemain avec les trésors de la couronne, la Pedrina elle-même pouvoit-elle en approcher? Une chanteuse, vous l'avez entendue! une danseuse qui n'a pas touché un instant le parquet de ses pieds!...

— Cela est vrai, dirent ensemble Sergy et Boutraix.

— Encore un mot, ajouta Bascara. Mon calme subit vous a surpris, et pourquoi pas, puisqu'il m'a étonné moi-même? je le comprends maintenant. L'impatience avec laquelle Inès s'est retirée annonçoit que le moment de l'apparition étoit fini, et cette idée a soulagé mon esprit. Quant à la raison pour laquelle les trois damnés n'ont pas paru comme à l'ordinaire, c'est une question plus difficile, mais à laquelle je ne prends d'autre intérêt que celui de la charité chrétienne. Elle concerne plus particulièrement, selon toute apparence, ceux qui les ont représentés.

— Alors, dit Boutraix, que Dieu veuille prendre pitié de nous!

— Étrange mystère! m'écriai-je en frappant la table du poing, car je m'étois rendu à ces raisons. — Qu'est-ce donc, je vous le demande, que nous avons vu tout à l'heure?...

— Ce que les hommes voient très-rarement dans cette vie, répondit Bascara, son rosaire à la main, et ce qu'un très-grand nombre d'hommes ne verront pas dans l'autre, — une âme du purgatoire.

— Messieurs, repris-je avec assez de fermeté, il y a ici un secret qu'aucune intelligence humaine ne peut pénétrer. Il est caché sans doute dans quelque fait naturel dont l'explication nous arracheroit un sourire, mais qui échappe à la portée de notre raison. Quoi qu'il en soit, il nous importe à tous de ne pas prêter l'autorité de notre témoignage à des superstitions indignes du christianisme comme de la philosophie. Il nous importe surtout de ne pas compromettre l'honneur de trois officiers françois dans le récit d'une scène fort extraordinaire, j'en conviens, mais dont l'énigme développée tôt ou tard risqueroit fort de nous livrer, un jour, à la dérision publique. Je jure ici sur l'honneur, et j'attends de vous le même serment, de ne jamais parler en toute ma vie de ce qui s'est passé cette nuit, tant que les causes de ce bizarre événement ne me seront pas clairement connues.

— Nous le jurons aussi, dirent Sergy et Boutraix.

— Je prends le divin Jésus à témoin, dit Bascara, par la foi que j'ai en sa sainte Nativité dont on célèbre à l'heure qu'il est la glorieuse commémoration, de n'en jamais parler qu'à mon directeur, sous le sceau du sacrement de pénitence ; et que le nom du Seigneur soit célébré dans tous les siècles!

— *Amen*, reprit Boutraix en l'embrassant avec une effusion sincère. Je vous prie, mon cher frère, de ne pas m'oublier dans vos prières, car je ne sais malheureusement plus les miennes...

La nuit s'avançoit. Un sommeil inquiet vint nous surprendre tour à tour. Je n'ai pas besoin de vous dire de quels rêves il fut agité. Le soleil se leva enfin dans un ciel plus pur que nous n'aurions pu l'espérer la veille, et sans nous dire un seul mot, nous gagnâmes Barcelone où nous fûmes arrivés de bonne heure.

— Et puis après? dit Anastase.

— Après? Qu'entends-tu par là, je te prie? Le conte n'est-il pas fini?

— Je ne sais pourquoi il me semble qu'il y manque quelque chose encore, dit Eudoxie.

— Que voulez-vous que je vous dise? Deux jours après, nous étions de retour à Gironne, où nous attendoit un ordre de départ pour le régiment. Les revers de la grande armée forçoient l'empereur à réunir l'élite de ses troupes dans le Nord. Je m'y retrouvai avec Boutraix, qui étoit devenu dévot depuis qu'il avoit parlé en propre personne à une âme du purgatoire, et avec Sergy, qui n'avoit plus changé d'amour depuis qu'il étoit tombé amoureux d'un fantôme. Au premier feu de la bataille de Lutzen, Sergy étoit à côté de moi. Il fléchit tout à coup et laissa reposer sa tête, frappée d'un plomb mortel, sur le cou de mon cheval.

— Inès, murmura-t-il, je vais te rejoindre; — et il rendit le dernier soupir.

Quelques mois plus tard l'armée rentra en France, où d'inutiles prodiges de valeur retardèrent, sans l'empêcher, la chute inévitable de l'empire. La paix se fit alors, et un grand nombre d'officiers déposèrent pour jamais les armes. Boutraix s'enferma dans un cloître où je pense qu'il est encore; je me retirai dans l'héritage de mes pères, que je n'ai pas envie de quitter. Voilà tout.

— Ce n'est pas là, dit Anastase d'un air boudeur, toute l'histoire d'Inès. Tu dois en savoir davantage.

— Cette histoire est très-complète dans son genre, répondis-je. Vous m'avez demandé une histoire de revenant, et c'est une histoire de revenant que je vous ai racontée, ou bien il n'en fut jamais. Tout autre dénoûment seroit vicieux dans mon récit, car il en changeroit la nature.

— Mauvaise défaite, dit le substitut. Vous cherchez à vous sauver d'une explication par une subtilité. Raisonnons un peu, s'il vous plaît, car la logique est de mise partout, même dans les contes de revenant. Vous avez pris avec vos camarades l'engagement solennel de garder un silence absolu sur l'événement de la nuit de Noël, tant que le fait de l'apparition ne vous seroit pas clairement expliqué; vous vous êtes même soumis à cette obligation par serment, et je m'en souviens bien, car je n'ai dormi qu'au commencement de la narration, qui, par parenthèse, traînoit quelque peu en longueur. Or, vous n'avez pu être dégagé de cette espèce de contrat synallagmatique (c'est ainsi qu'on l'appelle en droit) que par l'éclaircissement conditionnel sur lequel il étoit fondé; à moins qu'il ne vous plaise de supposer que vous en avez été affranchi par la mort de l'un des contractants et par l'entrée en profession de l'autre, laquelle peut être considérée, à la vérité, comme une espèce de mort; mais je vous préviens que ce déclinatoire ne peut être admis dans l'espèce, ce que je vous prouverai à loisir si vous persistez dans vos conclusions. Donc vous êtes dans le cas flagrant d'infraction à l'engagement contracté, si la condition qui le résout n'a pas été accomplie.

— Je vous prie, monsieur le substitut, répliquois-je, de m'épargner ce procès, à moi qui n'en eus de ma vie. Je suis parfaitement en règle sur les termes de mon contrat, que j'aurois pu me dispenser d'alléguer, si je n'avois voulu tout dire. Mais l'histoire qu'on réclame, c'est une autre histoire; la pendule marque minuit et davantage; voulez-vous me permettre de laisser le mot du logogriphe suspendu pendant un mois, comme celui du vieux *Mercure de France?*

— J'estime, reprit le substitut, qu'il peut y avoir lieu à ajourner, si cela convient à ces dames.

— D'ici là, continuai-je, votre imagination peut s'évertuer à chercher l'explication que je lui promets. Je vous avertis toutefois que c'est ici une histoire véritable, du commencement à la fin, et qu'il n'y a dans tout ce que je vous ai raconté ni supercherie, ni mystification, ni voleurs...

— Ni revenant? dit Eudoxie.

— Ni revenant, repartis-je en me levant et en prenant mon chapeau.

— Ma foi, tant pis! dit Anastase.

II.

— Mais, si ce n'étoit pas une véritable apparition, dit Anastase aussitôt que je fus assis, apprends-nous ce que c'étoit. Il y a un mois que j'y réfléchis, sans trouver d'explication raisonnable à ton histoire.

— Ni moi non plus, dit Eudoxie.

— Je n'ai pas eu le temps d'y penser, dit le substitut, mais autant que je m'en souviens, cela tiroit furieusement au fantastique.

— Il n'y a cependant rien de plus naturel, répondis-je, et tout le monde a entendu raconter ou vu de ses propres yeux des choses bien plus extraordinaires que celles qui me restent à vous apprendre, si vous êtes disposés à m'écouter encore une fois.

Le cercle se resserra un peu, car dans les longues veillées d'une petite ville, on n'a rien de mieux à faire que de prêter l'oreille à des contes bleus pour attendre le sommeil. — J'entrai en matière.

Je vous ai dit que la paix étoit faite, que Sergy étoit

mort, que Boutraix étoit moine, et que je n'étois plus rien qu'un petit propriétaire à son aise. Les arrérages de mes revenus m'avoient presque rendu opulent, et un héritage qui arriva sur le tout m'enrichit d'un superflu ridicule. Je résolus de le dépenser en voyages d'instruction et de plaisirs, et j'hésitai un moment sur le choix du pays que j'irois visiter; mais ce ne fut qu'une feinte de ma raison qui luttoit contre mon cœur. Mon cœur me rappeloit à Barcelone, et ce roman formeroit, si c'étoit ici sa place, un accessoire beaucoup plus long que le principal. Ce qu'il y a de certain, c'est qu'une lettre de Pàblo de Clauza, le plus cher des amis que j'eusse laissés en Catalogne, acheva de me décider. Pablo épousoit Léonore, Léonore étoit la sœur d'Estelle, et cette Estelle dont je vous parlerai peu étoit l'héroïne du roman dont je ne vous parlerai pas.

J'arrivai trop tard pour la noce; elle étoit faite depuis trois jours, mais elle se continuoit, suivant l'usage, en fêtes qui se prolongent quelquefois au delà des douceurs de la lune de miel. Il n'en devoit pas être ainsi dans la famille de Pablo, qui étoit digne d'être aimé d'une femme parfaitement aimable, et qui est heureux aujourd'hui comme il espéroit l'être alors. Cela s'est vu de temps en temps, mais il ne faut pas s'y fier. Estelle m'accueillit comme un ami regretté qu'on désiroit de revoir, et mes rapports avec elle ne m'avoient pas donné lieu d'en attendre davantage, surtout après deux ans d'absence, car ceci se passoit en 1814, dans l'intervalle de cette courte paix européenne qui sépara la première restauration du 20 mars.

— Nous avons dîné de meilleure heure qu'à l'ordinaire, dit Pablo en rentrant dans le salon où j'avois ramené sa femme : le souper nous dédommagera; mais il falloit laisser une heure aux soins de la toilette, et il n'y a personne ici qui ne veuille assister, dans les loges que j'ai retenues, à la représentation peut-être unique de la

Pedrina. Cette virtuose est si fantasque! Dieu sait si elle ne nous échappera pas demain!

— La Pedrina? dis-je par réflexion. Ce nom m'a déjà frappé une fois, et dans une circonstance assez mémorable pour que je n'en perde jamais le souvenir. N'est-ce pas cette chanteuse extraordinaire, cette danseuse plus extraordinaire encore, qui disparut de Madrid après une journée de triomphes, et dont on n'a jamais retrouvé les traces? Elle justifie sans doute la curiosité dont elle est l'objet par des talents qui ne souffrent aucune comparaison sur aucun théâtre; mais je t'avoue qu'un événement singulier de ma vie m'a tout à fait blasé sur ce genre d'émotions, et que je ne suis nullement curieux d'entendre ou de voir la Pedrina elle-même. Permets-moi d'attendre sur la Rambla l'heure de nous réunir.

— A ton aise, répliqua Pablo. Je croyois cependant qu'Estelle comptoit sur toi pour l'accompagner?

Estelle revint en effet, et s'approcha de moi au moment de partir. J'oubliai que je m'étois promis de ne jamais revoir une danseuse, de ne jamais entendre une cantatrice, après Inès de Las Sierras, mais je me croyois sûr, ce jour-là, de ne voir et de n'entendre qu'Estelle.

Je tins longtemps parole, et je serois fort embarrassé de dire ce qu'on joua d'abord. Le bruit même qui avoit annoncé l'entrée de la Pedrina n'étoit pas parvenu à m'émouvoir; je restois calme et les yeux à demi voilés de ma main, quand le silence profond qui avoit remplacé cette émotion passagère fut rompu tout à coup par une voix qu'il ne m'étoit pas possible de méconnoître. La voix d'Inès n'avoit jamais cessé de résonner à mon oreille; elle me poursuivoit dans mes méditations, elle me berçoit dans mes songes; et la voix que j'entendois, c'étoit la voix d'Inès!

Je tressaillis, je poussai un cri, je m'élançai sur le devant de la loge, les regards arrêtés sur le théâtre. C'étoit Inès, Inès elle-même !

Mon premier mouvement fut de chercher, de recueillir autour de moi toutes les circonstances, tous les faits qui pouvoient me confirmer dans l'idée que j'étois à Barcelone, que j'étois à la comédie, que je n'étois pas comme tous les jours, depuis deux ans, la dupe de mon imagination ; qu'un de mes rêves habituels ne m'avoit pas surpris. Je m'efforçai de me ressaisir à quelque chose qui pût me convaincre de la réalité de ma sensation. Je trouvai la main d'Estelle et je la pressai avec force.

— Eh bien ! dit-elle en souriant, vous étiez si sûr d'être prémuni contre les séductions d'une voix de femme ! la Pedrina prélude à peine, et vous voilà hors de vous !...

— Êtes-vous certaine, Estelle, répliquai-je, que ce soit ici la Pedrina ? Savez-vous précisément si c'est une femme, une comédienne, ou si c'est une apparition ?

— En vérité, reprit-elle, c'est une femme, une comédienne extraordinaire, une chanteuse comme on n'en a jamais entendu, peut-être, mais je n'imagine pas que ce soit rien de plus. Votre enthousiasme, prenez-y garde, ajouta-t-elle froidement, a quelque chose d'inquiétant pour ceux qui vous aiment. Vous n'êtes pas le premier, dit-on, que sa vue auroit rendu fou, et cette foiblesse de cœur ne flatteroit probablement ni votre femme, ni votre maîtresse.

En achevant ces paroles, elle retira tout à fait sa main, et je la laissai échapper ; la Pedrina chantoit toujours.

Ensuite elle dansa, et ma pensée, emportée avec elle, se livra sans défense à toutes les impressions qu'elle vouloit lui donner. L'ivresse universelle cachoit la mienne, mais elle l'augmentoit encore ; tout le temps qui s'étoit écoulé entre nos deux rencontres avoit disparu à nos yeux, parce qu'aucune sensation du même genre et de la même puissance n'étoit venue me rappeler celle-là ; il me sembloit que j'étois encore au château de Ghismondo, mais au château de Ghismondo agrandi, décoré, peuplé d'une foule immense, et les acclamations, qui s'élevoient de toutes parts, bruissoient dans mes oreilles comme des joies de démons. Et la Pedrina, possédée d'une frénésie sublime que l'enfer seul peut inspirer et entretenir, continuoit à dévorer le parquet de ses pas, à fuir, à revenir, à voler, chassée ou ramenée par des impulsions invincibles, jusqu'à ce que, haletante, épuisée, anéantie, elle tomba entre les bras des comparses, en proférant avec une expression déchirante un nom que je crus entendre et qui retentit douloureusement dans mon cœur...

— Sergy est mort! m'écriai-je en pleurant à chaudes larmes, les bras étendus vers le théâtre!...

— Vous êtes décidément fou, dit Estelle en me retenant à ma place, mais calmez-vous enfin! elle n'y est plus.

— Fou! repris-je à part moi... cela seroit-il vrai? aurois-je cru voir ce que je n'ai pas vu? ce que j'ai cru entendre, ne l'entendois-je pas en effet?... Fou, grand Dieu! séparé du genre humain et d'Estelle par une infirmité qui me rendra la fable publique! Château fatal de Ghismondo, est-ce là le châtiment que tu réserves aux téméraires qui osent violer tes secrets? Heureux mille fois Sergy d'être mort dans les champs de Lutzen!

Je m'abîmois dans ces idées quand je sentis le bras d'Estelle se lier au mien pour sortir du spectacle.

— Hélas! lui dis-je en tremblant, car je commençois à revenir à moi, je dois vous faire pitié, mais je vous ferois plus de pitié encore si vous connoissiez une histoire qu'il ne m'est pas permis de raconter! Ce qui vient de se passer n'est pour moi que la prolongation d'une illusion terrible dont ma raison ne s'est jamais totalement affranchie. Permettez-moi de rester seul avec mes pensées et d'y remettre, autant que j'en suis capable, un peu d'ordre et de suite. Les plaisirs d'une douce conversation me sont interdits aujourd'hui; je serai plus calme demain.

— Tu seras demain comme il te plaira, dit Pablo, qui venoit de saisir ces dernières paroles en passant auprès de nous, mais tu ne nous quitteras certainement pas ce soir. Au reste, ajouta-t-il, je compte plus, pour t'y décider, sur les instances d'Estelle que sur les miennes.

— Seroit-il vrai, reprit-elle, et consentiriez-vous à nous donner le temps que vous destinez sans doute à vous occuper de la Pedrina?

— Au nom de Dieu! m'écriai-je, ne prononcez plus ce nom, chère Estelle, car le sentiment que j'éprouve ne ressemble à aucun des sentiments que vous pourriez soupçonner, si ce n'est peut-être à la terreur. Pourquoi faut-il que je ne puisse pas m'expliquer davantage?

Il avoit fallu céder. Je m'étois assis au souper sans y prendre part, et, comme je m'y attendois, on n'avoit parlé que de la Pedrina.

— L'intérêt que cette femme extraordinaire vous inspire, dit tout à coup Pablo, a quelque chose de si exalté, que l'on comprendroit à peine la possibilité de l'augmenter encore. Que seroit-ce donc pourtant, si vous connoissiez ses aventures, dont une partie s'est, à la vérité, passée à Barcelone, mais dans un temps où la plupart d'entre nous n'y étoient pas établis? Vous seriez obligés de convenir que les malheurs de la Pedrina ne sont pas moins surprenants que ses talents.

Personne ne répondit, car on écoutoit, et Pablo, qui s'en aperçut, continua ainsi:

— La Pedrina n'appartient point à la classe d'où sont ordinairement sortis ses pareils, et dans laquelle se recrutent ces troupes nomades que leur destinée dévoue aux plaisirs de la multitude. Son nom véritable a été porté, dans des temps reculés, par une des familles les plus illustres de la vieille Espagne. Elle s'appelle Inès de Las Sierras.

— Inès de Las Sierras! m'écriai-je en me levant de ma place dans un état d'exaltation difficile à décrire, Inès de Las Sierras! Il est donc vrai! Mais, sais-tu, Páblo, ce que c'est qu'Inès de Las Sierras? sais-tu d'où elle vient, et par quel effrayant privilége elle se fait entendre sur un théâtre?

— Je sais, dit Pablo en souriant, que c'est une rare et infortunée créature, dont la vie mérite au moins autant de pitié que d'admiration. Quant à l'émotion que te cause son nom, elle ne sauroit m'étonner, car il est probable qu'il t'a frappé plus d'une fois dans les lamentables complaintes de nos *Romanceros*. L'histoire qu'il retrace à la mémoire de notre ami, poursuivit-il en s'adressant au reste des assistants, est une de ces traditions populaires du moyen âge, qui furent probablement fondées sur quelques faits réels, ou sur quelques apparences spécieuses, et qui se sont maintenues de génération en génération dans le souvenir des hommes, jusqu'au point d'acquérir une espèce d'autorité historique. Celle-ci, quoi qu'il en soit, jouissoit déjà d'un grand crédit au seizième siècle, puisqu'elle força la puissante famille de Las Sierras à s'expatrier avec tous ses biens, et à profiter des nouvelles découvertes de la navigation, pour transporter son domicile dans le Mexique. Ce qu'il y a de certain, c'est que la fatalité tragique dont elle étoit poursuivie ne se relâcha pas de sa rigueur dans d'autres climats. J'ai entendu assurer souvent que depuis trois cents ans tous ses chefs sont morts par l'épée.

Au commencement du siècle dont nous parcourons la quatorzième année, le dernier des nobles seigneurs de Las Sierras vivoit encore à Mexico. La mort venoit de lui enlever sa femme, et il ne lui restoit qu'une fille, âgée de six ou sept ans, qu'il avoit nommée Inès. Jamais des facultés plus brillantes ne s'étoient annoncées dans un âge plus tendre, et le marquis de Las Sierras n'épargna rien pour la culture de ces dons précieux qui promettoient tant de gloire et tant de bonheur à sa vieillesse. Trop heureux en effet si l'éducation de sa fille unique avoit pu absorber tous ses soins et toutes ses affections; mais il sentit bientôt le funeste besoin de remplir d'un autre sentiment encore le vide profond de son cœur. Il aima, il crut être aimé, il s'enorgueillit de son choix; il fit plus : il se félicita de donner une autre mère à sa belle Inès, et il lui donna une implacable ennemie. La vive intelligence d'Inès ne tarda pas à saisir toutes les difficultés de sa nouvelle position. Elle comprit bientôt que les arts, qui n'avoient été jusque-là pour elle qu'un objet de distraction et de plaisirs, pouvoient devenir un jour sa seule ressource. Elle s'y livra dès lors avec une ardeur qui fut couronnée par des succès sans exemple, et au bout d'un petit nombre d'années elle ne trouva plus de maîtres. Le plus habile et le plus présomptueux des siens se seroit honoré d'en recevoir des leçons; mais elle paya cher ce glorieux avantage, s'il est vrai que, dès cette époque, sa raison, si pure et si brillante, vaincue par des fatigues obstinées, parut s'altérer graduellement, et que des égarements momentanés aient commencé à trahir le désordre de son intelligence, au moment où elle sembloit n'avoir plus rien à acquérir.

Un jour, le corps inanimé du marquis de Las Sierras fut rapporté dans son hôtel. Il avoit été trouvé, percé de coups, dans un endroit écarté, où il ne s'étoit présenté d'ailleurs aucune circonstance qui fût propre à jeter quelque lumière sur le motif et l'auteur de ce cruel assassinat. La voix publique ne tarda cependant pas à désigner un coupable. Le père d'Inès n'avoit point d'ennemi connu, mais avant son second mariage il avoit eu un rival, signalé dans Mexico par l'ardeur de ses passions et la violence de son caractère. Tout le monde le nomma dans l'intimité de sa pensée; mais ce soupçon universel ne put être converti en accusation, parce qu'il n'étoit justifié par aucun commencement de preuve. Toutefois les conjectures de la multitude acquirent une nouvelle force, quand on vit la veuve de la victime passer, au bout de quelques mois, dans les bras de l'assassin, et si rien ne les a éclairées depuis, rien du moins n'en a diminué l'impression. Inès resta donc solitaire dans la maison de ses aïeux, entre deux personnes qui lui étoient également étrangères, qu'un instinct secret lui rendoit également odieuses, et auxquelles la loi avoit aveuglément confié l'autorité par laquelle elle supplée à celle de la famille. Les atteintes qui avoient quelquefois menacé sa raison se multiplièrent alors d'une manière effrayante, et personne n'en fut surpris, quoiqu'on ignorât généralement la moitié de ses malheurs.

Il y avoit à Mexico un jeune Sicilien qui se faisoit nommer Gaëtano Filippi, et dont la vie antérieure sembloit cacher quelque mystère suspect. Une légère teinture des arts, un babil séduisant, mais frivole, des manières élégantes qui trahissoient l'étude et l'affectation, ce vernis de politesse que les honnêtes gens doivent à leur éducation, et les intrigants au commerce du monde, lui avoient ouvert l'accès de la haute société que la dépravation de ses mœurs auroit dû lui interdire. Inès, à peine âgée de seize ans, étoit trop ingénue et trop exaltée à la fois pour pénétrer au-dessous de cette écorce trompeuse. Elle prit le trouble de ses sens pour la révélation d'un premier amour.

Gaëtano n'étoit pas embarrassé par la difficulté de se faire connoître sous des titres avantageux ; il savoit l'art de se procurer ceux dont il avoit besoin, et de leur donner toute l'apparence d'authenticité nécessaire pour fasciner les yeux les plus habiles et les plus expérimentés. Ce fut en vain, cependant, qu'il demanda la main d'Inès. La marâtre de cette infortunée avoit formé le projet de s'assurer sa fortune ; et il est probable qu'elle n'auroit pas été scrupuleuse sur le choix des moyens. Son mari la seconda de son côté avec un zèle dont il lui déroba sans doute le mobile secret. Le misérable étoit amoureux de sa pupille ; il avoit osé le lui déclarer quelques semaines auparavant, et il se promettoit de la séduire. C'étoit là le chagrin profond qui aggravoit si cruellement, depuis quelque temps, les mortels chagrins d'Inès.

Il en étoit de l'organisation d'Inès comme de toutes celles que le génie favorise à un degré supérieur. Elle joignoit à l'élévation d'un talent sublime la foiblesse d'un caractère qui ne demande qu'à se laisser conduire. Dans la vie de l'intelligence et de l'art, c'étoit un ange. Dans la vie commune et pratique, c'étoit un enfant. La simple apparence d'un sentiment bienveillant captivoit son cœur, et quand son cœur étoit soumis, il ne restoit point d'objections à sa raison. Cette disposition de l'esprit n'a rien de funeste, quand il se trouve placé dans d'heureuses circonstances et sous une sage direction; mais le seul être dont Inès pût reconnoître l'empire dans le triste isolement où la mort de son père l'avoit laissée, n'agissoit sur elle que pour la perdre; et c'est là un de ces horribles secrets que l'innocence ne soupçonne point! Gaëtano la décida, presque sans efforts, à un enlèvement dont il faisoit dépendre le salut de sa maîtresse. Il n'eut guère plus de peine à convaincre Inès que tout lui appartenoit, d'un droit légitime et sacré, dans l'héritage de ses ancêtres; ils disparurent; et, au bout de quelques mois, abondamment munis d'or, de bijoux, de diamants, ils étoient tous deux à Cadix.

Ici le voile se souleva; mais les yeux d'Inès, encore éblouis par les fausses lueurs de l'amour et du plaisir, se refusèrent longtemps à voir la vérité tout entière. Cependant, le monde au milieu duquel Gaëtano l'avoit jetée l'effrayoit quelquefois par la licence de ses principes; elle s'étonnoit que le passage d'un hémisphère à l'autre pût produire de si étranges différences dans le langage et dans les mœurs; elle cherchoit, en tremblant, une pensée qui répondît à la sienne dans cette foule de bateleurs, de libertins et de courtisanes qui composoient sa société habituelle, et elle ne la trouvoit pas. Les ressources passagères qu'elle devoit à une action sur laquelle sa conscience n'étoit pas tout à fait rassurée, commençoient d'ailleurs à lui échapper, et la tendresse hypocrite de Gaëtano sembloit diminuer avec elles. Un jour, elle le demanda inutilement à son réveil, elle l'attendit inutilement la nuit suivante; le lendemain, elle passa de l'inquiétude à la crainte, et de la crainte au désespoir; l'affreuse réalité vint enfin mettre le comble à ses misères. Il étoit parti, après l'avoir dépouillée de tout, parti avec une autre femme; il l'avoit abandonnée, pauvre, déshonorée, et, pour dernier malheur, livrée à son propre mépris. Ce ressort de noble fierté qui réagit contre l'infortune dans une âme sans reproche, finit de se rompre dans celle d'Inès. Elle avoit pris le nom de Pedrina pour se soustraire aux recherches de ses indignes parents. « Pedrina, soit! dit-elle avec une résolution amère; honte et ignominie sur moi, puisque ainsi l'a voulu ma destinée! » Et elle ne fut plus que la Pedrina.

Vous comprendrez facilement que je cesse de la suivre dans tous les détails de sa vie; elle ne les a pas donnés. Nous ne la retrouverons qu'à ce mémorable début de Madrid, qui la plaça si promptement au premier rang des virtuoses les plus célèbres. L'enthousiasme fut si véhément et si passionné, que la ville entière retentit des applaudissements du théâtre, et que la foule qui l'avoit accompagnée jusque chez elle de ses acclamations et de ses couronnes, ne consentit à se dissiper qu'après l'avoir revue une fois encore à une des croisées de son appartement. Mais ce n'étoit pas le seul sentiment qu'elle eût excité. Sa beauté, qui n'étoit, en effet, pas moins remarquable que ses talents, avoit produit une impression profonde sur un personnage illustre, qui tenoit alors entre ses mains une partie des destinées de l'Espagne, et que vous me permettrez de ne pas désigner autrement, soit parce que cette anecdote de la vie privée n'est pas suffisamment éclaircie par ma conscience d'historien, soit parce qu'il me répugne d'ajouter une foiblesse, d'ailleurs assez excusable, aux torts vrais ou faux dont la mobile opinion du peuple accuse toujours les rois déchus. Ce qu'il y a de certain, c'est qu'elle ne reparut plus sur la scène, et que toutes les faveurs de la fortune s'accumulèrent, en peu de jours, sur cette aventurière obscure, dont les provinces voisines avoient vu, pendant un an, la honte et la misère. On ne parla plus que de la variété de ses toilettes, que de la richesse de ses bijoux, que du luxe de ses équipages; et, contre l'ordinaire, on lui pardonna cependant assez facilement cette opulence soudaine, parce qu'il y avoit très-peu d'hommes parmi ses juges qui ne se fussent trouvés heureux de lui donner cent fois davantage. Il faut ajouter à l'honneur de la Pedrina, que les trésors qu'elle devoit à l'amour ne s'épuisèrent pas en fantaisies stériles. Naturellement compatissante et généreuse, elle chercha le malheur pour le réparer; elle alla porter des secours et des consolations dans le triste réduit du pauvre et au chevet du malade; elle soulagea toutes les infortunes avec une grâce qui ajoutoit encore à ses bienfaits; et, quoique favorite, elle se fit aimer du peuple. Cela est si aisé quand on est riche!

Le nom de la Pedrina faisoit trop de bruit pour ne pas parvenir jusqu'aux oreilles de Gaëtano, dans l'endroit obscur où il cachoit sa honteuse vie. Le produit du vol et de la trahison, qui l'avoit soutenu jusque-là, venoit de manquer à ses besoins. Il regretta d'avoir méconnu les ressources qu'il pouvoit tirer de l'avilissement de sa maîtresse. Il osa concevoir le projet de réparer sa faute à quelque prix que ce fût, et même au prix d'un crime nouveau. C'étoit ce qui lui coûtoit le moins. Il comptoit sur une habileté trop souvent exercée pour lui inspirer quelque défiance. Il connoissoit le cœur d'Inès, et le malheureux n'hésita pas à se présenter devant elle.

La justification de Gaëtano paroissoit impossible au

premier abord, mais il n'y a rien d'impossible pour un esprit artificieux, surtout quand il est secondé par l'aveugle crédulité de l'amour; et Gaëtano n'étoit pas seulement le premier homme qui eût fait palpiter le cœur d'Inès; il étoit le seul qu'elle eût aimé. Tous les égarements auxquels ses sens s'étoient abandonnés depuis avoient laissé son âme vide et indifférente; et par un privilége fort rare, sans doute, mais qui n'est pas sans exemple, elle s'étoit perdue sans se corrompre. Le roman de Gaëtano, tout absurde qu'il fût, n'eut pas de peine à obtenir le crédit de la vérité. Inès avoit besoin d'y croire pour retrouver quelque apparence de son bonheur évanoui, et cette disposition d'esprit se contente des moindres vraisemblances. Il est probable qu'elle n'osa pas même hasarder les objections qui se présentoient en foule à sa pensée, dans la crainte d'en rencontrer une qui resteroit sans réponse. Il est si doux d'être trompé sur ce qu'on aime, quand on ne peut pas cesser d'aimer!

Le perfide n'avoit d'ailleurs négligé aucun de ses avantages. Il arrivoit de Sicile où il étoit allé disposer sa famille à permettre son mariage. Il y avoit réussi. Sa mère elle-même avoit daigné l'accompagner en Espagne, pour hâter le moment de voir une fille chérie dont elle s'étoit formé l'idée la plus flatteuse. Quelle horrible nouvelle l'attendoit à Barcelone! Le bruit des succès de la Pedrina lui étoit parvenu avec celui de son crime et de son ignominie. Étoit-ce là le prix qu'elle avoit réservé à tant d'amour et à tant de sacrifice? La première idée, le premier sentiment dont il se fût trouvé capable, étoit la résolution de mourir, mais sa tendresse l'avoit encore emporté sur son désespoir. Il avoit caché à sa mère son triste secret; il avoit volé à Madrid pour parler à Inès, pour lui faire entendre, s'il en étoit temps encore, le cri de l'honneur et de la vertu; il étoit venu pour pardonner, et il pardonnoit! Que vous dirai-je? Inès, noyée de larmes; Inès, égarée, palpitante, éperdue de remords, de reconnoissance et de joie, tomba aux pieds de l'imposteur; et l'hypocrisie triompha presque sans efforts d'un cœur trop sensible et trop confiant pour la deviner. Ce changement subit de rôle et de position, qui donnoit au coupable tous les droits de l'innocence, a peut-être de quoi étonner. Mais demandez plutôt aux femmes! Il n'y a rien de plus commun.

Les soupçons d'Inès durent cependant se réveiller, quand elle vit Gaëtano plus empressé à charger sur la voiture préparée pour leur départ des trésors dont elle ne pouvoit, sans rougir, se rappeler l'origine, qu'à l'enlever elle-même à ses criminelles amours. Inutilement elle insista pour tout abandonner. Elle ne fut pas entendue.

Quatre jours après, une voiture de voyage s'arrêtoit à Barcelone, devant l'hôtel de l'Italie. On en vit sortir un jeune homme élégamment vêtu, et une dame qui paroissoit se dérober avec soin aux regards des voyageurs et des passants. C'étoient Gaëtano et la Pedrina. Un quart d'heure après, le jeune homme sortit et se dirigea vers le port.

L'absence de la mère de Gaëtano ne confirmoit que trop les craintes qu'Inès avoit commencé à concevoir. Il paroît qu'elle prit assez d'empire sur sa timidité pour les exprimer sans détours, quand il fut rentré dans son appartement. Il est du moins certain qu'une discussion violente s'éleva entre eux dès le soir et se renouvela plusieurs fois dans la nuit. Au point du jour, Gaëtano, pâle, défait, agité, fit transporter plusieurs caisses par les domestiques à bord d'un vaisseau qui devoit mettre à la voile dans la matinée, et s'y rendit lui-même avec une cassette plus petite qu'il avoit enveloppée dans les plis de son manteau. Arrivé au bâtiment, il congédia les gens qui l'avoient suivi, sous prétexte de quelques arrangements qui le retenoient encore, les paya largement de leurs peines et leur recommanda de la manière la plus expresse de ne pas troubler le sommeil de madame avant son retour. Cependant, une grande partie de la journée s'écoula sans que l'étranger eût reparu. On apprit que le navire faisoit route, et un des hommes qui avoient accompagné Gaëtano, troublé d'un sombre pressentiment, fut tenté de s'en assurer. Il vit disparoître les voiles à l'horizon.

Le silence qui continuoit à régner dans la chambre d'Inès, au milieu des bruits de la maison, devenoit inquiétant. On s'assura que sa porte n'avoit pas été fermée à l'intérieur, mais en dehors, et la clef n'étoit pas restée à la serrure. L'hôte ne balança point à l'ouvrir d'une double clef, et un spectacle horrible s'offrit à ses yeux. La dame inconnue étoit couchée sur son lit dans l'attitude d'une personne qui dort, et on auroit pu s'y tromper, si elle n'avoit été baignée dans le sang. Elle avoit eu le sein percé d'un coup de poignard pendant son sommeil, et l'arme de l'assassin étoit encore dans la blessure.

Vous me pardonnerez facilement de n'avoir pas insisté sur ces épouvantables détails. Ils furent connus dans le temps de la ville tout entière. Ce qui est encore ignoré des personnes mêmes que le sort de cette infortunée toucha le plus, car il y a peu de jours qu'elle est en état de recueillir et de mettre en ordre les souvenirs confus de son histoire, c'est que la malheureuse victime de ce forfait, c'est la sublime Pedrina dont Madrid ne perdra jamais la mémoire, et que la Pedrina, c'est Inès de Las Sierras.

Je reviens à mon récit, continua Pablo. Les témoins accourus à cette scène d'horreur, et les médecins qu'on y avoit appelés sur-le-champ, ne tardèrent point à reconnoître que la dame étrangère n'étoit pas morte. Des soins déjà tardifs, mais empressés, lui furent rendus avec tant de succès qu'on parvint à réveiller en elle le sentiment et la vie. Quelques jours cependant se passèrent dans des alternatives de crainte et d'espérance qui excitèrent vivement la sympathie publique. Un mois après, le rétablissement d'Inès paroissoit tout à fait affermi, mais le délire qui s'étoit manifesté dès le moment où elle avoit recouvré la parole, et qu'on attribuoit alors à l'action d'une fièvre ardente, ne céda ni aux remèdes ni au temps. La pauvre créature venoit d'être ressuscitée pour la vie physique, mais elle restoit morte à la vie intelligente. Elle étoit folle.

Une communauté de saintes femmes l'accueillit et lui continua les sollicitudes attentives dont son état avoit besoin. Objet de tous les égards d'une charité presque providentielle, on dit qu'elle les justifioit par une douceur à toute épreuve, car son aliénation n'avoit rien de la fougue et de la violence qui caractérisent ordinairement cette affreuse maladie. Elle étoit d'ailleurs fréquemment interrompue par des intervalles lucides qui se prolongeoient plus ou moins et qui donnoient de jour en jour un espoir plus fondé de sa guérison; ils devinrent assez fréquents pour qu'on se relâchât beaucoup de l'attention qu'on avoit portée d'abord à ses moindres actions et à ses moindres démarches; on s'accoutuma peu à peu à la laisser abandonnée à elle-même pendant les longues heures de l'office, et elle mit cette négligence à profit pour s'évader; l'inquiétude fut grande, et les recherches furent actives; leur résultat parut d'abord assez heureux pour promettre un succès prochain. Inès avoit été remarquée dès les premiers jours de son voyage vagabond par l'incomparable beauté de ses traits, par la noblesse naturelle de ses manières, et aussi par le désordre intermittent de ses idées et de son langage. Elle l'avoit été surtout par la singulière physionomie de son accoutrement, composé au hasard des restes élégants, mais flétris, de sa toilette de théâtre, lambeaux de quelque éclat et de peu de valeur que le Sicilien avoit dédaigné de s'approprier, et dont l'assortiment bizarre, emprunté à l'appareil du luxe, faisoit un contraste singulier avec le sac de toile grossière duquel Inès avoit chargé son épaule pour y recevoir les charités du peuple. On suivit ainsi ses traces jusqu'à une petite distance de Mattaro, mais à cet endroit de la route elles s'effacèrent totalement, et sur quelque point qu'on se dirigeât dans les alentours, il fut impossible de les retrouver. Inès avoit disparu à tous les yeux deux jours avant Noël, et quand on se rappela la profonde mélancolie où son esprit paroissoit plongé toutes les fois qu'il étoit parvenu à se dégager de ses ténèbres habituelles, on n'hésita pas à penser qu'elle avoit mis fin elle-même à ses jours en se précipitant dans la mer. Cette explication se présentoit si naturellement à l'esprit qu'on fut à peine tenté d'en chercher une autre. L'inconnue étoit morte, et l'impression de cette nouvelle se fit sentir pendant deux jours. Le troisième jour, elle s'affoiblit comme toutes les impressions, et le lendemain on n'en parla plus.

Il arriva dans ce temps-là quelque chose de fort extraordinaire qui contribua beaucoup à distraire les esprits de la disparition d'Inès et du dénoûment tragique de ses aventures. Il existe aux environs de la ville où l'on avoit perdu ses derniers vestiges un vieux manoir en ruines connu sous le nom de château de Ghismondo, dont le démon a, dit-on, pris possession depuis plusieurs siècles, et dans lequel la tradition lui fait tenir tous les ans un cénacle pendant la nuit de Noël. La génération actuelle n'avoit rien vu qui fût capable de prêter quelque autorité à cette superstition ridicule, et on ne s'en inquiétoit plus; mais des circonstances, qui ne se sont jamais expliquées, lui rendirent ses droits en 1812. Il n'y eut pas lieu de douter cette fois que le château maudit fût habité par des hôtes d'exception qui s'y livroient sans mystère à la joie des banquets. Une illumination splendide éclata dès minuit dans ses appartements si longtemps déserts, et porta dans les hameaux voisins l'inquiétude et l'effroi. Quelques voyageurs attardés, que le hasard conduisit sous ses murailles, entendirent des bruits de voix étranges et confuses auxquelles se mêloient par moments des chants d'une douceur infinie. Les phénomènes d'une nuit orageuse, et telle que la Catalogne ne s'en rappeloit point de pareille dans une saison aussi avancée, ajoutoient encore à la solennité de cette scène bizarre, dont la peur et la crédulité ne manquèrent pas d'exagérer les détails. Il ne fut bruit le lendemain et les jours suivants, à plusieurs lieues à la ronde, que du retour des esprits dans la maison de Ghismondo, et le concours de tant de témoignages, qui s'accordoient sur les principales circonstances de l'événement, finit par inspirer à la police des alarmes assez fondées. En effet, les troupes françoises venoient d'être rappelées de leurs garnisons pour aller fortifier au loin les débris de l'armée d'Allemagne, et l'instant pouvoit paroître favorable au renouvellement des tentatives du vieux parti espagnol, qui commençoit d'ailleurs à fermenter d'une manière très-sensible dans nos départements mal soumis. L'administration, peu disposée à partager les croyances de la populace, ne vit donc, dans ce prétendu conciliabule de démons fidèles à leur rendez-vous anniversaire, qu'une assemblée de conspirateurs tout prêts à déployer de nouveau le drapeau de la guerre civile. Elle ordonna une visite exacte du manoir mystérieux, et cette perquisition confirma, par des preuves évidentes, la vérité des bruits qui l'avoient rendue nécessaire. On retrouva tous les vestiges de l'illumination et du festin, et on put conjecturer, au nombre des bouteilles vides qui garnissoient encore la table, que les convives avoient été assez nombreux.

A ce passage du récit de Pablo, qui me remettoit en mémoire la soif inextinguible et les libations immodérées de Boutraix, je ne pus contenir un éclat de rire convulsif qui l'interrompit longtemps et qui contrastoit d'une manière trop bizarre avec les dispositions où il m'avoit vu au commencement de l'histoire, pour ne pas lui occasionner une vive surprise. Il me regarda donc fixement, en attendant que je fusse parvenu à réprimer l'essor de ma gaieté indiscrète, et me voyant plus calme, il continua :

— L'assemblée tenue par un certain nombre d'hommes, probablement armés, et certainement montés, car il étoit resté aussi des fourrages, étoit devenue une chose démontrée pour tout le monde; mais aucun des conjurés ne fut trouvé au château; et on se mit inutilement sur leurs traces. Jamais le moindre éclaircissement n'est arrivé à l'autorité sur ce fait singulier, depuis l'époque même où il a cessé d'être répréhensible, et où il y auroit autant d'avantage à l'avouer qu'il y avoit alors de nécessité à le taire. La troupe qui avoit été chargée de cette petite expédition se disposoit à partir, quand un soldat découvrit dans un des souterrains une jeune fille étrangement vêtue, qui paroissoit privée de la raison, et qui, loin de l'éviter, s'empressa de courir à lui, en prononçant un nom qu'il n'a pas retenu : « Est-ce toi? lui cria-t-elle. Combien tu t'es fait attendre!... » — Amenée au grand jour et reconnoissant son erreur, elle se prit à fondre en larmes.

Cette jeune fille, vous savez déjà que c'étoit la Pedrina. Son signalement, adressé quelques jours auparavant à toutes les autorités du littoral, leur étoit parfaitement présent. On s'empressa donc de la renvoyer à Barcelone, après lui avoir fait subir, dans un de ses moments lucides, un interrogatoire particulier sur l'événement inexplicable de la nuit de Noël; mais il n'avoit laissé dans son esprit que des traces extrêmement confuses, et ses témoignages, dont on ne pouvait suspecter la sincérité, ne firent qu'augmenter les embarras déjà fort compliqués de l'information. Il parut seulement démontré qu'une préoccupation étrange de son imagination malade lui avoit fait chercher dans le manoir des seigneurs de Las Sierras un asile garanti par les droits de sa naissance; qu'elle s'y étoit introduite avec difficulté, en profitant de l'étroit passage que ses portes délabrées laissoient entre elles, et qu'elle y avoit d'abord vécu de ses provisions, et les jours suivants, de celles que les étrangers y avoient abandonnées. Quant à ceux-ci, elle paroissoit ne point les connoître; et la description qu'elle faisoit de leurs habillements, qui ne sont propres à aucune population vivante, s'éloignoit tellement de toutes les vraisemblances, qu'on l'attribua sans hésiter aux réminiscences d'un songe dont son esprit confondoit les traits avec ceux de la réalité. Ce qui sembloit plus évident, c'est qu'un des aventuriers ou des conjurés avoit fait une vive impression sur son cœur, et que le seul espoir de le retrouver lui inspiroit le courage de vivre encore. Mais elle avoit compris qu'il étoit poursuivi, qu'il étoit menacé dans sa liberté, dans son existence peut-être, et les efforts les plus assidus, les plus obstinés, ne purent lui arracher le secret de son nom.

Ce dernier endroit de la narration de Pablo venoit de me rappeler sous un aspect tout à fait nouveau le souvenir d'un ami dont j'avois reçu le dernier soupir. Mon sein se gonfla, mes yeux se remplirent de larmes, et j'y portai brusquement la main pour cacher mon émotion aux personnes qui m'entouroient. Pablo s'arrêta comme la première fois et attacha sur moi ses regards avec une attention encore plus marquée. Je pénétrai facilement le sentiment qui l'occupoit, et j'essayai de le rassurer par un sourire. — Tranquillise ton cœur d'ami, lui dis-je avec expansion, sur les alternatives d'attendrissement et de gaieté que me fait éprouver ta singulière histoire. Elles n'ont rien que de naturel dans ma position, et tu en conviendras toi-même quand j'aurai pu les expliquer.

Continue cependant, et pardonne-moi de t'avoir interrompu, car les aventures de la Pedrina ne sont pas finies.

— Il s'en faut de peu de chose, reprit Pablo. Elle fut ramenée dans son couvent, et placée sous une surveillance plus étroite. Un vieux médecin, très-versé dans l'étude des maladies de l'esprit, que d'heureuses circonstances ont, depuis quelques années, conduit à Barcelone, entreprit sa guérison. Il s'aperçut d'abord qu'elle offroit de grandes difficultés, car les désordres d'une imagination blessée ne sont jamais plus graves, et, pour ainsi dire, plus incurables, que lorsqu'ils résultent d'une peine profonde de l'âme. Toutefois il insista, parce qu'il comptoit sur un auxiliaire qui se montre toujours habile à soulager la douleur, le temps, qui efface tout, et qui est seul éternel au milieu de nos plaisirs et de nos chagrins passagers. Il voulut y joindre la distraction et l'étude; il appela les arts au secours de sa malade, les arts qu'elle avoit oubliés, mais dont l'impression ne tarda pas de se réveiller plus puissante que jamais dans cette admirable organisation. Apprendre, dit un philosophe, est peut-être se souvenir. Pour elle, c'étoit inventer. Sa première leçon fit passer les auditeurs de l'étonnement à l'admiration, à l'enthousiasme, au fanatisme. Ses succès s'étendirent avec rapidité; l'ivresse qu'elle faisoit naître la gagna elle-même. Il y a des natures privilégiées que la gloire dédommage du bonheur, et cette compensation leur a été merveilleusement ménagée par la Providence car le bonheur et la gloire se trouvent rarement ensemble. Enfin elle guérit, et fut en état de se faire connoître de son bienfaiteur dont je tiens ce récit. Mais le retour de sa raison n'auroit été pour elle qu'un malheur nouveau, si elle n'eût retrouvé en même temps les ressources de son talent. Vous imaginez bien que les offres ne lui manquèrent pas, dès qu'on eut appris qu'elle étoit décidée à se consacrer au théâtre. Déjà dix villes différentes menaçoient de nous l'enlever, quand Bascara est parvenu à la voir hier et à l'engager dans sa troupe.

— Dans la troupe de Bascara! m'écriai-je en riant. Sois sûr qu'elle sait maintenant à quoi s'en tenir sur les redoutables conspirateurs du château Ghismondo.

— C'est ce que tu vas nous faire comprendre, répondit Pablo, car tu parois fort au fait de ces mystères. Parle donc, je t'en prie.

— Il ne sauroit, dit Estelle d'un ton piqué. C'est un secret qu'il ne peut révéler à personne.

— Cela étoit vrai il n'y a qu'un moment, repartis-je; mais ce moment a opéré un grand changement dans mes idées et dans mes résolutions. Je viens d'être dégagé de mon serment.

Je n'ai pas besoin de vous dire que je racontai alors ce que je vous racontois il y a un mois, et ce que vous me dispenserez sans peine de vous raconter aujourd'hui, même quand vous n'auriez pas un souvenir bien présent de ma première histoire. Je ne suis pas capable de lui prêter assez d'attrait pour la faire écouter deux fois.

— Vous êtes du moins assez bon logicien, dit le substitut, pour en tirer quelque induction morale, et je vous déclare que je ne donnerois pas un fétu de la nouvelle la plus piquante, s'il n'en résultoit aucun enseignement pour l'esprit. Le bon Perrault, votre maître, savoit faire sortir de ses contes les plus ridicules de saines et graves moralités.

— Hélas! repris-je en levant les mains au ciel, de qui me parlez-vous là? D'un des génies les plus transcendants qui aient éclairé l'humanité depuis Homère! Oh! les romanciers de mon temps, et les faiseurs de contes eux-mêmes, n'ont pas la prétention de lui ressembler. Je vous dirai même entre nous qu'ils se tiendroient fort humiliés de la comparaison. Ce qu'il leur faut, mon cher substitut, c'est la renommée quotidienne qu'on obtient avec de l'argent, et l'argent qu'on parvient toujours à gagner bien ou mal, quand on a de la renommée. La morale, suivant vous si requise, est le moindre de leurs soucis. Cependant, puisque vous le voulez, je vais finir par un adage que je crois de ma façon, mais qu'on trouveroit peut-être ailleurs en cherchant bien, car il n'y a rien qui n'ait été dit :

> Tout croire est d'un imbécile,
> Tout nier est d'un sot.

Et, si celui-là ne vous convient pas, il me coûte peu d'en emprunter un autre aux Espagnols, pendant que je suis sur leur terrain :

> *De las cosas mas seguras,*
> *La mas segura es dudar.*

Cela veut dire, chère Eudoxie, que, de toutes les choses sûres, la plus sûre est de douter.

— Douter, douter ! dit tristement Anastase. Beau plaisir que de douter ! Il n'y a donc point d'apparitions ?...

— Tu vas trop loin, répondis-je ; car mon adage t'enseigne qu'il y en a peut-être. Je n'ai pas eu le bonheur d'en voir ; mais pourquoi cela ne seroit-il pas réservé à une organisation plus complète et plus favorisée que la mienne ?

— A une organisation plus complète et plus favorisée ! s'écria le substitut. A un idiot ! à un fou !

— Pourquoi pas, monsieur le substitut ? Qui m'a donné la mesure de l'intelligence humaine ? Quel est l'habile Popilius qui lui a dit : Tu ne sortiras pas de ce cercle ! Si les apparitions sont un mensonge, il faut convenir qu'il n'y a point de vérité plus accréditée que cette erreur. Tous les siècles, toutes les nations, toutes les histoires en rendent témoignage ; et sur quoi faites-vous reposer la notion de ce qu'on appelle la vérité, si ce n'est sur le témoignage des histoires, des nations, des siècles ? J'ai, d'ailleurs, sur ce sujet une manière de penser qui m'est tout à fait propre, et que vous trouverez probablement fort étrange, mais dont je ne peux me départir : c'est que l'homme est incapable de rien inventer, ou, pour m'exprimer autrement, c'est que l'invention n'est en lui qu'une perception innée des faits réels. Que fait aujourd'hui la science? A chaque nouvelle découverte, elle justifie, elle authentique, si l'on peut s'exprimer ainsi, un des prétendus mensonges d'Hérodote et de Pline. La fabuleuse girafe se promène au Jardin du Roi. Je suis un de ceux qui y attendent incessamment la licorne. Les dragons, les vouivres, les endriagues, les tarasques, ne font plus partie du monde vivant, mais Cuvier les a retrouvés dans le monde fossile. Tout le monde sait que la harpie étoit une énorme chauve-souris, et les poëtes l'ont décrite avec une exactitude qui feroit envie à Linnée. Quant à ce phénomène des apparitions dont nous parlions tout à l'heure, et auquel je reviens volontiers...

J'allois y revenir en effet, et avec de longs développements, car c'est une matière sur laquelle il y a beaucoup à parler, quand je m'avisai que le substitut s'étoit endormi.

LYDIE,

ou

LA RÉSURRECTION[1].

Chamfort écrit quelque part : A vingt-cinq ans, il faut que le cœur se brise ou qu'il se bronze.

A vingt-cinq ans mon cœur s'étoit brisé.

Du dégoût de la vie positive j'étois arrivé à la prendre en horreur. Toutes mes idées, toutes mes espérances se rattachoient à cette vie de l'avenir, qui ne sera point (les matérialistes le disent), ou qui reste du moins pour

---

[1] Cette nouvelle, qui a paru pour la première fois dans *la Revue de Paris*, IIIe série, tome IV, août 1839, ne ressemble guère à l'immense majorité des productions du genre littéraire auquel elle appartient. C'est un véritable petit poëme, une sorte d'élégie mystique, où Nodier a versé toute l'effusion de son cœur, et les plus pures aspirations de ce spiritualisme rêveur qui l'emportoit au seuil même de l'autre vie. Très-sceptique à l'égard des choses humaines, science, gloire, politique ou rationalisme, l'auteur de *Lydie* resta toujours très-sincèrement croyant à l'égard des affirmations du christianisme. On sent partout dans ses écrits, quand il parle de la mort, sujet qui revient souvent, les élans les plus vifs de l'inspiration religieuse : et lorsque lui-même fut arrivé au terme de sa vie, il rendit encore hommage par ses derniers actes aux sentiments qu'il avoit si souvent exprimés par sa plume. Les détails suivants, empruntés à l'excellente notice biographique de M. Francis Wey, trouvent ici naturellement leur place ; on voit par *Lydie* en quels termes Nodier parle des

nous, tant que nous sommes, un incompréhensible mystère. Toutes ses ténèbres s'étoient éclaircies à mes yeux. J'y pénétrois comme dans la réalité. Je sentois, je comprenois profondément que Dieu, qui ne pourroit lui-même, selon les règles immuables auxquelles il a soumis la création, détruire le plus petit atome de la matière, ne s'étoit pas réservé dans sa toute-puissance la puissance d'anéantir ce feu céleste de l'intelligence et de l'amour, qui est la plus parfaite de ses œuvres; je croyois donc fortement à la nécessité des compensations éternelles, abstraction faite de la révélation qui nous les promet, car j'étois né dans un siècle de peu de foi, et cette conviction me soutenoit contre toutes les douleurs.

espérances éternelles de l'homme; on va voir par les lignes suivantes comment il sut mourir:

« Sur la fin du mois de décembre, dit M. Wey, la santé de Nodier déclina de plus en plus. La veille de Noël étoit un dimanche; son salon s'ouvrit pour la dernière fois: cette soirée, cependant, fut fort gaie, lui seul avoit des pressentiments. Quittant une table d'écarté où il venoit de gagner M. R...., l'un de ses plus anciens amis: — N'ayez pas de regret, lui dit-il en souriant; ce sont les derniers vingt sous que je vous gagnerai.

« Trois jours après, il se mit au lit, et ne se releva pas. Il fut bientôt à l'extrémité, et durant ces jours d'angoisses où la lucidité de son esprit ne s'obscurcit pas un seul instant, il employa toute son adresse à tromper sa famille sur la gravité de son état. Cette héroïque dissimulation, il eut le courage de la soutenir pendant près d'un mois; il n'en trahit le secret qu'une heure avant d'expirer, lorsque, voyant autour de lui sa femme et sa nièce en pleurs, il murmura tristement: — Vous souffriez donc aussi... vous! Le jour des *Rois*, comme je me trouvois près de son lit, avec Dauzats qu'il aimoit tendrement, il nous cita des vers latins sur la *Carpomancie*, en nous contant que leur auteur (de qui le nom m'échappe, et dont il nous désigna la plus rare édition), en observant sur lui-même ce symptôme, les avoit dictés la veille de sa mort, à son fils placé près du lit paternel, comme nous l'étions au pied du sien. — Je vous dis cette histoire, ajouta-t-il, et mes dernières fantaisies, parce que je vous ai beaucoup aimés, que vous êtes encore jeunes, que vous garderez et ferez vivre mon souvenir.

« Attendri lui-même, il laissa tomber quelques larmes sur ses joues amaigries. Un moment après, il embrassa sa fille et pleura de nouveau: c'est ce jour-là qu'il renonça aux dernières espérances, et qu'il prit son parti de mourir; car depuis lors il ne pleura plus et ne fit aucune allusion à sa fin prochaine.

Une fois que je fus parvenu à ce point de philosophie ou à ce degré d'illusion, les plaies de mon cœur se cicatrisèrent peu à peu; mais je tendis tous les efforts de ma prudence à lui en épargner de nouvelles, en m'isolant, autant que je le pouvois, de mes compagnons de misère. Il n'y a rien qui conduise plus facilement à l'égoïsme que la lassitude d'une sensibilité aigrie; j'avois été brisé si souvent dans mes affections les plus chères, que je fis consister la sagesse à ne plus rien aimer, dans la crainte de perdre encore ce que j'aimois; et il me sembla qu'on pouvoit vivre ainsi, comme si aimer et vivre n'étoient pas la même chose.

Ma fortune me permettoit encore les voyages, cette

J'insiste sur les détails qui accompagnèrent ce moment suprême; ils couronnèrent trop dignement sa vie, et offrirent de trop nobles exemples, pour qu'on puisse les passer sous silence.

« Bien que sa parole eût conservé toute son éloquente facilité, il ne sacrifia point au vain orgueil de marquer, par ces mots ambitieux que recherchent parfois, près d'expirer, les personnages illustres; sa fin fut simple, digne et vraie comme son cœur; son courage fut modeste comme sa vie. Le jour où il reçut les derniers sacrements qu'il avoit demandés, il répondit avec fermeté aux paroles du prêtre; puis, après nous avoir embrassés tous, et rassurés sur son état, il dormit cinq heures du sommeil le plus paisible.

« La veille du jour fatal, les efforts redoublés de la fièvre amenèrent le délire; la nuit suivante, il ne reconnut personne et parla sans cesse: des mots sans suite, des idées rompues dont on ne pouvoit suivre le fil, et parmi lesquelles on ne peut signaler que celle-ci, sans pouvoir dire à qui elle s'adressoit: — Lisez souvent Tacite... et Fénelon... pour donner plus d'assurance à votre style.

« Bientôt il fut secoué par une crise violente et douloureuse, à la suite de laquelle il reconnut sa fille qui lui présentoit à boire. Comme il but avec avidité, cette dernière lui dit: — Tu as trouvé cela bon?

— « Oui, répondit-il avec un regard d'une douceur ineffable; oui, comme tout ce qui me vient de toi.

« Elle appuya son visage sur le chevet du mourant pour cacher son émotion.

— « Ah! s'écria-t-il, si tu restois toujours ainsi, je ne mourrois jamais!

« Hélas! il n'avoit plus deux heures à vivre.

« Un moment après, il bénit ses petits-enfants, sa femme qui l'assista si noblement dans ces heures difficiles, et il s'informa (sollicitude extraordinaire dans un moment pareil) si toute la famille étoit en bonne santé. Déjà le froid manière mobile et rapide d'exister, qui ne se compose que de sensations fugitives, et qui nous emporte à travers tous les attachements de la terre, sans nous laisser le temps d'en contracter un nulle part. La vie elle-même est un voyage, me disois-je, et ce n'est qu'à défaut de la varier par des transitions de tous les jours qu'on se prend à elle d'un lien si difficile à dissoudre. Quel regret troubleroit le dernier moment de l'insouciant pèlerin qui a changé tous les jours de famille et de patrie, qui n'a laissé à personne la mémoire de ses traits et de son nom, qui ne doit de larmes qu'aux souvenirs de son enfance, et qui ne coûtera point de larmes aux témoins de sa mort? Mourir ainsi, c'est passer d'une auberge à une autre; c'est tout au plus se dépayser un peu, et j'y serai bien accoutumé.

Ce que j'aurois dû me dire, c'est que mourir ainsi, c'est mourir sans avoir vécu ; c'est que nous ne sommes sur la terre que pour nous aimer, nous servir réciproquement, nous aider les uns les autres à porter le poids de la vie ; c'est que la résurrection seroit inutile à qui n'auroit pas accompli ce devoir, et que l'homme qui

---

mortel avoit envahi son corps dont la vie s'étoit retirée ; mais plus la matière s'anéantissoit, plus revenoit la limpidité de l'esprit. Après avoir pris soin de charger son gendre de remercier toutes ses connoissances pour les sympathies qu'on lui avoit témoignées, pour l'empressement avec lequel ses amis n'avoient cessé d'affluer à toute heure dans sa maison pendant sa maladie, Charles Nodier s'informa du quantième du mois. — Le 27 janvier (1844), répéta-t-il après sa femme ; vous vous souviendrez de cette date...

« Il demanda l'heure, et manifesta le désir de voir renaître encore une fois le jour. Alors il engagea ses enfants à prier avec lui, ce qu'ils firent, agenouillés devant son lit. Peu de minutes après, s'adressant à son gendre : — Mon pauvre Jules, s'écria-t-il, je ne croyois pas que cela fût si malaisé...

« Après avoir éloigné de son lit ceux qui l'entouroient, en murmurant : — Votre vue me fait du mal... il s'assoupit sur-le-champ ; son souffle devint intermittent et rare ; et au moment où le soleil levant frappa les vitres, Charles Nodier cessa de respirer. » (Francis Wey ; *Vie de Ch. Nodier*, en tête du volume intitulé : *Description raisonnée d'une jolie collection de livres*, par *Ch. Nodier*. Paris, Techener, 1844. 1 vol. in-8°.

n'a pas aimé ressuscite à peine, s'il est permis de s'exprimer ainsi, car nous ne sommes appelés à jouir du bienfait de la résurrection que par la bienveillance et par la vertu. Ces nouvelles idées germèrent dans mon cœur à l'occasion d'un événement que je veux vous raconter.

Pour être conséquent avec mon système, je n'avois point de domestique attitré. Un domestique, cela aime quelquefois, et cela peut être aimé; j'en changeois comme de domicile, ou, pour mieux dire, comme de station, et mes stations étoient fort courtes. Si je perdois à cet arrangement les avantages d'un service assidu, régulier, affectueux peut-être, j'y gagnois des guides plus intelligents, plus familiers avec les contrées que je parcourois, plus instruits de ces particularités qui animent l'aspect des lieux; je voyageois mieux et avec plus de fruit. Celui que je pris à Genève pour m'accompagner dans le pays de Vaud, et qui devoit me quitter à Martigny, sa résidence ordinaire, s'appeloit le petit Lugon, à cause de l'extrême exiguité de sa taille, d'ailleurs robuste et bien prise, que la nature avoit opposée, dans un de ces jeux qui l'amusent, comme une miniature capricieuse aux proportions gigantesques du monde alpin. Le petit Lugon réunissoit d'ailleurs toutes les qualités qui font du guide des Alpes une espèce à part, un type particulier. C'étoit une histoire vivante, une biographie, une statistique helvétienne, et je conviens qu'il n'auroit pas fallu lui demander davantage; c'étoit mieux cependant que tout cela, car le petit Lugon n'étoit heureusement ni savant, ni sceptique. Tout l'agrément de sa conversation consistoit en une bonne foi naïve qui n'avoit en vue ni l'espérance d'apprendre, ni la prétention d'enseigner; il savoit le nom des choses et la date des faits; mais sa modeste intelligence ne s'étoit jamais efforcée de remonter à la cause de tous les effets et de pressentir les effets de toutes les causes ; il disoit ce qu'il savoit, et croyoit ce qu'il disoit : c'est ainsi que j'aime l'érudition. Quand une question inattendue venoit le surprendre au milieu de ses récits, et le transporter des réalités de la vie positive dans le monde conjectural de l'imagination et de la métaphysique, il sortoit ordinairement d'embarras par cette exclamation que le bienfait d'une organisation favorisée a enseignée aux peuples de l'Orient, mais qui appartient heureusement dans tous les pays à la langue des hommes sensés : Dieu est grand, disoit Lugon; et je mets tous les philosophes de la terre au défi de trouver une solution plus raisonnable à la plupart des difficultés que présentent les sciences. Je ne doute pas qu'on ne recommence un jour l'*Encyclopédie* sous cette inspiration, et il y aura moyen alors d'en faire un bon livre, c'est-à-dire tout autre chose que ce qu'elle est aujourd'hui; mais Lugon ne pensoit nullement à recommencer l'*Encyclopédie*; il n'en avoit jamais entendu parler.

Nous étions partis de Vevey dans l'après-midi d'une belle journée de printemps, pour aller visiter, à défaut des bosquets de Clarens qui n'ont pas existé, et dont je ne me soucie guère, le château de Chillon dont je ne me soucie pas du tout. Les voyageurs s'imaginent mal à propos qu'il est bon de voir ce que d'autres voyageurs sont venus voir avant eux, et c'est presque toujours ce qui ne mérite pas d'être vu.

Nous cheminions côte à côte sous les ombrages de la route, sans presser le pas de nos chevaux, quand Lugon rompit le silence pour se parler tout haut à lui-même :

— Voilà la maison de George, dit-il, mais Lydie n'y est plus. La pauvre créature a profité du beau temps pour aller composer à George un bouquet de fleurs sauvages, dans ce méchant coin de terre qu'elle appelle son jardin.

Nous passions en effet au même instant devant une

jolie maison blanche, fermée par une porte et des volets verts, et dont tout l'aspect faisoit naître une idée agréable de calme, d'aisance et de propreté.

— La maison de George, repris-je aussitôt, et qu'est-ce donc que George?

— Oh! George! répondit le petit Lugon, c'est le mari de Lydie.

— Fort bien, mais ne puis-je savoir ce que c'est que Lydie?

— Lydie, répliqua froidement Lugon, soit qu'il ne prit pas garde à la monotonie de ce cercle vicieux, soit qu'il eût quelque secrète envie d'exciter ma curiosité, Lydie, monsieur, c'est la femme de George.

— A la bonne heure! m'écriai-je en contraignant mon impatience; mais Lydie et George, une fois pour toutes, n'apprendrai-je pas ce qu'ils sont, et sous quel rapport ils ont le bonheur de vous intéresser?

— Lydie et George, reprit-il en rapprochant sa monture de la mienne, et en appuyant familièrement sa main sur l'arçon de ma selle, c'est une histoire.

— Va pour une histoire, car je n'ai rien de mieux à faire que de l'entendre raconter. — Et nous mîmes nos chevaux au pas.

Le petit Lugon se recueillit alors un moment; il passa lentement ses doigts sur son front comme pour rétablir l'ordre de ses souvenirs, releva ensuite sa tête avec assurance, et commença ainsi:

— George et Lydie étoient donc mari et femme, comme vous savez, et on n'avoit jamais vu de couple mieux assorti en toutes choses, car il n'y avoit rien de plus beau que George, si ce n'est Lydie, et il n'y avoit rien de meilleur que Lydie, si ce n'est George. On suppose qu'ils n'étoient pas bien munis d'argent quand ils arrivèrent dans le pays, il y a quatre ou cinq ans, car ils allèrent loger chez la mère Zurich, qui occupoit alors une pauvre chaumière de la côte, au-dessus de ces vignes; et je pourrois vous la montrer encore, si le petit verger qui la borde n'étoit pas devenu si touffu maintenant; mais cela seroit inutile, puisqu'elle l'a donnée à un de ses voisins qui étoit plus pauvre qu'elle. C'est une bien digne femme! Peu de temps après, George descendit au rivage et se mit au service des bateliers et des pêcheurs. Comme il étoit vigoureux, adroit, sobre, cordial et avenant, il eut bientôt plus à faire à lui seul que tous les rameurs du lac; mais il n'abusa pas de ses avantages, et on a su depuis que lorsqu'un de ses compagnons avoit fait une mauvaise journée, George ne manquoit jamais de lui faire part de ses bénéfices, en sorte que tout le monde l'aimoit à cause de sa générosité; et, ce qui est bien rare, plus il augmentoit sa petite fortune, moins il avoit de jaloux. C'est peut-être même la seule fois que cela soit arrivé. Vous comprenez qu'il eut bientôt un bateau et des filets à lui, et c'est dans ce temps-là que, pour se mettre mieux à la portée du lac, il acheta la jolie petite maison que je vous ai montrée tout à l'heure. Il est vrai qu'elle n'étoit pas chère alors, et que c'est à force de soins et d'économies qu'il l'a embellie d'année en année. Ce qui le détermina surtout à quitter son méchant réduit, ce fut la mort d'un enfant qu'il avoit perdu là-haut, sa femme ne pouvant plus vivre dans un endroit qui lui rappeloit à chaque instant sa douleur; mais ils emmenèrent la mère Zurich avec eux. Elle avoit soigné l'enfant, la mère Zurich, elle l'avoit aimé; Lydie la regardoit souvent en pleurant, et elles pleuroient ensemble. Quant à Lydie, on ne la voyoit guère que le dimanche, quand elle alloit entendre la messe à la chapelle catholique, ou les jours de bonne fête, qu'elle traversoit le lac pour aller faire ses dévotions à Saint-Gengoux. Voilà, monsieur, ce que c'étoit que George et que Lydie.

— Je vous remercie, Lugon, dis-je en faisant un mouvement pour pousser mon cheval au trot; la bénédiction de Dieu ne sauroit descendre sur une plus honnête maison. Mais ce n'est pas là une histoire.

— Dieu est grand, reprit Lugon. Ce n'est pas l'histoire entière.

Je serrai la bride, et j'attendis.

— Comme George n'étoit pas du pays, continua Lugon, on s'informoit volontiers du lieu d'où il pouvoit être venu, et on se racontoit les uns aux autres ce qu'on apprenoit des étrangers; car monsieur n'ignore pas qu'il n'y a aucune contrée au monde qui soit plus parcourue des voyageurs que le canton de Vaud. George étoit né d'une famille honnête, et cependant très-riche, dans un port de mer de France. Je ne me rappelle pas si c'étoit Strasbourg ou Perpignan; mais je suis sûr que ce devoit être du côté de l'Angleterre. Son père étoit armateur de vaisseaux pour le commerce, et associé, dans ses entreprises, avec le père de Lydie, ce qui fait qu'ils étoient convenus depuis longtemps de marier les jeunes gens quand ils auroient l'âge. Les pauvres enfants s'aimoient tendrement, et leurs fortunes étoient si parfaitement égales, qu'il n'y avoit pas un mot à redire sur la convenance. Mais l'homme propose et Dieu dispose. Une tempête, une banqueroute, un pirate enleva tout. Les deux amis moururent de chagrin à peu de jours l'un de l'autre, et les amants restèrent si tristes, si pauvres et si abandonnés, qu'il ne fut plus question de leurs fiançailles. George, qu'on avoit élevé pour un métier inutile, comme celui de député, d'auteur ou d'avocat, se sentit de l'âme et du courage. Il alla travailler sur le port, et il gagna bravement sa vie à porter des fardeaux comme un simple homme du peuple, parce qu'il étoit fort, ainsi que je vous l'ai déjà dit, et parce qu'il n'étoit pas fier. Ses anciens camarades le prirent en dédain; mais il se soucioit bien d'eux!

Un jour qu'il s'occupoit du déchargement d'un vaisseau, et qu'il demandoit où l'on devoit porter les ballots, on lui donna l'ancienne adresse de son père. C'étoit le seul bâtiment de l'armateur qui eût échappé à l'accident où avoient péri tous les autres.

— C'est bon, dit George. Mon père avoit la confiance d'un grand nombre de négociants dont son malheur a ébranlé la fortune, et ceci les dédommage.

Il paya donc honorablement les dettes de son père, ne conservant pour lui que le peu qu'il plut aux créanciers de lui laisser; après quoi il se remit à travailler comme auparavant. Sa conduite fut remarquée, quoiqu'elle fût naturelle, parce que les hommes estiment volontiers l'honnêteté, même quand ils ne la pratiquent pas.

Il faut vous dire, monsieur, que George avoit un oncle d'un grand âge, qui n'étoit pas marié et qui étoit fort opulent, car il avoit pris part aux affaires commerciales du père de George tant qu'elles étoient sûres, et il s'en étoit retiré à propos quand elles devinrent douteuses. L'oncle de George le manda par devers lui, et les gens qui nous ont rapporté ces détails prétendent qu'il lui parla de la sorte :

— Parbleu, monsieur, j'en apprends de belles sur votre compte ! Quoique votre mère, qui étoit ma sœur, n'eût jamais engagé son bien dans les entreprises de son mari, parce que j'avois su l'en dissuader, et que vous eussiez beaucoup plus à réclamer que le hasard ne vous avoit rendu, vous avez eu l'orgueil de payer tous les créanciers, comme si cela vous regardoit, pour satisfaire à je ne sais quel sot devoir d'exactitude et de probité dont personne ne vous tiendra compte. Ce n'est pas avec de semblables petitesses qu'on fait une bonne maison. Cette faute ne concerne, au reste, que vous, et je m'en soucierois peu, si je n'entendois dire que vous êtes obligé de vivre du travail de vos mains pour remédier à vos prodigalités insensées. Vous n'avez pas même observé que votre pauvreté pouvoit me faire du tort dans une ville où je passe mal à propos pour être fort riche. Savez-vous, monsieur, que jamais aucun homme du sang dont vous sortez ne s'est avisé de travailler pour le public, et que l'outil d'un artisan ou les crochets d'un porteur seront une honte éternelle à votre famille?

— Hélas! monsieur, répondit George, il ne me sembloit pas que ma conduite pût avoir de pareilles conséquences. Je regardois le travail comme la seule ressource honnête de ceux qui n'ont rien, et vous me permettrez de suivre cette opinion dans l'emploi pratique de ma vie, rien ne me prouvant jusqu'ici qu'elle ne soit pas digne d'un homme de cœur et d'un chrétien. Je comprends plus aisément que mon indigence non méritée humilie cependant la juste fierté d'une honorable famille, et je lui épargnerai sans regrets la honte qu'elle en reçoit, en transportant loin d'ici l'exercice de mon obscure industrie. Il y a même longtemps que j'y avois pensé, et, si je n'ai pas exécuté plus tôt ce projet, c'est qu'il me falloit le temps de ramasser quelques économies qui aboutissent bien lentement à quelque chose dans le métier que j'ai embrassé. A compter d'aujourd'hui, puisque vous le voulez, vous pouvez être assuré que je ne vous affligerai plus de ma vue et du spectacle de ma misère. Je suis prêt à partir.

— Fort bien, dit le vieillard en fronçant le sourcil. On pourroit donc vous décider à quitter la ville, en vous fournissant quelque argent pour les dépenses du voyage? Ce sera peu, je vous en préviens. Il est si rare, l'argent!...

— Non, non, monsieur! s'écria George avec une indignation qu'il s'empressa de contenir. La ville, je peux la quitter, et je la quitterai; les économies que je me proposois de faire, je les ai faites. On ne dépense guère quand on n'est pas assez riche pour donner. De l'argent, je n'en veux pas. Depuis que je travaille, je n'en ai jamais eu besoin.

A ces mots, le front du vieux millionnaire s'éclaircit un peu.

— Écoute, dit-il à George d'un ton radouci : tu es mon neveu, le sang de mon sang, le fils de ma sœur chérie... oui, chérie, je puis le dire! nous nous aimions beaucoup dans notre enfance. On a le cœur tendre quand on est jeune. C'est l'expérience qui nous apprend la réalité des choses, et qui élève notre esprit à la connoissance des vérités positives; mais je suis ton oncle enfin, ton bon oncle, et je ne demanderois pas mieux que de te faire du bien, si je le pouvois. Il est vrai que je passe pour riche, mais c'est qu'on ne connoît pas mes affaires. D'ailleurs, les impôts enlèvent tout. Que dirois-tu cependant si je voulois assurer ton bonheur, c'est-à-dire ta fortune? ce n'est pas que je pense à me dessaisir de mes petites propriétés, Dieu m'en garde! la prudence me le défend, et, par les vicissitudes du temps qui court, les gens sages gardent ce qu'ils ont; mais tu es mon seul héritier naturel, et je peux, sans me réduire à l'indigence, te garantir une part honorable de ma succession, si tu te maries à mon gré; car je suis ton bon oncle, mon pauvre George, et je n'ai en vue que ton bien-être à venir. Il faut bien se résoudre à quelque sacrifice pour ses parents. La femme que je te destine est précisément la veuve d'un des créanciers de ton père, une femme d'ordre et d'esprit, très-belle encore pour son âge, et qui a placé tout l'argent que tu lui as rendu au douze pour cent d'intérêt, sur des nantissements superbes qui valent le triple, et qui ne seront probablement pas retirés, parce qu'elle ne prête pas à long terme. Tu seras donc riche après ma mort, et tu pourras soutenir dignement le nom de notre famille, en vivant d'économie; mais je t'expliquerai cela plus tard. Va donc tout préparer pour te mettre en état de justifier mes bienfaits, et nous dînerons demain avec ta future... chez elle.

— Je vous remercie, mon cher oncle, repartit George, des projets que vous avez formés pour me rendre heureux, et je vous prie de croire à la reconnoissance que vos bontés m'inspirent; mais il m'est impossible d'en recueillir le fruit. Vous n'ignorez pas qu'avant la mort de mon père, j'étois près d'épouser Lydie, la fille de son ami, et l'infortune qui nous a frappés tous les deux en même temps n'a fait que rendre cet engagement plus inviolable. Deux volontés sacrées pour nous s'accordoient à nous unir, et la pauvreté ne nous a pas séparés.

— Vous épouseriez Lydie, une fille de rien et qui n'a rien! s'écria l'oncle furieux.

— Je venois vous en prévenir, répliqua George.

Et il se retira respectueusement, car la colère du vieillard ne se manifestoit plus qu'en imprécations, et George craignit d'être maudit.

Huit jours après, ils se marièrent en effet, et ils partirent aussitôt, George ayant promis de quitter la ville pour ne pas faire rougir de son abaissement les honnêtes gens qui portoient son nom.

L'oncle de George, dont l'âge n'étoit pas extrêmement avancé, mais que l'amour de l'or rongeoit d'avarice et de souci, vint à mourir au bout de quelques semaines; et comme il étoit philanthrope (un nouveau métier qui rapporte beaucoup), il laissa toute sa fortune à l'enseignement mutuel, qui est la plus belle invention dont on ait jamais ouï parler; c'est la manière de tout savoir sans apprendre et d'étudier sans maîtres. Dieu est grand! Quant au pauvre George, il pria pour son oncle, comme s'il en avoit hérité, mais ne s'affligea pas autrement de son abandon, et travailla courageusement jusqu'à la mort.

— George est donc mort? interrompis-je en pressant vivement le bras de Lugon.

— Je croyais vous l'avoir déjà dit, continua-t-il. C'étoit le 6 octobre du dernier automne. Il y aura justement huit mois à la Fête-Dieu. George revenoit gaiement sur son bateau, après avoir fini sa journée, quand ses yeux furent frappés tout à coup de l'aspect d'un nuage de feu et de fumée que le vent poussoit sur le lac. Il pressentit aussitôt un accident terrible, et fit force de rames pour atteindre à ce petit cap de la grève, qu'on appelle maintenant le Jardin de Lydie. Un incendie dévoroit, en effet, la maison qui occupe l'autre côté de la route, et dont je vais vous montrer les ruines tout à l'heure. Il prit à peine le temps d'amarrer sa barque, se saisit d'une échelle que traînoient péniblement quelques vieillards, car les ouvriers n'étoient pas encore rentrés, et l'appliqua sous une fenêtre d'où il entendoit partir des cris. Un instant après, il s'étoit élancé dans la flamme, et reparoissoit avec une femme évanouie que je reçus dans mes bras, car j'étois arrivé presque au même moment, et je m'efforçois de le suivre. — Elle est sauvée! cria le peuple. Mais la pauvre créature, qui avoit repris connoissance au grand air, se mit à pousser d'affreux gémissements en appelant ses enfants. — Je m'étois cependant rapproché de la fenêtre autant que je l'avois pu, mais je cherchois inutilement à m'y cramponner à quelque chose, parce que tout brûloit, quand je sentis que George me passoit un nouveau fardeau, puis un troisième; c'étoient les enfants que j'eus bien du plaisir à entendre crier, et qui furent passés à leur mère de main en main; mais la malheureuse femme se lamentoit toujours, et je ne comprenois plus ses plaintes, la flamme bruissant dans mes oreilles comme une tempête. — Le berceau! le berceau! répétèrent alors quelques voix qui se rapprochoient de moi de plus en plus, parce qu'il s'étoit établi une chaîne, du bord du lac jusqu'à l'échelle où j'étois monté. — Le berceau! le berceau! criai-je à mon tour d'une voix presque étouffée par la fumée qui me suffoquoit. George rentra encore, et je crus bien qu'il ne reviendroit plus. En cet instant, le feu avoit atteint le sommet des montants de l'échelle et les échelons supérieurs, de manière qu'ils cédèrent tous à la fois, sans en excepter celui qui me portoit. La foule qui me pressoit par derrière me retint sur l'échelon suivant, et l'échelle s'appuya de son propre poids contre la muraille ardente que déchiroient déjà des fissures assez profondes pour que je pusse m'y retenir; mais la distance qui me séparoit de la fenêtre s'étoit agrandie de six pieds. George la mesura d'un regard, détacha lestement sa ceinture de batelier, et la passa en un clin d'œil autour du corps du pauvre innocent qu'il avoit tiré de son berceau. — A toi, Lugon, s'écria-t-il, et prends bien garde! L'enfant est vivant! il est sauvé, mais George étoit perdu; il étoit mort. A peine la pauvre petite créature étoit sortie de mes bras, que le toit s'écroula sur le plafond, que le plafond s'écroula sur George, et que tout s'engloutit dans un brasier horrible, où les restes mêmes de George n'ont pas été retrouvés. Il faut qu'il ait été consumé tout entier, ou que les anges l'aient enlevé au ciel. Dieu est grand!

— Bien, dis-je à Lugon en liant tendrement ma main à sa main; bien! mon noble ami!... mais après?...

— Après? reprit Lugon. Oh! les enfants se portent à merveille, et vous les auriez déjà vus, s'ils ne jouoient pas sous la saussaye.

— Mais, Lydie, tu ne m'en dis rien? Lydie est-elle morte aussi?

— Pour vous parler sincèrement, monsieur, il y a des gens qui pensent qu'il vaudroit autant qu'elle fût morte. Elle devint folle peu de jours après, une étrange folie, allez! Ne s'imagine-t-elle pas qu'elle est à demi ressuscitée, et qu'elle passe toutes les nuits avec George lui-même, dans je ne sais quel coin du ciel? Rien ne peut lui ôter cette idée de l'esprit...

Comme il parloit ainsi, Lugon s'arrêta tout à coup.

— Tenez, monsieur, me dit-il en me montrant sur sa gauche un amas de décombres noircis, voilà la maison.

— Tenez, ajouta-t-il en se rapprochant de la haie qui

garnissoit le côté droit du chemin, voilà le jardin de Lydie ; et cette jeune femme qui s'y promène, les yeux penchés vers la terre, en cherchant des fleurs, c'est Lydie, la femme du pauvre George!

Il détourna ensuite brusquement son cheval, passa le dos de sa main sur ses yeux, et parut se disposer à reprendre la route convenue.

J'avois mis pied à terre :

— Tu m'attendras là, mon bon ami, lui dis-je, et tu laisseras reposer tes chevaux à l'ombre de ce tilleul. Il faut que je voie Lydie et que je lui parle!

— Gardez-vous-en bien, monsieur, reprit Lugon en essayant de me retenir par le bras. Le médecin dit que la folie est quelquefois contagieuse, et que celle de Lydie est de cette espèce. Il faut que cela soit vrai, puisque la mère Zurich croit fermement tout ce que Lydie lui raconte.

— Un homme aussi sensé que toi, répliquai-je en riant, peut-il s'abandonner à de semblables chimères! Les médecins n'exercent d'empire sur notre crédulité qu'en se distinguant à l'envi par des propositions extraordinaires et par de fausses découvertes. Sois tranquille sur mon compte ; je suis parfaitement à l'abri de la contagion des idées d'un fou, et si cette infortunée n'a point de consolation à recevoir de moi, je n'ai du moins rien à craindre d'elle.

En même temps je gagnois l'autre côté de la haie, pendant que Lugon, un peu rassuré, se rangeoit à l'ombre en sifflant. Lydie n'avoit pas pris garde à moi. Sa corbeille étoit pleine, et elle s'étoit assise pour assortir ses bouquets.

J'arrivai au bord du lac en recueillant çà et là quelques fleurettes du rivage, pour attirer l'attention de Lydie. — Ne vous affligez pas, dis-je en les lui présentant, si je me permets de glaner dans votre moisson. Quoique ces fleurs soient plus fraîches et plus jolies qu'aucune de celles que j'ai vues dans mes voyages, mon intention n'est pas de les emporter avec moi, et je ne les ai rassemblées que pour les joindre à votre bouquet. — Ah! ah! dit-elle en me regardant avec un sourire, et en les déposant une à une dans la corbeille où elle avoit amassé les autres... c'est pour George. Il en a qui sont beaucoup plus belles, et qui ont des parfums dont aucune fleur de la terre ne peut donner l'idée; mais il aime à revoir encore les fleurs qui croissent au bord du lac, et que nous avons autrefois cueillies ensemble. — Il ne tardera donc pas à revenir? repris-je en m'asseyant à quelques pas. — Pas ici, répondit-elle; il n'y vient plus. Il ne peut pas y venir, puisqu'il est mort. Ne saviez-vous pas qu'il est mort?... — Mon cœur se serra. — Pardon, répliquai-je, pauvre Lydie; je croyois que vous l'attendiez. — Eh non! s'écria-t-elle; c'est lui qui m'attend; mais j'irai bientôt, tout à l'heure, quand le soleil sera couché. Oh! si l'on pouvoit dormir toujours! — Votre sommeil est doux, Lydie, puisque vous désirez l'heure qui le ramène. Pendant ce temps-là, du moins, vous ne souffrez pas? — Souffrir! dit-elle en se rapprochant de moi; qui est-ce qui souffre? Je ne souffre jamais, jamais; pendant le jour, j'espère et j'attends. Je trouve quelquefois les journées longues, mais je les abrége à prier, à cueillir des fleurs pour George, à m'occuper de lui, à former des projets pour notre long bonheur, que rien ne pourra plus troubler quand nous serons réunis tout à fait. — Et la nuit, Lydie, la nuit que vous préférez au jour? — Oh! la nuit, nous sommes ensemble! Je ne vous l'ai donc jamais dit? C'est qu'il me semble, en effet, que je ne vous ai pas vu depuis longtemps; mais je vous le dirai bien, si vous voulez. — Ce récit m'intéresseroit beaucoup s'il ne vous fatiguoit pas; mais... — Elle prit ma main dans une de ses mains, et passa l'autre sur son front, comme pour y chercher un souvenir. Ensuite elle demeura un instant en silence, pendant que ses idées se succédoient et s'enchaînoient les unes aux autres; sa physionomie prenoit en même temps une expression plus animée, et ses yeux s'enflammoient d'une inspiration surnaturelle.

—Vous n'avez sans doute pas oublié le jour de l'incendie? dit-elle; personne ne l'a oublié. Cela fut bien affreux, n'est-il pas vrai? Cependant l'incendie s'apaisa; les enfants étoient sauvés; leur mère se trouvoit heureuse. Tout le monde étoit réuni; il n'y eut que George qui ne revint pas. Je ne sais pas si on m'en dit la raison ou si je la devinai. George étoit mort, et, dans ce temps-là, je regardois la mort comme une chose sérieuse, comme une séparation éternelle. Je pensai qu'entre George et moi c'étoit fini pour l'éternité, et je regrettai que ma douleur ne pût pas m'anéantir tout de suite. Il me sembla que je ne l'avois pas assez aimé, puisque je lui survivois; mais je me rassurai en pensant que le désespoir étoit une maladie semblable aux autres; qu'il lui falloit des périodes et des crises comme à la fièvre; qu'il ne tuoit pas comme un poignard. Cela seroit trop doux, pensois-je en moi-même, de mourir d'une première atteinte, de mourir presque sans souffrir, pendant que George a tant souffert; mais cependant j'espérois, aux convulsions de mon cœur prêt à se rompre, que je ne souffrirois pas longtemps. Je vécus ainsi, je ne sais pas combien de temps, sans mouvement, sans parole, sans aliments, sans sommeil, mais agitée dans mon esprit par des illusions singulières. La préoccupation de l'incendie me poursuivoit. De temps en temps, je sentois sa vapeur ardente se rouler sur moi comme un torrent; elle étouffoit ma respiration, elle brûloit mes cheveux et mes paupières, et quand je cherchois à fixer autour de moi mes yeux desséchés, je voyois les flammes qui gagnoient toutes les issues, qui s'allongeoient, se replioient, s'arrondissoient, se retiroient pour revenir, comme des langues de feu qui lèchent un bûcher avant de le consumer, et je me disois : Voilà qui est bien, je meurs avec George. Pourquoi a-t-on voulu me faire croire qu'il étoit mort sans moi? — Quelquefois j'entendois de fortes voix qui crioient tout près de mon oreille : Courage, courage, il est sauvé! Voyez comme les solives se sont croisées miraculeusement sur sa tête et l'ont préservé comme une voûte!... — Il est sauvé! répétoient les petites filles des villages voisins qui revenoient des vendanges, et elles sautoient. — Je cherchois, moi, à tirer un cri inarticulé du fond de ma poitrine, pour demander qui étoit sauvé. — C'est moi! c'est moi! reprenoit George; ne m'entends-tu pas? — Je l'entendois bien, et je ne pouvois pas suffire à mon bonheur, car son haleine avoit effleuré ma joue; mais au moment où je croyois le saisir, je m'apercevois que ma main étoit tombée dans la main d'un homme pâle et triste qui me regardoit d'un œil sec et sévère.—Elle ne mourra peut-être pas, disoit-il, mais sa raison est aliénée; elle est folle.

Ici, Lydie s'arrêta un moment pour se recueillir de nouveau, et puis elle reprit sa phrase au mot où elle l'avoit laissée, entraînée en apparence par un ordre imprévu d'idées, mais sans en perdre la raison.—Folle? dit-elle. Qu'est-ce donc que d'être folle? La folie, c'est l'état d'un esprit qui s'abandonne sans suite et sans règles à toutes les chimères dont il est frappé... un état heureux vraiment, le plus heureux de tous, après la mort, et le seul qu'il soit permis aux misérables d'envier, puisque c'est un crime de vouloir mourir. Je n'étois pas folle, moi! je n'oubliois rien! je n'imaginois rien qui ne fût véritable! je savois que George étoit mort, je savois que j'étois seule, je savois qu'il ne reviendroit plus. J'aurois bien voulu être folle, mais je ne pouvois pas. J'avois plus de raison qu'il n'en faut pour comprendre mon infortune, et je la comprenois trop bien pour m'en distraire. Je me disois : Cet horrible serrement de cœur que j'éprouve, il faut qu'il dure jusqu'à ce qu'il ait brisé mon cœur. Cette angoisse dans laquelle je meurs, il faut que je la subisse, tant que je n'aurai pas fini de mourir. Mais, mourir, c'est si aisé, ajoutois-je alors (pardonnez à mon désespoir comme Dieu m'a pardonné!); cette jeune femme que George retira dernièrement du lac, et qu'on eut tant de peine à rappeler à la vie, elle ne vivoit plus, elle ne sentoit plus, elle n'avoit plus d'amour, plus de regrets, plus de douleurs! Une minute encore, et elle étoit en repos, la pauvre créature, pour toute l'éternité. Le repos qu'elle avoit trouvé si vite, qui m'empêche de l'obtenir et de le goûter comme elle? Il y a si près d'ici un lac, et les eaux y sont profondes!... Vous concevez bien, mon ami, que cette résolution m'étoit venue, parce que je ne pensois pas à Dieu... Hélas! je ne pensois qu'à George!... et cependant elle me calma. Je fus tranquille de l'espérance de l'être bientôt. J'ouvris les yeux pour savoir s'il étoit nuit, car mon projet ne pouvoit s'exécuter que dans l'obscurité. Le soleil n'étoit pas tout à fait couché, mais, en face de moi, ses derniers reflets s'éteignoient déjà sur les montagnes. Je prêtai l'oreille, et j'entendis le cornet des armaillers qui rappeloient les bêtes à l'étable. Les moucherons du crépuscule finissoient de bruire aux croisées. Ma tourterelle cachoit sa tête sous son aile. Je dis : Tout à l'heure, — et je me trouvai presque bien.

A cet endroit de son récit, Lydie s'interrompit encore un instant; elle soupira doucement, comme un voyageur qui reprend haleine après un trajet pénible, et qui mesure avec sécurité, sur une pente facile, le reste de son chemin. Ensuite, elle continua.

—Il y avoit plus de cent heures, dit-elle, que je n'avois dormi, et quelque effort que je fisse pour rester attentive à l'arrivée des ténèbres, dont j'attendois ma délivrance, je ne pus empêcher mes paupières de se fermer. Tous les objets disparurent ensemble, toutes mes idées s'évanouirent dans je ne sais quel sentiment confus d'existence qui ne diffère presque en rien de la mort, car il est calme et presque insensible comme elle. Seulement, il y avoit encore autour de moi un bruit vague, mais mélodieux et doux, comme celui d'une petite brise du soir qui expire dans les roseaux, comme celui du dernier flot qui touche au rivage. La nuit dont je venois d'épier le commencement avec tant d'impatience, paroissoit se blanchir déjà des clartés du matin; ou plutôt, une lumière qui n'étoit pas celle du jour, qui n'étoit pas celle du feu, pénétroit peu à peu l'obscurité transparente. Comme elle s'accroissoit graduellement, je fixois sur ce phénomène une attention d'instinct, complétement dégagée de toutes les préoccupations de mon esprit. Je n'avois que des yeux. La clarté devenoit toujours plus vive, et cependant elle inondoit mes paupières sans les fatiguer. Je me demandois vaguement comment des organes mortels pouvoient la supporter sans en être éblouis. Tout à coup, et comme si mes sens s'étoient réveillés l'un après l'autre, je crus entendre un frémissement d'ailes qui s'agitoient dans cette atmosphère merveilleuse, et il me sembla que ce bruit procédoit d'un point plus lumineux que le reste, qui se précipitoit vers moi de toute la hauteur du ciel, en s'agrandissant, en se développant dans sa chute, en revêtant à mesure qu'il s'approchoit des formes et des couleurs. C'étoient des ailes, en effet, des ailes aux plumes d'or, dont la vibration étoit plus charmante à l'oreille que toutes les harmonies de la terre, et l'ange ou le dieu qu'elles alloient rendre à mon amour, vous comprenez bien que c'étoit George! Mais, dans l'extase où tant de bonheur m'avoit plongée, je fus plus capable de le deviner que de le voir.

Déjà ses ailes s'arrondissoient sur moi, ses bras m'enveloppoient d'une douce étreinte, ses lèvres erroient de ma bouche à mon front et à mes yeux, les boucles de ses cheveux flottoient à côté des miennes : — Viens avec moi, disoit-il; confie-toi sans crainte à ton frère et à ton ami bien-aimé. Cette terre n'est plus notre terre; ce séjour n'est plus notre séjour. — Et nous nous élevions au même instant avec une rapidité si merveilleuse, que la limite des ténèbres nocturnes étoit déjà franchie quand je me demandois encore où nous allions. Nous plongions comme dans un océan sans fond et sans rivage, dans cet éternel éther qui n'a jamais de nuit, et que tous les astres de l'espace inondent de leurs clartés. Notre monde, que je cherchois de mes regards sans le regretter, n'étoit plus qu'une planète pâle qui blanchissoit à peine d'une tache prête à s'effacer les voiles noirs du firmament. Le soleil ne tarda pas à s'éteindre à son tour, pendant qu'un soleil nouveau venoit poindre à l'horizon, sembloit se précipiter vers nous en augmentant sans cesse de grandeur et d'éclat; puis disparoissoit dans les profondeurs de cet infini où sont cachés tant de soleils. Un moment après, tant notre essor se hâtoit, sans doute, à mesure que nous approchions du but, ces astres innombrables passoient à mes yeux avec la promptitude de l'éclair, semblables à ces étoiles de feu qu'on voit courir et se croiser dans le ciel pendant les nuits calmes d'un bel automne. Mes sens étonnés ne pouvoient suffire au spectacle de ces tourbillons qui s'enfuyoient sur ma route, et dont je croyois quelquefois saisir en passant la mystérieuse harmonie. — Bientôt le mouvement des ailes de George se ralentit; elles se déployèrent dans toute leur étendue, semblables aux ailes d'un aigle qui plane, mais presque immobiles en apparence, et frappant mollement l'air de leurs extrémités, à des intervalles égaux. Le dernier soleil qui m'avoit éclairée ne couroit plus à la suite des autres, comme un météore qui va s'évanouir. Il restoit fixe dans le ciel, mais plus grand, plus radieux, et cependant plus doux que le nôtre, car je supportois facilement sa splendeur, et mes regards affermis y puisoient une nouvelle force. Un instant après, de fraîches brises, souffles caressants d'une atmosphère inconnue, commencèrent à se jouer dans mes cheveux; je crus entendre un bruit lointain où se mêloient les bruits les plus gracieux de la terre, le murmure des rameaux qui frissonnent au souffle du vent, le gazouillement des oiseaux de la dernière couvée qui, se penchant sur le bord du nid, vont s'essayer à voler, le soupir éternel du lac, faiblement agité, dont les petits flots viennent mourir entre les roseaux. L'horizon, tout à l'heure sans bornes, se rapprochoit et se fermoit peu à peu. Les montagnes, dont le sommet ne m'avoit apparu d'abord que semblable à des îles flottantes qui se baignent dans une mer immense, grandissoient à mes côtés sous leurs robes d'ombrages de verdure et de fleurs, car elles n'avoient rien de l'austérité de nos Alpes de glace et de granit. Un instant encore, et les cimes des arbres géants abaissèrent autour de nous leurs frondes flexibles; puis les relevèrent avec souplesse pour nous couronner d'un dais émaillé de bouquets et de fruits, où brilloient des couleurs, et d'où s'exhaloient des parfums que nos organes mortels ne peuvent rêver. George me déposa enfin sur un lit de gazon embaumé, replia ses ailes, et se laissa tomber près de moi, comme un papillon d'or qui se pose. Ensuite, il passa son bras sous ma tête, imprima un baiser sur mon front, et les yeux attentifs sur les miens, il me regarda en souriant, parce qu'il attendoit ma première parole.

— Oh! je suis heureuse, lui dis-je, puisque me voilà près de toi; mais ne m'apprendras-tu pas où nous sommes?

— Dans le monde des ressuscités, répondit George. Dans le lieu où les âmes heureuses viennent prendre d'autres formes et subir de nouvelles épreuves, plus longues, mais moins rigoureuses que les premières, pour se rendre dignes de paroître un jour devant Dieu.

— Eh quoi! m'écriai-je, ce n'est pas encore ici le jardin céleste du Seigneur, qui nous a été promis par la foi de nos pères, et dans lequel commence, pour ne pas finir, le bonheur inaltérable du juste?

A ces mots, George prit une attitude plus grave, une expression de physionomie plus sérieuse, comme un homme qui a des choses solennelles à révéler, et je sentis que son regard me remplissoit d'un tendre respect, car, à travers la douce complaisance de l'amour, on y voyoit briller la majesté d'une nature supérieure.

— Penses-tu, me répondit-il, qu'il ait jamais existé, parmi les créatures les plus favorisées des grâces du Tout-Puissant, une âme assez chaste et assez pure pour se présenter avec sécurité devant son maître, au moment où elle abandonne notre vie d'opprobre et de péché? Ton cœur est trop bien inspiré pour avoir conçu cette présomptueuse espérance! Tu as souvent éprouvé toi-même, dans ta conscience naïve et modeste, que le sentiment de notre indignité s'augmentoit au contraire à chaque pas qu'il nous est permis de faire dans le chemin de la perfection, et tu n'ignores pas que cette idée est un sujet assidu d'alarmes pour ceux qui aiment Dieu, puisqu'elle effraie jusqu'à l'agonie des saints de l'incertitude du salut. L'orgueil des philosophes et des savants a reculé devant cet abîme; ils ont mieux aimé laisser un vide sans bornes dans la création que d'admettre entre son auteur et l'homme des intermédiaires inconnus; et c'est pour cela qu'ils ont inventé la plus impossible des hypothèses, la mort éternelle et le néant. Rien ne meurt, chère Lydie, et rien ne peut mourir; mais tout change de forme en se modifiant toujours, jusqu'à ce que l'esprit retourne à l'esprit et la matière à la matière. Le monde où je viens de te conduire, quoiqu'il soit incomparablement meilleur que le nôtre, n'est qu'un des degrés de cette échelle immense qui nous rapproche incessamment du séjour éternel, dont la possession nous a été promise par les divines paroles du Christ. Ici doit s'accomplir, pour les âmes choisies qui ont pratiqué ses préceptes d'amour, ce *règne de mille ans* dont le mystère occupe depuis si longtemps en vain les théologiens de la terre, parce que l'explication en étoit cachée dans les mystères de la mort. Cette explication, je sais que tu ne me la demanderas pas, parce que tu as foi à mes paroles, et je ne pourrois pas te la donner, parce que les organes qui la transmettroient à ton intelligence n'appartiennent pas aux vivants.

— Grand Dieu! repris-je avec effroi, ne suis-je pas morte et ressuscitée? Faudra-t-il te quitter encore?

— Calme-toi, ma bien-aimée, répondit George en souriant; nous ne serons jamais séparés plus longtemps désormais que nous l'étions sur la terre, et cette séparation n'aura ni les ennuis ni les incertitudes de l'autre. Tous les matins alors, après le baiser de l'adieu, j'allois livrer ma barque aux doutes de la brume, aux bourrasques du lac, aux hasards d'une navigation qui n'étoit pas sans périls. Maintenant, c'est toi qui voyages, et je suis sûr de ton retour. Si nous étions heureux, quand nous avions quelques années à vivre ainsi, combien ne le sommes-nous pas maintenant, quand la bonté de Dieu nous mesure tant de siècles! Et ce n'est pas tout, s'il t'en souvient! Un sentiment si triste se mêloit à notre joie! Il ne falloit qu'un accident pour la troubler, il ne falloit que la mort pour la détruire. La mort, nous ne savions pas ce que c'étoit, et nous savons aujourd'hui que le seul bien qu'elle pût alors nous enlever, c'est elle seule qui le donne.

— C'est donc pour cela, m'écriai-je en le pressant sur mon cœur, que j'y aspirois avec une si vive impatience! Oh! si tu n'étois pas venu sitôt, c'étoit moi qui arrivois; et, plus soudain que moi, parce que ton âme vaut mieux que la mienne, tu n'as fait que devancer ma résolution!

— Arrête! interrompit George en me regardant d'un

œil attendri; si tu avois accompli cette résolution fatale, c'en étoit fait pour jamais. Les siècles, dans leur succession éternelle, ne nous auroient peut-être jamais réunis! L'âme éclairée des lumières de la foi, qui désespère de Dieu pour embrasser le néant, devient indigne de toutes les grâces du Créateur; et si le néant étoit possible, c'est pour le suicide qu'il seroit fait. Le suicide a rompu son ban; il a violé la loi de misère et de résignation qui lui a été imposée; il végétera sans doute, solitaire et triste, dans les limbes obscurs d'un monde inconnu, jusqu'au jour où les expiations de son repentir auront satisfait à la justice divine. Heureusement pour nous, le projet criminel que tu avois embrassé n'étoit qu'une illusion du délire. A la faveur d'un sens merveilleux qui nous est donné, et qui nous associe à toutes les impressions des êtres chéris que nous avons laissés sur la terre, je suivois avec terreur l'enchaînement de tes pensées, quand une révélation subite m'apprit que tu étois sauvée, parce que l'intelligence s'étoit retirée de toi. Tu m'étois rendue, même dans le temps, car tel est le privilége des âmes pures que Dieu s'est réservées, et dont quelque pieuse douleur a tout à coup troublé la raison. Tes jours semblent appartenir à des rêves qui t'égarent; ton sommeil t'élève à la possession de la vérité, qui échappe aux impuissants efforts des sages. Les souvenirs que tu vas emporter sur la terre, quand le moment du réveil t'arrachera de mes bras, feront de toi un objet de dérision ou de pitié pour les hommes; mais tu connoîtras seule la destinée à venir de l'humanité, que les hommes vivants ne connoîtront jamais. Ton corps est enchaîné, je ne sais pour combien de temps encore, aux liens grossiers de la vie; mais ton âme est appelée d'avance à goûter l'immortalité. Supporte donc avec résignation les ennuis de cette prison d'un moment, dont la porte s'ouvrira chaque soir sur les espaces immenses de la liberté éternelle.

— J'ai tout compris, répondis-je; et mon âme, humiliée devant la grandeur de Dieu, se soumet avec reconnoissance à toutes ses volontés; mais puisqu'il m'est permis de te revoir dans ces moments de mort apparente ou de réparation anticipée que Dieu nous a donnés pour soulagement à nos douleurs, ne verrai-je pas aussi ma fille! ma douce et jolie petite fille! Elle ne peut habiter un autre monde que celui où nous sommes, car à quoi serviroit la résurrection des mères, si elles ne retrouvoient pas leurs enfants? Le cœur innocent de ce pauvre ange n'étoit pas encore ouvert au péché, et Dieu n'a pu refuser à la plus aimable de ses créatures un bonheur auquel la vertu même a moins de droits que l'innocence. Mais pourquoi ne me réponds-tu pas, et pourquoi une larme vient-elle mouiller tes yeux, à l'instant même où tu cherches à me consoler d'un sourire? Dieu auroit-il voulu garder ma petite fille pour lui?

—Tous les êtres sont à lui, s'écria-t-il, et il les possède partout! Mais Dieu est incapable de tromper la tendresse qu'il a lui-même déposée dans ton cœur. Seulement, plus sage que tu ne l'es dans l'impatience de ton amour, il retarde la résurrection des enfants, jusqu'au moment où ils peuvent se réveiller, ainsi qu'à la suite d'un doux sommeil, suspendus au sein qui les a nourris. Notre petite fille ne t'est pas rendue encore, parce que tu n'es pas encore ressuscitée; mais le jour où tu renaîtras jeune dans mes bras, quel que soit le nombre des années qui t'est réservé, car la vieillesse n'est pour cette nouvelle vie que le court crépuscule d'un beau jour qui aboutit au jour sans fin; à ce moment de gloire et de bonheur qui ne peut plus échapper à notre espérance, tu verras l'enfant chéri éclore du premier de nos embrassements, et nous partager ses innocentes caresses, comme si elle ne nous avoit jamais quittés. D'ici là, elle continue à dormir paisible dans son petit linceul, comme dans les langes de son berceau, à moins que Dieu n'admette quelquefois ces âmes ingénues à des visions célestes dont les ressuscités eux-mêmes n'ont pas le secret. La patience est un des plus grands efforts de notre nature, tant qu'elle n'est appuyée que sur la résignation; mais elle devient facile quand elle s'appuie sur la foi. Le jour où ta fille se réveillera est si près de nous dans la succession des jours, que tu te ferois scrupule de la réveiller toi-même et de la tirer de ses songes, si elle dormoit sur tes genoux. Et qu'importe combien de temps elle dort, puisqu'elle ne vieillit point? Cherche à triompher, ma Lydie, de ces vaines inquiétudes des vivants que je ne pourrois pas toutes dissiper, parce que la mort seule doit te donner les sens intelligents et purs qui te manquent pour me comprendre. Contente-toi de jouir de l'aspect des biens que Dieu nous prodigue et de l'espérance assurée des biens qu'il nous a promis. Pense que les heures s'écoulent, et que nous avons autant d'heures à être séparés que d'heures à être ensemble. Ne t'éloigne pas aujourd'hui sans avoir visité tes domaines et tes jardins.

En parlant ainsi, George me relevoit doucement du tapis de verdure où nous étions assis, et m'entraînoit de surprise en surprise à travers ces bocages délicieux dont la merveille se renouvelle à chaque pas, car ils ont cela d'étrange et de sublime, que la création, livrée à tout le luxe de ses divines fantaisies, ne s'y astreint nulle part à la reproduction uniforme des espèces. Chaque arbre, chaque tige, chaque brin d'herbe, y a son port, sa figure et sa nuance; chaque fleur se distingue de toutes les autres par sa couleur et son parfum; et ceci n'exclut point cependant le privilége dont une âme sensible peut doter quelque fleur aimée, car les moindres soins suffisent pour la perpétuer par la culture; j'y ai même vu des ancolies, des pervenches, des violettes et des roses; si bien qu'on diroit que tout ce qui a inspiré un sentiment ou porté une consolation au cœur de l'homme, est devenu capable de ressusciter avec lui. Cette magnificence féconde et variée que Dieu manifeste ici dans ses œuvres de prédilection, éclate là dans ses œuvres les plus obscures et les plus négligées, s'il est permis de penser et de dire qu'il a négligé quelque chose. Le grain de sable qui roule sous les pieds feroit honte aux rubis et aux saphirs de la couronne des rois. La poussière qui roule en atomes dans un rayon de soleil a toute la splendeur des étincelles du diamant. Les ruisseaux coulent sur un sable de nacre plus brillant, plus transparent, plus riche en reflets que l'opale, et il n'y a pas un de leurs petits flots qui ne berce toutes les couleurs de la lumière à sa surface comme un prisme ou un arc-en-ciel; mais que pourroient vous apprendre, mon ami, ces vaines comparaisons? Qu'est-ce que le rubis et le saphir? qu'est-ce que l'opale et le diamant? Qu'est-ce que l'arc-en-ciel lui-même dans le trésor inépuisable des créations du Seigneur? Éperdue d'étonnement et d'admiration, je n'aurois pu détourner mes yeux des miracles qui les frappoient de toutes parts, si les impressions que j'éprouvois ne s'étoient pas toutes réunies en George lui-même, George qui me paroissoit le roi de ces solitudes célestes, et en qui je remarquois, chose étrange, un caractère solennel de beauté qui m'avoit presque échappé sur la terre : « O mon bien-aimé, m'écriai-je en versant des larmes de bonheur, ce n'est pas toi qui voudrois tromper ta Lydie! Tu as ménagé mon extase par égard pour ces organes mortels dont je suis encore revêtue, et pour me prémunir contre des émotions qui en dissoudroient le lien avant le temps. Non, ce n'est pas ici un monde de transition entre le temps et l'éternité, le séjour passager d'une créature qui doit finir d'être encore une fois, avant de renaître pour vivre toujours. C'est le lieu où le Seigneur prodigue aux justes ses éternelles récompenses dans d'éternelles joies. Ce soleil mille fois plus radieux que le nôtre, et qui frappe cependant mes regards sans les blesser, cette nature splendide et calme dont il semble qu'aucun orage n'ait jamais troublé le repos, ces oiseaux parés d'éclatants plumages qu'on n'a jamais vus, même dans les rêves; qui effleurent mes cheveux dans leur vol, et qui ravissent mes oreilles de chants intelligibles à la pensée, plus harmonieux que la musique et plus expressifs que la parole; toute cette création qui vit, qui sent, qui aime, dont tous les mouvements, toutes les émanations, toutes les voix se confondent dans un adorable concert, c'est la plus haute et la plus parfaite des créations de Dieu. Toi-même, George, tu as des ailes! et tes ailes sont l'attribut des anges qui entourent le trône du souverain maître de toutes choses. Qu'est-ce donc que le paradis des élus, si le monde où nous sommes n'est pas le paradis? »

— Je comprends ton erreur, répondit George, et je la comprendrois encore si la mort t'avoit déjà douée des organes qui te manquent pour percevoir, dans ce monde passager, mille sensations qui t'échappent, et qui surpassent en douceur celles que tu éprouves maintenant. Tu t'en feras une foible idée en cherchant à te rendre compte des émotions qu'auroit éprouvées la matière, si elle eût joui de l'intelligence et de la pensée, à chacune des transformations qui la rapprochoient de l'état de perfectionnement. Imagine, si tu peux transporter ton esprit dans cette hypothèse impossible, la plénitude de joie qui eût comblé cette matière inerte, quand elle acquit la faculté de croître dans les métaux; les métaux, quand ils obtinrent, dans les plantes, la faculté de vivre et de se perpétuer à jamais; les plantes, quand elles passèrent de l'état sédentaire à l'état de mouvement, dans l'organisation des animaux, et quand elles échangèrent leur végétation captive et solitaire contre des instincts et des sentiments; les animaux, quand le plus privilégié de tous reçut du souffle divin une inspiration et une âme! A chacun de ces progrès semble attachée la conquête d'une création, et la volupté dont il auroit inondé, tout à la fois, la matière sensible, si elle avoit pu se rendre compte de ses métamorphoses, n'a cependant rien de comparable à celle qui pénètre le cœur de l'homme à l'instant où il prend possession d'une vie nouvelle qui le prépare à la possession assurée de l'éternité. C'est ce que tu sauras un jour, quand tu auras reçu de la mort le privilége de savoir, et tu me pardonneras alors de n'avoir pas satisfait plus clairement à tes doutes et à tes questions, parce que tu comprendras que j'étois obligé de me servir, pour m'expliquer, d'une langue appropriée à l'imperfection de tes sens débiles et incomplets. La connoissance des mystères d'une autre vie n'appartient qu'à une autre vie qu'il m'est permis de te faire pressentir, mais que Dieu lui seul peut te donner. Quant à ces ailes que tu as remarquées, continua-t-il en abaissant ses yeux vers la terre avec une grave modestie, je dois t'avouer qu'elles ne me sont pas communes avec tous les ressuscités, comme tu pourrois le croire. Dieu, qui a établi entre toutes ses créatures des différences nécessaires dont l'inégalité apparente ne s'effacera que devant le jour suprême de sa justice, a maintenu quelque hiérarchie dans le monde intermédiaire lui-même, où il appelle ses premiers élus. Comme tous les titres n'y sont pas égaux, il a voulu que les vertus qui lui sont le plus chères y fussent distinguées par des figures extérieures et par des avantages sensibles, propres à inspirer le respect et la soumission. Cette manifestation éclatante de sa faveur est chez nous le gage d'un ordre immuable, et le secret d'une politique dont rien ne peut altérer le principe; mais personne n'oseroit s'en enorgueillir, parce que le motif des volontés de Dieu est impénétrable. Ce qu'il est possible de conjecturer, c'est que Dieu a reconnu, par cette distinction extraordinaire, le dévouement des hommes qui ont donné leur vie pour le salut de leurs semblables, et qui ont fait passer ainsi l'accomplissement du devoir le plus sacré de l'humanité avant l'intérêt de leur propre conservation. Il y auroit, sans doute, peu de mérite à soutenir un instinct si naturel, sans réfléchir à ses conséquences et à ses dangers, il y auroit peut-être quelque orgueil à lui obéir dans les occasions qui l'éveillent, qui le développent, qui le font crier au fond de notre âme comme une voix de la Providence, et ma mort auroit été plus digne d'envie que de pitié, si je n'avois eu qu'une vie à immoler en te quittant. Mais tu vivois, Lydie; ce n'étoit pas toi que j'allois sauver; c'étoit toi que j'allois perdre, et, n'en doute pas, ajouta George en portant ma main de son cœur à ses lèvres, Dieu a moins récompensé en moi mon action que mon sacrifice!

— Voilà qui est bien, lui dis-je, car mes idées s'éclaircissent de plus en plus à chaque parole que tu prononces! Laisse-moi te dire le reste. Ainsi, mon George, tu es heureux parmi les heureux, parce que tu as été bon parmi les bons, et le privilége que tu partages avec quelques-uns n'a rien d'humiliant pour le grand nombre, parce qu'il est de la nature des belles âmes de reconnoître l'ascendant des âmes supérieures, et parce que Dieu a d'ailleurs imprimé à tes pareils le sceau manifeste de sa prédilection. Tu es heureux dans la vie glorieuse que la divine bonté t'a faite auprès de mon père et du tien, qui nous ont si tendrement aimés, et dans les bras desquels tu ne peux me conduire, tant que les liens de la vie qui m'enchaîne encore à la terre ne sont pas rompus. Si quelque chose manque à la félicité si pure dont tu jouis, c'est ta pauvre Lydie et ta petite Marceline, que tu attends toutefois avec sécurité, comme au retour d'un court voyage qui n'offre plus de périls; et quoique mon épreuve doive me paroître plus longue, moi aussi, je suis heureuse, car je ne peux plus douter qu'elle finira. Oh! que le sentiment de notre bonheur à venir ne soit plus obscurci dans ton âme par la moindre inquiétude, car ta Lydie le goûte avec toi, et les jours pénibles que j'ai encore à passer dans le monde où tu n'es plus, adoucis du moins par une ferme espérance, te rendront fier de mon calme et de mon courage. Il n'y a de malheureux que les méchants, qui doivent regretter, dans des souffrances éternelles, d'avoir en vain compté sur le néant; et je ne peux te cacher que ce sentiment mêle pour moi quelque tristesse aux joies ineffables de la résurrection. Le Créateur les avoit faits nos frères, et nous avoit prescrit de les plaindre et de les aimer, quoique nous en fussions haïs et persécutés. Ces infortunés ne trouveront-ils jamais grâce devant la pitié du Très-Haut? L'enfer ne les rendra-t-il jamais?

— Je m'attendois à cette question, répliqua George avec un nouveau sourire, car tous les secrets de ton cœur me sont connus; mais tu sauras un jour qu'il m'est aussi impossible qu'à toi de la résoudre, car la mort n'a soulevé que le premier de tous les voiles qui nous séparent de Dieu; cela devoit être ainsi pour que notre âme ne s'abîmât pas d'étonnement et de respect dans la contemplation de ses mystères. Ce que je puis te dire, et ce que les sages nous enseignent dans notre vie nouvelle, c'est qu'il n'y a peut-être point de méchants absolus, et que, par conséquent, il n'y a peut-être point de peine sans rémission. D'autres clartés font sans doute rayonner un nouveau jour dans des intelligences rebelles. D'autres mondes plus rigoureux soumettent les insensés et les pervers à des épreuves plus longues et plus pénibles, mais qui auront aussi leurs mérites et leurs couronnes. L'obstination seule dans la haine de Dieu et de ses œuvres sera repoussée à l'instant solennel du jugement suprême; mais il faut pour cela que le souffle divin qui anime la créature s'anéantisse absolument en elle, et qu'il n'y reste plus rien d'humain. Il y a encore des chutes à craindre dans ce monde d'élection où je t'ai transportée, car ce n'est pas celui de la vie éternelle, et les bons sont exposés comme les mauvais à l'atteinte des passions; mais ces chutes seront fort rares. Il y a encore des réparations à espérer dans ce monde d'exil où les condamnés gémissent: et comme la cruelle espérance du néant ne les rassure plus, ces réhabilitations seront nombreuses. Rien n'est fini devant la souveraine bonté, parce qu'il n'y a qu'elle qui soit complète et universelle. Je t'ai parlé de nos théories et non pas de nos mystères. Chez les ressuscités comme chez les vivants, la sagesse consiste à s'humilier.

— Que la volonté du Seigneur soit faite en toutes choses, repris-je alors. Mais achève de rassurer ma foiblesse sur un doute que tes discours ont fait naître quelquefois dans mon esprit. La révélation est vraie; il n'est pas permis d'en douter, et le langage des saintes Écritures est la divine expression des vérités que nous devons croire. Pourquoi ces vérités se sont-elles enveloppées de ténèbres impénétrables? Pourquoi cette révélation émanée de Dieu, qui sait tout et qui peut tout dire, est-elle restée imparfaite? En rendant sensibles à tous ces destinées de l'avenir qui deviennent si évidentes aux yeux dessillés des morts, la tendre miséricorde du Seigneur auroit abrégé nos épreuves; car, dès le premier pèlerinage que nous accomplissons sur la terre, toutes les âmes se seroient élancées vers lui d'un commun accord. Pourquoi nous a-t-il laissés plongés dans l'ignorance et dans le doute, si voisin du désespoir, même quand il s'annonçoit par ses prophètes, et quand il se donnoit à nous par son fils? La science de la foi doit-elle tenter de s'élever au-dessus des enseignements de la foi?

— Jamais! s'écria George, car la foi n'est pas une science, la foi est une vertu dont tout le mérite consiste dans son abandon et dans sa simplicité. Ceux qui croient parce qu'ils savent ne croient pas assez et ne croient pas bien. La conviction est l'effet de l'examen, et l'examen est une opération de l'esprit qui marque l'ingratitude et la défiance. Pour pénétrer dans l'abîme des volontés de Dieu, il manque à l'homme des organes que Dieu n'a pas daigné lui donner. Que diras-tu de l'aveugle-né qui porte un jugement sur les couleurs, ou du sourd-muet qui analyse les effets de la musique? Faut-il te rappeler que ces mystères ont été dévoilés aux chrétiens dans la première page des Écritures? Quiconque est parvenu à discerner le bien et le mal a déjà perdu son innocence, car le propre de l'innocence est de ne pas connaître le mal. Tous les êtres que le Seigneur a produits lui sont également chers, mais il a voulu les renfermer dans de justes bornes qu'ils ne peuvent franchir sans se perdre. Il n'est pas plus permis à l'homme de concevoir les mystères de la création qu'à la plante de changer volontairement de sol et d'horizon, qu'à l'animal de réfléchir sur son existence et de communiquer sa pensée. Les premiers habitants de la terre étoient réservés au bonheur le plus pur que puisse comporter leur espèce, quand un esprit d'orgueil et de démence leur ouvrit la fatale voie du savoir; ils ont acquis la faculté de savoir, et avec elle tous les doutes qui la suivent, tous les malheurs qui l'accompagnent, depuis l'incertitude où l'âme s'égare, jusqu'à la pensée du néant qui la tue. Ceci est le résultat d'une impatience qui est propre à tous les êtres créés, et qui les porte incessamment vers le degré de perfection qu'ils doivent un jour atteindre, instinct naturel et irrésistible auquel la pierre obéit en croissant et en aspirant à vivre, la plante en vivant et en aspirant à sentir, l'animal en sentant et en aspirant à penser, l'homme lui-même en pensant et en aspirant à comprendre; mais l'homme avoit reçu l'intelligence, il connoissoit la portée de son organisation, il en pressentoit avec assurance les fins promises, et il ne se contint point dans les limites qui lui furent imposées par la parole divine. Il entreprit de se rendre égal à Dieu, et Dieu le punit dans sa vanité en lui abandonnant le fruit de la science qui ne lui apprit que la mort. Voilà, chère Lydie, l'histoire de l'humanité. Ces maux seroient trop grands si Dieu ne nous avoit pas laissé pour compensation la foi qui se confie en ses promesses, l'espérance qui attend, et la charité qui aime, trois vertus que la sagesse des saints appelle *théologales*, dans la langue des Grecs, parce qu'elles renferment en elles toute la *science de Dieu*. Croire, espérer, aimer, c'est la véritable loi du chrétien, et quand il a rempli ces conditions dans sa première vie d'épreuve, il s'est rendu digne de l'autre. Si tu me demandes encore maintenant pourquoi la révélation, qui est l'expression même de l'éternelle vérité, n'a pas éclairci ces ténèbres, il me sera facile de te satisfaire. La révélation n'a été donnée ni à des êtres d'une nature supérieure à l'homme, ni aux hommes obstinés dans le péché de la science, qui persistent à chercher la raison des choses, malgré la défense expresse de Dieu, et qui renouvellent ainsi en eux la tache originelle de leur race. Elle a été donnée aux simples d'esprit et de cœur qui croient parce qu'ils sentent, et non pas parce qu'ils savent. La vie seroit une épreuve aisée, si le témoignage de nos sens nous démontroit que la vie n'est qu'une épreuve, et l'avenir nous dédommageroit assez du présent, si le présent n'étoit pas fermé; mais la révélation nous est arrivée sous une forme humaine, et n'a pu être communiquée à l'homme que dans les conditions de sa nature. La vérité qu'elle nous donne est la vérité générale que saisissent nos organes et qu'embrassent nos facultés; mais elle suffit ainsi aux besoins de notre nature et aux espérances légitimes dont elle est la source. La vérité des savants, au contraire, est un abîme sans fond dont les formidables échos répètent à jamais cette menace prophétique du Seigneur : *Vous êtes poussière et vous retournerez en poussière !* Le péché du paradis terrestre, Lydie, c'est la science, fille déplorable de la curiosité! Crois donc sans efforts ce qui t'a été enseigné par Dieu et par son Église, même quand ces enseignements te paroissent imparfaits, car tu sais que l'espèce entière à laquelle tu appartiens est imparfaite, et qu'elle ne peut en recevoir d'autres tant qu'elle n'a pas été éclairée par la mort. C'est la mort qui est la lumière. Écoute-moi bien encore une fois, douce amie, pour que mes paroles ne soient pas tracées sur le sable, mais qu'elles s'impriment fortement dans ton cœur. Savoir, c'est se tromper peut-être ; croire, c'est la sagesse et le bonheur; espérer, c'est le remède et la consolation de tous les maux; aimer, c'est toute la vertu. Je ne sais pas si le souverain juge tiendra beaucoup de compte un jour de la science que tu viens d'ambitionner un moment, mais je te réponds que les plus précieux trésors de sa grâce appartiennent à la candeur, à la pitié et à la charité.

Je me penchai sur le sein de George, en y répandant quelques larmes de joie, et notre promenade se poursuivit en silence, car je n'étois plus curieuse. Je jouissois de délices plus pures que celles qui avoient comblé le cœur des premiers êtres vivants dans le paradis terrestre, et je ne voulois pas renouveler le péché d'Ève dans le paradis des morts. Je savois d'ailleurs que les doutes qui me tourmentoient encore étoient l'effet de mon ignorance et de mon imperfection, et qu'ils ne pouvoient qu'affliger mon ami, en le ramenant trop longtemps du sentiment serein de sa condition à la tendre pitié que lui inspiroit la mienne. Et puis tout continuoit à me distraire par des sensations que les hommes ne sont pas même capables de nommer, parce qu'il n'y a rien qui leur ressemble dans nos sensations ordinaires. Mes yeux, inondés des lumières flatteuses qui les étonnoient sans les éblouir, mes oreilles abreuvées par un fleuve d'harmonie qui ne tarissoit jamais, tous mes sens, accablés d'un bonheur pour lequel ils ne sont pas formés, commençoient à s'assoupir dans une langueur délicieuse dont aucune de nos voluptés terrestres ne donneroit l'idée, si l'on ne parvenoit à se figurer l'inexprimable extase d'une âme qui vient d'être ravie en Dieu. Je sentis mes membres défaillir, mais le bras de George me soutint.

— Voilà le moment venu, dit-il. Tu t'endors à la vie des ressuscités pour retourner à la vie des mourants, et pour la traîner péniblement pendant quelques heures qui nous sépareront à peine, car ma pensée ne cessera de te suivre et de veiller sur toi. Souviens-toi de croire, d'espérer et d'aimer, et ne crains pas de souffrir, car les souffrances de la vie sont passagères, et les joies de la résurrection sont éternelles.

Au même instant, continua Lydie, je me réveillai en effet sur le lit de douleur où j'avois subi la veille de si mortelles angoisses, et je sentis ma main pressée encore dans la main du médecin, qui interrogeoit de nouveau le mouvement de mon sang. « Où est-il? m'écriai-je. Que sont devenus ces brillants oiseaux au plumage d'or, qui nous saluoient de leurs concerts? Qu'a-t-on fait de ces fleurs qui penchoient à l'envi vers nous leurs calices odorants pour nous embaumer de leurs parfums? Le Seigneur a-t-il éteint son soleil? » Mais je me rappelois aussitôt les paroles de George, car elles avoient à peine cessé de retentir à mon oreille, et de vibrer dans mon âme; je compris avec résignation que ma captivité n'étoit pas finie, et je souris.

— Voilà qui est bien, remarqua le docteur du ton de l'orgueil satisfait. Ce que j'avois prévu est arrivé. Cette jeune femme est en démence; il n'y a pas un moment à perdre pour la transporter dans l'hospice des aliénés de Lausanne où je pourrai observer de plus près les développements et les crises de sa maladie.

— Pour quoi faire? dit la mère Zurich, une bonne vieille femme de notre voisinage, qui m'avoit assistée les jours précédents, et qui ne m'a pas quittée depuis; pourquoi faire, s'il vous plaît?

— Pour la guérir, répondit le médecin en puisant une prise de tabac dans sa tabatière d'or.

— Hélas! reprit la mère Zurich en soupirant, Dieu garde qu'elle guérisse, puisqu'elle se trouve contente ainsi, et que son front a repris cette sérénité d'ange qui la rendoit si belle au temps de son bonheur. Pouvez-vous ressusciter George, et le ramener ici avec elle, quand elle sera guérie? Si votre savoir ne va pas jusque-là, laissez-nous Lydie comme elle est. La pauvre enfant sera notre fille à tous, et je vous réponds que nous ne l'abandonnerons pas!

En parlant ainsi, elle m'entoura de ses bras comme pour me retenir, et je répondis à sa tendresse par des larmes de reconnoissance, car je me serois trouvée bien à plaindre de quitter la maison de George et les gens qui l'avoient aimé. Le médecin étoit pourtant fort affligé, selon toute apparence, de perdre un sujet d'étude qui commençoit à lui faire honneur, et je ne l'ai pas revu depuis. Mon histoire finit là, maintenant j'espère et j'attends.

Depuis longtemps Lydie ne parloit plus, que je l'écoutois toujours. Quant à Lydie, elle étoit retournée à ses fleurs, sans prendre garde à moi, et je pense qu'elle m'avoit tout à fait oublié, quand je me replaçai sur son passage.

— Un mot encore, Lydie, un mot et rien de plus, m'écriai-je en saisissant sa main avec une respectueuse tendresse! Depuis cette nuit solennelle où George vous transporta dans le paradis des ressuscités, vous est-il arrivé de faire encore une fois, une seule fois, le même rêve?

— Le même rêve? reprit-elle d'un air soucieux. Appelez-vous cela un rêve, comme le font les autres? Oh! ne vous alarmez point! je ne vous en saurois pas mauvais gré. Les vivants ne peuvent juger que d'après leurs sens, et leurs sens sont voilés d'épaisses ténèbres. Depuis cette nuit où le paradis des ressuscités me fut ouvert, j'y pense toutes les heures de mon sommeil, et j'y ai pénétré des mystères plus doux encore que ceux dont je vous ai entretenu. Si cela n'étoit pas ainsi, croyez-vous que je vivrois encore?

Une femme que je n'avois pas aperçue jusque-là, et qui étoit arrivée pendant les derniers moments de notre entretien, vint se placer alors au-devant de Lydie qui s'empara de son bras. Je reconnus la mère Zurich, et en effet, le soleil près de se coucher marquoit déjà depuis quelque temps l'heure de quitter l'esplanade. — Pauvre innocente! dis-je en moi-même en suivant Lydie des yeux à travers les détours du chemin et en la voyant disparoître pour la dernière fois derrière un massif de verdure qui ne devoit plus me la rendre; pauvre Lydie! repris-je après un instant de réflexion, ou plutôt, femme heureuse et privilégiée entre toutes les femmes! tu vas t'endormir aux tristes réalités de la terre et rêver, sur le sein de ton ami, la félicité qui t'est promise! Dors longtemps, Lydie, et puisse le ciel hâter pour toi le jour fortuné où tu ne te réveilleras plus! Grâces te soient rendues cependant pour les douces et précieuses consolations que j'ai retirées de ton entretien! Là où n'étoit pour moi qu'une énigme dont je croyois pouvoir obtenir le mot sans recherches et sans sacrifices, tu m'as appris que la solution de cet imposant mystère n'appartient qu'à ceux qui savent aimer et souffrir; la crainte de souffrir me faisoit craindre d'aimer, et je ne savois pas qu'en me dérobant aux rigoureuses épreuves du cœur par une défiance pusillanime de mes forces, j'altérois en moi le principe le plus vivace de mon immortalité, celui-là seul qui doit nous acquérir des droits à une éternelle récompense, et nous faire participer à des joies éternelles. Tes paroles ont rallumé ce flambeau d'active charité que je m'efforçois d'étouffer dans mon sein. Je retourne parmi les hommes pour les aider dans leurs peines, et pour pleurer du moins avec eux quand il ne m'est pas permis de les secourir. Je vais reprendre ma part des calamités qui sont attachées à notre existence passagère; je vais accumuler sur ma tête résignée tout ce qu'il me sera possible d'en épargner aux autres, et si j'éprouve quelque regret, c'est que ce devoir, aveuglément dédaigné si longtemps par une fausse philosophie, soit trop facile aux âmes à convictions qui veulent se rendre dignes de leur destinée. Il n'y a point en effet de malheur réel pour l'amour, quand il s'appuie sur l'espérance et sur la foi, et si cette prescience de l'infaillible vérité étoit donnée à tous comme à Lydie et à moi, ô mon Dieu! qui oseroit dire que notre paradis terrestre fût fermé?

— Dieu est grand, dit Lugon, car j'avois proféré tout haut ces dernières paroles en m'acheminant vers l'endroit où il m'attendoit, une main passée dans la bride de mon cheval. Monsieur a sans doute remarqué, ajouta-t-il pendant que je me jetois en selle, qu'il étoit trop tard ce soir pour aller voir le château de Chillon?

— Eh! que m'importe, mon ami, le château de Chillon, et tous les restes du moyen âge, et tous les souvenirs de la poésie, et jusqu'à ces merveilles de la nature que j'allois admirer dans les Alpes! Mes amis s'attristent de mon absence, ma mère est vieille et infirme, j'ai laissé un domestique malade, le plus pauvre de nos voisins a perdu sa vache, l'argent que je dissipe en distractions solitaires fait faute dans vingt maisons du village, et je reprendrai demain la route du Jura.

Cette réponse, qui ne présentoit à l'esprit de Lugon qu'un bizarre enchaînement de phrases sans ordre, lui inspira sans doute quelque inquiétude sur l'état de ma raison, car il ne me répliqua que par un hochement de tête accompagné d'un soupir. Le pauvre garçon n'avoit pas oublié que la folie de Lydie passoit pour contagieuse.

« Dieu est grand! » murmura-t-il tout bas en s'élançant à son tour sur sa mule, et nous gagnâmes Vevey d'un temps de galop.

Je suis resté dès lors fidèle à toutes mes résolutions. J'ai accepté avec soumission et avec reconnoissance la part que le Seigneur m'a faite dans les douleurs et dans les tribulations de l'humanité; je ne me suis jamais plaint que la coupe fût trop pleine, quoiqu'elle ait débordé souvent, et je dois répéter encore qu'il y a eu peu de mérite dans mon courage, car le courage ne coûte rien à la foi. Il n'est point d'homme qui n'en puisât autant que moi dans les mêmes convictions, et qui ne se défendît soigneusement de soumettre sa croyance instinctive aux misérables arguties de l'examen philosophique, une fois qu'il a compris que toutes nos vertus consistent à aimer, et que tout notre bonheur consiste à croire. Ces paroles de George me ramènent à une histoire dont j'ai promis la fin.

Dans le cours du printemps qui suivit ma rencontre avec Lydie, un souci profond dont je n'étois pas le maître me pressoit de la revoir et de m'informer de son sort. La science des médecins m'effrayoit, quand je pensois qu'ils pouvoient l'avoir guérie, qu'elle étoit rendue au sentiment affreux de son infortune, et qu'elle ne révoit plus. Ma constance même, encore chancelante, avoit besoin de s'assurer dans sa force contre les railleries de beaux-esprits et le superbe dédain des sages. Pour mettre fin à ces incertitudes, je retournai à Vevey, mais je ne m'y arrêtai point. Je passai devant la maison de George qui étoit fermée comme la première fois, et je pensai que Lydie devoit être à l'esplanade, car l'heure n'étoit pas encore avancée, et le jour étoit tiède et pur. Au moment d'arriver, je rencontrai un cavalier qui menoit à la main un cheval de retour. Comme je connoissois cet homme et que j'en étois connu, nous mîmes pied à terre tous les deux à la fois. C'étoit le petit Lugon.

— Où va donc monsieur, sans guide et sans domestique? dit Lugon en répondant cordialement à mon serrement de main.

— Au jardin de Lydie, répondis-je. As-tu remarqué si elle y étoit?

— Elle y est, monsieur, reprit Lugon d'un ton de voix grave et concentré en abaissant ses regards vers la terre. Madame Lydie est dans son jardin et n'en sortira plus, jusqu'à ce que la trompette de l'ange l'appelle au jugement dernier. Elle est morte.

— Morte! m'écriai-je.

Et le cœur de l'homme est un abîme de contradictions inexplicables. Je ne sais ce qui l'emportoit alors en moi du regret de sa perte ou de la joie de sa délivrance.

— Elle mourut, continua Lugon, un mois à peine après le jour où monsieur conversa si longtemps avec elle. Elle étoit dans son jardin, comme elle appeloit ce coin de la grève, tout entourée de fleurs qu'elle avoit cueillies et dont la pauvre femme avoit coutume de composer le bouquet de George. La mère Zurich étoit venue deux fois pour la chercher, et deux fois elle s'étoit retirée à l'écart parce qu'elle avoit pensé que Lydie dormoit. La troisième fois, comme la nuit se faisoit déjà sombre et que tout le monde revenoit de son travail, elle résolut de l'éveiller, mais elle ne put y réussir, parce qu'il se trouva que Lydie étoit morte. Alors la mère Zurich poussa un cri qui appela tous les passants: « Voyez, voyez! dit la mère Zurich, elle est morte! et je croyois qu'elle dormoit! » Ce qu'il y a d'étrange, monsieur, c'est que, lorsqu'on vint pour enlever le corps de Lydie que la mère Zurich avoit enveloppé de ses bras sans proférer une parole de plus, on s'aperçut que la mère Zurich était morte aussi. On leur creusa là les deux fosses que vous voyez, parce qu'elles étoient catholiques et qu'elles ne pouvoient avoir part aux prières des huguenots.

— Tu es catholique, Lugon? repris-je involontairement, car ma pensée étoit distraite par d'autres idées.

— Certainement, monsieur, répliqua froidement Lugon, puisque je suis du Valais.

— Et que pensa-t-on dans le pays de ces deux morts si soudaines que rien n'avoit fait prévoir?

— Le docteur n'en parut pas étonné. Il dit que la jeune étoit morte d'une congestion célébrale, je crois que c'est cela, et la vieille d'apoplexie. Oh! c'est un homme très-savant.

— La jeune étoit morte parce que le temps de ses épreuves étoit achevé, et la vieille parce qu'elle n'avoit plus personne à consoler sur la terre. Le ciel ne devoit pas une moindre récompense à sa piété.

Ici Lugon me regarda fixement avec un mélange d'étonnement et de tristesse, car il n'avoit pas oublié tout à fait ses anciennes préventions, et il venoit de se les remettre en mémoire.

— La vieille, reprit-il, avoit fait son temps; mais Lydie, si jeune encore et si belle!...

— Ne la pleurez pas, mon ami! Lydie est affranchie maintenant de toutes ses douleurs! Lydie possède à jamais, sans trouble et sans réveil, la félicité qu'elle ne faisoit que rêver.

Lugon me regarda de nouveau.

— Dieu est grand! dit-il.

FRANCISCUS COLUMNA[1].

Vous vous souvenez peut-être de notre ami l'abbé Lowrich, que nous rencontrâmes à Raguse, à Spalatro, à Vienne, à Munich, à Pise, à Bologne, à Lausanne. C'est un excellent homme, plein de savoir, mais qui sait une multitude de choses que l'on se trouveroit heureux d'oublier si on les savoit comme lui : le nom de l'imprimeur d'un méchant livre, l'année de la naissance d'un sot, et

---

[1] Cette nouvelle, la dernière qu'ait écrite Charles Nodier, a paru pour la première fois dans le *Bulletin de l'Ami des Arts*. Elle a été imprimée à part sous ce titre : *Franciscus Columna, dernière nouvelle de Charles Nodier, extraite du Bulletin de l'Ami des Arts, et précédée d'une Notice par Jules Janin*. Paris, 1844. 1 vol. in-18 de 106 pages. On trouve dans ce volume, outre la notice de M. Janin, qui occupe vingt-cinq pages, un appendice de huit pages, intitulé : UNE LETTRE DE CHARLES NODIER. Cette lettre, précédée d'un préambule signé A. de La Fizelière, est datée de Lille, 17 juin 1835. Elle est relative à un voyage que Nodier fit à cette époque en Belgique, et dans lequel il reçut de véritables ovations. Nous croyons faire plaisir au lecteur en la reproduisant ici, parce que, ainsi que le dit M. de La Fizelière, « elle a le mérite inappréciable de peindre en peu de mots cet homme excellent, aussi admirable par la simplicité de ses mœurs et la modestie de ses désirs, que par l'élévation de son talent littéraire. » Voici cette lettre :

Lille, 17 juin 1835.

« Mon cher T......, me voilà de retour en France, chargé de couronnes et de vers comme un acteur de Paris qui vient de faire une tournée en province.

mille autres particularités de cette importance. L'abbé Lowrich a la gloire d'avoir découvert le véritable nom de Knicknackius, qui s'appeloit Starkius, et non pas, s'il vous plaît, Polycarpus Starkius, qui a fait huit beaux hendécasyllabes sur la thèse de Kornmannus *de ritibus et doctrinâ scarabæorum*, mais Martinus Starkius, qui a écrit trente-deux hendécasyllabes sur les puces. A cela près, l'abbé Lowrich mérite d'être connu et d'être aimé; il a de l'esprit, du cœur, une obligeance active, sincère, et il joint à ces qualités précieuses une imagination vive et singulière qui donne beaucoup d'attrait à sa conversation, tant qu'elle ne tombe pas dans les infiniment petits de la biographie et de la bibliographie. J'ai pris mon parti sur cet inconvénient, et quand je rencontre l'abbé Lowrich dans mes voyages perpétuels à la face de l'Europe, je cours à lui du plus loin que je le vois. Il n'y a pas plus de trois mois que cela m'est arrivé.

J'étois de la veille à l'*hôtel des Deux-Tours*, à Trévise, mais je ne m'y étois établi que fort tard, et je n'avois pas mis le pied dans la ville. Le matin, comme je des-

Je n'ai pas besoin de vous dire combien ce genre de réception s'accordoit mal avec mon besoin de solitude et de repos, les deux seules choses que je cherchasse hors de Paris. Aussi ma santé ne s'est guère améliorée, si elle n'est pas devenue pire, et vous en aurez pour une bonne part le péché sur la conscience, car c'est vous qui m'aviez annoncé à Gand. Enfin, grâces au ciel, j'échappe aux banquets et aux compliments, et j'ai le bonheur d'être rendu à un pays où personne ne s'occupe de moi. Ce n'est pas ici qu'on viendra m'éveiller par des sérénades.

« Je serai à Paris le 21, si Dieu le permet. Je suis trop mal pour voyager autrement qu'à petites journées. Je repartirai deux ou trois jours après pour un village des environs, mais je vous verrai le 22. Ce seroit grand plaisir si l'éternel Thompson vous avoit rendu à cette époque le *Ballet de Beaujoyeulx*, car je n'ai presque rien trouvé en route, bien que j'aie remué quatre ou cinq cent mille bouquins dont la poussière n'a pas contribué à soulager mes poumons. Voyez, je vous prie, à cet effet, le relieur le plus paresseux de la chrétienté.

« Ayez la bonté de présenter mes respectueux hommages à madame F.....
« Tout à vous,

CHARLES NODIER. »

cendois l'escalier, je me vis précédé par une de ces figures singulières qui ont de la physionomie de quelque côté qu'on les regarde : un chapeau comme il n'y en a point, ajusté à la tête comme on n'en ajusta jamais ; une cravate rouge et verte nouée en ficelle, qui dépassoit de quatre bons pouces le col de l'habit sous le côté gauche, et qui disparoissoit d'autant sous le côté droit ; un pantalon fort inexactement brossé sur une jambe, et dont l'autre jambe s'arrondissoit en bourrelet avec une sorte de coquetterie sur le revers de la botte ; le portefeuille immense enfin, le portefeuille inamovible où gisent tant de titres de livres, tant de notices, tant de plans, tant de croquis, tant de trésors inestimables pour le savant, mais que ne ramasseroit pas le chiffonnier. Il n'y avoit pas moyen de s'y tromper, c'étoit Lowrich : — Lowrich! m'écriai-je ; et nous étions dans les bras l'un de l'autre.

— Je sais où tu vas, me dit-il après l'échange de quelques paroles amicales ; et, quand j'eus appris qu'il étoit tout aussi nouvellement arrivé que moi : — Tu as demandé l'adresse d'un libraire, et on t'a indiqué Apostolo Capoduro, qui demeure dans la rue des Esclavons. J'y vais aussi, mais sans espérance, car j'ai visité deux fois son magasin depuis dix ans, et je n'y ai jamais vu de volumes plus anciens que les romans de l'abbé Chiari. La vieille librairie est perdue, morte de mort, anéantie, et les temps barbares sont venus. Mais as-tu quelque chose de particulier à lui demander?

— Je t'avouerai, lui répondis-je, que je quitterois avec peine le nord de l'Italie sans en emporter le *Songe de Polyphile*, dont j'ai entendu parler comme d'une chose très-sérieuse, et qui doit, dit-on, se trouver à Trévise s'il se trouve quelque part.

— S'il se trouve quelque part, s'écria-t-il, est une réticence prudente, car le *Songe de Polyphile*, ou, pour s'exprimer plus convenablement, l'*Hypnerotomachia* de frère François Columna, est un livre que les vieux bibliographes désignent par cette phrase caractéristique : *Albo corvo rarior*. Tout ce que je puis t'affirmer, c'est que si ce corbeau blanc se trouve dans quelque volière, comme il est impossible d'en douter, ce n'est certainement pas dans celle d'Apostolo. Je me crois même assez sûr de mon fait pour jurer ici, par les mânes d'Alde l'Ancien (Dieu veuille le tenir entouré d'une éternelle gloire), que si ce drôle d'Apostolo parvient à te fournir un exemplaire de l'*Hypnerotomachia*, sous la bonne date de 1499, la seconde rentrant à peu de chose près dans l'ordre des livres médiocres, j'entends et veux t'en faire présent aux dépens de ma propre bourse, que cet acte de munificence n'allégeroit pas médiocrement.

Nous entrions au même instant dans le magasin d'Apostolo, qui, la plume suspendue sur une feuille de papier, paroissoit absorbé dans de profondes méditations. Il s'aperçut enfin de notre présence, et parut reconnoître avec joie la figure inoubliable du bon Lowrich : — Est-ce le Seigneur, cher abbé, dit-il en l'embrassant, qui vous envoie pour me tirer du plus mortel embarras où je me sois trouvé de ma vie? Vous ne manquez pas de savoir que je publie, depuis quelques mois, la *Gazette littéraire de l'Adriatique*, laquelle est, comme tout le monde en convient, la plus docte et la plus spirituelle des gazettes de l'Europe. Eh bien! cette gazette ingénieuse et savante, qui est destinée à faire l'admiration du monde et à rétablir ma fortune, est menacée de ne pas paroître demain, à défaut de six petites colonnes de feuilleton, que je demande inutilement à mon imagination fatiguée par les études et les affaires. Il faut qu'un esprit de malice ait conjuré ma ruine et porté le désordre dans mon bureau de rédaction. La jeune muse qui composoit mes articles d'éducation morale est en couches; l'improvisateur qui devoit me fournir ce matin une cantate d'un genre tout nouveau, m'écrit qu'il ne peut pas la terminer avant huit jours, et le profond calculateur qui traite chez nous les questions de finances et d'économie politique, s'est fait mettre hier en prison pour dettes. Ainsi, au nom du ciel, mon cher abbé, mettez-vous à cette table où j'ai sué sang et eau toute la nuit sans tirer une ligne de mon cerveau, et brochez-moi cinq ou six pages telles quelles, ne fût-ce qu'une nouvelle qui n'aura pas servi plus de deux ou trois fois.

— Tout beau, repartit l'abbé Lowrich ; nous aurons le temps de nous occuper de tes affaires quand nous aurons fini les nôtres. Nous ne sommes pas venus chez toi, mon ami de Paris et moi, du fond de la Norwége, pour suppléer à la cantate absente d'un improvisateur paresseux, et grossoyer un feuilleton, mais pour voir quelques-uns de ces livres qui valent au moins la peine et les frais du voyage, une bonne édition *princeps* bien avérée, un *quinquecentiste* de bonne date et de bonne conservation, un volume *aldin* de valeur dont les relieurs anglois et françois ont daigné ménager les marges. Commençons par là, si faire se peut ; nous verrons après. Un feuilleton est bientôt fait.

— Comme il vous plaira, répondit Apostolo ; et j'y consens d'autant plus volontiers, que cet examen ne nous prendra pas bien du temps. Je n'ai qu'un volume qui soit digne d'être soumis à des connoisseurs tels que vous ; mais c'est un volume, ajouta-t-il en tirant de sa triple enveloppe un in-folio de belle apparence... un volume, continua-t-il d'un air solennel, quand il l'eut tout à fait dégagé de sa prison de papier végétal, — un volume, enfin.... Et il tendit le volume à l'abbé Lowrich en attachant sur lui un regard plein d'assurance et de fierté.

— Malédiction ! murmura Lowrich après avoir exploré d'un coup d'œil, suivant sa coutume, le trésor inconnu.
— Puis il se retourna de mon côté, mais bien différent de ce qu'il étoit un moment auparavant, les bras pen-

dants, l'œil abattu, le front pâle. — Malédiction! grommela-t-il en françois d'une voix à peine articulée et de manière à n'être entendu que de moi; c'est ce damné de livre que je me suis engagé à te donner, s'il se rencontroit ici, la *Polyphile* d'édition originale... le traître qu'il est, et beau, je t'en réponds, comme s'il sortoit de la presse. Voilà des coups du sort qui ne sont réservés qu'à moi...

— Rassure-toi, repartis-je en riant, nous l'obtiendrons peut-être à meilleur marché que tu ne penses.

— Et combien maitre Apostolo demande-t-il de cette rareté?

— Ah! ah! dit Apostolo; les temps sont durs et l'argent est rare. J'en aurois demandé autrefois cinquante sequins au prince Eugène, soixante au duc d'Abrantès, et cent à un Anglois; mais il faut que je le cède aujourd'hui pour quatre cents malheureuses livres de Milan, qui font exactement quatre cents francs. Je n'en rabattrois pas deux *quarantani*.

— Quatre cents rats affamés qui dévorent tes livres du premier jusqu'au dernier! interrompit Lowrich, furieux. Qui diable a jamais vu exiger quatre cents livres d'un méchant bouquin?...

— Un méchant bouquin! reprit vivement Apostolo, presque aussi animé que Lowrich... une édition *princeps* de 1467, la première de Trévise, et peut-être de l'Italie; un chef-d'œuvre de typographie et de gravure dont les figures ne peuvent être attribuées qu'à Raphaël; un ouvrage admirable dont l'auteur est resté ignoré jusqu'ici, malgré toutes les recherches des savants; une pièce unique ou presque unique enfin, dont vous-même, seigneur abbé, vous ne connoissiez peut-être pas l'existence; il vous plaît d'appeler cela un méchant bouquin!

L'agitation de Lowrich s'étoit calmée pendant cette tirade véhémente; il s'étoit assis tranquillement, en posant son chapeau sur la table du libraire, et il essuyoit la sueur de son front comme un homme excédé par de longues et pénibles fatigues qui vient de trouver un lieu propre à se reposer tout à l'aise.

—As-tu fini, Apostolo? dit-il d'un ton calme où perçoit cependant je ne sais quelle satisfaction maligne, c'est ce que je puis souhaiter de mieux pour ta gloire et tes intérêts; car, en quatre mots que tu viens de nous dire, tu as desserré quatre énormes sottises, et pour peu qu'il te plût de continuer, je n'aurois pas assez d'un jour pour les récapituler une à une; ce qui ne me laisseroit pas le temps de rédiger ton indispensable feuilleton. Première sottise : il n'est pas vrai que le livre que voilà soit une édition de Trévise, imprimée en 1467, car c'est une édition de Venise, imprimée en 1499, dont on a soustrait le dernier feuillet pour te tromper sur la date, et je n'avois pas pris garde à cette imperfection, qui réduit de plus de moitié la valeur de ton exemplaire. Ton heureuse fortune veut que je sois en état d'y remédier, car le hasard m'a fait trouver l'autre jour ce feuillet précieux parmi des papiers d'emballage, et je l'ai soigneusement réservé pour une occasion que je ne croyois pas rencontrer sitôt. Nous verrons tout à l'heure à quel prix je peux te le céder.

En parlant ainsi, l'abbé Lowrich exhiboit de son carton la désirable *plagula*, et la rajustoit soigneusement au volume. — C'est que ce folio va parfaitement à mon livre, dit Apostolo; mais je suis obligé de convenir qu'il en change un peu la nature. Où diable avois-je pris que ce fût ici la première édition de Trévise?

—Passons là-dessus, reprit Lowrich, nous ne sommes pas au bout. Seconde sottise : il n'est pas vrai que les dessins de ce livre puissent être attribués à Raphaël, soit que l'édition date de 1467, soit qu'elle n'ait été exécutée qu'en 1499, comme tu viens d'en avoir la preuve, Raphaël étant né à Urbin en 1483, comme personne n'en doute, c'est-à-dire seize ans après la confection du manuscrit, qui remonte bien à 1467, et les plus grands admirateurs de ce peintre sublime ne peuvent supposer qu'il ait dessiné si correctement et si élégamment seize ans avant sa naissance. C'est donc un autre Raphaël qui a exécuté ces belles choses, et celui-là, digne Apostolo, il n'y a que moi qui le connoisse. Attends un peu, je n'ai encore compté que par deux.

Troisième sottise : il n'est pas vrai que l'auteur de ce livre soit resté jusqu'à ce jour ignoré de tous les savants, car tous les savants savent, au contraire, et la plupart des ignorants n'ignorent pas qu'il est l'ouvrage de François Colonne ou Columna, dominicain du couvent de Trévise, où il est mort en 1467, quoi qu'en disent quelques biographes étourdis qui l'ont confondu avec le savant docteur Francesco di Colonia, son presque homonyme, lequel lui survécut près de soixante ans. Ils sont enterrés tous les deux à quelques centaines de pas de ta boutique. Après ce que je viens de te dire, Apostolo, je peux me dispenser de te démontrer que tu es tombé dans une quatrième bévue, plus lourde que les trois autres, en supposant que l'existence de ton magnifique bouquin m'étoit inconnue, et je ne sais ce qui me retient de te prouver que je le sais par cœur.

— Pour le coup, répliqua vivement Apostolo, je vous en défie, car il est écrit dans une langue si hétéroclite qu'il n'est âme qui vive parmi mes amis de Trévise, de Venise et de Padoue qui ait osé entreprendre d'en déchiffrer une page, et si vous le savez par cœur, comme vous le dites, je consens à vous le donner pour rien, sacrifice que je ferai très-volontiers, d'ailleurs, en raison des excellentes instructions que je viens de recevoir de vous; car j'étois tout près d'annoncer ce volume dans ma *Gazette littéraire de l'Adriatique*, sous le faux point de vue que vous savez, et il y avoit de quoi me faire perdre à jamais la haute et bonne réputation dont je jouis en librairie.

— Ce que tu viens de dire toi-même, répondit l'abbé Lowrich, sur le style véritablement fort bizarre de notre auteur, et sur les vains efforts de tant de docteurs qui se sont efforcés de l'interpréter, prouve assez que tu me demandes là une vérification fastidieuse et insupportable qui prendroit d'ailleurs notre journée tout entière. Et que deviendrait ton feuilleton pendant que je réciterois l'*Hypnérotomachie* depuis *alpha* jusqu'à *oméga*? J'accepte cependant ton défi, si tu veux te contenter d'une expérience qui n'est pas moins décisive, mais qui sera plus expéditive et plus facile. Les chapitres de ton livre ne sont déjà que trop nombreux pour fatiguer ta patience, et je m'engage à t'en livrer toutes les initiales, en commençant successivement par le premier, sur lequel je vois que tu viens de mettre le doigt.

— Soit fait ainsi qu'il est dit, repartit Apostolo; et la première lettre du premier chapitre…

— Est un P, dit Lowrich. Cherche le second.

La kyrielle était longue, mais l'abbé la défila jusqu'au trente-huitième et dernier chapitre, sans se déconcerter un moment et sans se tromper une fois.

— Deviner une lettre initiale entre vingt-quatre, cela peut arriver par grand hasard et sans que le diable s'en mêle, observa tristement Apostolo; mais pour renouveler ce tour trente-huit fois de suite, il faut que le jeu soit pipé. Prenez ce volume, seigneur abbé, et qu'on ne m'en reparle jamais.

— Dieu me garde, répondit Lowrich, d'abuser à ce point de ton innocente candeur, ô le phénix des bibliophiles! Ce que tu viens de voir n'est qu'un tour de passe-passe à peine digne d'un écolier, et que tu pourras tout à l'heure exécuter comme moi. Apprends donc que l'auteur de ce livre a jugé à propos de cacher son nom, sa profession et le secret de son amour dans les initiales de ses trente-huit chapitres, qui composent entre elles une phrase dont je te conseille de ne pas demander le secret à la *Biographie universelle* de Paris ; car elle te feroit perdre la gageure que je viens de te gagner. Cette phrase simple et touchante est d'ailleurs facile à retenir : *Poliam frater Franciscus Columna peramavit*, le frère François Colonne adora Polia. Tu en sais maintenant aussi long sur ce point que Bayle et Prosper Marchand.

— Cela est singulier, dit à demi-voix Apostolo. Ce dominicain était amoureux. Il y a une nouvelle là-dedans.

— Pourquoi pas? répliqua Lowrich. Reprends maintenant la plume, et cherchons un feuilleton, puisque tu ne peux pas t'en passer.

Apostolo se rajusta commodément sur sa chaise, trempa sa plume dans l'encre, et écrivit ce qui suit, en commençant par ce titre dont je me suis fort éloigné dans une trop longue parenthèse :

FRANCISCUS COLUMNA.

NOUVELLE BIBLIOGRAPHIQUE.

La famille Colonna est certainement une des plus considérables de Rome et de l'Italie, mais toutes ses branches n'ont pas été favorisées d'une égale prospérité. Sciarra Colonna, gibelin passionné, qui fit Boniface VIII prisonnier des Agnani, et s'emporta, dans l'ivresse de sa victoire, jusqu'à donner un soufflet au souverain pontife ; expia cruellement ses violences sous le règne de Jean XXII. Il fut exilé de Rome à perpétuité en 1328, ses enfants dégradés avec lui de noblesse, et tous ses biens confisqués au profit d'Étienne Colonna, son frère, qui n'avoit jamais abandonné le parti des guelfes. Les descendants de l'infortuné Sciarra s'éteignirent, comme lui, à Venise, dans une misère obscure. Il ne restoit, en 1444, qu'un seul héritier à tant de malheurs, François

Colonna, né au commencement de cette année, doublement orphelin, de son père, assassiné la veille, et de sa mère, qui mourut en lui donnant le jour. Francesco, adopté par la pitié de Jacques Bellini, célèbre peintre d'histoire, et tendrement élevé parmi ses enfants, se montra digne des soins généreux qu'il avoit reçus de son père et de ses illustres frères d'adoption, Jean et Gentile Bellini. Dès l'âge de dix-huit ans, il renouveloit dans l'histoire de la peinture le prodige tout récent des triomphes précoces du jeune Mantegna : Giotto avoit un rival de plus. Cependant la fatalité qui n'a cessé de s'attacher à la vie de Francesco ne permit pas à ses succès de devenir de la gloire : c'est sous le nom de Mantegna ou des Bellini qu'on admire aujourd'hui les chefs-d'œuvre de son pinceau.

La peinture étoit loin d'ailleurs d'être l'objet exclusif de ses études et de ses affections; il ne lui accordoit qu'une importance secondaire parmi les arts qui embellissent le séjour de l'homme. L'architecture, qui élève aux dieux des monuments, intermédiaires solennels entre la terre et le ciel, absorboit au contraire la plus grande partie de ses pensées; mais il n'en cherchoit pas les lois et les merveilles dans les créations gigantesques de l'art contemporain, caprices bizarres et souvent grotesques de la fantaisie, auxquels manquoit, selon lui, l'aveu de la raison et du goût. Entraîné par le mouvement de la Renaissance, qui commençoit à se faire sentir en Italie, Francesco n'appartenoit plus que sous le rapport de la foi à ce monde des modernes que le christianisme avoit renouvelé; l'antiquité avoit d'ailleurs toute son admiration et tout son culte, et une étrange alliance s'étoit opérée dans son esprit entre les croyances de l'homme religieux et l'esthétique du païen. Il portoit trop loin cette préoccupation pour voir dans les langues modernes elles-mêmes autre chose que des jargons rustiques plus ou moins grossièrement corrompus par les barbares, qui n'étoient bons qu'à servir d'interprètes à l'homme dans les nécessités matérielles de la vie, et qui ne pouvoient s'élever jusqu'à la traduction éloquente ou poétique des idées et des sentiments. Il résulte de là qu'il s'étoit composé pour son usage une sorte de dialecte intime où l'italien n'entroit que pour quelques formes de syntaxe et quelques douces désinences, mais qui relevoit plus immédiatement des Homérides ou de Tite-Live et de Lucain que de Boccace et de Pétrarque. Ce tour singulier d'esprit, qui étoit alors le propre d'une organisation originale et d'un caractère destiné, selon toute apparence, à exercer une grande influence sur le siècle, avoit isolé Francesco du reste du monde. Il y passoit généralement pour un visionnaire mélancolique en proie aux illusions de son génie, et insensible aux douceurs de la vie commune. On l'apercevoit cependant quelquefois dans le palais de l'illustre Léonora Pisani, héritière, à vingt-huit ans, de la plus immense fortune qui fût connue dans tous les États vénitiens, après celle de sa cousine Polia, fille unique du dernier des Poli de Trévise; mais c'est que la maison de Léonora étoit en ce temps-là le sanctuaire de la poésie et des arts, et que l'influence de cette muse appeloit irrésistiblement autour d'elle tous les talents de son époque. On remarqua bientôt que Francesco y paroissoit plus fréquemment, quoique plus absorbé dans ses rêveries et plus triste que de coutume; mais ses visites se ralentirent tout à coup, et puis il ne revint plus.

Polia des Poli, dont je viens de parler, étoit alors au palais Pisani, où Léonora l'avoit décidée à venir passer les folles semaines du carnaval. Plus jeune de huit ans que sa cousine, et plus belle que Léonora elle-même, Polia, vouée, comme un grand nombre de jeunes filles de haute extraction, à des études sérieuses, profitoit de son séjour dans la capitale du monde savant pour se perfectionner dans des connoissances aujourd'hui tout à fait étrangères à son sexe, et l'habitude de ces méditations sollennelles avoit donné à sa physionomie quelque chose de froid et d'austère qui passoit pour de l'orgueil. On s'en étonnoit peu, toutefois, car c'étoit en Polia que finissoit l'ancienne famille Lélia de Rome, dont elle descendoit par Lélius Maurus, fondateur de Trévise; elle étoit élevée sous les yeux d'un père impérieux et hautain, si fier de la splendeur de sa race, qu'il auroit regardé comme une mésalliance le mariage de sa fille avec le plus grand prince de l'Italie, et on savoit d'ailleurs que les trésors dont elle auroit à disposer un jour pouvoient suffire à la dot d'une reine. Elle avoit cependant accordé à Francesco quelques témoignages d'une bienveillance presque affectueuse dans leurs premières entrevues; mais elle sembloit s'être prescrit peu à peu une réserve qui alloit jusqu'à la sévérité, pour ne pas dire jusqu'au dédain, et quand il s'abstint tout à coup de se montrer au palais Pisani, elle ne le regardoit plus.

C'étoit dans le courant du mois de février 1466. Le printemps, souvent précoce dans cette belle contrée, commençoit à la combler de toutes ses faveurs. Polia se disposoit à retourner à Trévise, et sa cousine multiplioit autour d'elle les fêtes variées qui pouvoient lui rendre le séjour de Venise plus doux et plus difficile à quitter. Un jour avoit été pris pour des promenades en gondole sur le grand canal et sur ce bras large et profond qui sépare la ville reine des solitudes de son *Lido*. Francesco n'avoit pas été oublié dans les invitations de Léonora Pisani, et la lettre qu'il en avoit reçue renfermoit des reproches si aimables et si touchants sur sa longue absence, qu'il ne conçut pas la possibilité d'un refus. Polia étoit d'ailleurs, comme nous l'avons dit, à la veille de son départ, et il est permis de croire que Francesco désiroit de la revoir encore, malgré la froideur ordinaire de son accueil; car, en réfléchissant de plus en plus au changement extrême qui s'étoit si promptement manifesté dans leurs relations, il avoit fini par se persuader que cette capricieuse métamorphose avoit un autre motif que la haine. Il se trouva donc sur les degrés du palais Pisani, où étoit le rendez-vous général, au départ des gondoles. Les dames, masquées et couvertes de dominos tous semblables, sortirent en foule du vestibule au signal convenu, et chacune d'elles vint choisir, suivant l'usage, avec la décente familiarité que le déguisement autorise, le compagnon qu'il lui plaisoit de se donner en voyage. Cette méthode, plus gracieuse et mieux entendue que celle qui lui a succédé dans les bals et les assemblées, offroit d'ailleurs des inconvénients beaucoup moins graves, les femmes n'étant jamais plus attentives au soin de leur réputation que dans les occasions trop rares où la garde en est remise à elles seules. Francesco attendoit donc, immobile et les yeux baissés, qu'on daignât penser à lui, quand une jolie main gantée vint s'appuyer sur son bras. Il accueillit l'inconnue avec un empressement modeste et respectueux, et la conduisit à la gondole qui étoit préparée pour les recevoir. Un instant après, l'élégante flottille voguoit au bruit cadencé des rames sur la face calme et polie du canal.

La dame, qui s'étoit assise à la gauche de Francesco, resta quelque temps silencieuse, comme si elle avoit eu besoin de se recueillir et de dominer, avant de parler, quelque émotion involontaire; ensuite elle détacha les cordons de son masque, le rejeta sur son épaule, et attacha ses yeux sur Francesco avec cette assurance douce et sérieuse que donne aux âmes élevées la conscience d'elles-mêmes. C'étoit Polia. Francesco trembla et sentit un frisson subit se glisser dans toutes ses veines, car il ne s'étoit attendu à rien de pareil; puis il pencha la tête et couvrit ses yeux de sa main, dans la crainte qu'il n'y eût une sorte de profanation à regarder Polia de si près.

« Ce masque est inutile, dit Polia ; je n'ai aucune raison de profiter de l'usage qui m'autorise à le garder ; l'amitié n'en a pas besoin, et ses sentiments sont trop purs pour qu'elle ait à rougir de les exprimer. Ne vous étonnez pas, Francesco, continua-t-elle après un moment de silence, de m'entendre parler de mon amitié pour vous, après tant de jours de rigoureuse contrainte où j'ai pu vous donner lieu d'en douter. Mon sexe est soumis à des lois particulières de bienséance qui ne lui permettent pas d'abandonner ses sympathies les plus légitimes aux interprétations de la multitude, et il n'y a rien de plus difficile que de feindre dans une juste mesure une indifférence de cœur qu'on n'éprouve pas. Aujourd'hui, je vais quitter Venise, et quoique je sois destinée à vivre fort près de vous, il est assez probable que nous ne nous reverrons jamais. Il n'y a plus désormais entre nous de communication possible que celle du souvenir, et je ne voulois pas vous quitter en vous laissant de moi une idée fausse, et en emportant de vous une idée inquiète et pénible qui troubleroit le repos de ma vie. J'ai pourvu à la première par une explication que je croyois vous devoir ; j'attends de votre sincérité que vous me rassurerez sur la seconde par une confidence que vous me devez peut-être aussi. Ne vous alarmez pas, Francesco ; vous allez rester le seul juge de la convenance de mes questions. »

Depuis un moment Francesco avoit découvert ses yeux abattus ; il osoit voir Polia ; il recueilloit ses paroles avec une attention avide. « Ah ! madame, s'écria-t-il, Dieu m'en est témoin ! mon âme n'a pas un secret qui ne vous appartienne.

« — Votre âme a un secret, reprit Polia, un secret qui afflige vos amis, et que certaines personnes parmi celles qui vous aiment le mieux peuvent avoir intérêt à pénétrer. Doué de tous les avantages qui promettent un heureux avenir : la jeunesse, le génie, le savoir et déjà la gloire, vous vous abandonnez cependant aux langueurs d'une tristesse mystérieuse, vous vous consumez dans un souci inconnu, vous négligez les travaux sur lesquels votre réputation s'est fondée, vous fuyez le monde qui vous cherche, pour cacher dans une solitude presque impénétrable des jours que tant de succès devroient embellir; enfin s'il faut s'en rapporter aux bruits qui se répandent, vous êtes sur le point de rompre entièrement avec la société des hommes et de vous enfermer dans un monastère. Ce que je viens de vous dire est-il vrai ? »

Francesco paroissoit agité de mille émotions diverses. Il eut besoin de quelques instants pour rassembler ses forces. « Oui, madame, répondit-il, cela est vrai; tout cela du moins étoit vrai ce matin. Un événement survenu depuis a changé le cours de mes idées, sans changer mes résolutions. J'entrerai dans un monastère, et mes engagements sont irrévocables; mais j'y entrerai l'esprit plein de consolation et de joie, car mon existence est complète, et je n'en conçois point de si heureuse sur la terre qu'elle puisse me faire envie. Né obscur et pauvre, mais plus fort que ma fortune, je n'avois mesuré mon malheur qu'au vide immense dans lequel mon cœur étoit plongé. Ce vide est rempli par la plus délicieuse des espérances : vous vous souviendrez de moi ! »

Polia le regarda doucement. « Je veux bien, dit-elle, ne pas voir dans vos paroles un simple jeu de l'imagination ou une de ces condescendances flatteuses de la politesse avec lesquelles on croit payer assez l'amitié, il me semble que ce langage artificieux des gens froids n'est pas de mise entre nous. Je crois donc que je commence à comprendre une partie des choses que vous m'avez dites, à votre résolution près; mais, ajouta-t-elle en souriant, je ne les comprends pas assez.

« — Vous allez les comprendre mieux, répliqua Francesco, encouragé, car je vous dirai tout. Pardonnez cependant au trouble et à l'irrésolution de mes paroles, car de toutes les circonstances de ma vie, celle-ci est la plus imprévue.

« La position étrange dans laquelle je suis né, sans parents, sans protecteur, presque sans ami, déchu d'un grand nom et d'une fortune indépendante, suffiroit sans doute à expliquer ma mélancolie naturelle. C'est une cruelle confidence à se faire que celle d'un malheur attaché au berceau et qui poursuit toute la vie. Cette idée est cependant la première dont j'ai pu me rendre compte. Je devois acquitter la dette matérielle de la reconnoissance avant de penser un moment à moi, et je n'ai pas besoin de vous dire que j'y suis parvenu. Dès lors mon courage s'étoit raffermi; je regrettois peu les grandeurs et l'opulence évanouies pour jamais. J'allois plus loin : je me félicitois quelquefois, dans mon orgueil d'enfant, de devoir toute mon illustration à moi-même, et de pouvoir forcer un jour la famille qui me repousse à envier la célébrité de mon nom répudié. Telles sont les illusions de l'inexpérience et de la vanité. Un jour devoit tout détruire et me rappeler à mon infortune et à mon néant.

« Hélas ! continua Francesco, c'est ici le mystère que votre curiosité trop bienveillante témoigne le désir de connoître, et que la raison me faisoit une loi de tenir caché dans mon sein. Mais comment oserai-je vous révéler ces secrets tristes et profonds des cœurs malades que la philosophie et la sagesse regardent comme une infirmité puérile de l'esprit, et au-dessus desquels l'élévation de votre caractère vous tient trop hautement placée pour que vous daigniez leur accorder un autre sentiment que la pitié? J'aimai, madame!... »

Ici Francesco s'arrêta quelque temps; mais rassuré par un regard de Polia, il poursuivit en ces termes :

« J'aimai sans y avoir pensé, sans apprécier les conséquences de mon extravagante passion, sans les redouter pour l'avenir, car je vivois tout entier dans les impressions du présent. J'aimois une femme que l'on désigneroit à tout le monde en peignant les rares qualités dont elle est revêtue, qui joint à la beauté toutes les perfections de l'intelligence et de l'âme, et que le ciel semble n'avoir confiée à la terre que pour nous rappeler l'inexprimable félicité de la condition que nous avons perdue. Je l'aimai, madame, sans me souvenir qu'elle étoit noble parmi tous les nobles, qu'elle étoit riche parmi tous les riches; que j'étois, moi, le pauvre Francesco Colonna, l'élève inconnu de Bellini, et que tous les efforts d'un travail heureux ne me conduiroient jamais qu'à une réputation stérile. Tel est l'effet de cette passion qui éblouit, qui aveugle, qui tue. Quand la réflexion m'eut ramené à moi-même, quand j'eus sondé d'un œil effrayé, avec le rire amer du désespoir, l'abîme vers lequel j'avais fait tant de chemin sans le savoir, il n'étoit plus temps de retourner sur mes pas : j'étois perdu.

« La première pensée des malheureux, c'est de mourir; celle-là est aussi commode que naturelle, parce qu'elle tranche toutes les questions et remédie à tous les embarras. Mais cette mort désespérée, loin de hâter le jour où je dois me rapprocher d'elle dans un monde meilleur, ne pouvoit-elle pas m'en séparer à jamais? Ce fut une idée nouvelle qui retint mon bras prêt à frapper; je mesurai le profond avenir dont alloit me priver l'impossibilité de suffire à une résignation de quelques jours. Je me condamnai douloureusement à vivre sans espérance, mais sans crainte, pour atteindre à ce moment où deux âmes, affranchies de tous les liens qui ont pesé sur elles, se cherchent, se reconnoissent et s'unissent pour toujours. Je fis de celle que j'aime un objet de culte pour ma vie entière; je lui élevai un autel inviolable dans mon cœur, et je m'y dévouai moi-même comme un immortel sacrifice. Vous dirai-je, madame, que, sous mon invincible tristesse, ce projet, une fois arrêté, se mêla de quelque joie? Je compris que cet hymen, qui commençait par le veuvage pour aboutir à la possession, étoit peut-être préférable aux mariages ordinaires, qui finissent par les jours mauvais. Je ne vis plus dans les années qui me restent à passer parmi les hommes qu'une longue veille de fiançailles que la mort couronnera d'une félicité éternelle; je sentis la nécessité de m'isoler du monde pour me recueillir dans un sentiment austère, et cependant délicieux, qui ne souffre point de partage, et c'est pour cela que j'embrasse les devoirs de la profession monastique. Dieu veuille le pardonner à la foiblesse de sa créature! Le serment qui me dévoue à lui dans trois jours, c'est le serment qui m'unit indissolublement à celle que j'aime et qui ne me donnera des droits sur elle que dans le ciel. Permettez-moi de répéter en finissant, madame, que l'accomplissement de ce dessein ne coûte plus rien à ma résignation, depuis qu'une compassion généreuse m'a laissé concevoir l'espérance de ne pas être oublié.

« — Dans trois jours! s'écria Polia... En vérité, reprit-elle, j'ai eu trop peu de temps à réfléchir sur le secret que vous venez de me confier pour oser m'arrêter à une opinion et surtout à un jugement; mais il me semble que si la femme pour laquelle vous avez conçu de pareilles résolutions ne les ignore pas comme je les ignorois tout à l'heure, elle étoit indigne de les inspirer.

« — Elle les ignore, reprit Francesco, car elle ignore que je l'aime. Oh! sans doute, mon cœur auroit puisé des consolations ineffables dans l'idée qu'elle connoissoit mon amour, qu'elle n'y étoit pas absolument insensible, et qu'elle pourroit lui accorder du moins le souvenir de la pitié! De tous les tourments de l'amour, le plus cruel peut-être est de rester inconnu de ce qu'on aime; de tous les sentiments, cette morne indifférence qu'on ressent pour l'étranger est peut-être le plus pénible que l'amour puisse craindre. Mais pourquoi jeter dans un cœur paisible et heureux des douleurs qu'on est à peine capable de supporter pour soi-même? Ou ma passion seroit rebutée, comme je le suppose, et qu'aurois-je alors gagné à vérifier ce triste doute? ou elle seroit partagée, et j'aurais à souffrir pour deux. Que dis-je? souffrir pour deux! Mon désespoir à moi, c'est ma vie, puisque je me suis trouvé assez de force pour vivre avec lui. Le sien m'aurait déjà tué.

« — Vous portez vos suppositions trop loin, Francesco, répliqua vivement Polia. Qui sait si elle n'éprouve pas les mêmes peines et les mêmes angoisses que vous? Qui sait si elle n'aspire pas au moment de vous l'apprendre! Que diriez-vous si cette fille noble et riche dont l'éclat vous éblouit, mais dont l'âme n'est probablement pas plus calme que la vôtre, que diriez-vous, Francesco, si, libre, elle venoit vous offrir sa main, si, soumise à un pouvoir respectable et inflexible, elle venoit vous la promettre?

« — Ce que je dirois, Polia? répondit Francesco avec une froide dignité, je la refuserois. Pour oser aimer celle que j'aime, il faut être jusqu'à un certain point digne d'elle, et ma plus constante étude a été d'ennoblir mon âme pour la rapprocher de la sienne. De quel droit accepterois-je les priviléges d'une haute position que la société me refuse? De quel front irois-je m'asseoir au banquet de la fortune, moi qui n'ai pour apanage que l'obscurité et la misère? Oh! plutôt mille fois l'horrible chagrin qui me consume, que la honteuse renommée d'un aventurier repoussé par le monde et enrichi par l'amour!

« — Je n'avois pas fini, interrompit Polia. Ce scrupule est exagéré, mais je le comprends et je le partage. Le monde, comme il est fait, demande d'étranges sacrifices, et celui-là vous seroit peut-être commandé par votre caractère; mais un caractère de la même trempe que le vôtre pourroit y répondre par un autre genre d'abnégation. La grandeur et la fortune sont des accidents capricieux du hasard dont on peut se dépouiller quand on veut. L'artiste et le poëte est le même partout : il a partout des succès et de la gloire ; mais au delà d'un bras de mer, la femme riche et titrée qui a su abdiquer ces vains priviléges de la naissance n'est autre chose qu'une femme. Si cette femme venait vous dire : Ma grandeur, j'y renonce ; ma fortune, je l'abandonne ; me voilà prête à devenir plus humble et plus pauvre que toi et à te remettre, comme à mon seul appui, toute la destinée de ma vie, — Francesco, que lui répondriez-vous?

« — Je tomberois à ses genoux, dit Francesco, et je lui répondrois ainsi : Ange du ciel ! gardez le rang et les avantages que le ciel vous a donnés ; vous devez être et rester ce que vous êtes, et le malheureux qui seroit capable de se laisser entraîner à ce tendre et sublime élan de votre cœur n'auroit jamais mérité d'y occuper une place. Il ne peut plus s'élever jusqu'à vous que par une constante résignation, facile à qui espère, et surtout à qui est aimé. Ce n'est pas moi qui vous ferai descendre du rang où Dieu ne vous a point placée sans motif, pour vous soumettre aux vicissitudes d'une existence inquiète, empoisonnée par des besoins qui se renouvellent sans cesse, et peut-être un jour par d'incurables regrets. Ma félicité est complète maintenant : elle passe toutes mes espérances, puisque vous m'avez accordé tout ce que vous pouviez dérober aux obligations que vous impose votre nom. Vous m'aimerez, ajouterois-je, et vous m'aimerez toujours, puisque vous n'avez pas reculé devant la résolution de donner votre vie à la mienne. Votre vie, ô ma bien-aimée ! je l'accepte et je la prends comme un dépôt sacré dont je vous rendrai bientôt compte devant le Seigneur notre juge ; car la vie est courte, même pour ceux qui souffrent, quoi qu'en disent les foibles cœurs. Cette terre n'est qu'un lieu de passage où les âmes viennent s'éprouver ; et si votre âme, aussi fidèle qu'elle est dévouée, reste mariée à la mienne pendant les années que le temps nous mesure encore, l'éternité tout entière est à nous... »

Polia garda quelque temps le silence. « Oui! oui! s'écria-t-elle avec exaltation, Dieu n'a point institué de sacrement plus saint et plus inviolable. C'est ainsi qu'un amour tel que le vôtre a dû concilier ses espérances et ses devoirs dans un hymen du cœur que le reste des hommes ne connoît point, et votre épouse du ciel vous parleroit comme je vous parle si elle vous avoit entendu.

« — Elle m'a entendu, Polia, répliqua Francesco en laissant retomber sa tête dans ses mains, avec un torrent de larmes.

« — Ainsi, reprit Polia, comme si elle n'avoit pas compris ces dernières paroles, vous prendrez dans trois jours l'habit d'un des ordres religieux de Venise?...

« — De Trévise, repartit Francesco. Je ne me suis pas interdit jusqu'au bonheur de l'apercevoir quelquefois encore !

« — De Trévise, Francesco? où vous ne connoissez que moi ?...

« — Que vous ! » repartit Francesco.

En ce moment, la main de la jeune princesse se trouva liée dans celle du jeune peintre. « Nous n'avons pas remarqué, dit-elle en souriant, que la gondole s'arrêtoit et qu'elle est déjà de retour au palais Pisani; mais nous n'avons plus rien à nous dire sur la terre. Cependant notre dernier adieu n'est pas sans douceur, si nous nous sommes bien compris, et notre première entrevue sera plus douce encore.

« — Adieu à jamais ! dit Francesco.

« — Adieu à toujours ! » dit Polia. Puis elle rattacha son masque et descendit.

Le lendemain, Polia étoit à Trévise. Trois jours après, on sonnoit au couvent des dominicains ce glas emblématique qui annonce la profession d'un nouveau religieux et sa mort éternelle au monde. Polia passa la journée dans son oratoire.

Francesco se soumit facilement à sa nouvelle destinée. Quelquefois il regardoit son entretien avec Polia comme un rêve; mais, plus souvent, il s'en retraçoit les moindres détails avec un enthousiasme d'enfant, et il alloit jusqu'à se féliciter d'avoir inspiré, dans son malheur, un amour qui ne craignoit pas du moins les vicissitudes de la fortune et de l'âge. Il s'accoutuma en peu de jours à partager son temps entre les devoirs du religieux et les loisirs laborieux de l'artiste, peignant tantôt ces fresques pures et naïves qu'on admire encore dans le couvent des dominicains, quoique l'orgueilleuse insouciance de l'art moderne les ait laissé dégrader, tantôt rassemblant dans un livre, objet favori de ses études, toutes les impressions de son génie, et surtout de son amour. Il avoit pris pour cadre de cet ouvrage vaste et bizarre, où il espéroit revivre tout entier, la forme un peu vague d'un songe, et rien n'étoit plus propre, selon lui, à représenter, dans sa confusion apparente, l'enchaînement fortuit des idées d'un solitaire abandonné à sa pensée. On sait qu'à la faveur d'un des rares moments où il lui étoit permis d'échanger avec Polia quelques tendres paroles, il avoit reçu l'assurance qu'elle accepteroit la dédicace de cet étrange poëme, et il nous apprend lui-même qu'elle l'aida de ses conseils. C'est ainsi qu'il renonça tout à fait à la langue vulgaire dans laquelle il l'avoit conçu et commencé (*lasciando il principiato stilo*), pour s'y livrer à cette langue savante où il n'eut ni modèles ni imitateurs, et que lui fournissoient au courant de la plume ses doctes préoccupations d'antiquaire. Une année s'étoit écoulée dans ces doux travaux mêlés de douces illusions, et Francesco venoit de mettre la main à son ouvrage, quand la nouvelle la plus accablante qui pût navrer son cœur franchit les murailles des dominicains. Le jeune Antonio Grimani, depuis amiral et doge de la république, mais déjà le plus brillant de ses nobles et la plus haute de ses espérances, venoit de demander la main de Polia, et on ajoutoit que la main de Polia lui avoit été accordée.

C'étoit le jour où Francesco devoit présenter son livre à Polia. Il se raffermit sous le coup qui venoit de le frapper, se rendit au palais et s'arrêta sur le seuil de l'appartement : « Venez, mon frère, dit Polia en l'apercevant ; venez nous communiquer ces secrètes merveilles de votre art, trésor que l'humilité chrétienne refuse au monde, et dont nous devons seule obtenir la confidence. » En même temps elle éloigna du geste ses femmes et ses gens, et Francesco resta seul devant elle.

Ses jambes défaillirent sous lui, une sueur froide inonda son front, ses artères battirent avec violence, son sein se gonfla comme s'il allait éclater.

Polia releva ses yeux du manuscrit sur le moine. La pâleur de Francesco, l'auréole sanglante qui ceignoit ses yeux épuisés de larmes, le tremblement convulsif de ses mains livides et pendantes, lui révélèrent ce qui se passoit dans le cœur de son amant. Elle sourit avec fierté.

« Vous avez entendu parler, lui dit-elle, de mon prochain mariage avec le prince Antonio Grimani ?

« — Oui, madame, répondit Francesco.

« — Et qu'avez-vous pensé, Francesco, de cette alliance ?...

« — Qu'aucun homme n'est digne d'en contracter une telle avec vous, mais que le prince Antonio y avoit plus de droits que personne, et qu'elle paroit remplir les vœux de Venise... et les vôtres. Puisse-t-elle être heureuse à jamais !

« — Je l'ai refusée ce matin, » reprit Polia.

Francesco la regarda, comme pour chercher dans les yeux de Polia si sa bouche n'avoit pas trahi sa pensée.

« Vous savez mieux que personne, continua Polia, que ma foi est engagée ailleurs, et qu'elle l'est irrévocablement ; mais je dois excuser vos soupçons, car la vôtre m'est assurée par le serment qui vous lie aux autels, et je ne vous ai jamais donné une pareille garantie. — Écoutez, Francesco. — C'est demain l'anniversaire du jour qui a reçu vos premiers vœux, et c'est dans le dernier office du matin que vous les rendrez plus indissolubles et plus sacrés encore en les renouvelant devant le Seigneur. Avez-vous, depuis un an, changé de manière de penser sur la nature et la nécessité de ce sacrifice ?

« — Non, non, Polia ! s'écria Francesco en tombant à genoux.

« — C'est assez, poursuivit Polia. Je n'ai pas plus varié que vous. J'assisterai demain au dernier office du matin, et je m'y associerai de toutes les puissances de mon âme au vœu que vous allez répéter, afin que vous sachiez désormais, Francesco, qu'entre le cœur de Polia et l'inconstance il y a aussi le parjure et le sacrilége. »

Francesco essaya de répondre ; mais, quand les paroles arrivèrent à ses lèvres, Polia avoit disparu.

Le jeune moine eut presque autant de peine à supporter sa joie que son infortune. Il sentit qu'il n'avoit plus assez de force pour être heureux, car le ressort de sa vie, usé par tant d'émotions contraires, étoit près de se rompre.

Le lendemain, au dernier office du matin, quand les religieux entrèrent dans le chœur, Polia étoit assise à sa place ordinaire, au premier rang des bancs de la noblesse. Elle se leva et alla s'agenouiller au milieu des pavés de la grande nef.

Francesco l'avoit aperçue. Il renouvela ses vœux d'une voix assurée, redescendit les degrés de l'autel, et se prosterna sur le parvis. Au moment de l'élévation, il s'y coucha tout entier, en jetant ses mains croisées au-devant de sa tête.

L'office achevé, Polia sortit de l'église; les moines passèrent les uns après les autres, avec une profonde génuflexion, devant le sanctuaire; mais Francesco ne quitta point sa position, et personne n'en fut étonné, car on l'avoit vu souvent prolonger ainsi, dans une extase immobile, la durée de la prière.

A l'office du soir, Francesco n'avait pas changé d'attitude. Un jeune frère descendit des stalles, s'approcha, se pencha vers lui et prit une de ses mains dans la sienne, en le tirant vers lui pour le rappeler aux devoirs accoutumés; puis se releva, se signa, regarda le ciel, et, se tournant vers les moines assemblés : « Il est mort ! » dit-il.

Cet événement, un de ceux qui s'effacent si vite dans la mémoire d'une génération nouvelle, datait de plus de trente-un ans, quand, par une soirée de l'hiver de 1498, une gondole s'arrêta devant la boutique d'Aldo Pio Manucci, que nous appelons l'*Ancien*. Un instant après, on annonça dans l'étude du savant imprimeur la visite de la princesse Hippolita Polia, de Trévise. Aldo courut au-devant d'elle, l'introduisit, la fit asseoir et resta frappé d'admiration et de respect devant cette beauté célèbre, qu'un demi-siècle d'existence et de douleurs avoit rendue plus solennelle, sans rien ôter à son éclat.

« Sage Aldo, lui dit-elle, après avoir fait déposer sur sa table un sac de deux mille sequins et un riche manuscrit, comme vous serez, aux yeux de la postérité la plus reculée, le plus docte et le plus habile imprimeur de tous les âges, l'auteur du livre que je vous confie laissera la renommée du plus grand peintre et du plus grand poëte de notre siècle qui s'éteint. Seule dépositaire de ce trésor, que je réclamerai quand votre art l'aura reproduit, je n'ai pas voulu priver tout à fait de sa possession les esprits favorisés du ciel qui savent goûter les conceptions du génie ; mais j'ai attendu, pour en multiplier les copies, le moment où je pourrois les demander à des presses immortelles. Vous savez maintenant, sage Aldo, ce que j'espère de vous : un chef-d'œuvre digne de votre nom et capable d'en perpétuer à lui seul la mémoire dans tout l'avenir. Quand cet or sera épuisé, j'en fournirai d'autre. » Ensuite Polia se leva et s'appuya des deux mains sur les femmes qui l'avoient accompagnée. Aldo la suivit jusqu'à sa gondole, en lui témoignant sa soumission par des gestes respectueux, mais sans lui adresser la parole, parce qu'il n'ignoroit pas que, retirée depuis plus de trente ans dans une solitude inviolable, elle avoit renoncé au commerce et à la conversation des hommes.

Le livre dont il est question ici est intitulé : *la Hypnerotomachia di Poliphilo, cioè pugna d'amore in sogno*, c'est-à-dire *les Combats d'amour en songe*, et non pas *le Combat du Sommeil et de l'Amour*, comme traduit M. Ginguené, auteur de l'*Histoire littéraire d'Italie*. Nous ne prétendons pas, Dieu nous en garde, conclure de là que M. Ginguené, auteur de l'*Histoire littéraire d'Italie*, ne savoit pas l'italien. Nous avons plus d'indulgence pour les distractions du talent.

« Signe maintenant cela comme tu voudras, dit Lowrich en se levant ; je n'ai pas l'habitude de mettre mon nom à ces babioles, et le ciel m'est témoin que je n'ai jamais accordé de pareilles historiettes aux libraires que pour avoir des livres.

« — Puissent toutes les nouvelles que vous ferez encore, dit Apostolo, enrichir votre bibliothèque d'un volume pareil à celui-ci ! Il est à vous, et je vous le devois deux fois.

« — Il est à moi, dit Lowrich en s'en emparant avec

enthousiasme... Ou plutôt il est à toi, continua-t-il gaiement en le faisant passer dans mes mains; je te l'avois promis ce matin. »

C'est ainsi que le plus magnifique des exemplaires du *Poliphile*, géant de ma collection lilliputienne, y figure aujourd'hui *nec pluribus impar*. Je l'y soumets volontiers aux regards des amateurs, qui ne pourront s'empêcher d'y reconnoitre un livre magnifique... et pas cher!

FANTAISIES
DU DÉRISEUR SENSÉ.

AVERTISSEMENT.

En publiant les *Histoires progressives* et les *Marionnettes*, Nodier, contre sa coutume, ne les a fait précéder d'aucun avertissement, d'aucune préface. Nous n'essayerons pas de suppléer à ce silence du maître. Nous nous bornerons à placer ici quelques extraits d'un morceau philosophique qui trouvera place ailleurs, et qui donne la théorie de l'auteur sur cette perfectibilité qu'il raille avec tant de verve et d'esprit.

« Perfectibilité, dit l'auteur d'*Hurlubleu*, n'est pas un mot ancien, et j'en rends grâces à la raison de nos aïeux. Platon, Cicéron et Marc-Aurèle n'y entendroient rien ; Montaigne en riroit de pitié, lui qui disoit avec une prescience si pénétrante à la fin du seizième siècle : « Nos mœurs sont extrêmement cor-
« rompues, et penchent d'une merveilleuse inclination vers
« l'empirement de nos lois et usages ; il y en a plusieurs bar-
« bares et monstrueuses ; toutefois, pour la difficulté de nous
« mettre en meilleur estat et le danger de ce croulement, si je
« pouvois planter une cheville à nostre roue, et l'arrêter en ce
« poinct, je le ferois de bon cœur. »

« Dire que l'homme est perfectible, c'est supposer qu'il peut changer de nature ; c'est demander la rose à l'hysope, et l'ananas au peuplier.

« Donnez-moi un homme qui ait autant de sens que ce voyageur de Sirius qui fut rencontré par Micromégas ; donnez-moi seulement un homme que la nature ait pourvu d'un sens de plus que le reste de l'espèce, et je comprendrai facilement sa perfectibilité relative. Je ne dis pas qu'une grande révolution du globe, suivie d'une création intelligente ou d'une création spontanée, ne puisse produire, après une longue succession de siècles, une espèce beaucoup plus heureusement organisée que la nôtre, et ce n'est pas dire beaucoup; mais cette espèce ne sera pas identiquement la nôtre; il y aura, comme je l'ai dit, création et non pas perfectionnement.

« La seule partie de notre civilisation où quelque apparence de perfectibilité se révèle, c'est le travail mécanique, l'industrie manuelle de l'homme. La main de l'homme est, en effet, un instrument très-ingénieux dont les applications possibles ne sont jamais essentiellement finies. Cependant il est douteux que ses œuvres de ce genre puissent enchérir d'une manière bien sensible sur ces merveilles de l'adresse et de la patience qui faisoient l'admiration des temps intermédiaires, et ce seroit peut-être assez pour lui d'y revenir. Quant aux opérations morales de son intelligence, elles sont finies comme ses organes; il n'ira pas plus loin tant qu'il ne sera qu'homme.

« On a parlé mille fois depuis quelques années du perfectionnement des sciences. C'est la plus abusive des extensions de mots. Les sciences spéculatives n'ont pas bougé; les sciences positives sont inamovibles de leur nature; les sciences de faits s'augmentent et ne se perfectionnent pas. Tant que l'homme n'aura pas tout vu et qu'il sera curieux, il ne manquera pas d'occasions de voir encore, et il restera maître d'enregistrer ses découvertes et de publier ses descriptions. Cette latitude est même assez ample, car on peut supposer hardiment qu'il n'a vu que la plus petite partie des choses, et qu'il ne verra jamais tout. Il surprendra sur le fait de nouveaux accidents et de nouvelles propriétés; il reconnoîtra de nouvelles existences qui lui avoient échappé jusqu'à nous; il tentera de nouvelles analyses, de nouvelles synthèses, de nouvelles applications; il formera de nouvelles nomenclatures et de nouvelles méthodes; il n'inventera plus. Tout pauvres de notions qu'aient pu être les premiers maîtres des sciences de faits, la création de ces sciences leur appartient; tout riches d'observations que soient leurs successeurs, la création leur est interdite. Les premiers ont fait la physique, la chimie, l'histoire naturelle; les autres font des expériences, des combinaisons et des catalogues. »

Nous n'avons pas besoin de prolonger la citation. Nodier vient encore de nous donner sa préface.

I.

HURLUBLEU,

GRAND MANIFAFA D'HURLUBIÈRE,

OU LA PERFECTIBILITÉ.

HISTOIRE PROGRESSIVE.

— Que le diable vous emporte! s'écria le Manifafa.

— Le grand loustic de votre sacré collége des mataquins en est-il? dit Berniquet.

— Non, Berniquet, reprit Hurlubleu. Je parlois à cette canaille de rois et d'empereurs qui m'assassinent tous les soirs de leurs salamalecs, et qui usent à force de la caresser de vils baisers la semelle de mes augustes pantoufles. Je t'aime, Berniquet; je t'aime, grand loustic du sacré collége des mataquins, parce que tu n'as pas le sens commun, et que tu ne manques point d'esprit sans qu'il y paroisse. Il faut même que j'aie fait une haute estime de ton mérite pour t'avoir conféré à la première vue une des plus éminentes dignités de mon empire, car je me souviens que tu tombas chez moi comme une bombe.

— Absolument, répondit Berniquet. J'arrivai en boulet ramé au pied du glorieux divan de votre incomparable Majesté, et le véhicule est encore là pour le dire, incrusté dans le marbre où elle daigne appuyer ses pieds sublimes, quand elle s'ennuie d'être couchée tout de son long.

— Tu ne dis pas tout, Berniquet! Ton arrivée inopinée et même un peu brutale passa pour miraculeuse, parce qu'elle délivra le pays d'un schisme effrayant qui avoit déjà coûté la vie à cent millions de mes sujets, et dont je ne me remets plus le motif. Charge mon calumet pour me rafraîchir les idées.

— Éternel et immuable Manifafa, continua Berniquet en bourrant la pipe de son maître avec toutes les pratiques du cérémonial usité dans ce noble office, les mataquins attachés au culte de la divine chauve-souris dont votre dynastie impériale est descendue, et qui a l'infaillible complaisance de couvrir chaque nuit le soleil de ses ailes pour procurer à Votre Hautesse très-parfaite et très-adorée une fraîche obscurité favorable à son sommeil, s'étoient divisés en deux partis acharnés, commandés par deux loustics impitoyables, sur la question de savoir si la sacro-sainte chauve-souris étoit éclose d'un œuf blanc, comme l'avance Bourbouraki, ou d'un œuf rouge, comme le soutient Barbaroko, les deux plus grands philosophes, savoir Bourbouraki et Barbaroko, qui aient jamais illuminé le monde et autres dépendances de l'empire d'Hurlubière des clartés de la science.

— Que me rappelles-tu? répliqua le Manifafa en soupirant du profond de l'âme. Ce ne fut, pardieu, pas ma faute, si je ne pus accorder entre eux Bourbouraki et Barbaroko, ni ces damnés de loustics. J'avois inventé presqu'à moi tout seul dans le conseil de mes chibicous un système de conciliation par lequel on auroit reconnu à l'amiable que l'œuf de la divine chauve-souris étoit blanc en dehors et rouge en dedans, ou *vice versâ*, car je n'aurois pas donné un poil de ma moustache pour le choix; mais les mataquins rouges et les mataquins blancs n'en voulurent jamais passer par là, tant ils étoient obstinés et téméraires dans leurs résolutions, de manière que la chienne de question seroit encore en suspens, si tu n'étois descendu des nues fort à propos pour la résoudre.

— Je répondis ingénument à Votre Sérénissime Hautesse que les deux loustics en avoient menti, et je prouvai par raison démonstrative que le tétrapode céleste ne pouvoit être sorti d'un œuf blanc, comme il ne pouvoit être sorti d'un œuf rouge, puisqu'il étoit de sa nature vivipare, mammifère et anthropomorphe, ni plus ni moins qu'un mataquin ; sur quoi Votre Sérénissime Hautesse se hâta dans sa souveraine bonté de faire couper la tête aux deux loustics et à tous les chibicous, au grand contentement de son peuple qui en fit des feux de joie par toute la terre.

— Ce mémorable événement fut consigné en lettres d'or dans les annales de mon règne, avec l'ordonnance par laquelle je te nommois grand loustic. Tu vois que je m'en suis souvenu tout de suite ; mais vivipare, mammifère et anthropomorphe, où diable étois-tu allé prendre ces fariboles ?

— Je le savois abstractivement, en qualité de docteur juré de toutes doctrines infuses, et de propagateur encyclique du monopole perfectionnel *in omni re scibili* ; mais ceci appartient à une histoire trop longue pour qu'il me soit permis d'en occuper les loisirs précieux du grand, du très-grand, de l'infiniment grand Manifafa.

— Dis-moi ton histoire, Berniquet. Si elle est longue et ennuyeuse, tant mieux. Je n'aime que les histoires qui m'endorment ; mais tiens-moi quitte surtout de la moitié de tes formules d'obéissance et de respect. Ce que je suis au-dessus de toi, pauvre poussière de mes pieds, est une chose trop bien convenue entre nous pour que je l'oublie. De peur d'en perdre l'habitude, appelle-moi seulement de temps à autre : Divin Manifafa ! Rien de plus, Berniquet. C'est court, c'est vrai, c'est clair ; et quand je fume, les jambes commodément étendues sur mon divan, je ne regarde pas à l'étiquette. Parle, Berniquet! Parle, loustic!

— Votre Majesté saura donc, reprit Berniquet profondément ému, comme il devoit l'être, de cette marque de bienveillante familiarité, que j'habitois il y a quelque dix mille ans une espèce de village malpropre, fétide, sottement bâtie, et disgracieuse en tout point, construite alors sur une partie de l'emplacement qui a été occupé depuis par les écuries de vos nobles icoglans, et qui se nommoit Paris dans le patois de cette époque barbare. Elle ne craignoit pas de se faire passer pour la reine des cités, bien qu'il en soit à peine mention dans les anciennes chroniques de l'empire d'Hurlubière, dont l'incomparable capitale d'Hurlu brille aujourd'hui comme un diamant resplendissant à la couronne du monde.

— J'ai entendu parler de ta bicoque, interrompit vivement le Manifafa; mais arrête-toi là un moment, et pour cause. Que viens-tu me chanter de tes dix mille ans de vie, avec cette face de mataquin qui en annonce tout au plus quarante-cinq? Si tu avois le secret de prolonger au delà de dix siècles révolus seulement l'existence qu'ont accomplie en moins de cent pauvres années les plus vivaces de mes immortels aïeux, je t'ouvrirois sur-le-champ mon trésor et mon harem, et je te ferois prendre place à mes sacrés côtés, tout mataquin que tu es, sur le trône des manifafas. Apprends-moi à l'instant, loustic, si tu connois un moyen de vivre toujours! Je te l'ordonne, sous peine de mort!

— Pas plus que vous, divin Manifafa! Nous mourons tous à notre tour depuis que roule dans son étroite orbite notre misérable univers, et j'ai quelque raison de penser qu'il en sera ainsi jusqu'à nouvel ordre. Je compte réellement les quarante-cinq ans, ni plus ni moins, que Votre Hautesse vient de m'accorder de sa grâce spéciale; et si elle prend la peine d'en retrancher par la pensée les mois de nourrice, l'âge de la dentition, de la coqueluche et des lisières, le temps du collège et de la Sorbonne, la part énorme des maladies et du sommeil, les jours de garde et de revue, les visites faites et reçues, les mauvaises digestions, les rendez-vous manqués, les lectures de société, les concerts d'amateurs, les conversations des gens de lettres et les séances publiques des dix-huit académies, elle comprendra aisément dans sa sagesse qu'il me reste pour quotient définitif une chétive année de vie, comme à tout le monde. Foi de grand loustic des mataquins, je veux que la foudre m'écrase, s'il m'est avis d'avoir existé une heure de plus. Quant aux dix mille ans de surérogation dont il a été question ci-devant, j'en ferai grand marché à mes biographes. Ils ne m'ont pas duré en tout ce qu'il faut au mouvement du cœur pour passer de la systole à la diastole, et aux femmes pour changer de caprice.

— A la bonne heure, dit le Manifafa, car la longueur de ton histoire commençoit à m'effrayer tout de bon, quoique j'aie grande habitude de lire tous les baliverniers d'Hurlubière pour me préparer à dormir. Poursuis donc, loustic!

Au geste impérieux et décisif du Manifafa, le loustic s'assit sur ses talons, et il poursuivit en ces termes:

— Il y avoit donc à Paris, vers l'an de grâce 1933, ce que j'ai l'honneur de vous raconter n'est pas d'hier, une propagande universelle de perfectibilité dont je faisois partie, à cause de mon érudition polymathique, polytechnique et polyglotte, et qui recevoit journellement des ambassadeurs patentés de tous les rumbs de l'horizon. C'étoit marchandise un peu mêlée pour le choix, mais tous savants, de manière qu'on ne les auroit pas entendus, à moins d'être lutin profès. On convint cependant un soir d'hiver fort brumeux, avant de partager les jetons, qu'il seroit assez malaisé de composer une société parfaite, si l'on ne découvroit un moyen probable de se procurer l'homme parfait ou de le produire, l'agrégat étant toujours, suivant l'heureuse expression des péripatéticiens, à qui Dieu fasse paix, l'expression complexe des éléments agrégés, comme le divin Manifafa le comprend mille fois mieux que son humble esclave, à supposer qu'il ne dorme pas encore.

— Que la sainte chauve-souris m'offusque à perpétuité de ses ailes ténébreuses, s'écria Hurlubleu, si j'en ai compris un traître mot! Mais tâche de me tirer de l'agrégat des péripatéticiens, et va toujours!

— Il fut donc résolu qu'on se mettroit incessamment à la recherche de l'homme parfait, c'est-à-dire aussitôt qu'on apprendroit où il pouvoit être, et en admettant qu'il fût, pour en faire la souche de la propagande universelle et de la civilisation régénérée.

— Vous étiez trop modestes, reprit le Manifafa, car ta propagande et ta civilisation n'en manquoient pas, de souches. Tu me passeras volontiers cette saillie, quoiqu'elle ne soit pas d'un excellent goût. Mais qu'attendiez-vous de l'homme parfait, puisque vous voilà déjà parvenus au point suprême de la science, qui consiste à ne plus s'entendre?

— La perfection organique! répondit humblement Berniquet, le complément de ces facultés innombrables que Dieu a répandues entre ses créatures d'une main si prodigue, et qu'il a restreintes dans notre espèce avec une malicieuse parcimonie, à l'exercice de cinq sens obtus et misérables, en y joignant plus malicieusement encore le sens intellectuel, qui ne nous sert qu'à faire des sottises.

— Il nous sert parbleu bien aussi, reprit le Manifafa, à les dire et à les imprimer. Ces considérations, en effet, devoient fournir à la propagande une ample matière à penser.

— *Coussi, coussi,* monseigneur! la propagande ne pensoit jamais que ce qu'elle avoit pensé une fois. Il y avoit là un petit manant de Chinois que vous auriez fait passer par le trou d'une aiguille, mais qui en savoit aussi long qu'il étoit gros, et qui nous soutint *mordicus* que l'homme parfait avoit été fabriqué par Zérétochthro-Schah près de quatre mille ans auparavant; mais qu'on ne savoit ce qu'étoient devenus ni Zérétochthro-Schah, ni son automate.

— Je ne t'en donnerai pas de nouvelles. Qui a jamais entendu parler d'un animal de ce nom?

— Zérétochthro-Schah, divin Manifafa, étoit comme qui diroit, *si res parvas licet componere magnis*, une sorte de métis fort incongru entre le Manifafa et le mataquin, lequel vécut du temps de Gustaps, et sortit de la Médie pour endoctriner la Bactriane. Outre le ZEND-AVESTA et quelques autres bouquins, on croit véritablement qu'il avoit laissé une formule bien accommodée à l'intelligence la plus vulgaire pour la confection du grand œuvre de la perfectibilité, qui est l'homme parfait; mais, au transport de ses bagages, elle fut malheureusement noyée dans la bouteille à l'encre, et il n'en a plus été question depuis. Il ne restoit donc à la propagande universelle d'autre moyen d'en prendre connoissance que la tradition, en faisant exécuter aux frais de l'État un voyage sur les lieux; et nous aurions, selon toute apparence, obtenu quelque beau résultat de cette grande opération, s'il ne nous étoit survenu à la même époque une autre contrariété très-sensible. C'est que la Bactriane fut engloutie entre deux de nos séances par un tremblement de terre, et avec elle Zérétochthro-Schah, ses traditions et sa formule.

— Adieu l'homme parfait et la perfectibilité. Je m'imagine que la propagande universelle fut bien camuse.

— J'ai déjà eu l'honneur de dire à Votre Divine Hautesse que l'impeccable propagande ne revenoit jamais sur ses délibérations. Nous partîmes au nombre de douze, fermement résolus de chercher la Bactriane jusqu'au centre de la terre, où il y avoit toute apparence qu'elle étoit descendue, par la loi de gravité, dans cet épouvantable remue-ménage.

— Tu me mets sur la voie, sage loustic. La députation s'en alla en puits artésiens?

— L'immense pénétration de Votre Majesté toujours auguste est soudaine comme le génie, mais nous ne fûmes pas si ingénieusement avisés. On convint que nous procéderions à l'exploration de la surface entière du globe, avant d'en visiter les entrailles.

— A merveille! Je vous vois d'ici dans les *accélérées*, comme des savants du commun. La propagande sur les grandes routes!

— Il n'y avoit pas moyen, sire. On n'y passoit plus qu'au péril de la vie, depuis l'invention des chemins de fer.

— Je l'oubliois. Continue donc, car je fais là, depuis un grand quart d'heure, des efforts d'esprit qui me réveillent.

— Nous nous embarquâmes sur le bateau à vapeur *le Progressif*, un joli bâtiment, je vous jure, à trois cheminées et à forte pression, qui cinglait si hardiment, triple sabord! que mon ami Jal n'auroit pas eu le temps de compter les lochs. Nous filâmes près de dix-huit cents lieues, à l'estime du charbonnier, jusqu'à ce que nous nous trouvâmes réduits, par défaut de combustible, à jeter dans les chaudières nos meubles, nos outils, notre pacotille et même nos cartes hydrographiques, nos livres de sciences et nos patentes.

— Et sagement vous auriez fait de débuter par là, loustic, dit le Manifafa.

— Cela fit, au premier abord, un feu clair et brillant, dont nous eûmes le cœur tout réjoui, d'autant plus que le gardien des soupapes croyoit déjà voir terre au bout de sa lunette achromatique (l'enragé auroit bien mieux fait d'être à ses soupapes); mais les trois machines à forte pression, dont j'ai eu l'avantage de vous parler ci-devant, profitèrent du moment pour éclater toutes ensemble avec une harmonie si parfaite qu'on dit qu'elles s'étoient donné le mot.

— Au soubresaut près du bateau à vapeur, dont l'allure caprizante et saccadée m'a incommodé maintes fois, il faut convenir, Berniquet, dit le Manifafa, que cette manière de naviguer montre furieusement d'esprit dans son inventeur, et qu'elle a beaucoup d'agrément.

— Quand on en est revenu, monseigneur. Nous fûmes lancés si rapidement à une hauteur incommensurable que je n'eus pas le temps de l'apprécier avec exactitude, parce qu'on manque essentiellement, en mer, d'objets de comparaison; mais nous nous aperçûmes bientôt, en accomplissant notre chute parabolique, suivant la condition des projectiles, que nous avions eu le bonheur d'être dirigés du côté de la terre, sans quoi notre mort étoit infaillible. Jamais une contrée plus délicieuse ne se présenta sans doute aux regards du voyageur surpris. L'île de Calypso, dont vous avez peut-être entendu parler, n'étoit, auprès de celle-ci, qu'un misérable écueil, indigne d'occuper l'imagination des poëtes. A mesure que nous en approchions, nous pouvions voir se développer sous nos yeux, et cette locution figurée est ici parfaitement exacte, car nous tombions, la tête la première, toutes les merveilles d'une végétation élyséenne, couronnée de fleurs et de fruits. Ce n'étoient qu'orangers aux pommes d'or, bananiers aux régimes flottants, et vignes aux grappes empourprées, qui lioient leurs bras opulents aux branches des mûriers et des ormeaux ; ce n'étoient que cerisiers courbés sous le poids d'une multitude de rubis, balancés mollement par les zéphyrs à leurs flexibles rameaux ; ce n'étoient que lauriers aux baies noires comme le jais ou acacias aux girandoles parfumées, qui confondoient dans l'air leurs enivrantes odeurs avec celle des violettes, des œillets, des héliotropes et des tubéreuses, dont la fraîche verdure des prés, entrecoupée de toutes parts de ruisseaux de cristal et d'argent, se paroit comme d'une élégante broderie. Les roses étant assez rares dans le pays, nous n'en remarquâmes cependant pas au premier moment.

— Je suis seulement bien étonné que vous ayez pu remarquer tant de choses, reprit le Manifafa; mais je suppose que tu te décidas à prendre terre, après avoir louvoyé le temps que tu dis. Cela devoit finir par là.

— En dégringolant de branche en branche, à la manière de Christophe Morin quand il dénicha le *piau*, divin Manifafa. Notre premier soin fut de nous compter. De huit cents personnes qui avoient composé l'équipage, nous ne restions que six; mais, par un effet tout particulier de la providentielle sagesse qui veille aux progrès de l'humanité, nous étions tous six les députés d'élite de la propagande universelle.

— J'ai souvent ouï dire, ami loustic, que ces gens-là se retrouvoient toujours sur leurs pieds. Mais fais-moi le plaisir de m'apprendre si la providentielle sagesse dont tu parles vous avoit conservé le petit Chinois?

— Le petit Chinois avoit vécu, sublime Hautesse; et d'après sa minutissime exiguité naturelle, on peut présumer avec beaucoup d'assurance qu'il étoit rendu, en atomes impalpables, au foyer perpétuel de la création.

— Tant mieux! s'écria le Manifafa. C'est lui qui t'a engagé, dans cet interminable récit, à la poursuite de Zérétochthro-Schah, et je ne me sens pas capable de le lui pardonner de ma vie.

— Nous étions un peu froissés: c'est le moins qui puisse arriver lorsqu'on tombe de haut sans y être préparé; mais notre plaisir n'en fut que plus vif, au milieu du peuple heureux qui dansoit sous ces ombrages. Nous nous empressâmes de nous mêler à ses jeux innocents aussi naïvement que si nous avions été de simples bergers, et notre allégresse s'augmenta de beaucoup, vous pouvez le croire, quand nous apprîmes que cette fête pastorale avoit lieu à l'occasion du départ d'un ballon frété pour des régions fort lointaines, où il devoit nous conduire en peu de temps.

— Saviez-vous du moins, savants que vous étiez, et toi, savant loustic en particulier, où ce ballon vous conduiroit?

— Qu'importe, seigneur, où peut conduire un ballon quand on ignore où l'on va? C'est le chemin que tiennent les savants, les empires et le monde.

— Arrime pour les airs, Berniquet! Va, mon fils, mon loustic, où le démon te pousse! Mais un aérostat qu'on ne peut diriger est tout au plus un jouet d'enfant, bon pour divertir les rois, les vieilles femmes et les académies.

— Bagatelle que cela! vous courez toujours par la subtile perspicacité de votre esprit, Manifafa de plus en plus extraordinaire, au-devant des découvertes de la civilisation ancienne, comme si vous les aviez devinées! La direction des ballons étoit devenue de tous les problèmes le plus facile à résoudre, depuis qu'on avoit appliqué la vapeur à la navigation, la résistance des courants de l'air étant moins difficile à vaincre que celle des eaux. Nous montâmes donc résolûment le ballon à vapeur *le Bien-Assuré*, qui étoit un bâtiment d'importance, parfaitement équipé en guerre pour cette grande expédition, à cause du nombre incalculable de corsaires aériens qui ravageoient depuis quelques années les parages que nous allions visiter, et qui causoient par là un immense préjudice au négoce atmosphérique, malgré toutes les précautions de la douane et de la maréchaussée. Nous étions munis de vingt-quatre bonnes pièces de canon de Siam, longues de cinquante-deux pieds et de cent quatre-vingt-deux livres de balles, qui portoient à sept lieues de but en blanc, et nous n'avions pas moins de six mille hommes de bataille en excellentes troupes de toute arme, sauf la cavalerie et les sapeurs, sans compter la chiourme et les gens d'abordage, qui étoient placés aux grappins ; de sorte que nous mîmes au large, sans inquiétude et sans difficulté, suivis des acclamations de la multitude.

— Je te recommande, loustic, d'avoir l'œil aux soupapes ! Mais comment fîtes-vous, les savants et toi, pour payer votre passage ? Mit-on les propagandistes de la perfectibilité aux grappins, ou les mit-on à la chiourme ?

— Eh ! divin Manifafa, répondit Berniquet, remettez-vous de cet inutile souci ! Dans toutes les conflagrations terrestres, maritimes et célestes, qu'il vous seroit possible d'imaginer, les savants de mon temps s'assuroient premièrement d'emporter leur bourse avec eux ; et puis la parfaite considération dont ils jouissoient à ces époques reculées leur procuroit bon crédit partout où le nom d'homme étoit parvenu. Leur diplôme valoit or en barre.

— Je me suis laissé dire, Berniquet, qu'il n'en étoit pas de même aujourd'hui ?

— Moi aussi, monseigneur. Quoi qu'il en soit, nous dûmes faire ainsi près de quatre mille lieues sans savoir précisément où nous étions, parce que Votre Majesté n'ignore pas que la boussole dérivoit dès lors de quelques degrés, et qu'à cette hauteur elle devoit faire gaillardement, comme elle le fit, le tour complet du cercle, sans autre moteur que l'oscillation capricieuse qui lui est propre, l'action attractive du pôle s'étant considérablement altérée dans ces régions élevées.

— C'étoit une belle occasion de graduer l'échelle du cyanisme du ciel, qui a donné tant de mal à M. de Saussure !

— Le ciel étoit noir comme de l'encre. Cependant nous nous consolions de notre isolement en donnant çà et là notre nom à quelque nuage. C'étoit un plaisir bien ingénu, une joie d'homme, qu'emportoit le vent comme celles de la terre. Nous n'encourûmes d'ailleurs aucune espèce d'accident notable, si ce n'est que nous échappâmes, par une adroite manœuvre, à l'éruption d'un volcan maudit, qui faillit mettre *le Bien-Assuré* en cannelle.

— Je ne te passe pas celle-là, interrompit Hurlubleu, et Dieu sait que depuis une heure tu m'en fais avaler de toutes les couleurs. Jamais, au grand jamais, éruption de volcan ne monta si haut !

— Il arrive souvent, Manifafa surhumain, que les éruptions des volcans de l'air descendent plus bas, à moins que le mouvement ambiant de la rotation atmosphérique ne les transforme en jolis petits satellites de poche, comme j'en ai tant vu dans mes voyages. L'explosion qui nous menaça de si près pourroit bien être celle qui détruisit Paris. C'étoit, pour vous dire vrai, celle d'une de ces méchantes planètes provinciales, que la terre emporte, comme une étourdie, dans ses sottes évolutions, à la manière de la corbeille de prunes que les enfants font rouler autour d'une fronde sans en laisser tomber une seule, et qui, composées d'éléments inflammables tourmentés d'un principe igné, finissent brutalement, au moment où les pauvres passants s'y attendent le moins, par se dissoudre en pluie d'aérolithes. A la considérer dans son diamètre apparent, nous jugeâmes qu'elle ne présentoit guère que l'apparence d'une préfecture de troisième classe, dont le dernier de vos commis à la plume ne voudroit pas.

— Il auroit vraiment bien raison ! répliqua le Manifafa ; une préfecture composée d'éléments inflammables tourmentés d'un principe igné, cela ne seroit pas gracieux. La description que tu m'as donnée de tes aérolithes m'a paru d'ailleurs fort instructive et fort divertissante, et je t'excuse, en sa faveur, d'avoir pris ce parti-là pour te rendre au centre de la terre, quoique, à examiner rationnellement la chose, ce ne fût pas le plus court.

— Ce n'étoit pas le seul inconvénient de notre voyage. Nous venions à peine de jeter la sonde pneumatique sur un assez beau fond d'atmosphère, dont elle avoit rapporté, à notre entière satisfaction, un mélange d'oxygène et d'azote, formé selon les proportions dont les chimistes sont convenus pour le plus grand avantage de tout ce qui respire, quand nous eûmes le chagrin de nous apercevoir que le bâtiment faisoit air par deux voies.

— En voici, ma foi, bien d'un autre, Berniquet! J'ai entendu parler de voies d'eau, mais des voies d'air, cela me passe.

— Il n'y a rien de plus aisé à comprendre. Cela veut dire que le gaz s'échappoit en abondance par les fentes de la capsule, à défaut de radoub. Votre Majesté pense bien que nous ne perdîmes pas de temps pour y envoyer les ouvriers du calfat; mais Castor et Pollux, protecteurs des mariniers, permirent qu'un garçon d'un âge tendre et sans expérience tînt le goudron enflammé si près de la brèche, que l'hydrogène prit feu soudainement, en décorant superbement le ballon d'une merveilleuse ceinture qui rayonnoit d'aigrettes éblouissantes, et qui devoit lui donner, d'en bas, car le soleil étoit depuis longtemps caché pour tout cet hémisphère, l'aspect de quelque brillant météore. Foi de loustic, j'aurois à revivre mes dix mille ans, si vite passés, et dix mille fois davantage, que le temps ne pourroit effacer de mon souvenir les sentiments d'admiration dont je fus rempli à l'aspect de ce globe en feu...

— Qui brûloit à plein pied des planètes, interrompit Hurlubleu. Je me mets volontiers à ta place pour le moment actuel, et non autrement, par parenthèse. Mais l'admiration ne vous absorba peut-être pas tellement que vous ne vous occupassiez d'autre chose?

— Nous nous empressâmes de débarrasser le vaisseau de sa cargaison inutile; car il n'avoit que trop de lest pour ce qui lui étoit réservé : la machine à vapeur d'abord, ensuite les canons de Siam! On n'en vit jamais de pareils dans l'excellence du travail et la richesse des ciselures; après cela, toute une encyclopédie par ordre de matières. Je n'y eus pas grand regret. Après cela, tout le Bulletin des lois, des décrets et des ordonnances, avec tous les procès-verbaux des deux chambres. C'étoit là une terrible perte! Après cela, quelqu'un eut l'impertinence de dire qu'on auroit dû commencer par les savants. Je sautai le pas comme les autres; mais je fus si heureusement favorisé par ma pesanteur spécifique, le ciel en soit loué toujours, que je rattrapai, dans sa chute perpendiculaire, une de nos chaloupes aériennes qui sombroit; et comme elle étoit faite en cheval marin, d'après la mode du temps, qui couroit depuis le fameux cétacé de M. Lennox, je l'enfourchai aussi lestement que faire se pouvoit en pareille circonstance, de façon à m'y trouver bien en selle, la main droite aux crins, ferme sur les arçons, et campé comme un saint Georges,

— Ensuite, Berniquet, tu piquas des deux, ainsi que ta position l'exigeoit, et je te vois avec plaisir en chemin pour le pays de Zérétochthro-Schah, si le poids des masses est réciproquement multiplié par le carré de la vitesse.

— Je m'abattis, de fortune, dans une large fondrière qui étoit placée au juste milieu de la grande route, et où je m'enfonçai jusqu'au menton seulement, parce que j'eus bientôt repris courage en reconnoissant, à la nature du sol et à la configuration géologique des localités, que ma bonne étoile m'avoit fait prendre pied dans une des contrées les plus civilisées de la terre.

— Prendre pied, c'est une manière de parler en façon d'hyperbate, à laquelle je souscrirai volontiers, si cela te fait plaisir; mais j'aurai plus de peine à convenir, je t'en avertis, du perfectionnement indéfini d'une contrée où il a des fondrières si larges et si profondes au juste milieu de la grande route.

— Oh! c'est que les philosophes de ce pays-là, divin Manifafa, ont bien autre chose à faire que de boucher des fondrières.

— Et que font-ils donc? dit Hurlubleu.

— La cuisine, répondit Berniquet.

— A la bonne heure, reprit le Manifafa, et je ne saurois les en blâmer; mais commençons par le commencement, car nous venons de te laisser, à mon grand regret, loustic, dans une situation peu commode pour explorer le terrain.

— Elle étoit d'ailleurs assez favorable à la méditation; et quant au terrain, je le connoissois à fond indépendamment de mon expérience personnelle, sur ce que j'en avois lu dans des cosmographies et des voyages qui ne mentent jamais. L'île des Patagons, autant que j'en avois pu juger à vue de pays, en plongeant dans cet empire médiatlantique, représente un cercle parfois de onze cent trente lieues de diamètre, ce qui lui donne trois mille cinq cent cinquante lieues de circonférence ou peu s'en faut, si Adrien Métius d'Alcmaer n'est pas un fat. Elle a cela de particulier, qu'elle n'a jamais rien produit qui ait eu vie, ce qui la rend bien effectivement propre à la civilisation.

— Et ce qui reste à démontrer, s'écria Hurlubleu en branlant la tête d'un air défiant; une île qui ne produit aucun être vivant et où il y a des philosophes! Il est vrai qu'ils se fourrent partout; mais, à ton compte, ils devoient faire une maigre cuisine.

— La plus parfaite qui se puisse savourer à une table royale. Il faudroit seulement *prémettre*, si *prémettre* étoit reçu en langue hurlubière, et cela dépend de l'Académie, que l'île des Patagons est le centre d'un archipel tout peuplé de philosophes, qui se sont casés méthodiquement dans leurs îlots, selon le système encyclopédique de Bacon, avec une si technique précision qu'il ne manque à ces langues de terre que des étiquettes pour figurer dans la topographie de la perfectibilité le *compendium universale* des connoissances humaines. Cette espèce peuplant beaucoup, parce qu'elle est fort oisive, elle s'avisa un jour de profiter du voisinage de l'île métropole, où je suis pour le moment dans l'état que vous savez, et où je vous prie de me permettre de rester quelque temps encore...

— Tant que cela pourra t'être agréable, loustic, dit le Manifafa. Prends tes aises.

— Elle s'avisa, dis-je, d'y transporter une colonie créatrice, et il ne lui falloit pour cela que des laboratoires, puisqu'elle savoit produire par des combinaisons chimiques tout ce que la création produit. C'est ainsi que le consistoire philosophique de l'île des Patagons s'institua en manufacture culinaire, pour satisfaire à la nécessité commune des individus bien portants qui font avec plaisir deux repas par jour, quand ils sont en mesure de les payer. Je ne parle pas des pauvres auteurs, de ces innocents prolétaires de la parole, de ces tributaires disgraciés de la presse, gens de bien qui vivent de peu quand ils vivent, et qui ont perdu leur pension par la malice ou l'ineptie d'un chibicou ; ceux-là n'y ont que voir. Mais je suppose, par exemple, que Votre Hautesse ait bonne envie de tâter demain, à son déjeuner, d'une excellente tête de veau en tortue, ce qui peut arriver à tout le monde; vous envoyez votre carte à la section de mammalogie, qui fait un veau et qui vous met la tête à part. L'architriclin de la section (c'est une grande dignité) mande incessamment votre carte à son confrère de la section d'ornithologie, qui vous fait un coq, et qui en dépêche au premier laboratoire la crête et les rognons : de même à la section de crustacéologie, qui confectionne supérieurement les écrevisses. Après cela tout se manipule comme à l'ordinaire, et on sert chaud. C'est un manger délicieux.

— A qui en parles-tu ? dit le Manifafa. Tout cela me paroît ordonné en perfection, et je prendrois un grand plaisir à t'interroger sur quelques détails, si je ne me faisois scrupule de te retenir dans cette fondrière plus qu'il ne convient à un homme de ton âge et de ta qualité.

— J'y passai cent heures et je ne sais combien de minutes, divin Manifafa.

— Alors nous avons le temps. Amuse-toi donc à me répondre, cela te reposera. Comment ces philosophes, qui faisoient tant de choses, ne sont-ils pas parvenus à faire l'homme que tu cherchois avec une si rare intrépidité ?

— Eh! tenez-vous pour assuré, seigneur, qu'ils faisoient fort bien l'homme tel quel. Un homme n'est pas plus difficile à fabriquer qu'un lapin de garenne, quand on sait de quoi cela se compose. La section d'anthropologie ne s'occupoit d'autre chose du matin au soir, à l'opposé des pays arriérés et mécaniques où l'on s'en occupe volontiers plus spécialement du soir au matin ; et il faut convenir qu'elle n'y épargnoit pas la façon, puisqu'elle a fait les Patagons, dans le moindre desquels il y a de l'étoffe pour les douze tambours-majors des douze légions de votre capitale, en y joignant ceux de sa banlieue. Mais au delà des cinq sens de nature, elle s'étoit trouvée bien embarrassée, la section d'idéologie n'ayant jamais pu lui fournir le sens intellectuel en bon état. Le sens intellectuel ! Divin Manifafa, vous auriez retourné la section d'idéologie de fond en comble que vous n'en auriez pas obtenu de quoi faire un vaudeville, et quand cela est distribué par égales parts sur cinquante millions de géants, c'est bien à peu près comme s'il n'y en avoit pas du tout. Voilà pourquoi cette malheureuse race des Patagons est si bête, qu'il étoit dès

lors passé en usage proverbial parmi les nations de dire :
— *Bête comme un Patagon.*

— Le ciel nous soit en aide et la sainte chauve-souris aussi ! dit le Manifafa. Avec quoi ces pauvres gens faisoient-ils les rois ?

— C'est une grande pitié, répondit Berniquet en baissant humblement les yeux ; ils les faisoient avec des Patagons.

— Cela prouve, loustic, qu'il n'y avoit pas grand profit à cette charge, puisque les philosophes ne l'ont pas gardée pour eux.

— On se soucie bien des rois et des peuples, sire, quand on leur mesure les vivres ! Les philosophes qui ont continué de se reproduire à la manière vulgaire, parce qu'elle est un peu plus amusante, sont d'ailleurs restés tout petits, ce qui leur interdit jusqu'à la chance de parvenir aux dignités publiques, dans ce pays de Patagonie où elles se donnent toutes à la taille, sans en excepter la couronne. Le roi mort, on fait passer la nation sous un hectomètre, et son successeur est pris au toisé.

— De sorte que le souverain régnant, reprit le Manifafa, peut à bon droit s'adjuger le titre de GRAND et le recevoir de sa cour sans que personne y trouve à redire, ce qui me paroit fort agréable. Mais qu'arriveroit-il, Berniquet, si quelque petit manant de Patagon se mettoit dans l'esprit de grandir démesurément tout à coup, et de passer son prince légitime d'une coudée ou deux, pendant que celui-ci trône paisiblement sur la foi de la toise, de la géométrie et des philosophes ?

— Il seroit reconnu héritier présomptif, seigneur, et proclamé César, en attendant qu'un autre vînt lui contester son rang. J'ai entendu dire que ceci leur avoit épargné bien des révolutions et bien des guerres civiles, et qu'ils n'en sont pas plus mal gouvernés.

— Je le crois facilement, loustic ; c'est le système

électoral le plus raisonnable qu'on ait jamais inventé à ma connoissance, et j'en ferai avant peu l'essai sur mes chibicous. Quoi qu'il arrive, je serai presque toujours sûr de ne pas perdre au change. Mais, si ton rapport est fidèle, il me reste deux inquiétudes : ma première inquiétude, Berniquet, c'est de savoir ce que font les femmes patagones dans un pays où la section d'anthropologie prend la peine de faire des enfants?

— Oh! sire, les femmes sont fort occupées ; elles discutent, elles gèrent, elles administrent, elles jugent, elles gouvernent, elles font des plans de campagne, des statistiques, des lois, des constitutions ; et, de temps à autre, à leurs moments perdus, de petites brochures éclectiques, des traités d'ontologie, des poëmes épiques en trente-six chants. Elles ont bien du mal! Mais la seconde inquiétude de Votre Hautesse, sublime Manifafa ?

— Ma seconde inquiétude, Berniquet, c'est de savoir comment tu t'y pris pour te dépêtrer de cette diable de fondrière ?

— Je ne passois pas tout mon temps à réfléchir sur ces notions confusément renouvelées de mes lectures. Je ne m'en tuais pas moins à crier du haut de ma tête et du fond de mon gosier que j'étois le seul membre de la propagande universelle qui se fût échappé de douze pour venir rendre hommage à la civilisation de l'île des Patagons. J'ajoutois, avec un attendrissement plus facile à concevoir qu'à exprimer, que je serois probablement le dernier propagandiste qui tentât d'aborder dans cette fondrière philosophique, surtout par le chemin où j'étois venu, à moins qu'un de mes camarades ne se fût arrangé pour rester en l'air plus longtemps que moi, et je n'y voyois aucune probabilité.

— Mon grand orateur n'auroit pas mieux dit, ami Berniquet, quoique ce soit son métier et que je lui paye à cet effet de gros honoraires qui ont fait quelquefois crier l'opposition ; mais ce discours éloquent et naïf, à qui l'adressois-tu ?

— A une poignée de vilains enfants, de vingt-cinq à trente pieds tout au plus, qui jouoient à la queue leleu, au cheval fondu et à d'autres manières de divertissements aussi puériles, en s'ébaudissant sur le rivage.

— Sur le rivage de la fondrière, c'est bien entendu. Et que survint-il après cela, loustic ?

— Hélas ! monseigneur, il survint ce que vous savez : une légion de philosophes en habits brodés, le bas de soie à la jambe, la main gantée, le parapluie sous le bras, qui s'assirent autour de moi sur de bons pliants pour subvenir au moyen de me tirer de là. Le premier jour, ils ne furent pas autrement embarrassés. Ils jugèrent à la presque unanimité que je paroissois être tombé accidentellement dans cette fondrière. Le second jour, ils décidèrent qu'il seroit à propos de m'en tirer par quelque machine; le troisième jour, ils firent merveille.

— Ils te délivrèrent enfin !...

— Non, divin Manifafa. Ils nommèrent une commission composée de savants très-consommés dans la mécanique. Je me crus perdu cette fois ; et, tendant vers eux mes mains palpitantes que j'étois parvenu à dégager de la fondrière, jusqu'à la hauteur de ma tête, où elles m'étoient d'une grande utilité pour chasser les mouches, je renouvelai mes supplications inutiles avec une grande abondance de larmes. Les philosophes étoient déjà bien loin. Pour mon salut, parmi les incommensurables marmots dont j'ai eu l'honneur de vous parler ci-devant, il s'en trouvait deux qui s'étoient fait une monstrueuse balançoire du grand mât d'un vaisseau à trois ponts, et qui s'en donnoient à cœur joie de ce ridicule exercice, indigne en soi d'occuper une pensée humaine, comme j'avois bien su le leur dire. Un de ces petits brutaux que je venois de remarquer, prêtant une attention stupide et cependant quelque peu sournoise à la discussion des philosophes, se rapprocha de son mât quand ils eurent disparu, et après avoir soigneusement établi l'équilibre de ce grand mobile sur son point d'appui, se mit à en tourner l'extrémité vers l'endroit où mes mains convulsives s'agitoient encore en vain. Je m'en emparai machinalement, mais avec force, pour éviter entre ma tête et la solive gigantesque une collision qui n'auroit probablement pas été à mon avantage. Au même instant, ce pauvre malotru de Patagon s'élança d'une hauteur considérable pour atteindre le bout opposé, et le ramena vers lui de tout son poids, de sorte que je jaillis comme un trait de la fondrière, et qu'en me laissant glisser le long de la poutre dont je ne m'étois pas dessaisi, j'abordai fort commodément à un bon sol de roches et de galets qui ne se seroit pas effondré sous une armée de Patagons. L'heureuse rencontre de cet expédient instinctif me fit réfléchir amèrement sur la misère de ces infortunés Patagons qui sont réduits par la privation du sens intellectuel à se renfermer bêtement dans l'exercice de leurs facultés animales, sans espoir de devenir savants, et dont la civilisation régulière et douce, à la vérité, mais montée comme un instrument, tourne à perpétuité sur les mêmes rouages. Cela fait mal.

— Je reconnois là ton bon cœur, dit le Manifafa; mais c'est la faute de la section d'idéologie, qui n'est pas en Patagonie pour rien, et qui redoit à ces insulaires, si je t'ai bien compris, une âme intelligente et perfectible. Cependant, Berniquet, puisque leur civilisation est douce et régulière, et qu'ils ne manquent pas d'expédients instinctifs pour se tirer d'embarras, eux et les autres, que pourrais-tu leur désirer de plus et de mieux?

— De mieux, je ne dis pas; mais de plus, des progrès; ou pour m'expliquer avec toute la correction et toute l'élégance requises en ces hautes matières, je voudrois qu'ils progressassent. Qu'est-ce que c'est, bon Dieu!

qu'une nation qui ne progresse pas? La destinée essentielle de l'homme n'est pas de fournir avec simplicité sa courte carrière au milieu des siens, en remplissant fidèlement tous ses devoirs envers Dieu, l'État et l'humanité, comme ces méchants rabâcheurs de moralistes le prêchoient à l'antiquité ignorante. La destinée essentielle de l'homme est de progresser; et, bon gré mal gré, il progressera, sur ma parole, ou il dira pourquoi il ne progresse pas... — Ces enfants Patagons étoient au reste d'un bon naturel. Les pauvres petits s'empressèrent de me plonger dans une eau pure, et d'une température assez amère qui me lava des souillures de la fondrière, et rendit un peu de souplesse et d'élasticité à mes membres endoloris. Ils me firent sécher ensuite aux rayons d'un soleil ardent et réparateur, en éventant mon front de quelques feuilles balsamiques dont ils s'étoient munis à ce dessein ; et sans tarder davantage, ils épluchèrent fort délicatement ce qui restoit des miettes de leur déjeuner, pour me restaurer par un bon repas qui se trouva très-copieux, car il y a de quoi vivre dans les miettes d'un Patagon. Je leur eus à peine témoigné ma reconnoissance par des démonstrations dont ils ne se soucioient guère, qu'ils retournèrent à leur balançoire, après m'avoir indiqué du doigt le chemin de la ville des philosophes, où je comptais trouver à qui parler. Comme j'étois assez près d'arriver, je vis sortir des murailles en grande pompe un cortége innombrable qui faisoit route de mon côté, et je reconnus sur-le-champ l'objet de cette excursion scientifique à l'attirail des voyageurs. C'étoient des planches, des perches, des échelles, des cordes, des poulies, des barres, des leviers, des poids, des contre-poids, des roues, des cabestans, des moufles, des grues, des dragues, des griffes, des grappes, des tracs, des pics, des crocs, des crics, et tout le mobilier du Conservatoire des Arts et Métiers, à l'exception d'une bascule. Je fus bien flatté de la prévenance de ces grands hommes, et je tâchai de leur manifester mes sentiments en quelque vingt langues dont ils ne parurent pas avoir connoissance. De mon côté, je n'entendois rien du tout à la leur, ce qui me fit penser avec admiration qu'ils pourroient bien avoir inventé la langue universelle, ou pour le moins découvert la langue primitive. Ce petit embarras, qui jetoit naturellement quelque obscurité dans notre conversation, m'empêcha de leur faire comprendre distinctement comment j'étois parvenu à sortir du mauvais pas où ils m'avoient vu ; mais ils me semblèrent si disposés à se faire honneur de cette opération difficile, et j'y vis si peu d'inconvénients, que je me remis volontiers à eux du soin d'en faire la description autoptique. J'en avois ainsi opiné aux acclamations frénétiques d'une grande canaille de Patagons qui bordoient toutes les rues sur leur passage, et à la bienveillance fièrement modeste avec laquelle ils daignoient les accueillir, en souriant gracieusement de droite et de gauche ; tellement que je fus tout près de croire moi-même à l'efficacité du secours qu'ils m'avoient porté ; mais, dans tous les cas, j'étois trop exercé de vieille date aux us et coutumes des académies pour n'en pas faire le semblant. Je fus donc conduit de cette sorte, et pour ainsi dire triomphalement, jusqu'au palais du consistoire suprême, où l'on me déposa, comme un objet de curiosité à démontrer, sur le tapis vert de l'architriclin : solennité d'autant plus flatteuse pour celui qui en est l'objet qu'on est toujours sûr de l'approbation d'un auditoire patagon, parce que ce peuple est essentiellement admiratif, à cause de sa grande innocence.

— Passe pour l'innocence des Patagons ; mais je ne suis pas sans inquiétude sur la section d'anthropologie. Elle pourroit bien te faire empailler.

— Il n'en fut pas question pour le moment, divin Manifafa ! — Le grand architriclin prononça un discours taillé à la mesure de l'auditoire patagon dont les tribunes étoient inondées, et qui ne m'éclaircit pas au premier abord les difficultés de cette langue philosophique ; j'avois beau m'y débattre entre l'aphérèse, la diérèse et la synthèse, passer de l'apocope à la syncope, lutter contre la contraction, faire bon marché des syllabes à l'euphonie, invoquer la paragogie si conciliante ou me réfugier dans l'anagogie si ténébreuse, je ne pouvois, quoi que je fisse, rattraper mes radicaux. Sage et savant Edwards, que n'étiez-vous là? Enfin, le retour fréquent d'une locution dont j'avois surpris en passant la méthathèse mystique me révéla tout à coup que ce bel et docte idiome étoit tout bonnement le patois naïf de Villeneuve-la-Guyard, où je suis né, mais pris élégamment dans l'ordre inverse de la disposition des lettres, à la manière du boustrophédon, auquel j'ai eu le bonheur de m'initier dès ma plus tendre jeunesse, en lisant les enseignes par la fin ; ce qui fut cause qu'en un moment je possédai aussi bien que le linguiste le plus expérimenté toutes les délicatesses du langage hiératique dont on se sert en Patagonie. Je pris donc la parole après l'architriclin avec une confiance aisée qui étonna tout le monde, et la juste réserve que la modestie impose aux historiens qui parlent d'eux-mêmes ne sauroit me résoudre à garder bouche close sur l'effet prodigieux de mon discours, puisque les résultats de cette séance inaugurale se sont fait sentir pendant dix mille ans de ma courte vie. Le tonnerre d'applaudissements qui suivirent ma harangue m'interloqua de telle sorte, que j'en demeurai comme pâmé entre les quatre bougies de la table des démonstrations : si bien qu'un niais de savant, qui faisoit là les fonctions de majordome, fut dépêché à la section de chimie pour en rapporter un breuvage spiritueux très-confortable dont ils usent entre eux dans de pareilles occasions, en guise d'eau sucrée, pour rasséréner les sens d'un orateur durant la chaleur de l'enthousiasme et l'éclat du brouhaha. Je n'en laissai pas une goutte; mais j'achevois à peine d'épuiser la potion, qu'au lieu d'exprimer sur ma physionomie l'influence tonique et hilarante d'une liqueur salutaire, je fus surpris d'un épouvantable bâillement spasmodique qui fit juger sur-le-champ à tous les spectateurs, comme il n'étoit que trop vrai, que je venois d'être la victime d'un quiproquo de philosophe, et il est bon de vous dire que les quiproquo de philosophe sont encore plus dangereux que les quiproquo d'apothicaire. L'architriclin s'étant empressé de faire la vérification de la fiole suspecte, il n'eut pas besoin d'aller plus loin que son étiquette pour dire avec expansion :

— Fatale et irréparable méprise, ce n'est pas l'eau de réjouissance et de santé qu'on vient d'administrer à notre confrère bien-aimé! c'est l'eau de l'éternel sommeil!...

— De l'éternel sommeil! m'écriai-je autant qu'on peut crier quand on bâille, et que cet *hiatus* assidu vient entrecouper toutes vos paroles! — De l'éternel sommeil! architriclin maudit, que la foudre t'écrase avec toute l'île des Patagons!

— Éternel n'est pas le mot propre! interrompit bénignement l'architriclin. La dose n'est pas assez forte pour cela. Vous n'en avez pas pour plus de dix mille ans, suivant la recette qui est graduée en perfection, et vous retirerez un grand avantage de cette légère interruption dans vos travaux académiques, puisque vous avez consacré votre vie à la recherche de l'homme parfait. Qui sait? vous le trouverez peut-être en vous réveillant.

Là-dessus je bâillai de toutes mes forces. — Une légère interruption! répliquai-je dans le plus violent accès d'emportement où puisse tomber un homme qui s'endort! Dix mille ans, une légère interruption! Vous ne pensez donc pas, impitoyable architriclin, que j'ai des affaires chez moi, que ma pension sur la liste civile périclite, à défaut de certificat de vie, et que j'étois en situation de faire un bon établissement avec une jeune fille riche et jolie qui ne m'attendra probablement pas!

— Je n'oserois vous le promettre pour elle, reprit l'architriclin. Si elle étoit ici, et qu'elle en fût d'accord, je pourrois vous offrir de l'endormir avec vous; il ne m'en coûteroit pas davantage; mais ce n'est guère qu'à cette condition que les jeunes filles attendent un futur qui a dix mille ans à dormir. C'est d'ailleurs un petit inconvénient. Bien fait comme vous êtes, vous retrouverez facilement d'autres maîtresses, et dix mille ans sont si vite passés quand on dort!

— Ils ne sont pas dégoûtés, dit le Manifafa.

— En parlant ainsi, ces messieurs m'emportoient, sans que je fisse beaucoup de résistance, vu l'état soporeux où m'avoit mis leur infernal spécifique. De galerie en galerie, j'arrivai, bâillant toujours, à la salle des onéirobies. C'est une secte de sages de ces régions-là qui passent presque toute leur vie à dormir.

J'y aperçus en clignotant, sous des cloches de verre numérotées d'une encre indélébile, nombre d'honnêtes gens qui avoient spontanément embrassé cette vocation de sommeil multiséculaire, soit par dégoût du monde où ils vivoient, soit par l'impatience assez naturelle d'en voir un autre. C'étoit, je vous le certifie, une société parfaitement choisie. Il y en avoit qui grouilloient déjà, tant ils étoient près de ressusciter. Comme je n'avois plus besoin que de dormir...

— Ni moi non plus, dit le Manifafa.

— Comme je dormois à demi, continua Berniquet...

— Moi aussi, dit le Manifafa.

— Je leur souhaitai intérieurement bien du plaisir, poursuivit le loustic; j'entrai sans cérémonie sous ma cloche qui couvrait un lit fort commode, au moins pour un homme qui a sommeil, et je m'endormis tout d'un trait.

— Bonne nuit ! Berniquet, dit le Manifafa en laissant tomber sa pipe. Dors bien, et ne fais point de mauvais rêves.

— La première chose que je fis, à mon réveil, fut de regarder à ma montre; elle étoit arrêtée. — Quand je fus réveillé.....

— Eh bien ! mordieu ! reprit le Manifafa en s'arrangeant sur son divan, quand tu fus réveillé, j'avois dormi peut-être ! A moins que le diable ne s'en mêle, je puis bien dormir une heure ou deux pendant les dix mille ans de sommeil que j'ai la complaisance de t'octroyer entre le commencement et la fin de ta longue histoire. Ce n'est pas, Berniquet, que j'y prenne un certain plaisir, et que je ne me sois particulièrement amusé au combat naval des chevaux marins et à la gentille sarabande des quatre petites guenuches bleues. C'est vraiment fort divertissant.

Berniquet, qui avoit l'esprit extrêmement pénétrant, comme on a pu le remarquer en divers endroits de sa narration, vit bien que le Manifafa ne l'avoit pas écouté jusque-là sans prendre le temps de faire par-ci par-là quelque somme.

— Il faut que les rois soient bien bêtes ou qu'ils soient bien mal intentionnés, murmura-t-il tout bas. En voici un que j'entretiens depuis une heure des questions les plus transcendantes et les plus abstruses de la morale, de la philosophie et de la politique, et qui met de si précieux moments à profit pour rêver combats de chevaux marins et sarabandes de guenuches !

— Que grommelles-tu entre tes dents, Berniquet ? s'écria le Manifafa. Tu as l'air de me faire la moue !

— Je pensois, divin Hurlubleu, que mon expédition valoit bien la peine d'être racontée jusqu'à la fin, et j'y tenois d'autant plus qu'elle fait la tierce partie d'une trilogie dont le titre importe beaucoup à mon éditeur. C'est ce qui fera le succès.

— Tant de scrupule entre-t-il dans l'âme d'un loustic, Berniquet? Les gens pour qui tu écris se sont si bien accommodés du monogramme en trois lettres que tu ne risques rien, sur ma parole de Manifafa, de leur lancer une trilogie en quatre parties. On leur en feroit voir bien d'autres! Mais, pour Dieu, dors, Berniquet, et laisse-moi dormir!

— Une trilogie en quatre parties par le temps qui court? Pourquoi pas? dit à part soi Berniquet.

Pendant qu'il réfléchissoit, les poings aux dents, sur ce nouveau genre de composition, le sublime souverain d'Hurlubière avoit déjà ronflé trois fois. Il dormoit.

Le loustic se coucha tout de son long sous les pieds de son maître, pour méditer plus à son aise sur la dignité de l'espèce et son perfectionnement progressif. Il s'endormit.

Moi qui écris péniblement ceci d'après les manuscrits de Berniquet, trois heures du matin sonnant d'horloge en horloge, et à la mourante lueur d'une huile dont mon épicier réclame le prix avec des instances malhonnêtes, je sens la plume échapper de mes doigts. Je m'endors.

— Et vous, madame?

II.

LÉVIATHAN LE LONG,

ARCHIKAN DES PATAGONS DE L'ILE SAVANTE,

OU LA PERFECTIBILITÉ,

POUR FAIRE SUITE A HURLUBLEU,

HISTOIRE PROGRESSIVE.

A six heures quarante-cinq minutes du matin, Hurlubleu éternua trois fois de suite.

C'étoit le signal auquel ses icoglans attentifs avoient coutume de lui porter son chocolat.

Berniquet, qui étoit couché sur le dos, comme c'est l'usage quand on dort, à moins qu'on ne soit couché sur le côté droit, et même sur le côté gauche, s'aperçut que le Manifafa ne daignoit plus dormir, et il se coucha sur le ventre.

Cela fait, il se releva prestement sur son séant d'un seul bond et il reprit ainsi la parole :

— Quand je fus réveillé, divin Manifafa, et je dois convenir que j'avois la tête un peu lourde...

— Est-ce toi, loustic? Voilà tantôt dix mille ans qu'on ne t'avoit pas vu ! Achève donc, si cela te duit, de me conter le reste de tes aventures par le menu ; elles me rendormiront peut-être.

— Je fus d'abord penaud comme un fondeur de cloches de me trouver seul sous ma cloche. Tous les autres

Onéirobies avoient déniché sans tambour ni trompette, ce qui m'étoit d'ailleurs assez indifférent; car, du sommeil dont je dormois, je ne les aurois pas entendus. Il me vint à l'esprit qu'on pourroit bien m'avoir oublié pendant ma sieste, et je me précipitai si impatiemment contre les parois de ma prison transparente que nous roulâmes l'un dans l'autre sur le parquet. Bien m'en prit qu'elle fût faite d'un verre malléable, élastique et infrangible de l'invention de ces Patagons, puisque je ne me fis non plus de mal qu'un homme qui tombe en sursaut de son lit dans une excellente robe de chambre ouatée. Le savant de service accourut au bruit, suivi de ses aides, et après avoir reconnu sur mon dossier que j'avois fait consciencieusement mes dix mille ans avec un peu de surplus, il me délivra obligeamment un passe-port pour aller où je voudrois. Il n'exigea pas même la déclaration requise des témoins d'identité, que je me serois procurée difficilement. Je lui signai en échange, pour l'ordre de sa comptabilité, un bon reçu de ma personne, constatant qu'elle m'avoit été remise loyalement et intégralement, *in ossibus et cute*, au temps préfix de dix mille ans échus, saine, sauve et bien conservée, c'est-à-dire sans lésion, avarie ni déchet, comme il appert, ainsi que de droit, par l'expertise de messieurs les jurés-priseurs; le tout à sa grande satisfaction et à la mienne. — Et je me disposai à le quitter.

— Attendez donc là un moment, mon brave homme, dit-il en me retenant par la manche; vous autres docteurs européens, vous devez savoir presque tout, ou peu s'en faut.

— Je sais plus que tout, lui répondis-je, puisque je suis député de la propagande intellectuelle de perfectibilité.

— Voilà qui est bien, reprit-il. On ne vous demande pas tant. Savez-vous seulement la médecine? Ce n'est pas la mer à boire.

— Autant qu'il en faut, répliquai-je, pour guérir fort

proprement un homme qui n'a pas la mauvaise volonté de s'obstiner à mourir. Je vous jure que les médecins de mon temps n'en savoient pas davantage.

— Alors vous êtes mon homme. Imaginez-vous que Léviathan le Long, qui est un prince fort imposant (il a plus de quarante coudées), s'est promis *in petto* de nous faire écarteler tous avant le coucher du soleil si nous ne lui avons pas fourni un médecin capable de le guérir; et de quoi? je ne saurois vous le dire : d'une babiole, de l'ennui d'un discours d'apparat, du dépit d'une ordonnance mal reçue, et d'une maladie de cour; mais cela nous tient fort à cœur, parce que les rois sont capables de tout.

— Prends garde, Berniquet; dans cette académie de philosophes il n'y avoit point de médecins! Où diable s'étoient-ils fourrés ce jour-là?

— Ils étoient peut-être à la distribution des cordons de Saint-Michel, divin Manifafa. J'ai d'ailleurs eu l'honneur de vous prévenir, si je ne me trompe, que l'île des Patagons étoit fort civilisée.

— Cela est, parbleu, vrai; mais je n'y pensois plus. Malheureux Léviathan le Long, un roi de quarante coudées, et pas un seul petit médecin qui vienne lui adoucir les angoisses de la mort, du récit de la dernière représentation à bénéfice!

— Je n'eus pas plutôt exploré le colossal archikan des Patagons qu'il me parut affecté, sauf meilleur avis, d'un mal d'aventure fort grief au bout de l'*index* de la main droite.

— Ne va pas t'y tromper, Berniquet; le mal d'aventure de l'index de la main droite cause une douleur poignante et à faire damner un mataquin. J'y étois fort sujet dans mon enfance, et c'est même ce qui m'a empêché d'apprendre à écrire.

— Le diagnostic étant suffisamment démontré, selon moi, par une sévère autopsie...

— Malédiction! s'écria Hurlubleu, as-tu bien eu le courage féroce d'éventrer ce Léviathan pour un mal d'aventure.

— Eh! non, monseigneur, je ne parle ici que de cette autopsie clinique sur l'être malade, mais vivant, dont les investigations s'arrêtent à l'épiderme, en attendant mieux; je me hâtai donc de me faire livrer par la section d'helmintologie quatre-vingt mille sangsues de grand appétit, et de les appliquer à mon sujet.

— A ton sujet, je le veux bien ; ce n'étoit ni plus ni moins que l'archikan des Patagons. Mais je parie que tu as oublié une chose.

— Je ne dis pas le contraire. On en oublie souvent quelques-unes en médecine pratique. Cependant laquelle donc, divin Manifafa?

— Une bagatelle : de faire donner avis au prince héréditaire de se tenir tout prêt pour son intronisation. Deux mille sangsues par coudée! Tubleu, quelle saignée! Je serois bien étonné, loustic, si l'archikan des Patagons alloit loin.

— Bah! un archikan, c'est fort comme un buffle ; et au bout de six mois, je vous réponds qu'il ne se sentoit guère de son mal d'aventure. Il ne pouvoit remuer ni pied ni patte.

— Voilà un malade qui t'aura de grandes obligations, sage Berniquet. J'aime à croire qu'il est mort guéri.

— Vous êtes arrivé, divin Hurlubleu, à la partie la plus extraordinaire de mon histoire. Mon malade ne mourut point. Après dix-huit autres mois de convalescence et autant de tonnes d'analeptiques dont la moindre excédoit en capacité le foudre géant d'Heidelberg, j'eus la satisfaction de le rendre sain et gaillard, sauf une sorte d'hémiplégie, qui lui embarrassoit fort les mouvements d'une moitié du corps, et une espèce de claudication assez désagréable, qui l'empêchoit totalement de marcher.

— C'est-à-dire que tu l'avois tiré d'affaire jusqu'à nouvel ordre au soixante et quinze pour cent. Pauvre archikan !

— Le plus honnête homme du monde. Il m'envoya chercher pour me faire ses remerciements en personne.

— Il avoit donc perdu l'esprit, l'archikan des Patagons ?

— Impossible, monseigneur. Jamais archikan des Patagons n'a perdu l'esprit, ni rien qui y ressemblât.

« Docteur européen, me dit-il, nous te voyons avec plaisir de celui de nos yeux dont nous avons conservé quelque usage. En l'intention où nous sommes de te décerner une récompense proportionnée à tes services, et notre conseil entendu, nous avons résolu dans notre sagesse, et pour ton bien, de te rendormir à discrétion. Qu'en penses-tu, aimable et savant étranger ? »

A ces paroles formidables je tressaillis de tous mes membres, et mes cheveux se hérissèrent de terreur.

— Je le conçois, Berniquet, observa le Manifafa. Tu te prosternas devant lui et tu embrassas ses genoux.

— Je l'aurois bien voulu, mais il n'y avoit pas moyen. J'embrassai tout bonnement ses malléoles.

— Éclatante lumière du monde, m'écriai-je, mon émotion vous dit assez combien je suis sensible aux grâces dont il vous plaît de combler le dernier de vos esclaves ; mais celle-ci s'accorderoit mal avec les devoirs de ma mission, qui n'ont été que trop longtemps en langueur, et nuiront à la propagation d'une multitude de découvertes qui doivent tourner à la gloire et au profit du genre humain. Il m'est indispensable que je m'éveille de temps en temps pour corriger mes épreuves.

— C'est une louable et digne occupation dont je te sais un gré infini pour ma part, répliqua Léviathan le Long ; mais que puis-je donc pour toi, et par quels bienfaits ferai-je éclater ma reconnoissance et tes mérites ? Parle : veux-tu être quasikan ?

— Le nom de cette charge est beau, répondis-je, mais je n'en connois pas les attributions.

— Elles s'expliquent assez par lui-même, reprit-il. Le quasikan est la seconde personne de mon empire, et il a droit en cette qualité de m'adorer perpétuellement, de m'amuser quand je m'ennuie, et de faire tout ce que je veux.

— J'entends bien, lumière du monde, moyennant quoi il est logé, nourri, habillé...

— Rasé, tondu, enterré, entretenu de tous les besoins de la vie, et jouissant par surplus de la disposition de tous mes trésors.

Je mordis ma langue à propos. — Ce qui m'étonne, dis-je adroitement, c'est qu'une si belle place soit vacante.

— Par accident, dit-il en haussant une épaule (je l'aurois bien défié de remuer l'autre); imagine-toi qu'ils sont quatorze de suite que j'ai fait empaler inutilement pour les corriger de leurs distractions! Il n'y en a pas un qui ait pu se souvenir que ma babouche gauche doit m'être présentée de la main droite, et ma babouche droite de la main gauche. C'est la condition la plus expresse du cérémonial, et elle est enregistrée à ce titre dans les lois fondamentales de l'île Savante.

Je suis fort distrait aussi, et je conviens naïvement que la loi fondamentale me fit peur.

— Puissant soleil des Patagons, murmurai-je d'une voix tremblante, le rang sublime de quasikan est fort au-dessus de mon indignité. Vous aurez trop noblement payé mes foibles offices en me renvoyant chez moi plutôt aujourd'hui que demain, par le chemin le plus court, pourvu que ce ne soit ni dans un bateau à triple pression, ni dans un ballon à vapeur armé en guerre, parce que j'ai ces deux véhicules en exécration pour des raisons qui me sont particulièrement connues.

— Comment! repartit l'archikan, je t'octroie sans

difficulté la permission de t'en retourner à pied, si tu en as le secret. C'est un moyen dont mes insulaires ont fort rarement usé à ma connoissance pour se transporter sur les continents; mais, puisque tu te proposes de retourner d'où tu es venu, fais-moi le plaisir de m'apprendre d'où tu viens. Tu me trouveras sur ce chapitre d'une érudition foudroyante. Après la vénerie et le blason, ce qu'on nous enseigne de plus spécial à nous autres rois patagons, c'est la géographie, parce qu'elle ouvre merveilleusement l'esprit aux jeunes gens et l'appétit des conquêtes aux souverains. Il n'en faut pas plus pour gouverner, au moins comme nous gouvernons.

— Mon intention, répondis-je, est de me rendre dans la capitale des sciences, dans la métropole des arts, dans le chef-lieu de la civilisation, dans l'inépuisable arsenal de la perfectibilité, à Paris, près Villeneuve-la-Guyard. Il n'y a qu'une demi-journée de diligence.

— A Paris! s'écria-t-il avec un rire assourdissant, il y a dix mille ans et plus que Paris a été détruit par une pluie d'aérolithes.

— Je m'en suis toujours douté, ripostai-je en me frappant le front de la main; j'y étois.

— Cela m'étonneroit beaucoup, docteur. Si tu avois été à Paris ce jour-là, tu n'aurois pas dormi dix mille ans depuis en Patagonie.

— Eh! sire, je n'étois pas à Paris; j'étois dans la pluie d'aérolithes, que je ne jugeai pas à propos de suivre jusqu'en bas.

— Ce fut sagement fait à toi, car au point contingent je n'aurois pas donné un fétu de la différence. Tu sauras donc, pauvre savant, que la place où fut Paris est occupée aujourd'hui par la superbe ville d'Hurlu, qui fut fondée par Hurluberlu, et qui a le bonheur inappréciable de vivre maintenant sous les lois du plus gracieux, du plus spirituel et du plus illustre de tous ses descendants, le magnanime Hurlubleu, grand Manifafa d'Hurlubière.

Tu peux vérifier cela sur-le-champ dans l'*Almanach royal*.

— Halte-là, Berniquet, interrompit le Manifafa. Est-il bien vrai que le Léviathan ait tenu ce discours?

— Je veux n'être jamais allé chez les Patagons, répondit Berniquet, si j'y ai changé un seul mot.

— J'ai peine à comprendre alors que tu fasses si peu de cas de l'esprit de l'archikan, car cette phrase me paroît supérieurement tournée.

— Tout est relatif, divin Manifafa; il y a telle phrase d'un sot dont un homme de génie pourroit se faire honneur, et l'expression d'un sentiment si naturel et si facile n'est que foible et vulgaire dans la proportion d'une éloquence et d'un style de quarante coudées.

— C'est égal, loustic; je ne suis pas médiocrement flatté d'être placé à cette hauteur dans l'estime de ce grand personnage. Continue.

Léviathan continuoit lui-même à parler : — Je ne vois donc pas le moindre inconvénient, dit-il, à te renvoyer à Hurlu, mais j'ai peur que tu ne trouves le voyage long si tu répugnes obstinément aux moyens expéditifs. C'est un terrible écheveau à dévider.

— Il me semble, repartis-je, que sur un globe donné de neuf mille lieues de circonférence, nous n'avons guère plus de trois mille lieues par l'axe, et de quatre mille cinq cents lieues par le demi-cercle pour arriver à l'antipode. Or nous entendons communément par antipodes ces deux points opposés de la sphère par lesquels on peut faire passer la plus grande perpendiculaire possible.

— Je ne te prouverai pas le contraire pour le quart d'heure, me répondit l'archikan; mais j'ai quelque soupçon que tu pourrois te tromper sur la dimension actuelle de la terre, et ce seroit une hallucination bien naturelle après un sommeil de dix mille ans. Observe d'abord, savant, que tu ne tiens pas compte de l'accroissement graduel du monde géologique et minéral par juxta-position. L'arbre exhausse insensiblement le nid de l'oiseau pendant qu'il dort un moment, la tête cachée sous son aile; et tu supposerois, docteur, que tu as passé dix mille ans sous ta cloche de verre sans changer de position relative dans l'espace!

— Non, vraiment, répondis-je à l'archikan. Il doit en être quelque chose, ou je n'y entends rien.

— Encore un peu de réflexion, poursuivit Léviathan le Long; tu as vu des satellites se dissoudre et tomber en pluie d'aérolithes sur la terre. Tu les as vus ensevelir des villes et couvrir de vastes régions sans rien détruire dans la matière indestructible qu'une forme passagère. Que dis-tu des géolithes que les volcans vomissent en approfondissant leurs cratères, phénomène vulgaire qui se reproduira peut-être jusqu'à ce que le globe vide se réduise à une écorce immense qui doit gagner nécessairement en surface tout ce qu'il aura perdu en solidité?

Je pensai en moi-même que cet accident seroit très-favorable à l'exhumation de Zéréthoethro-Schah et de son homme, et qu'il seroit assez prudent de remettre à cette époque l'avénement définitif de la perfectibilité.

— Que dis-tu de tous les êtres organiques, vivants et sensibles, qui s'accumulent en humus, qui s'étendent en faluns, qui se dressent en falaises, qui gisent en ossuaires? Des montagnes qui tombent, et qui, en aplanissant leurs aspérités anormales, relèvent de plus en plus le sol qui leur sert de base, qu'en dis-tu?

— Qu'en dis-tu, Berniquet? s'écria le Manifafa. Je n'entends pas beaucoup mieux le patagon que le propagandiste, et le propagandiste que le patagon; mais il me semble qu'ils ne s'en doivent guère. Quand tu imprimeras ton histoire, ne fais pas ce gros Léviathan si bête; il parle tout au moins aussi bien que les livres des mataquins.

— Instinctivement, monseigneur; il n'y a rien d'accablant comme la simple raison d'un ignorant; mais

Votre Majesté ne se souvient probablement plus que ces pauvres gens n'ont pas le sens intellectuel?...

— Je me souviens à merveille, loustic, que la section d'idéologie ne paroît pas l'avoir trouvé; mais si elle le trouve jamais, contre toute espérance, et que tu aies encore du crédit dans ce pays-là, je t'engage à la prier de le garder pour elle. Cela ne peut pas nuire à une section d'idéologie, et j'aime autant pour leur bien que nos Patagons s'en passent.

— Enfin, dit toujours l'archikan, tu ne t'es pas avisé de certaines agrégations fortuites comme celle qui résulta de la chute de la lune pendant que tu dormais si bien. Voilà une protubérance qui allonge un peu ton diamètre.

— Comment! ripostai-je aussitôt, la lune, égarée par une de ces perturbations auxquelles elle étoit si sujette, seroit venue se souder à sa métropole? Cette rencontre a dû produire en effet une loupe assez remarquable sur la sphère.

— Ne parle plus de sphère, mon cher docteur; le monde que ton siècle appeloit ainsi ressemble maintenant à une de ces toupies aux rhombes irréguliers et inégaux que les enfants font voltiger sur des lanières; ou, si tu l'aimes mieux, il a exactement la figure d'une de ces cucurbites dont les pèlerins font des gourdes. Ce qu'il y eut de plus fâcheux dans cette collision, c'est qu'elle perçuta d'une horrible manière ce beau royaume des diamants où le *Régent* n'auroit passé que pour une misérable retaille, tant on y avoit heureusement réussi à fabriquer dans d'énormes dimensions la plus riche des œuvres de la nature. Nous en avons bien conservé la recette, mais on a toujours cherché inutilement depuis la proportion et le procédé.

— C'étoit ce qui nous manquoit aussi, dis-je à Léviathan le Long; mais il est bon d'ajouter que nous n'avions pas la recette.

— Elle se réduisoit, dit-il, à deux principes assez vulgaires : un poussier de charbon passé par le tamis, qu'on tiroit de l'arbre aux baguenaudes, et un élément végétal nommé la *fagotine*, que la section de physiologie botanique avoit découvert dans les cotrets.

Ici le Manifafa impatienté rompit encore brusquement l'intéressante narration du loustic.

— Je voudrois bien savoir, Berniquet, de quoi se mêloit la section de physiologie botanique. Le diamant perdit toute sa valeur.

— Comment! monseigneur, les polissons n'en vouloient plus pour jouer aux billes. Mais le cotret fut hors de prix.

— Je ne vois pas alors, continua-t-il en se croisant piteusement les mains, quel avantage on peut retirer, en économie politique, d'avilir un sot bijou dont la rareté seule fait tout le mérite inutile, et de rendre inaccessible aux bonnes gens l'acquisition du cotret réjouissant qui charme les veillées d'hiver?

— Il faut bien distinguer, Manifafa divin; je ne vous ai pas dit que ce fût un avantage, puisque c'est un progrès.

— Tu as, ma foi, raison, Berniquet. Cette distinction m'avoit échappé. Reprends sur-le-champ ton histoire, loustic, car j'en tire beaucoup d'instruction.

L'archikan poursuivant donc son discours où nous l'avons laissé : — Tu vois, dit-il, docteur, que le monde ayant inopinément grandi en ton absence, il te seroit difficile d'arriver à la bonne ville d'Hurlu, par la voie la plus directe, en moins d'une dizaine d'années, auxquelles il faut joindre dix ans que tu dois nécessairement à la douane, au lazaret et à la police, et dix ans de plus pour attendre le visa de tes passe-ports. Quant à la fatigue, aux accidents, et surtout aux infirmités qui s'accroîtront tous les jours avec ton âge, tu en ferois bon marché si tu ne leur donnois que trente ans. Avec la maturité virile que tu annonces, une résolution forte, une intrépidité à toute épreuve, bon pied, bon œil, et un peu de bonheur, tu pourrois bien en soixante ans ou plus faire ton entrée dans la splendide capitale d'Hurlubière, sauf à subir l'inspection préalable de la gendarmerie, des sergents de ville et des employés de l'octroi.

— Vous n'y pensez pas, répondis-je au Léviathan d'un ton d'humeur. Cela feroit au moins un siècle à mon extrait de baptême.

— Tu n'en serois que plus respectable. D'un autre côté, si tu t'obstinois à prendre le chemin excentrique (il est infiniment plus commode), nous aurions à t'offrir à la vérité les ponts suspendus qui aboutissent aux huit cents planètes.

— Huit cents planètes, grand Dieu! et des planètes à ponts suspendus! Que d'entrepreneurs ruinés!...

— C'est ce qui te trompe. Tous les hommes qui s'ennuient dans une planète passent leur pauvre vie à en aller chercher une autre. C'est une navette perpétuelle; mais cette manière de voyager présente bien quelques inconvénients, au dire de la section de mécanique céleste. Le premier seroit de prendre sur tes sages loisirs, savant ami, en trajets instructifs et cependant infructueux, deux ou trois cents milliers de cycles solaires; je te fais grâce des petits chiffres, parce que je ne me les rappelle pas.

— Eh! monseigneur, m'écriai-je lamentablement, je vous dispense volontiers des petits chiffres et des autres inconvénients. Après un chiffre et un inconvénient comme celui-là je suis bien décidé à ne jamais revoir Hurlu.

— Tu y seras en dix minutes, si cela peut t'être agréable, reprit en riant l'archikan.

— En dix minutes deux ou trois milliers de cycles solaires, et l'espace que leurs révolutions embrassent! Il me semble que je rêve.

— Ce n'est pas ce que tu ferois de plus mal, continua-t-il. Tout le temps où l'on ne rêve pas est du temps perdu.

— Je ne saurois disconvenir, ruminai-je de manière à être entendu, que l'or fulminant nous promettoit dans ma jeunesse un fort joli projectif; mais ces milliers de cycles solaires réduits en minutes, cela doit avoir passé la portée de la propagande.

— De l'or! belle pauvreté vraiment! Mets-toi bien dans l'esprit que nous avons découvert dix métaux supérieurs à l'or pour une seule planète, et dix mille projectifs pour l'or fulminant. Le bas peuple n'en feroit pas des allumettes.

— C'est étrange! repartis-je. L'or étoit assez bon de mon temps, si j'en peux juger par ouï-dire.

— Avec la charge d'autant de rhinocéros, d'hippopotames et de chameaux que tu as dormi d'années, somnolent docteur, avec la charge d'autant de mammouths, tu ne serois pas assez riche pour en acheter plein ta main de riz, d'orge ou de sésame.

— Oh! que j'aurois voulu, dit le Manifafa, voir ce double fou de Crésus ressuscité au milieu de ses trésors dans l'île des Patagons, pour rire de son béjaune! Cette mystification feroit grand honneur à la gaieté de la Providence.

— Allez, reprit Léviathan d'une voix impérative, décorez ce fameux docteur d'une pelisse d'apparat qui ne lui sera pas inutile dans les froides régions qu'il va parcourir, et dépêchez-le pour Hurlu à projection forcée, dût-elle faire éclater les mortiers. Vous m'en répondez sur votre tête! — A propos, ajouta-t-il comme on m'emportoit, n'oublie pas, philosophe européen, de présenter à ton maître les assurances de mon estime et de mon amitié fraternelles.

— Je lui baise les mains, dit le Manifafa, et je lui sais gré de ses procédés avec toi, parce qu'ils sont fort galants. Te voilà donc en voiture.

— C'étoit une chaise commode, élégante, légère, bien suspendue, mais sans roues et sans brancards, ces moyens vulgaires de véhation lui étant parfaitement inutiles. Elle étoit seulement fixée en devant à une barre métallique horizontale (ayez la bonté de vous représenter ceci, car je n'ai pas eu le temps en route d'en dessiner la figure) dont les extrémités aboutissoient à deux boulets de calibre sur l'orifice de deux pièces à feu, lesquelles se trouvoient à des distances exactement égales, parallèles à mon tilbury, de sorte que j'y étois enchâssé comme dans une espèce de fer à cheval.

— Cela est assez ingénieux, interrompit Hurlubleu; je t'attends au projectif.

— Derrière moi les lumières des deux canons étoient garnies de deux conducteurs convergents qui aboutissoient nécessairement en angle au sommet commun, la géométrie n'ayant rien changé jusqu'ici à cette disposition. On ne me fit pas attendre. J'étois à peine arrangé sur mes coussins pour dormir qu'un grand flandrin de postillon survint...

— Mèche allumée!

— Non, divin Manifafa, la bouteille de Leyde à la main. L'étincelle électrique a été préférée à cause de son isochronisme. Il présenta le bouton au point de convergence des conducteurs, et je partis avec une rapidité dont il seroit difficile de se former l'idée, surtout si l'on n'étoit venu de Villeneuve-la-Guyard que par la correspondance des Messageries.

— Les mortiers éclatèrent-ils, Berniquet?

— Je n'ai jamais pu m'en informer, monseigneur. Le son ne parcourant guère plus de deux cents toises par minute, je l'aurois bien mis au défi de me rattraper.

— Cette manière de voyager, Berniquet, doit être assez gênante pour les gens qui ont la respiration courte.

— Pas tant que vous le pensez, divine Hautesse,

parce que la raréfaction de l'air, qui est incalculable à ces hauteurs, fait compensation tant bien que mal, et que la rapidité de la course pourvoit à peu près au défaut de densité atmosphérique. Le plus grand danger que pût courir un voyageur seroit de rencontrer un corps plus solide que le milieu qu'il pénètre,

— Un aérolithe, par exemple, honnête loustic, ce seroit une dure occurrence !

— Très-dure, divin Manifafa. Je faillis me rompre la tête contre un petit brouillard gris de lin qui n'étoit pas plus gros que le poing, et qui arrivoit en se dandinant au juste milieu de mes deux boulets avec un air d'insouciance. Tudieu ! quelle percussion !

— Tu soufflas dessus.

— Je ne pouvois pas ; mais il eut la complaisance de prendre sa droite à propos, comme une voiture de place.

— Ce que je trouve de plus ennuyeux dans cette méthode, loustic, c'est la monotonie du coup d'œil ; car rien ne doit être aussi désagréablement uniforme qu'une route où les petits brouillards gris de lin sont comptés pour des événements, quand on a l'habitude d'observer en voyageant, et de lire les enseignes par la fin.

— De la monotonie ! monseigneur, gardez-vous bien de le croire. Je prenois un plaisir inexprimable à contempler ces huit cents ponts suspendus des planètes qui s'élançoient et se croisoient à l'horizon en arcs merveilleux, tout chargés de trophées, d'obélisques, de statues d'un aussi bon goût et d'une aussi juste proportion pour le moins que celles du pont de la Concorde. Je n'en revenois pas.

— Un autre que toi n'en seroit pas revenu non plus, Berniquet. Tu me parles ici d'une admirable perspective.

— J'en jouissois de tout mon cœur quand la rame de mes boulets, probablement échauffée outre mesure par le frottement, et fort calorifère de sa nature, se dilata subitement en criant, et se rompit en deux parties exactement égales, à cause de l'homogénéité de sa matière et de l'équipollence parfaite des deux impulsions projectives.

— D'après l'équipollence et l'homogénéité, dit le Manifafa en bâillant à se démantibuler la mâchoire, cela ne pouvoit pas arriver autrement. Tu es maintenant en beau chemin pour me peindre encore une fois le monde à l'envers, car je ne te crois pas homme à te désister de l'habitude de tomber la tête la première, comme l'exigeroit la variété de ton récit.

— Je supplie Votre Majesté de se rappeler, reprit Berniquet, que je suis tombé par les pieds dans la fondrière.

— Il est, ma foi, vrai, loustic, répliqua Hurlubleu, et j'en ai eu quelquefois un certain regret; car si tu avois trouvé le tuf avec la tête, je me flatte que nous serions déjà quittes de l'histoire de tes voyages.

— Il n'y a plus que patience, divin Manifafa, et nous touchons à la fin, si vous n'aimez mieux que je recommence. Comme j'étois appuyé sur la barre à l'instant où elle éclatoit, ce qui est une posture fort naturelle quand on se promène pour voir le monde, j'eus le bonheur de me retenir au côté que je tenois, et de suivre mon boulet de volée pendant que la chaise royale de Léviathan s'en alloit à tous les diables. Maintenant votre sublime Hautesse est au fait du reste. Je traversai les hautes murailles du palais, la décuple enceinte de vos gardes, où je fis une terrible trouée, et jusqu'aux petits appartements, d'où je fus porté tout naturellement à vos sacrés genoux, ce qui parut vous causer une légère surprise, vu la rareté du fait.

Le Manifafa ronfla comme un orgue. Berniquet en conclut logiquement qu'il s'étoit endormi.

C'est ici que paroîtroient devoir s'arrêter les aventures de Loustic, mais il n'étoit pas au bout de ses peines. Ce grand homme tenoit de l'homme par quelques foiblesses d'organisation auxquelles on n'avoit pas encore porté remède de son temps. Il s'étoit aperçu plusieurs fois, pendant qu'il racontoit, d'un certain frémissement des portières de soie qui fermoient de leurs légères tentures les communications du harem avec la chambre du divan; et il l'attribuoit avec raison à un corps ambiant plus intellectif que l'air extérieur, car il étoit sûr d'avoir entendu parler. Les femmes du Manifafa, étonnées en effet de l'absence inaccoutumée de leur royal époux, et curieuses aussi peut-être d'examiner plus à loisir le philosophe inconnu qui avoit passé si soudainement au milieu d'elles à la suite du boulet ramé, sans prendre le temps de se laisser regarder, s'étoient furtivement glissées peu à peu à toutes les issues, et Berniquet croyait même y avoir vu apparoître deux ou trois fois la figure brune et madrée d'une odalisque tant soit peu mûre qui préoccupoit singulièrement son esprit. C'étoit de mâle fortune la sultane favorite.

L'aiguille des heures n'avoit pas tout à fait parcouru le quart du cadran que le Manifafa fut réveillé en sursaut par je ne sais quel songe cornu. On devine peut-être qu'il ne retrouva pas Loustic près de lui; mais en revanche il eut à peine passé la portière la plus voisine qu'il le trouva extrêmement près de la sultane favorite, où le savant chef des mataquins, surpris d'une douce et trompeuse sopeur, s'étoit laissé aller aux charmes d'un sommeil peu semblable à celui de l'innocence.

Berniquet, l'infortuné Berniquet, rouvrit les yeux aux lueurs du yatagan.

— Reconnois-tu le maître de ton corps et de ton âme, hypocrite détestable? s'écria Hurlubleu.

— Grâce, grâce pour le corps de votre humble et dévoué Loustic! sanglota Berniquet d'une voix étouffée. Quant à son âme, la philosophie l'a préparé à n'en pas faire plus de cas que de la racine pivotante, charnue, douceâtre et comestible du *brassica napus*, qui est la troisième variété de l'*asperifolia* de Linnée.

— Voilà bien des façons pour dire un navet, sous prétexte que tu es savant, reprit le Manifafa. C'est égal, continua-t-il en rengaînant son fer dans le fourreau, il ne sera pas dit que j'ai privé la perfectibilité d'une si haute espérance pour satisfaire aux vengeances de mes folles jalousies. Je peux tirer de toi un parti plus avantageux pour ma gloire. Je t'enverrois volontiers visiter de ma part en boulet ramé cet honnête Léviathan qui t'a dit tant de bien de moi si j'avois le procédé; mais tu me feras grand plaisir de retourner en attendant, plus tôt que plus tard, à la quête de Zérétochthro-Schah par le puits sans fond qui s'est nouvellement ouvert au milieu de la grande place d'Hurlu. J'y avois souvent pensé pendant ton récit, et je suis heureux et fier de pouvoir t'offrir dans mes propres États une voie favorable à l'accomplissement de tes grandes destinées. Fais donc un codicille amiable où tu auras soin de me donner tout ce que tu possèdes, comme le requiert notre amitié mutuelle; et tiens-toi prêt, séduisant Loustic, à partir ce soir pour la Bactriane. Je suis curieux de savoir si tu reviendras aussi aisément du noyau de la terre que des points les plus excentriques de son tourbillon.

Berniquet, qui étoit discret, respectueux et homme de cour, n'avoit pas répondu un mot à cette allocution paternelle. On l'enterra le soir.

Le loustic des mataquins étoit foncièrement aussi sage qu'on peut l'être quand on est philosophe, et aussi bonhomme qu'on peut l'être quand on est philanthrope. Quoique fort entêté de lubies systématiques, ses voyages aventureux et sa longévité négative l'avoient un peu détrompé du perfectionnement indéfini, et on avoit remarqué qu'il n'en parloit le plus souvent qu'en riant de côté. Il est probable qu'il n'arriva pas au grand *Vade in pace* de la place d'Hurlu sans désirer intérieurement de le voir fermé à jamais sur la propagande, Zérétoch-thro-Schah, Hurlubleu et la sultane favorite; mais il fit bonne contenance, et les gens sensés, qui tiennent quelquefois compte aux puissances qui s'en vont du mal qu'elles ne leur ont pas fait, l'accompagnèrent du témoignage de sympathie et de regret le plus énergique dont le peuple soit capable envers les nobles malheurs. Ils ne dirent rien du tout.

La cérémonie fut pompeuse et magnifique. Tous les Hurlubiers y étoient, à dix millions de personnes, sans compter les femmes et les petits enfants. Le loustic, une lanterne au pourpoint, une corbeille de provisions à la main, et un album volumineux sous le bras, pour ses notes et ses dessins, prit place dans le panier de mineur avec toute la dignité d'un ambassadeur bien pénétré de l'importance de sa mission.

— Homme irréparable, lui dit le chibicou qui l'accompagnoit au moment de prendre congé, si votre retour étoit longtemps refusé à nos vœux, comme cela n'est que trop à craindre, quels renseignements daignez-vous nous laisser dans votre prudence infinie sur ce qu'il faut penser de l'utilité de la science et du but de la sagesse?

— Je veux bien vous communiquer tout ce que j'en ai appris en plus de dix mille ans d'existence, répondit le Curtius de la perfectibilité, sauf à rectifier mon jugement par de nouvelles découvertes. La science consiste à oublier ce qu'on croit savoir, et la sagesse à ne s'en pas soucier.

Sur cette sentence où toute la philosophie humaine se résume, et qui me suffit à moi pour achever, insouciant, mon laborieux pèlerinage dans cette vallée de misère, inexplicable Josaphat des vivants, on expédia Berniquet, à grands renforts de câbles, vers les entrailles de la terre. Une semaine accomplie, la corde du vagmestre ramena un joli paquet de raretés géologiques, dont la plus curieuse étoit un hanneton fossile qui avoit huit pattes et le corselet à l'envers. Le ci-devant loustic faisoit savoir à ses confrères, par une missive jointe à cet envoi souterrain, que le puits s'élargissoit en cône immense à mesure qu'on approchoit du fond, ce qui augmentoit singulièrement les difficultés du retour, au moins par les voies de déambulation ordinaire, mais qu'il avoit le bonheur de l'écrire d'une *posade* assez propre où il lui convenoit de fixer à l'avenir le point central de ses excursions.

D'après cela, on retira tous les câbles et on couvrit le puits philosophique d'un monolithe énorme en forme de meule, dans le goût de celles qu'on fabrique à la Ferté-sous-Jouarre, entre Meaux et Château-Thierry. Un régiment de Patagons ne l'auroit pas soulevée.

Je regrette maintenant de ne pas avoir la plume de Tacite, — ou une meilleure, si vous en savez, — pour décrire les événements terribles qui suivirent le départ de Berniquet. Ses partisans, qui voyoient naturellement dans son message inattendu et soudain une façon d'exil déguisé, soulevèrent peu à peu les cruelles émotions civiles qui donnèrent lieu depuis à la sanglante guerre des mataquins : LA GUERRE DES MATAQUINS, il vous en souvient comme à moi, qui a fourni de si belles pages à l'histoire, et sur laquelle la muse tragique a répandu tant de larmes ! Les premiers avantages furent pour l'auguste dynastie d'Hurluberlu; mais ils tournèrent bientôt d'une manière funeste, et ce fut l'effet d'une particularité trop mémorable pour que je la passe ici sous silence, quoique ce radoteur solennel d'Attus Navius n'en ait pas touché un seul mot dans ses chroniques. Il paroît, comme le dit assez l'étymologie, qui est la véritable lumière des faits, que les congratulations officielles consistoient, à la cour d'Hurlubière, en véritables chatouillements portés jusqu'au spasme du triomphateur;

et on croit généralement que le magnanime Hurlubleu passa de vie à trépas dans une de ces glorieuses épilepsies. Il faut convenir au moins que la critique seroit bien embarrassée de prouver le contraire; et j'adopte d'autant plus volontiers cette leçon qu'elle me fournit l'exemple précieux d'un roi mort à force de rire, ce qui n'étoit peut-être jamais arrivé, et ce qui n'arrivera certainement plus, au train que prennent les monarchies.

Hurlubleu étant mort sans enfants, la grande charte du royaume rendoit nécessairement le pouvoir absolu aux mataquins, qui l'auroient bien pris sans cela, suivant leur immémoriale habitude; car, à toutes les révolutions de ce déplorable empire, on ne voyoit surgir que des mataquins, mataquins contre mataquins, mataquins sur mataquins, une nuée de mataquins.

Mais mataquins blancs, mataquins rouges, mataquins de toutes les couleurs, mataquins à robe longue et mataquins à robe courte, mataquins à cothurnes et mataquins à brodequins, mataquins togés et mataquins cuirassés, mataquins de la plume et mataquins de l'épée, mataquins de naissance, mataquins d'aventure, mataquins d'argent, mataquins de doctrine, mataquins d'industrie, le peuple avoit pris son parti là-dessus : c'étoient toujours mataquins. Les misérables Hurlubiers étoient chose innée des mataquins, produite pour les mataquins, et perpétuellement dévolue aux mataquins. Bien fin qui la reprendroit aux mataquins s'il n'étoit pas mataquin!

Les mataquins souverains comme de raison, ils firent élever sur la pierre qui fermoit le puits où étoit descendu Berniquet un socle de granit en dodécaèdre inégal, pour figurer les douze parties du monde connu. Si on en découvre jamais une treizième, je déclare sincèrement que je ne sais pas où on la mettra ; mais le ciel me préserve d'un plus grand souci !

Berniquet avoit laissé son testament populaire comme César, aux trois cents sesterces près que le Romain avoit légués par tête à chaque citoyen, et qui se montoient, selon le calcul de M. Letronne, à 59 francs 61 centimes; c'est là ce qui s'appelle un bon prince ! Mais le pauvre bonhomme de loustic ne pouvoit pas disposer d'une *uncia sextula* en métal de cloche; et c'est de toute sa vie ce qui inspire le plus profond attendrissement à ses biographes. On écrivit donc, sur la plus large face du socle, en style lapidaire non revu par l'Académie des inscriptions, les dernières lignes de son codicille :

QUE DIEU DAIGNE VOUS DONNER A TOUS,
MES BONS AMIS,
TOUT CE QU'IL FAUT DE PATIENCE
POUR SUPPORTER LA VIE,
D'AMOUR ET DE BIENVEILLANCE
POUR LA RENDRE DOUCE ET UTILE,
ET DE GAIETÉ
POUR S'EN MOQUER.

La statue du loustic fut inaugurée le lendemain sur le monument; et, comme la sculpture de ce temps perfectionné étoit naïve et bourgeoise, l'habile artiste le représenta en pet-en-l'air, en bonnet de nuit et en pantoufles.

C'est une belle pièce.

III.

VOYAGE

PITTORESQUE ET INDUSTRIEL

DANS

LE PARAGUAY-ROUX

ET LA PALINGÉNÉSIE AUSTRALE,

PAR TRIDACE-NAFÉ-THÉOBROME
DE KAOUT' T'CHOUK, ETC.

Il y a des gens qui se persuadent que le métier de journaliste est une des sinécures les plus fainéantes de ce monde, et ils se trompent grandement, si j'ose en juger par l'ennui que j'éprouve à trouver, dans le cercle de mes petites attributions, quelque sujet nouveau qui soit digne de distraire le lecteur de la politique, ou de l'amuser du rien-faire. J'étois tout prêt à me noyer de désespoir dans un fatras de brochures narcotiques et absorbantes, quand ma main s'est retenue par hasard (ou par cet instinct merveilleux de conservation qui ne manque jamais à l'homme) aux *Voyages de Kaout' t' Chouk*, savant étranger dont le nom trahit sensiblement l'origine. Comme il n'y a, entre *Kaout' t' Chouk* et moi, aucune de ces suaves et sonores harmonies qui entretiennent l'accord parfait des auteurs et de leurs critiques, je puis vous faire en secret une révélation bien précieuse pour l'histoire littéraire, et dont il faut que mon jeune et savant ami M. Quérard prenne acte le plus tôt possible dans le bel ouvrage où il dit tant de mal de moi. C'est que cet écrivain souple, élastique et moelleux, qu'on appelle *Kaout' t' Chouk*, n'est autre qu'un jeune Chinois fort connu, que les mandarins de la Chine avoient eu la complaisance d'envoyer à Paris pour y apprendre la perfectibilité, et qui s'en retourne à Pékin, bachelier ou maître ès-arts, la tête pleine de sciences, de découvertes et de nomenclatures. Je ne sais où il a écrit son voyage, mais je pose en fait qu'on ne le raconteroit pas mieux à Paris, quand on a dû à la prudente largesse de ses parents l'inappréciable bonheur d'y passer quelques années dans les bonnes écoles.

J'avois souvent entendu parler de *Kaout' t' Chouk*, et qui n'a pas entendu parler de *Kaout' t' Chouk?* Je le connoissois même sous ses prénoms de *Tridace* et de *Théobrome*, parce qu'il est bien difficile de ne pas les lire inscrits en gros caractères au second *verso* du journal, si distrait que l'on soit d'ailleurs de l'occupation essentielle d'une journée régulière par la visite d'un médecin, ou par celle d'un créancier. Quant au Paraguay-Roux, j'ai toujours désiré de recevoir quelques renseignements positifs sur cette contrée célèbre, depuis qu'elle occupe infailliblement un paragraphe officieux ou officiel de toutes les feuilles publiques où le compositeur lui réserve une rubrique inamovible, comme à l'article *Espagne* et à l'article *Angleterre*; mais les voyageurs n'y pensoient pas. Vous trouviez à tout bout de champ d'intrépides explorateurs des régions inconnues qui revenoient de Tombouctou sans y être allés; mais du Paraguay-Roux, point de nouvelles. Et j'étois dans ces dispositions d'esprit quand je reçus franc de port le charmant livret exotique dont j'ai l'agrément de vous entretenir aujourd'hui, c'est-à-dire le *Voyage pittoresque et industriel de Kaout' l' Chouk dans le Paraguay-Roux*.

La première chose qui frappe les yeux et l'esprit dans ce délicieux spécimen des arts du nouveau monde, c'est la perfection de son exécution typographique, égale, si plus ne passe, à tout ce qu'Elzévir et Didot ont produit de plus achevé. La presse à la vapeur, qui est déjà en usage aux sources du Meschacébé, ne nous avoit pas accoutumés dans notre vieille Europe à l'élégance et à la pureté de ce tirage. Le papier est ferme, retentissant, et susceptible d'être soumis à l'action d'un air un peu chargé d'humidité sans se décomposer en bouillie comme celui de nos fabriques, ce qui offre un certain avantage aux consommateurs de livres, si multipliés de nos jours par les progrès de l'instruction. Quant aux lettres fantastiques ou ornées, on ne peut se dissimuler que le graveur meschacébite a laissé fort en arrière les ingénieux artistes parisiens qui se sont proposé, comme un agréable sujet d'émulation, le travestissement de l'alphabet en petites capitales étiques, obèses ou bancroches, d'une riante difformité. La ligne imprimée en ce genre au frontispice du *Voyage de Kaout' l' Chouk* a le mérite incontestable d'être complétement illisible, ce qui n'avoit jamais été tenté jusqu'ici, et ce qui prouve bien de l'esprit et bien du goût. Malgré la longue habitude que je me suis faite de ces utiles difficultés dans l'étude des hiéroglyphes, et surtout dans la correspondance autographe du docte M. Michel Berr, je déclare avec franchise que cette ligne seroit restée en blanc dans mon article, si l'éditeur n'avait eu l'attention délicate de la traduire en lettres humaines à la page de l'avant-titre. Publiée il y quelques années sans cette aimable attention, elle auroit hâté nécessairement la mort déjà trop précoce de mon illustre confrère M. Champollion. Voilà ce qu'on peut appeler un progrès intelligent et moral de l'imprimerie, et c'est ainsi qu'il faudroit imprimer presque tous les livres.

Kaout' t' Chouk s'embarqua le 31 février 1831 (style chinois) sur la fameuse corvette *la Calembredaine*, au port de Saint-Malo. Nouvellement initié alors aux mystères de la langue romantique et de la littérature maritime, il en prodigue la *terminologie* avec toute la confiance d'un néophyte qui s'attache moins à la valeur des expressions qu'à leur effet. Après avoir cargué les amarres et déferlé les haubans, on part toutes voiles dedans, sous un vent de sud-est-nord-ouest. Il vente frais sous un ciel bleu; les lames clapotent en silence; les brisants se jouent autour des flancs du bâtiment qui file son nœud, et qui a bientôt doublé le cap Finistère, endroit où commence la fin du monde, ainsi que l'indique son nom. Je le laisserois vaquer sans moi aux premières explorations scientifiques de son voyage, quoiqu'il y ait beaucoup de choses à apprendre dans son histoire de la fabrication du madère sec, et dans sa profonde théorie des raisons physiologiques en vertu desquelles le serin des Canaries a les plumes jaunes, ce qui n'empêche pas un méthodiste de l'appeler *vert*, et un autre de l'appeler *brun*. Ces considérations ne manquent certainement pas d'intérêt; mais elles touchent de trop près à nos habitudes, à nos besoins ou à nos plaisirs, pour mériter d'occuper sérieusement l'intelligence d'un homme qui sait faire bon usage de son éducation, le but principal de la science étant, comme tout le monde sait, d'approfondir les choses inutiles, et d'expliquer les choses inexplicables, surtout quand elles ne valent pas la peine qu'on les explique.

Je ne peux me dispenser cependant de m'arrêter un moment avec *Kaout' t' Chouk* au sommet du pic de Ténériffe, où il fait la rencontre d'un des industriels les plus avancés de notre époque. Ce grand homme est parvenu à convertir la neige en sel marin par dessiccation, sans autre apprêt que le mélange d'un alcali volatil bien compacte, et le plus dur que l'on peut trouver. La neige, enveloppée hermétiquement par la flamme, se cristallise à l'instant et se retire toute rouge de la fournaise; on la jette alors dans des baquets remplis d'une légère dissolution d'alun et de salpêtre animal, et c'est dans cette préparation qu'elle reprend sa blancheur primitive. « Nous goûtâmes ce sel merveilleux, ajoute *Kaout' t' Chouk*; il étoit très-sapide, agaçant légèrement les houppes nerveuses de la langue, et superbe à l'œil. »

Le particulier si éminemment recommandable qui a établi cette précieuse manufacture étoit depuis longtemps en possession de tirer une huile exquise de certains cailloux de Ténériffe, qui contiennent l'*oléagine* pure et pour ainsi dire native; mais cette opération est trop connue aujourd'hui pour qu'il soit nécessaire d'insister sur ses procédés. On comprend avec quelle facilité les végétaux ligneux de la montagne lui fournissent le seul vinaigre dont nous fassions usage à Paris; et comme l'*humus* qui la couvre est prodigieusement fertile en plantes saladiformes, il est aisé de conclure de cette heureuse combinaison de circonstances que le pic de Ténériffe est l'endroit de la terre où l'on mange les salades les mieux confectionnées, au poivre près qu'il faut encore tirer de Cayenne. Il y auroit un moyen fort simple de remédier à cet inconvénient; ce seroit de trouver la *pipérine* dans quelque racine ou dans quelques herbes propres aux localités, comme la laitue ou la betterave, et notre chimiste agronome trouvera infailliblement la *pipérine*, si elle n'est déjà trouvée. Après cela, il n'y aura plus rien à trouver, grâce au ciel, si ce n'est la salade toute faite.

Nous ne ferons pas une relâche plus longue au Cap de Bonne-Espérance, où *Kaout t' Chouk* remarque fort spirituellement que tous les indigènes *du pays* sont Anglois ou Hollandois, ce qui donne à cette population autochtone une physionomie sauvage très-particulière, dont on ne peut guère se former une idée que dans les tavernes de Londres et les *musicos* d'Amsterdam. Les voyageurs ne manquèrent pas de visiter la fameuse montagne de *la Table*, qui était alors couverte d'une *nappe* d'eau, parce qu'il y avoit eu de l'orage. Ils n'en présentèrent pas moins leurs hommages au célèbre M. Herschell, « digne neveu d'un père illustre, » et je demande grâce en faveur de *Kaout' t' Chouk* pour ce *lapsus linguæ* d'érudit. C'est le *nepos* des Latins que nous traduisons par *neveu* dans la langue poétique, en parlant de nos petits-enfants dans la ligne directe de descendance. Au reste, il doit être bien rare, quand on possède tous les idiomes de la terre, de ne pas commettre par-ci par-là quelques légers *spropositi* dans celui dont on prend la peine de se servir pour la commodité du public, et c'est ce qui explique suffisamment pourquoi les savants ont en général un style si baroque.

Je reviens à M. Herschell : « Il s'est installé pour trois ans à *la Table* du cap de Bonne-Espérance, » dit *Kaout' t' Chouk*, » afin de vérifier si l'envers des étoiles dont il avoit observé le côté opposé, à Greenwich, en Angleterre, est identiquement semblable à leur endroit. » Personne n'ignore que M. Herschell se sert pour cette belle investigation empyréenne d'un télescope géant dont la portée échappe à tous les calculs, car il a la propriété inexprimable en chiffres de rapprocher les corps célestes douze fois plus près qu'ils ne sont loin. L'admirable exactitude avec laquelle M. Herschell et ses élèves reproduisent journellement le *prospect*, le profil et le plan des monuments de la lune, est par conséquent un garant bien sûr de la fidélité de leurs dessins, dans la topographie si impatiemment attendue de Saturne et surtout d'Uranus, où ils discernent les moindres objets beaucoup plus nettement qu'ils ne pourroient le faire dans leur chambre en plein midi, c'est-à-dire à l'heure où ces messieurs ont contracté l'habitude immémoriale de nous faire voir les étoiles.

Beaucoup de gens auront dit jusqu'ici du voyage de mon Chinois ce que disoit le vieux Fontenelle d'un amphigouri de Collé : « Je n'ai garde de m'étonner de ce que j'entends tous les jours. » Voilà réellement d'étranges merveilles pour qu'elles vaillent qu'on les raconte ! Pendant que voyageoit *Kaout' t' Chouk*, la science couroit devant lui. Le boulet souterrain qui se propose de nous arriver, en vingt-deux minutes et demie, par un *tunnel* pratiqué de Bruxelles à Paris, est encore plus fort que le télescope d'Herschell, et plus difficile à digérer que la salade du pic Ténériffe. Le jeune découvreur que je suis religieusement à la trace a commencé, comme le souriceau de La Fontaine, *qui n'avoit rien vu*, par s'amuser innocemment aux bagatelles de la porte. Il faut le retrouver dégagé de ces intuitions naïves, s'associant, ou plutôt s'assimilant progressivement aux aperceptions les plus éclectives de son sens intellectuel, pour jouir estéthiquement des acquisitions de sa compréhensivité. Il suffit pour cela de l'accompagner jusqu'aux îles de la Polynésie où il a eu le temps de parvenir, selon toute apparence, pendant que j'écrivois les mots ci-dessus.

Vanoua-Leboli ne retint pas longtemps *Kaout' t' Chouk*, cette île étant tellement déserte qu'on y rencontre souvent des villages immenses où il seroit impossible de trouver une seule maison. Notre *Kaout' t' Chouk*, animé de cet esprit de philanthropie qui impose aux gens de savoir le droit impérieux d'éclairer le genre humain, et de lui apprendre à connoître à fond toutes les choses dont il ne se soucie pas, sentoit ce besoin généreux de discourir et de disputer qui demande ordinairement un auditoire. C'est ce qui décida le choix de l'estimable voyageur en faveur d'une autre île déserte où il y avoit beaucoup de monde, et où les moindres bourgades lui parurent convenablement peuplées, surtout de jour. Il eut la politesse délicate d'en prendre possession au nom de la France, mais sans en faire part aux habitants, car il étoit un peu diplomate, et il l'appela par instinct l'île *de la Civilisation.* Kaout' t' Chouk ne croyait pas si bien dire. Si l'on s'en rapportoit à ses *Mémoires* (et à quoi s'en rapporteroit-on, je le demande, dans la littérature actuelle et dans l'histoire contemporaine, si on ne s'en rapportoit pas aux *Mémoires de Kaout' t' Chouk?*), la civilisation de ce pays est en effet la plus complète qu'une nation extraordinairement perfectionnée puisse désirer pour son usage particulier, au moins jusqu'à nouvel ordre. Il ne faut jurer de rien avec la perfectibilité.

Je n'ai presque pas besoin de vous dire que l'*île de la Civilisation* a des chemins de fer, la civilisation ne marche plus sans cela; mais elle a depuis longtemps abandonné notre procédé, à cause de la lenteur des résultats. Le moteur actuel qui est incomparablement plus rapide, puisqu'il est physiquement impossible de distinguer le moment de l'arrivée de celui du départ, *et vice versâ*, par la plus minime des divisions du temps, est le fluide électrique. « La minime locomotive entièrement en métal, dit *Kaout' t' Chouk*, a la grandeur et la forme d'un pistolet d'arçon, ce qui lui a fait donner le nom de *pistolet de Volta.* On attache le wagon par un anneau de fer à une caisse de voiture en verre dans laquelle se place le voyageur, et cet appareil vole avec une rapidité incalculable sur un fil de fer qui lui sert de *conducteur,* ce système de *diligences* rendant tout autre conducteur inutile. » On voit qu'à l'avantage de la célérité la méthode ingénieuse dont nous parlons réunit l'avantage plus précieux encore pour la population stationnaire, qui est assez nombreuse dans tous les pays, de n'entraîner ni expropriations vexatoires, ni violation permanente du sol sacré de l'agriculture, au bénéfice de quelques spéculateurs pressés de gagner. L'heure du départ expirée, une manivelle mue par quelque moyen analogue rappelle le fil d'archal sur sa bobine immense, et le laboureur paisible peut retourner à ses travaux, avec autant de sécurité que s'il avoit pris naissance dans la pastorale Arcadie, dans la gracieuse Tempé, ou dans toute autre île arriérée et barbare de l'archipel des *Bucoliques*.

Le service des postes se fait par ces routes, et *Kaout' t' Chouk* assure qu'il n'est pas rare de recevoir la réponse d'un lettre qu'on n'a pas encore fait partir ; mais il est difficile de ne pas supposer là une petite exagération.

Ce qu'il y a de certain, c'est que nous n'irons guère plus avant dans la route des sciences, ou dans la science des routes, à moins que nous ne retrouvions le secret inappréciable de l'île d'*Ode* où *les chemins cheminoient*, et dont il nous est resté des traditions assez authentiques dans la *véritable Histoire de Pantagruel* et dans les souvenirs du peuple, comme le témoignent ces locutions si connues : Ce chemin *vient* de tel endroit; ce chemin doit *aller* à tel autre; celui-ci *va* vous *égarer*. Heureux temps où une voiture s'appeloit encore une *chaise*, parce qu'on n'avoit pas besoin de sortir de la sienne pour parcourir le monde, pourvu qu'on l'eût placée sur le pavé du roi dans une voie bien tracée ! C'est de cette grande époque de notre civilisation (Dieu nous la rende !) que date la coutume de commencer tous les voyages d'instruction par celui de Rome où tous les chemins *alloient*, selon le proverbe antique, et il faut avouer que c'étoit une grande commodité. On assure qu'elle est encore à l'usage d'un grand nombre de voyageurs qui composent leurs relations sans quitter la place, mais c'est ce qu'on ne pourra pas dire du voyage de *la Calembredaine*, où l'Europe avoit tant de députés. Quelques-uns soutiennent même qu'elle portoit à son bord le *congrès scientifique*, et c'est probablement pour cela qu'on n'en parle plus à Paris.

On imagine aisément que les caisses d'épargne sont parvenues à l'*île de la Civilisation*, à moins qu'on n'aime mieux penser qu'elles en viennent. *Kaout' t' Chouk* eut la satisfaction d'en trouver jusque dans les plus misérables hameaux et de voir l'ouvrier sans travail, le prolétaire indigent, l'infortuné vaincu par la misère et par le désespoir, verser avec empressement dans ces trésors providentiels l'excédant de leurs besoins, le superflu de leur nécessaire, et le fruit de leurs économies. C'est une chose commune en ce pays-là, et qui n'en est pas moins touchante, que de refuser à cinq ou six pauvres enfants affamés leur maigre repas quotidien, afin de se ménager un morceau de pain pour la vieillesse. Le sentiment moral de cette sublime institution a tellement prévalu parmi le peuple, qu'une multitude d'individus ont pris le parti de vivre d'emprunt pour épargner davantage, et ce moyen assez plausible est déjà connu à Paris. Il est résulté de cette magnifique invention de la philanthropie australe que le numéraire a totalement disparu de la circulation, car il n'y a millionnaire assez traître aux intérêts imprescriptibles et sacrés de son argent pour s'en réserver de quoi faire chanter un aveugle. Il aura beau, le déplorable Homère de la borne, faire ronfler sous un archet qui n'a plus que le bois les deux cordes rauques qui vibrent encore à son crin-crin ! En retour du plaisir que ses mélodies monotones procurent à l'oreille des passants, son oreille, à lui, ne sera plus égayée par le son joyeux du sou mal marqué qui bondit seul et à l'aise dans sa timbale de ferblanc. Le sou de l'aveugle est la caisse d'épargne où il ne le porteroit pas si on le lui avoit donné, car il n'a pas mangé d'aujourd'hui. Mais c'est un des inconvénients inévitables de notre civilisation fiscale et financière qui n'est pas faite pour les aveugles, et qui l'est bien moins encore pour les manchots.

Il y a des esprits hargneux ou malintentionnés qui

allégueront à ce sujet l'intérêt du commerce, de l'industrie et des arts, branches essentielles de prospérité qui s'appauvrissent en raison directe des progrès de l'avarice publique; sources abondantes de la richesse nationale qui promettoient de ne pas tarir, et qu'on détourne habilement par un canal secret pour les faire tomber dans l'océan du monopole et de l'usure. On ne s'occupe guère de ces paradoxes dans l'*île de la Civilisation*. Toutes les pensées y sont tournées vers les caisses d'épargne qui gagnent journellement en embonpoint celui que perdent leurs clients; mais il est vrai de dire qu'elles offriront un jour une ressource bien opportune aux personnes qui auront l'agrément de ne manquer de rien.

J'avois juré de ne plus parler de politique, parce que la politique est assez *parlière* d'elle-même pour se passer de truchement; mais il est bien difficile d'oublier cette science exorbitamment progressive, quand on s'est engagé, à ses risques et périls, dans la discussion d'une question de progrès. La politique est en voie de perfection dans l'*île de la Civilisation* comme partout, et j'oserois même assurer qu'elle n'y laisse rien à désirer, s'il n'étoit de sa nature de désirer toujours quelque chose. L'*île de la Civilisation* jouit comme nous des douceurs d'un gouvernement représentatif, c'est-à-dire d'une constitution aussi libérale qu'on a pu l'imaginer, dans laquelle la soixante millième partie de la nation représente la cent cinquantième en présence des cent quarante-neuf autres et à leur satisfaction unanime.

La parcimonie philosophique et sentimentale sur laquelle sont fondées les *caisses d'épargne* est l'âme des gouvernements représentatifs, qui savent qu'ils ont long-temps à vivre, et qui éprouvent le besoin d'économiser pour l'époque de décadence où ils retomberont, par la force des choses, dans l'imbécillité puérile du premier âge. C'est un accident qui peut cependant arriver d'un jour à l'autre, à cause de l'extrême rapidité avec laquelle la civilisation se développe, le wagon social allant si vite que l'étincelle électrique a peine à le suivre. Aussi, la fixation des honoraires du roi ne manquoit pas d'exciter autrefois dans l'*île de la Civilisation*, à tous les couronnements, de violents orages parlementaires dont la constitution du pays a été souvent ébranlée. Le *victus* et le *vestitus* monarchiques y étoient tombés à un tel degré de rabais, que les industriels politiques étoient sur le point de se déclarer en carence de matière royale et propre à trôner, depuis qu'une dynastie de grande espérance avoit eu le malheur de s'éteindre par excès de régime. On recourut inutilement d'abord à la condamnation judiciaire et à l'appréhension par corps pour se procurer des souverains à la diète; les infortunés se retranchoient sur la liberté individuelle, et les délais de la justice leur permettoient ordinairement de se sauver, ou du moins de se pendre. La monarchie en étoit là, quand un de ces prodigieux génies qui se rencontrent communément dans l'opposition, s'avisa d'un expédient qui a pourvu bien spirituellement à cette difficulté. Le royaume florit maintenant sous les lois d'un charmant petit monarque de palissandre incrusté qui est mû par des rouages fort simples, comme une horloge de bois. Quand les poids sont remontés, et le ressort mis en mouvement, cet autocrate débonnaire peut signer de sa main droite, en superbe courante angloise, vingt ou trente belles pièces gouvernementales qui ne coûtent que le timbre; et ce qu'il y a d'infiniment remarquable dans cette merveilleuse machine constitutionnelle, c'est qu'il signeroit également de la gauche, si tel avoit été le bon plaisir du mécanicien. L'opération terminée, on replace le roi dans le garde-meuble jusqu'à la session suivante, après avoir pris toutes les précautions convenables pour le préserver des atteintes de certains insectes malveillants qui sont très-friands de palissandre, mais les seuls ennemis d'ailleurs que ce prince heureux et paisible ait à redouter dans son Louvre de carton. Cette ingénieuse invention réduit la liste civile à une modeste somme de 17 francs 52 centimes, qui sont cotés au budget pour fourniture des liniments onctueux nécessaires à l'entretien de la branche régnante; et il en résulte qu'il n'y a presque point de révolution à craindre dans l'*Île de la Civilisation* d'ici au premier renchérissement des huiles d'olive.

Tout en rendant librement justice à ce qu'il y a d'éminemment *grandiose* dans ce procédé, je dois peut-être me défendre contre le reproche trop commun aujourd'hui d'avoir eu en vue quelque insinuation perfide ou quelque allusion séditieuse. M. le procureur du roi, que j'honore parfaitement, quoique je n'aie pas l'honneur de le connoître, n'aura jamais à me reprendre, j'espère, sur un délit de la presse, moi qui tournerois plus volontiers pendant toute l'éternité autour de ma pensée, comme le chien de garde au bout de sa chaîne, que de franchir ses limites légales de l'épaisseur d'un atome, ou de la simple portée d'une idée nouvelle. Vieux tory de naissance et d'inclination, je suis connu pour préférer à tous les rois de palissandre du monde les rois du bois dont on les fait.

J'ai du reste par devers moi, pour mettre ma responsabilité à l'abri, la relation véridique des *Voyages de Kaout' l' Chouk*, qui sont un livre fort rare, comme il convient dans ces matières de hautes et substantielles études, mais qui ne sont pas un livre de raison, et je suppose qu'on a dû s'en apercevoir de temps en temps en parcourant cette analyse. On parviendrait peut-être encore à s'en procurer chez Crozet ou chez Téchener, les libraires favoris des amateurs, quelque précieux exemplaire imprimé sur peau de promerops, et relié en cuir de griffon, d'ixion, de licorne ou de béémoth, avec des dentelles fantastiques sur le plat, par le Bauzonnet de la Polynésie, ce qui veut dire au moins son Thouvenin; mais cela coûteroit bon.

Gloire soit rendue à l'écrivain par qui cet excellent livre nous est venu de loin! Ce qui nous manque en France, ce n'est pas cette fine gaieté de l'esprit qui effleure en passant, avec l'adresse de l'à-propos, un ridicule superficiel, nous en avons à revendre. C'est cette ironie pénétrante et profonde qui fouille et creuse autour de lui, et qui ne se lasse de l'ébranler sur ses racines que lorsqu'elle l'a extirpé. Voyez Cervantes, voyez Butler, voyez Swift, voyez Sterne : ces gens-là ne se contentent pas d'émonder *luxuriam foliorum*; ils sapent l'arbre et le jettent mort sur la terre, sans semences et sans rejetons. Ce genre de critique, dont Voltaire et Beaumarchais ont fait un funeste abus, en l'appliquant par étourderie ou par méchanceté à tout ce qui nous restoit d'idées sociales, avoit chez nous des modèles, malheureusement fort difficiles à imiter, dans Molière et dans Rabelais; et il faut que je l'avoue, au préjudice de mes théories philosophiques, si la littérature a ses causes finales, comme toutes choses, Rabelais et Molière ne sont pas arrivés à leur jour, ou bien la providence des vérités nous ménage un Rabelais, un Molière, qui tardent beaucoup à venir. Qu'étoit-ce, grand Dieu! que le jargon des *Précieuses* et des *Femmes savantes* auprès de celui qu'on nous a fait, et qui n'a plus de nom dans aucune langue? *Tartufe* lui-même, que le poëte a dessiné à si grands traits, seroit un méchant écolier dans ce siècle d'hypocrisie et de mensonge, où le faux seul jouit des priviléges du vrai. La postérité aura sans doute beaucoup de choses à nous reprocher, au cas que nous ayons une postérité qui daigne s'occuper de nous; mais ce qu'elle remarquera de plus caractéristique dans notre époque, c'est l'absence presque totale du *dériseur* sensé qui a le bon esprit de se moquer des autres, et de protester par un mépris judicieux contre l'ignorance et la folie de ses contemporains. Eh quoi! sera-t-il dit que nous ayons vécu pendant soixante ans sous l'empire des mystifications les plus impertinentes, dont la fausse philanthropie, la fausse science et la fausse littérature aient jamais affronté le genre humain (et je ne dis pas trop : je donne le choix dans tous les âges à un homme de bonne foi!); faudra-t-il que cette nation en cheveux blancs, qui a été représentée par Rabelais dans sa jeunesse et par Molière dans sa virilité, épuise jusqu'au marc le calice d'ignominie où l'abreuvent des charlatans de toute sorte et de toute couleur, dont Tabarin n'auroit pas voulu pour laquais, sans qu'une voix vengeresse ait imposé à ces infâmes jongleries l'opprobre qu'elles ont mérité? Que font cependant les hommes d'un talent vrai, les hommes dignes d'une haute et importante mission, qui viennent prendre tour à tour un rang distingué dans la comédie, dans le roman, dans la satire? Et il y en a vraiment beaucoup! Ils épluchent minutieusement dans leur laboratoire de petits ridicules de salon, de petits travers d'intérieur, à peine perceptibles à ce télescope d'Herschell dont nous parlions tout à l'heure. Ils livrent une guerre de pygmées à de petites turpitudes, niaisement scandaleuses, qui peuvent indifféremment être ou n'être pas, car les esprits sérieux et raisonnables n'auroient jamais conçu l'idée de l'existence des originaux, s'ils ne s'étoient amusés des portraits; ils ramassent des miettes dédaignées à la desserte de Marivaux et de Crébillon. Le temps où nous vivons nous a cependant compté des jours dans lesquels Aristophane et Juvénal ne seroient pas de trop; où cet effronté d'Archiloque décocheroit peut-être inutilement son ïambe insolent sur le triple airain dont le vice heureux est cuirassé; où ce n'est pas assez de stigmatiser les fous et les méchants des pastels de l'esprit et des *pochades* de la fantaisie; où ce serait peu, je le crains, de l'acide et du fer chaud; et nous attendons encore, non pas Molière, qu'il ne faut plus attendre, mais un Lesage ou un Dancourt! La poésie morale et la poésie satirique, ces grandes institutions du genre humain, procèdent précisément aujourd'hui comme le médecin ridicule qui appliqueroit des cosmétiques à un pestiféré pour le guérir de quelque tache à la peau. Quand on a reçu de son talent le ministère d'éclairer les hommes, de les corriger, et quelquefois de les punir, il faut le comprendre autrement : c'est plus qu'un métier, c'est plus qu'un art, c'est un sacerdoce.

Je déclare que si l'auteur des *Voyages de Kaout' t' Chouk* étoit dans les conditions du concours, c'est-à-dire François, je l'aurois désigné à l'Académie françoise comme très-digne, à mon avis, de concourir au *prix Montyon*, pour l'ouvrage le plus utile aux mœurs, quoique son ingénieuse bluette n'appartienne en réalité qu'à la critique littéraire et scientifique : les mœurs sont l'expression manifeste de la raison publique. Elles se développent et se purifient, s'altèrent et périssent avec elle. Montrez-moi un peuple qui ait de la raison, et je vous réponds de ses mœurs. L'impunité des pervers a le même point de départ que le crédit des sophistes. Ce qu'il y a de plus glorieux pour la vertu, ce qui atteste le mieux la divinité de son origine, c'est qu'elle ne cesse d'être en crédit parmi les nations que dans l'absence du *sens commun*.

LES MARIONNETTES.

PREMIÈRE PARTIE.

I.

Il y a *marionnettes* et *marionnettes*, comme il y a fagots et fagots.

On connoît mes scrupules, et on sait avec quel soin j'évite les questions qui touchent de près ou de loin à la politique.

Je parlerai de la politique un jour, si Dieu me prête vie, mais je fais le vœu de n'en parler que lorsqu'elle se trouvera élevée au niveau des *marionnettes*.

Les *marionnettes* dont je m'occupe aujourd'hui, *nervis alienis mobile lignum*, dit Horace, sont celles que le meilleur des dictionnaires définit en ces termes :

« Petites figures de bois ou de carton qui représentent des hommes ou des femmes, et que l'on fait mouvoir ordinairement par des fils, quelquefois par des ressorts, quelquefois simplement avec la main. »

Il reste seulement bien entendu que si ces *petites* figures étoient moyennes ou grandes,

Qu'on les fît mouvoir à l'aide de cordes de boyau, ou de fil de fer, ou de laiton.

Et qu'elles représentassent autre chose que des hommes ou des femmes, c'est-à-dire des enfants, comme les innombrables rejetons de madame Gigogne, ou des esprits infernaux, comme le diable de Polichinelle, les *marionnettes* n'en seroient pas moins des *marionnettes*.

Il est bon de remarquer aussi, en passant, que les *marionnettes*, au contraire, qui se meuvent par des ressorts ne sont pas des *marionnettes* proprement dites. L'usage est de les appeler des *automates*, et on ne sauroit avoir trop d'égards pour les *automates*, dans un siècle de perfectionnement où l'intelligence humaine a cru devoir s'abdiquer elle-même au profit des machines.

Ces modestes considérations n'ont pour objet que l'utilité des honnêtes étrangers qui croient apprendre le françois dans les dictionnaires, mais elles peuvent servir à prouver deux propositions importantes :

La première, c'est que la composition d'un article de dictionnaire, complétement satisfaisant, est la plus rude tâche que puisse s'imposer l'esprit humain quand il n'a rien de mieux à faire.

La seconde, c'est qu'il n'y a rien de plus difficile à définir que les *marionnettes*, même dans la terre classique des *marionnettes*.

II.

De toutes les questions inutiles qui peuvent être soumises à l'intelligence de ce siècle progressif, il n'y en a certainement point de plus inutile que de savoir si les *marionnettes* ont précédé le drame, ou si le drame a précédé les *marionnettes*.

C'est pourquoi je pense, en considérant l'état de sotte décrépitude où est tombée la raison humaine, qu'il n'y en a point d'aussi urgente à résoudre.

Je voudrois pouvoir donner aux comédiens une origine plus illustre, mais il m'est parfaitement démontré qu'ils descendent en droite ligne des *marionnettes*, et on conviendra que plusieurs d'entre eux, même parmi ceux qu'on est convenu d'admirer sur nos grands théâtres, ont conservé un air de famille.

Quant aux *marionnettes*, il est impossible de n'en pas retrouver le type dans ce jouet cosmopolite qu'on appelle une *poupée*.

La *poupée*, à laquelle nous voilà parvenus dans cette savante généalogie, est évidemment contemporaine du premier berceau où a vagi une petite fille.

La *poupée* ne se comprend pas sans la petite fille, mais la petite fille ne se comprend pas sans la *poupée*.

C'est un instinct naturel chez la femme de prévoir, dès l'âge le plus tendre, l'âge où elle sera mère; elle devine l'enfant, et elle invente la *poupée*. La *poupée* est le symbole d'une cause finale.

A cette époque heureuse de la vie, la *poupée* vit, elle pense, elle raisonne. Le monologue est insipide, surtout pour les femmes qui n'aiment pas à être interrompues, mais qui aiment à être écoutées. Le dialogue leur convient à merveille, au contraire, surtout quand elles parlent pour deux. Le dialogue, c'est une scène, et il n'y a point de scène qui ne suppose une fable ou une action. La comédie n'est pas loin...

Arrive un artiste ingénieux (c'est un père) qui articule la *poupée*, qui la suspend à un fil; à autant de fils qu'elle a d'articulations mobiles, qui la fait tourner sur un pivot, qui la fait courir sur des coulisses, qui lui prête une voix, un langage, des passions. La petite fille est toujours actrice, mais elle n'est plus auteur. Le grand homme dont je viens de parler est, sans qu'il s'en doute, une espèce de Christophe Colomb dans les espaces de l'intelligence; il a presque découvert *l'automate*, et il a créé le drame, car il a créé les *marionnettes*.

Corneille, Vaucanson et Talma procéderont de lui.

Je déclare hautement, comme Montaigne dans une circonstance moins sérieuse et au sujet d'une hypothèse de bien moins grande valeur, qu'on me feroit une peine extrême « de me déloger de cette créance. »

La *poupée* a donné naissance aux *marionnettes*, qui ont donné naissance à la comédie.

La comédie des *marionnettes* est le drame plastique.

III.

Je sais qu'en attribuant cette haute antiquité à la *poupée*, je me commets singulièrement avec les savants, mes ennemis naturels; non pas que les savants soient d'accord sur l'origine de la *poupée*, ils s'en garderoient bien, mais parce qu'ils s'entendent merveilleusement pour n'être pas d'accord avec moi.

Il y a donc des savants qui vous diront que les *poupées* furent inventées à l'occasion de Poppée, femme de Néron, qui avoit la détestable habitude de se farder, et ce n'étoit pas là, malheureusement, le plus grand de ses défauts.

Mais Marcus-Terentius Varron, dont je suis enchanté de leur faire faire la connoissance, et qui écrivoit cent ans avant la naissance de Poppée, prend la peine de parler des *poupées* comme d'une chose qui étoit loin d'être nouvelle, et il les appelle *pupæ*, ce qui est, en bonne prononciation latine, un véritable homonyme.

D'autres savants qui avoient lu Varron, et qui étoient par conséquent plus savants que les premiers, prétendent au contraire que Poppée avoit pris son nom des *poupées*, dont la mode couroit de son temps; mais Tacite n'a pas dédaigné de leur apprendre, au liv. XIII des *Annales*, que Poppée s'étoit nommée Poppée en mémoire de son aïeul Poppæus Sabinus, personnage consulaire illustré par les honneurs du triomphe. Or, il est assez difficile de trouver le moindre rapport entre une *poupée* quelconque et un personnage consulaire.

Les règles de la traduction étymologique ne permettent pas d'ailleurs que *pupa* vienne de *Poppæa*, ni *Poppæa* de *pupa*, ce qui n'empêchera nullement ces absurdes sottises d'avoir force d'étymologie dans les livres approuvés par l'Université.

Heureusement pour la question que nous traitons, nos *poupées* et nos *marionnettes* n'ont rien à démêler avec l'Université.

Cette illustre fille aînée de la monarchie, qui a hérité de tant de priviléges que sa mère ne possédoit pas, n'a de droits que sur nos enfants.

IV.

Le drame de la *poupée* est incomparablement le plus simple de tous les drames possibles, et je ne veux pas d'autre preuve de sa supériorité essentielle sur le drame classique.

Il se joue entre deux personnages dont l'un est nécessairement passif, et dont l'autre, qui est, comme vous savez, une petite fille, remplit un office très-compliqué.

Celle-ci est auteur.

Elle est acteur à deux voix.

Elle est spectateur et juge.

Le drame de la *poupée* est la seule comédie composée par un des personnages de l'action où le poëte ait sacrifié son rôle naturel à celui de son interlocuteur.

La *poupée* est négligente, insubordonnée, opiniâtre, bavarde. C'est la petite fille.

La petite fille est grave, austère, absolue, quelquefois inexorable. C'est l'Ariste du poëme; c'est d'elle que relève la moralité de la pièce.

La petite fille a compris la première des vérités morales. C'est que la subordination est la partie la plus essentielle de l'œuvre de la vie.

Elle a compris la première des vérités littéraires. C'est que la moralité est la partie la plus essentielle des compositions de l'esprit.

Enfant, elle se livre aux défauts de sa *poupée.* Auteur dramatique, elle s'exerce à l'autorité de sa mère. La récréation finie, la mère viendra, et l'auteur dramatique ne sera plus qu'un enfant.

A compter de ceci, je ne parlerai plus de *poupées.* Si j'avois été maître de ma vie, j'aurois voulu en rester là. Retournons aux *marionnettes.*

V.

L'antiquité des *marionnettes* est maintenant un fait acquis à l'histoire. Les partisans les plus décidés du progrès conviennent même de l'exacte identité des *marionnettes* anciennes et des *marionnettes* modernes. Le savant M. Champollion, qui n'a peut-être pas retrouvé l'alphabet des hiéroglyphes, a retrouvé le galbe de *Polichinelle* dans le tombeau de Sésostris.

Et ces deux grands débris se consoloient entre eux.

Les *marionnettes,* inventées pour servir de jouet aux enfants, ne restèrent pas longtemps bornées à ce doux et modeste usage. Si elles étoient aussi intelligentes et aussi sensibles qu'elles en ont l'air, elles le regretteroient sans doute.

Mais les *marionnettes* avoient leurs destinées. Elles montèrent sur les tréteaux. Elles entraînèrent la multitude à leur suite. Elles résumèrent en elles la grande comédie du monde. Elles soumirent les nations à leur empire, du droit de l'audace et du ridicule. Ce n'étoit pas la dernière fois que cela arrivoit.

Il ne faut pas s'y tromper. Ce fut là le point culminant de la civilisation perfectionnée dans les limites que la sagesse éternelle lui impose. Depuis le jour où les *marionnettes* ont cessé d'être les précepteurs du genre humain, il n'a fait que descendre.

La comédie classique est une superfétation.

Le drame, comme nous le connoissons aujourd'hui, n'est pas un progrès. C'est un plagiat. La comédie vivante ne fut qu'une transformation téméraire de la comédie de bois. Le théâtre s'élargit un peu; il passa des proportions d'une logette de deux pieds carrés à celles d'un tombereau; mais les bouffons de la vieille Athènes se barbouillèrent de lie comme *Polichinelle*, de noir de fumée comme *Arlequin*, ou de farine comme *Pierrot*. Les *marionnettes* s'incarnèrent.

Tout disparut, les monuments, les peuples, les religions. Tout changea, les hommes, les temps et les lieux. L'art primitif ne changea point, et l'art primitif, c'est la comédie des *marionnettes*.

Les compagnons de Thespis, *marionnettes!*

Les mimes des *atellanes*, *marionnettes!*

Les *maschere* de l'Italie, *marionnettes!*

Les *enfants sans-souci*, *marionnettes!*

La comédie ancienne conserva le masque, et fit bien; car le masque est le secret de sa puissance, comme je le démontrerai bientôt.

> Le masque tombe, l'homme reste,
> Et la leçon s'évanouit.

L'héritier infiniment dégénéré de cette solennelle dynastie des *Briochides* qui a présidé pendant tant de siècles à la saine éducation du monde, Séraphin fait jouer aujourd'hui à ses *marionnettes* les vaudevilles de M. Scribe.

Si M. Scribe, qui a autant de goût et d'esprit à lui

seul que toutes les *marionnettes* ensemble, avoit vécu dans les beaux âges de l'inspiration et du génie, il auroit fait jouer aux acteurs du *Gymnase* les comédies des *marionnettes*.

Ou bien le directeur du *Gymnase* auroit fait ses pièces à lui tout seul, suivant l'usage immémorial des directeurs de *marionnettes*, et son théâtre ne seroit pas aujourd'hui en interdit, comme le royaume de Lothaire que M. Thierry appelle autrement.

VI.

Je vous prie de me faire la grâce de m'apprendre à quoi peut servir désormais la comédie classique?

La comédie classique étoit charmante, quand elle avoit ses coudées franches; mais, quand la comédie classique avoit ses coudées franches, elle étoit l'expression d'un sens de l'esprit qui n'existe plus.

Ce sens de l'esprit qui n'existe plus, c'est le sens commun.

L'homme cesse de rire de ses défauts quand il n'est plus capable de s'en corriger.

On a dit de la comédie qu'elle châtioit les mœurs en riant. C'est une erreur des siècles d'ignorance. Aujourd'hui, pour rire et pour faire rire, il faut qu'elle les outrage.

La tragédie, du moins, n'a pas changé sa devise, Φόβος καὶ ἔλεος : elle fait *horreur* ou *pitié*.

Le théâtre contemporain est un établissement industriel *subventionné* par l'État, et constitué pour l'exploitation de deux paradoxes qu'on appelle des idées, depuis que ce qu'on appeloit des idées s'appelle des paradoxes.

La première de ces idées, c'est que la vertu a ses ridicules.

La seconde, c'est que le crime a son beau côté.

Avec la première de ces idées vous faites une comédie. Vous faites une tragédie avec la seconde. *Plaudite, cives.*

A quel homme oseriez-vous adresser de nos jours ces foudroyantes paroles : *De te fabula narratur*, c'est pour toi que la farce est faite ?

Si c'est un pair de France, vous aurez un coup d'État.

Si c'est un épicier, une émeute.

Si c'est un journaliste, une révolution.

Dans la charte des sociétés corrompues il y a deux choses inviolables, le vice et la sottise.

Riez des marquis si vous voulez; cela est permis à tout le monde. Ils n'existent plus que dans les almanachs.

Mais ne riez de rien de ce qui donne envie de rire : cela n'étoit permis qu'aux *marionnettes*.

Je crois fermement que la Providence envoie un homme spécial pour toutes les occasions solennelles, et c'est ainsi que notre absurde société se débat encore misérablement sous une vieille toile suspendue à quelques ficelles, avec tant de raisons de la baisser.

L'homme de mission, dont un philosophe sérieux auroit eu quelque droit d'attendre le salut du monde, n'est pas, hélas! le fondateur d'un culte nouveau!

Ce n'est pas un pontife!

Ce n'est pas un législateur!

Ce n'est pas un roi!

C'est le compère de *Polichinelle*.

Mais le compère de *Polichinelle* a bien autre chose à faire, par le temps qui court. Il pêche des sardines à Caprée, cultive des laitues à Salone ou règle des horloges au monastère de Saint-Just. Il a abdiqué.

Le compère de *Polichinelle*, qui sait presque tout, sait d'ailleurs à merveille qu'un peuple qui a subi l'orthographe de Voltaire, la division départementale et la nouvelle nomenclature des poids et mesures, n'est plus bon qu'à finir, car il faut que tout finisse, et les peuples *progressifs* comme les autres; ce sont même ceux-là qui finissent le plus tôt.

VII.

Ce que j'admire le plus dans les *marionnettes*, et j'y admira presque tout, c'est l'exquise bienséance de cette forme primitive du drame. La comédie classique met l'homme en scène. C'est à l'homme qu'elle se prend. Elle attaque le *vicieux*.

La comédie des *marionnettes* ne met en scène que des *marionnettes*. Elle se prend à des *marionnettes*. Elle attaque le *vice*.

La comédie des *marionnettes* exerçoit un ministère utile et sévère, mais tout à fait inoffensif.

La comédie classique est une personnalité.

La comédie des *marionnettes* se rappeloit que la vie privée doit être murée, comme l'a dit le plus sage des philosophes, et peut-être le seul philosophe de notre temps.

La comédie classique a cassé les vitres.

Dans la comédie des *marionnettes*, il n'y a rien de l'espèce, pas même la substance.

Dans la comédie des *masques*, et celle-ci s'en rapproche de si près qu'il est permis de les confondre, il n'y a rien de l'individu, pas même l'habit.

Arlequin a le vêtement bigarré de certains perroquets, le masque noir et lustré du grillon des champs, et la tradition le fait borgne :

> Allechino batocchio
> Era orbo d'un occhio

Pantalon a le nez et le menton pointus, recourbés et croisés, comme les pinces d'un insecte ou les défenses d'un sanglier.

Polichinelle est bossu par devant et par derrière, particularité physiologique très-rare à laquelle il doit son nom grec, qui n'est probablement que la traduction de son nom primitif; et sa manière de prononcer est si étrangère à tout l'organisme de la voix humaine, que je ne serois pas étonné de voir créer pour elle une chaire spéciale au Conservatoire.

Gilles est pâle et anémique, à la vérité, comme les convalescents du célèbre docteur Broussais; mais cette ressemblance accidentelle n'est, pour ceux-ci, qu'un résultat inattendu des nouveaux progrès de la médecine; et d'ailleurs *Gilles* se porte très-bien.

Il n'est âme qui vive qui puisse se reconnoître dans *Polichinelle*, dans *Arlequin*, dans *Gilles*, dans *Pantalon*; mais, sous ces apparences ingénieuses et circonspectes, la comédie primitive (je parle toujours de la comédie des *marionnettes*) a vivement châtié la grossièreté des mœurs et la brutalité rustique, la gourmandise et la paresse, la ruse et le larcin, l'avarice et la colère. L'enseignement moral étoit tempéré, dans la comédie des *marionnettes*, par toute l'aménité d'une précaution pleine de grâce. La comédie classique en a fait un affront.

Quant à la comédie moderne, qui n'est pas même classique, elle n'en a rien fait du tout. Elle est trop bien avisée pour offenser ceux qui l'applaudissent et ceux qui la payent.

Il est évident que l'esprit de convenance et de politesse a toujours été du côté des *marionnettes*, et voilà pourquoi tout le monde leur sourit en passant. Ce grand sceptique qui a tout frondé, Bayle, s'arrêtoit avec respect devant les *marionnettes*. On n'a jamais sifflé les *marionnettes*, même en France, où l'on siffle tout.

Bonaparte adoroit les *marionnettes*. Je ne sais pas s'il en est dit quelque chose dans les volumineux *Mémoires de Sainte-Hélène*; mais, si on ne l'a pas dit, on l'a oublié. On ne peut pas penser à tout.

Bonaparte, qui étoit *Polichinelle* fait homme, et je prends cette comparaison dans son acception la plus flatteuse pour l'un et pour l'autre, car je ne m'aveugle pas plus sur *Polichinelle* que sur Napoléon. Bonaparte est mort avec le regret de n'avoir pas consacré le théâtre des *marionnettes* par un acte authentique de sa protection impériale.

Les *marionnettes* ne sont pas subventionnées, du moins en tant que *marionnettes*. Les *marionnettes* vivent par elles-mêmes, du consentement universel, indépendantes des gouvernements qui passent et des nations qui s'en vont; et c'est pour cela qu'elles vivent toujours.

VIII.

Étienne Dolet, qui prioit peu, avoit cependant une prière quotidienne dont il a fait, dans la plupart de ses livres, sa devise typographique : « Préservez-moi, grand Dieu, des calomnies et de l'injustice des hommes! » Cette précaution *oratoire* ne l'empêcha pas, comme on sait, d'être brûlé en place de Grève, le 3 août de l'an de grâce 1546.

Les *marionnettes* ne sont pas à l'abri des calomnies et de l'injustice des hommes, qui s'attachent infailliblement à tout ce qu'on voit s'élever au-dessus du vulgaire, ne fût-ce, hélas! que la modeste hauteur du théâtre de Polichinelle.

Opéra sur roulette ou qu'on porte à dos d'homme,

suivant l'expression du poëte Lemierre, auteur fécond de vers du même genre, c'est-à-dire plus remarquables par la précision que par l'euphonie.

Les *marionnettes* ont été sévèrement jugées. Les gens graves leur reprochent d'être puériles; les gens *comme il faut* les trouvent basses et triviales. On s'accorde à ne les juger propres qu'au divertissement du peuple et des enfants.

Ces critiques sont, heureusement, le plus bel éloge qu'on puisse faire des *marionnettes*, considérées comme institution nationale, et c'est surtout comme institution nationale que je considère les *marionnettes*.

Un des objets les plus essentiels de toute société politique sagement organisée est, en effet, de divertir les enfants et le peuple :

Les enfants, parce qu'ils ne parviendront que trop tôt à l'âge où l'on ne se divertit plus;

Le peuple, parce qu'il est toujours enfant.

Ceci n'empêche pas le peuple (un vieux mineur que vous connoissez tous et qui ne s'émancipe jamais sans péril pour lui-même) d'exercer la souveraineté quand il en trouve l'occasion ; mais si on laissoit faire les enfants ils ne demanderoient pas mieux que d'être souverains aussi.

Seulement, la souveraineté des enfants expireroit devant une férule comme la souveraineté du peuple expire devant un sabre.

C'est qu'il n'y a qu'une souveraineté inaliénable et imprescriptible, la souveraineté des *marionnettes*.

Pour en revenir aux reproches dont les *marionnettes* ont été l'objet, il est faux de dire que les *marionnettes* soient essentiellement puériles et triviales. Elles ont leur gravité, leur grandeur, leur solennité. Les *marionnettes* ont représenté des idées sérieuses, et elles en représenteroient bien encore si elles osoient oser. La tragédie grecque à la manière d'Eschyle, accessoire obligé de la liturgie païenne, étoit jouée par des comédiens masqués dans les grandes villes, et par des *marionnettes* dans les bourgades. Les idoles parlantes elles-mêmes n'étoient que des *marionnettes*. Le compère de *Polichinelle* a été grand-prêtre comme M. l'abbé Châtel.

J'ai souvenance que dans ma jeunesse, dont je ne me souviens plus que par un grand effort de mémoire, les *marionnettes* jouoient encore les mystères des confrères de la Passion, revus, corrigés, et mis en *bon françois* par les poëtes ordinaires et privilégiés des *marionnettes*. J'aurois un peu mieux aimé le *mauvais françois* du siècle de Villon et de Coquillart, ne fût-il que de la façon de Jehan Michel ou des frères Grébau; mais le style de la nouvelle école ne manquoit pas d'un certain genre de mérite, ainsi qu'on en peut juger par les deux derniers vers du premier acte de ce beau drame de *Joseph vendu par ses frères*, qui m'a coûté tant de larmes :

> Hâtons-nous, mes amis, car il est déjà tard
> Pour arriver ce soir chez monsieur Putiphar.

Je ne crains même pas de dire que ces vers ont deux genres de mérite pour un :

Le premier, c'est d'être si parfaitement en situation qu'ils ne peuvent pas avoir été pensés autrement; et je voudrois pouvoir faire le même éloge du récit de Théramène.

Le second, c'est d'exprimer exactement ce qu'ils doivent exprimer, sans se perdre en digressions ambitieuses et confuses, et je regrette de ne pouvoir rendre le même témoignage à la déclaration d'Orosmane.

IX.

Le vif intérêt que je porte au progrès des nations, dans la voie constitutionnelle où nous sommes si heureusement engagés, me force à déplorer amèrement leur indifférence systématique à l'égard des *marionnettes*. Les *marionnettes* sont essentiellement constitutionnelles.

J'irai plus loin, les *marionnettes* sont la seule tradition authentique des démocraties anciennes; et quand on aura fermement résolu d'entourer un trône d'institutions républicaines, il faudra l'entourer de *marionnettes*.

La principale difficulté du gouvernement sous un système représentatif, résulte de l'impossibilité presque absolue de maintenir un équilibre parfait entre deux pouvoirs qui se menacent incessamment, et qui ont d'excellentes raisons pour cela : le pouvoir législatif et le pouvoir exécutif. Je ne parle pas du pouvoir électoral, qui est un mythe et qu'on appelleroit peut-être une *mystification*, sans le respect de M. le procureur du roi.

Cette *pondération* merveilleuse que Louis XVIII rêva, sans la trouver, pendant vingt-cinq ans d'exil et de loisirs, malheureusement perdus pour son instruction, n'est pas, comme on se l'imagine, le secret des philosophes, des économistes ou des *doctrinaires*. C'est purement et simplement le secret des *marionnettes*.

Descartes disoit un peu légèrement. « Donnez-moi de la matière et du mouvement, et je ferai un monde. » On pourroit dire avec plus de raison : « Donnez-moi des *marionnettes* et des ficelles, et je ferai un gouvernement représentatif. »

Descartes n'avoit oublié que l'INTELLIGENCE dans sa création d'étourdi, et tout le monde convient que le système représentatif peut s'en passer.

L'influence des *marionnettes* sur la politique est un lieu commun sur lequel je ne m'arrêterai pas. Nous sommes parvenus à un point de perfectionnement logique et littéraire où les idées qu'éveillent le mot *politique* et le mot *marionnettes* impliquent un pléonasme trop grossier pour quiconque se mêle d'écrire avec la prétention d'être lu.

Je voudrois cependant montrer jusqu'à quel point des *marionnettes* bien dirigées, et dont une tradition respectueuse a lentement consacré l'autorité morale, pouvoient influer en temps et lieu sur la police des États, et protéger contre la tyrannie la plus insolente les saintes libertés de la pensée.

Je voudrois prouver qu'à ces jours néfastes où les nations éplorées se disent lamentablement : *Que nous reste-t-il ?* Polichinelle a osé quelquefois répondre par le *moi* sublime de Médée :

> Moi, dis-je, et c'est assez!

Or, il faut pour cela que je raconte une historiette, et il n'y a rien de plus ennuyeux qu'une historiette, quand ce n'est pas Despériers, Brantôme, Tallemant des Réaux, de Musset, Dumas ou Méry qui l'écrivent.

Je la raconterai, cependant, car je ne me suis livré à cette longue élucubration que pour en venir là; mais, par un favorable hasard dont nous devons également nous féliciter, il n'existe aucune loi qui vous oblige à la lire. En matière de langue et de littérature, la loi est réservée jusqu'à la pruderie. La seule chose un peu difficile à expliquer qu'elle ait exigée de nous jusqu'ici, c'est de parler grec à la mercière et à l'épicier.

X.

A l'âge où l'on fait ordinairement ses études, et où j'aurois pu faire les miennes comme un autre, si mon inclination m'y avoit porté, j'habitois Besançon, la *vieille ville espagnole* de Victor Hugo : Besançon qui fut plus qu'une *ville espagnole*, qui porta le titre glorieux de *cité libre et impériale*, qui en exerça les droits, qui ne dut à l'Espagne, et à la royale maison sous laquelle l'Espagne florissoit alors, qu'une reconnoissance légitime imposée par une protection bienveillante et presque gratuite; Besançon, la petite et fière république des montagnes, renommée par les prouesses chevaleresques de sa noblesse, par le savoir et la gravité de ses magistrats, par la piété, le patriotisme et la bonne foi proverbiale de ses citoyens. Telle étoit Besançon, du moins, quand Louis XIV forma le projet assez bien conçu de l'attacher à son vaste domaine royal. Soumise par le fer ou vendue à l'argent et livrée par la trahison, Besançon subit le destin que lui réservoit le vainqueur. De souveraine elle devint vassale, et de capitale forteresse. Les gens intéressés à la chose trouvèrent même qu'elle avoit gagné au change. Il ne faut pas disputer des goûts.

La conquête s'accomplit d'ailleurs comme toutes les conquêtes. On pendit quelques braves qui avoient osé résister; on récompensa largement quelques lâches services. Pélisson écrivit une mauvaise relation que Préchac n'auroit pas signée. Boileau laissa tomber de sa plume solennelle quelques méchants vers qui n'ajouteroient rien à la réputation de Cotin. La ville de Paris, toujours empressée à voler au secours de la victoire, érigea, dans son ivresse municipale, un arc-de-triomphe assez maussade et fort insolent, fanfaronnade en pierres de taille qui auroit dû répugner à la pudeur d'un peuple loyal et sensible; je n'ai jamais passé dessous.

La *cité impériale* n'avoit pas cédé toutefois sans placer ses libertés sous la sauvegarde des capitulations, et on sait ce que vaut une capitulation dans la langue des conquérants. Du côté de ceux qui se soumettent, on appelle *capitulation* des espérances qui ne seront pas réalisées; et, du côté de ceux qui ratifient, des promesses qui ne seront pas tenues. Une fois que les traités sont signés de part et d'autre, on peut compter sur un fait infaillible dans l'histoire; c'est que les choses se passeront comme s'il n'y avoit pas de traités. Il n'est point de vérité plus incontestable en diplomatie, à supposer qu'il y ait des vérités en diplomatie.

Les franchises du pays s'oublièrent peu à peu dans les douceurs d'une brillante servitude. La noblesse elle-même en fit assez bon marché, et on ne sauroit lui en vouloir. Elle avoit gagné trois cents lieues sur le chemin pour aller faire sa cour. Le peuple fut plus fidèle à ses intérêts, mais les souvenirs du peuple passent vite. Un jour les altère et une année les emporte. Quand arriva la révolution, un tyran bien plus impérieux que Louis XIV et devant qui disparurent toutes les libertés au nom de la liberté, il ne restoit à Besançon que deux traditions vivantes de sa puissante jeunesse, Jacquemard et Barbisier.

Mais vous auriez beau consulter tous les historiens,
Compulser toutes les chroniques,
Épeler tous les manuscrits,
Gratter tous les palimpsestes,

Vous réduiriez à la dernière expression de l'analyse Gilbert Cousin, Chifflet, Dunod, Boyvin, Béguillet, Morisot, Clerc et Grappin, que vous ne trouveriez pas trace, dans ce *caput mortuum* archéologique, de Jacquemard et de Barbisier.

Il faut cependant vous parler de Jacquemard et de Barbisier avant de poursuivre mon récit.

O mon cher Weiss, toi, le vieil ami de mon cœur et le vieil oracle de mes études, qui as inventé, pour toi seul, l'art merveilleux de relever la plus aride des sciences par les charmes de l'élocution et par les grâces de l'esprit, prête-moi ta plume pour écrire un mot...

Ta plume, hélas! quand il reste à peine ce qu'il faut d'encre dans mon écritoire pour tracer la ligne unique de mon codicille: *Je ne possède rien sur la terre, et je ne donne rien parce que je n'ai rien à donner.*

Je dois cependant au lecteur de ces pages cliniques, minutées *in articulo mortis:*

Premièrement, la biographie de Jacquemard, qui est une *marionnette;*

Secondement, la biographie de Barbisier, qui est une *marionnette;*

Troisièmement, une anecdote historique échappée à la commission des *documents*, et qui démontrera, d'une manière irrésistible, l'influence morale et patriotique des *marionnettes*;

Quatrièmement enfin, et ceci est d'une grande importance pour le bien-être à venir des sociétés, *Mon dernier mot sur* POLICHINELLE.

Ces matières, aussi curieuses que nouvelles, seront l'objet de la *seconde partie* de cet écrit, et je m'engage formellement à la publier un jour, si Dieu, dans sa souveraine bonté, me réserve encore quelque temps pour vivre et quelque force pour écrire.

Docteur Néophobus.

Avis de l'éditeur. La propriété de cet article, si impatiemment attendu du public, étant, comme personne ne l'ignore, la seule propriété de l'auteur, les contrefacteurs sont prévenus qu'ils seront poursuivis selon toutes les rigueurs de la loi. Notre candeur bien connue nous fait un devoir d'ajouter qu'indépendamment des peines légales auxquelles ils s'exposent, ils courroient la chance probable et presque sûre de ne pas retirer leurs frais d'impression.

LES MARIONNETTES.

SECONDE PARTIE.

I.

O savants biographes, illustres archivistes de l'état civil des renommées, patients vérificateurs de quelques gloires légitimes, industrieux fabricateurs d'une multitude de gloires frauduleuses!

O vous, qui avez érigé cette Babel célèbre de noms connus et inconnus, qui s'élève de nos jours à la hauteur de cent volumes in-8° lourdement superposés, et qui atteindra dans la suite des siècles les effrayantes dimensions de la Jérusalem céleste!

O mineurs infatigables, qui avez creusé dans toute sa profondeur cette immense vallée de Josaphat, où tout le monde peut passer à son tour; celui-là pour ses crimes, celui-ci pour ses vertus; les uns recommandés par quelque savoir, les autres signalés à la mémoire des hommes par leur ignorance et leurs erreurs; certains, en faveur du bruit qu'ils ont fait, le plus grand nombre en faveur du bruit qu'ils ont voulu faire!

Greffiers patients et trop éprouvés des vicissitudes de

l'opinion et des partis, annalistes dociles et souvent trop respectueux de nos sottises et de nos misères ; biographes, je vous salue, et celle-ci n'étant guère à autre fin, je prie le Dieu des barbouilleurs de papier qu'il vous ait en sa sainte garde, car je ne demande rien de vous, si ce n'est de ne pas oublier de m'oublier.

Quelle figure feroit en effet le pauvre docteur Néophobus entre ce grand helléniste Conrad Néobar et ce courageux martyr Jean Népomucène, dans votre Pandæmonium élastique ? Hélas ! *non licet omnibus adire Corinthum,* c'est-à-dire rue de Richelieu, 67, ou à tout autre bureau de rédaction de la *Biographie universelle.* (Voyez les annonces ci-contre.)

Mais je vous supplie de me l'apprendre ! Pourquoi, dans ces colonnes géantes au sommet desquelles vient s'inaugurer en petites majuscules, comme la statue triomphale d'un héros, le nom méprisé de tant de cuistres à peine dignes de la consécration annuelle des almanachs ; pourquoi, dans ce Panthéon à moitié solennel et à moitié burlesque dont l'accès n'est pas interdit à l'auteur d'un madrigal ou d'un triolet, avez-vous négligé la mémoire toujours vivante de *Jacquemard,* de *Barbisier* et de *Polichinelle?*

Je prévois facilement votre réponse : « *Jacquemard, Barbisier* et *Polichinelle,* me direz-vous, sont des mythes, de simples mythes qui échappent à la biographie comme au nécrologe, et dont les actes de naissance, de mariage et de décès, n'ont jamais enrichi les fastes volumineux d'une mairie quelconque. Il faut avoir vécu, et, ce qui est beaucoup plus désagréable, il faut être mort pour obtenir une place dans la *Biographie universelle.* Vous-même, docteur Néophobus, qui appartenez plus aux morts qu'aux vivants, et que la république des lettres a tenu pour mort du premier jour où vous avez écrit, vous n'y reposerez un jour à tout jamais entre deux feuillets non coupés, qu'après avoir justifié par vos hoirs que vous êtes bien et dûment enterré quelque part ailleurs que dans vos livres; car ce n'est qu'à ce prix qu'on peut être enterré jusqu'à la fin des siècles dans ce vaste cimetière de la gloire, qui s'appelle communément la *Biographie universelle.* »

Cette fin de non-recevoir n'est que spécieuse, et ma réclamation subsiste; car, moi qui vous parle, j'ai vu et tenu *Jacquemard, Barbister* et *Polichinelle*; je les ai rencontrés dans différentes circonstances très-mémorables où ils occupoient avantageusement l'attention publique; je leur ai parlé avec égards, ils m'ont répondu avec à-propos, et je n'ai lu nulle part un témoignage aussi formel de l'existence de Nemrod, de Zoroastre et de Sésostris, qu'on appelle aujourd'hui Ramessès pour ne pas faire mentir les hiéroglyphes. Eh! messieurs, si vous portez si loin les scrupules en matière de crédibilité historique, où en serez-vous donc avec Homère, dont mon savant ami Dugas-Montbel écrivoit par *post-scriptum*, après avoir blanchi sur *l'Iliade* et *l'Odyssée* : « *Nota bene* qu'Homère n'a jamais écrit, puisqu'il n'a jamais vécu. » Ce qui fait très-bien comprendre le débat élevé entre sept villes de la Grèce sur le lieu de sa naissance. Il est clair, en effet, que si Homère n'est venu au monde nulle part, les villes dont il est question auroient pu se disputer longtemps.

Je ne crois pas aux mythes, savants biographes! ou plutôt, je crois fermement que le mythe humain s'est formé sur des existences réelles que l'heureuse imagination des peuples, jeunes encore, a enrichies à plaisir d'attributs merveilleux et revêtues de couleurs vives et poétiques dont l'éclat efface peut-être celui de la réalité. J'espère même que dans les fortunes d'*investigations* et de documents où nous vivons par la grâce des académies, le type se retrouvera nécessairement un jour sous le mythe comme l'écriture sous le *palimpseste*, dans quelque ruine historique ou monumentale, *inexplorée* jusqu'à nous. Je soupire après le moment où Brioché, Bruscambille, Gauthier Garguille, Gringalet, Guillot Gorju, mais surtout *Jacquemard*, *Barbisier* et *Polichinelle*, ressusciteront avec Homère de la vie métaphorique dans la vie positive, sous les formes propres à leur brillante et ingénieuse *individualité*, jeunes d'*actualité*, beaux d'espérance, avides de progrès, et j'avoue sans détour que la curiosité impatiente avec laquelle j'attends la *palingénésie* infaillible des MARIONNETTES est désormais le seul lien qui m'attache aux destinées de l'avenir.

Mais je ne me sens plus la force de discuter sur ces matières ardues qui exigent un trop grand appareil d'érudition technique, et ma mémoire étoit à peine en fonds pour couvrir le papier des barbarismes transcendants dont je viens de faire étalage. Il n'y a pas longtemps que je m'arrêtai en plus beau chemin avec l'onomatologie franque, théotisque ou mérovingienne, qui n'est toutefois pas plus mérovingienne que *Polichinelle*, mais qui est infiniment moins amusante, et je ne m'enfoncerois point dans ce dédale, où l'on n'est pas même conduit par le fil des idées, quand on m'offriroit en perspective la chance flatteuse de trouver, toute grande ouverte, la porte de l'*Académie des Inscriptions et Belles-Lettres* à la moitié de mon peloton.

Tout le monde sait d'ailleurs, et je le dis ici pour la dernière fois, que je ne considère les *marionnettes* que sous le rapport de l'esthétique, l'esthétique et rien de plus. Je ne sortirai pas de l'esthétique; cela est clair.

La présente dissertation est donc uniquement de la compétence de l'*Académie des Beaux-Arts*.

II.

Je n'ai pas la sotte prétention d'être le premier éditeur responsable de l'histoire héraldique et généalogique de JACQUEMARD. Le savant M. Peignot a épuisé la question dans une excellente monographie à laquelle je renvoie le lecteur. Il y gagnera deux choses : la première, c'est le plaisir de lire un des charmants petits écrits de M. Peignot ; la seconde, c'est de pouvoir se dispenser très-parfaitement de lire le mien. Je ne vois même aucun inconvénient à ce qu'il ne lise ni l'un ni l'autre.

A Besançon (*illic sedimus et flevimus, cùm recordaremur Sion*), JACQUEMARD étoit le muezzin du minaret chrétien.

C'est lui qui, au bruit du battant bondissant dans les cloches, appeloit les fidèles à la prière du haut du donjon de nos basiliques.

C'est lui qui éparpilloit, sous d'infatigables marteaux, les noces joyeuses du carillon, pour donner le signal des solennités urbaines et des fêtes populaires. Quand JACQUEMARD réveillé faisoit vibrer tout à coup ses sonnettes argentines, quand leurs chants aigus se répandoient dans l'air comme la voix d'un essaim de farfadets émancipés, la multitude ne manquoit pas de répondre à son appel. On se coudoyoit, on se pressoit, on se fouloit dans les rues, sur les places et sur les ponts, mais sans aigreur, sans disputes, et en souriant les uns aux autres, car on jouissoit autant du bonheur prévu pour les autres que pour soi, les vieillards pour leurs enfants, les jeunes gens pour leurs maîtresses, les bonnes gens pour tout le monde. Une longue et agréable rumeur couroit dans la foule : Entendez-vous JACQUEMARD ! Tous les regards s'animoient d'une espérance, toutes les bouches s'épanouissoient de ce rire doux qui n'éclate que dans le cœur; et il n'y avoit personne (ô Dieu! que ce peuple, qui a tant vieilli depuis, étoit aimable et naïf encore!) qui ne se crût quelque raison soudaine et inconnue d'être heureux.

Couronnez ce tableau d'un ciel d'azur dont aucune vapeur ne trouble la pureté. Faites glisser au front des toits et au sommet des pignons les rayons horizontaux d'un beau soleil levant, qui vient, comme un convive attendu, mêler sa joie aux joies de la terre. Faites-en trembler quelques autres à travers les vitres émues des fenêtres qui s'ouvrent de toutes parts. Laissez-en dormir un seul, je vous le demande en grâce, entre les plis de la blanche cornette de cette jeune fille aux cheveux blonds dont le front virginal annonce tant de candeur, dont les yeux noyés d'une flamme humide promettent cependant tant d'amour; embaumez cette scène du parfum des fleurs printanières qui parent tous les seins, qui se balancent sur toutes les chevelures, qui pleuvent de toutes les croisées en neige odorante; et puis, demandez-moi encore pourquoi je n'aime plus la musique, la peinture et la poésie!

Je ne sais pas aujourd'hui si c'est le départ du bel âge qui m'a fait perdre JACQUEMARD, ou si c'est JACQUEMARD qui a emporté avec lui les illusions du bel âge; mais ce qu'il y a de certain, c'est que ni l'un ni l'autre ne sont revenus.

JACQUEMARD n'est pas un de ces personnages tout d'une pièce qu'on fait connoître en les nommant. Au temps de l'aristocratie féodale, il avoit été *soldoyer* ou homme d'armes, et il gardoit de son premier état les cuissards, les brassards, la robuste cuirasse et le pot en tête. Sous l'autorité ecclésiastique du moyen âge qui ouvroit à tous une voie de progrès raisonnable et de liberté légitime, il passa sur son armure le noble sarrau du laboureur. Sous l'empire des états provinciaux, plus favorable encore à l'émulation des classes inférieures,

Jacquenard devint bourgeois, et dix mille témoins attesteront qu'ils l'ont vu s'élever jusqu'au luxe du rabat et des manchettes. La vanité le perdit. Comme tous les hommes placés trop haut par le caprice de leur fortune, il se laissa étourdir du vertige des grandeurs, non pas à ce degré d'enivrement stupide qui rend insolent, mais à celui qui rend servile. On le vit courtisan de tous les pouvoirs et saluant tous les avénements, de manière à fatiguer ce qu'il y a de plus infatigable au monde, l'orgueil si ridicule et si bête des sots parvenus. Les serments et les flatteries de Jacquenard paroîtroient désormais aussi frustes et aussi rouillés que son épée de bataille. Blasé sur ses adulations banales, le bon sens municipal le relégua, dit-on, et je serois fâché qu'il en fût autrement, dans une des cryptes de la mairie, à côté du bison endormi de l'ancienne république, de l'aigle à deux têtes de Charles-Quint, des capitulations menteuses de la conquête, des haillons sanglants de la révolution, des oripeaux trop chèrement payés de l'empire, au milieu d'un fatras confus d'édits, d'ordonnances, de déclarations, de constitutions faites ou à faire, de sénatus-consultes organiques, d'actes additionnels et de chartes à l'essai, pour y attendre patiemment ce qui nous en reste. Ce n'est pas moi qui le tirerai de là.

On ne peut rien écrire de complet sur les *poupées*, *automates* et les *marionnettes*, sans parler de Jacquenard, dont la jeunesse réveille d'ailleurs quelques aimables souvenirs; mais je n'ai fait mention de Jacquenard que pour satisfaire aux devoirs de l'exactitude historique, je n'y reviendrai plus.

III.

S'il y avoit quelqu'un en France qui n'eût pas fait ou qui ne pût pas faire le voyage d'Écosse, je lui conseillerois de visiter la haute Franche-Comté, où il trouveroit de quoi se dédommager. Le ciel est peut-être moins vaporeux et la figure mobile et arbitraire des nuages moins pittoresque et moins bizarre que dans le royaume brumeux de Fingal; mais, à cela près, la ressemblance des deux pays laisse peu de chose à désirer. Des montagnes arrondies et boisées aux sommets longtemps neigeux, sur lesquelles se dressent çà et là, en pans rompus et menaçants, les ruines de quelques vieux châteaux qui se confondent de loin avec les rochers de leurs crêtes sourcilleuses; des gorges étroites et fraîches où serpentent des ruisseaux qui deviendront des torrents, où roulent des torrents qui deviendront des ravins, où se creusent des ravins qui deviendront des précipices; des bouquets de sombres sapins et de bouleaux frileux qui se courbent et se relèvent en gémissant au souffle du vent; des lacs bleus et purs qui se bercent doucement au soleil, dans les vallées bien ouvertes, et que le *martin-pêcheur* effleure en sifflant avec l'éclat et la rapidité d'une flèche d'azur; des lacs noirs et endormis qui n'ont presque jamais réfléchi le ciel, tant ils reposent profondément encaissés entre leurs rivages : c'est la Franche-Comté du Lomond et du Jura, c'est l'Écosse du Jura et du Lomond, car le hasard ou la nature a voulu que les montagnes culminantes de deux contrées si semblables l'une à l'autre portassent le même nom.

La même analogie se remarque entre les *highlanders* ou les montagnards des deux pays. Ce sont là comme ici des géants à la stature athlétique, aux vastes épaules, aux mains larges et puissantes; robustes comme le bison, agiles comme le renne de ces régions d'un monde usurpé par l'homme, où le renne et le bison ne se trouvent plus; c'est la vigueur native de l'espèce, aujourd'hui servie par une habileté qui va quelquefois jusqu'à la ruse; un reste de candeur qui charme avec un commencement de pénétration et d'adresse qui épouvante:

une magnifique organisation naturelle qui achève de se *civiliser* pour se perdre. Ce moment est précieux pour l'observateur. Demain, il ne sera plus. Quand le wagon aura labouré les lieux après, il n'y restera pas une seule semence des vertus antiques.

Ces deux races, qui n'en font peut-être qu'une, ont dû être également animées d'un merveilleux instinct poétique. L'esprit de poésie a reposé à la surface de leurs lacs éternels, comme celui de Dieu sur les abimes de la création; il y a rayonné dans les météores de leurs montagnes, comme celui de Jéhovah dans les foudres du Sinaï. Il en brille encore quelques éclairs dans les traditions franc-comtoises; non pas que la Franche-Comté se rappelle un Ossian qui n'a point eu de Macpherson, un Bruce qui n'a point porté de couronne, un Wallace ignoré de l'histoire (l'éducation françoise y a mis bon ordre); mais parce qu'il n'est point de pays où, en dépit de l'Université, il ne batte encore dans l'artère populaire quelque goutte de vieux sang. Les Francs-Comtois ne se souviennent pas de si loin, mais ils n'ont pas tout oublié. Les récits du bisaïeul qui les tenoit de son père berçoient encore dans son enfance les veillées conteuses de la jeune famille. Quand j'arrivai dans les *Highlands*, on m'y montra la maison de Rob-Roy, on m'y fit soulever la lourde épée qu'il brandissoit dans la mêlée, de ses longs bras *dont il pouvoit nouer ses jarretières sans se baisser;* on m'y introduisit dans la *cave* mystérieuse où il disparoissoit tout à coup aux yeux de ses ennemis prêts à le saisir. J'avois vu dans les montagnes de Franche-Comté la maison, la lourde épée, la *cave* de Lacuzon. Il n'y a qu'un nom de changé.

Un immense avantage des Écossois sur les Francs-Comtois, comme sur tous les peuples d'aujourd'hui, c'est qu'ils ont produit un Macpherson d'abord, et depuis un Walter Scott, pour consacrer à la dernière postérité leurs souvenirs nationaux. Dans l'intérêt de mon pays, je me contenterois de celui-ci, qui arrivera peut-être un jour.

Et s'il arrive jamais, cet historien éloquent, ce poëte sensible, inspiré par la mémoire des temps passés; si les pages que j'écris pour lui sans le connoître viennent à tomber sous ses yeux, je ne lui recommande ni Arioviste, ni Crispus, ni Charles-Quint, ni Louis XIV, ni Vauban, ni *Jacquemard*, ni les héros de la vogue, ni les héros de l'histoire.

Je lui recommande BARBISIER.

IV.

BARBISIER n'étoit cependant pas un grand homme. Ce n'étoit qu'un honnête homme, et ce n'est pas à ce titre qu'on se feroit maintenant de la réputation et de la gloire. Sorti de la forte race des *Boussebots* ou des vignerons, noblesse héréditaire des familles laborieuses, qui en vaut une autre quand elle est soutenue par la noblesse des sentiments, il s'étoit distingué comme soldat dans les guerres de sa jeunesse; il s'étoit fait remarquer depuis dans ces fonctions de la magistrature républicaine que décernoit ou qu'imposoit le vœu public, par sa modération, par son désintéressement, par son intelligence des affaires. Orateur sans culture, mais soudain, naïf et sensé, dans la langue agreste de son pays, à laquelle il ne renonça jamais, il étoit devenu populaire, sans flatter le peuple, et c'est un genre de popularité dont on a perdu le secret.

La conquête le trouva cassé, mais non vaincu par l'âge, désarmé, mais non pas soumis.

Louis XIV, qui avoit triomphé de l'Europe, ne triompha pas de BARBISIER. Lucain auroit peut-être dit de lui ce qu'il a dit de Caton: *Victrix causa Diis placuit*, etc.; mais je ne suis pas si fier.

Barbisier, chef des mécontents, n'étoit pas dangereux pour le pouvoir, et, en général, les mécontents ne sont dangereux que pour les pouvoirs qui ne savent pas ce qu'ils peuvent. On ne sauroit imaginer combien il faut peu de force apparente à un gouvernement pour faire croire qu'il en a, et combien il lui faut de force réelle pour le prouver.

Barbisier, *né malin*, comme *le François* auquel il auroit été désolé de ressembler en autre chose, étinceloit de saillies vives et acérées; mais la presse, qui est dans les monarchies bien constituées la messagère officielle des rois, se gardoit bien d'emporter avec elle ces traits impuissants, et ils venoient se perdre à une portée d'épigramme sans avoir atteint personne.

Comme l'opposition n'étoit pas encore un moyen de fortune, Barbisier mourut pauvre. Ses funérailles ne furent pas solennisées par une émeute sanglante. On ne sacrifia pas une seule victime humaine sur sa fosse, et son nom est resté si pur et si vénéré qu'on a peine à comprendre aujourd'hui que ce nom ait été porté par un homme politique.

Si Barbisier étoit mort dans le Péloponnèse, les Grecs en auroient probablement fait un de leurs sages.

S'il étoit mort dans le Latium, les Romains en auroient peut-être fait un de leurs dieux domestiques.

Je ne sais ce qu'en auroient fait les Francs-Comtois des premiers âges.

Les Francs-Comtois du xviie siècle n'hésitèrent pas un moment : ils en firent une *marionnette*.

Un ouvrier rustique tailla de son couteau un morceau de bois en forme de figure humaine; il le montra au peuple affligé, en lui disant : Voilà Barbisier; et le peuple rit.

V.

Barbisier ne pouvoit pas être de ces *marionnettes* frivoles qui ne servent qu'à l'amusement des enfants. Ce fut une *marionnette* libre, sincère, sémillante, osseuse, doucement railleuse, innocemment mordante, un peu narquoise, mais au fond sérieuse et austère, qui auroit dédaigné les jeux trop faciles de l'esprit, si elle n'avoit pu les faire concourir au triomphe du bon sens et de la vérité.

Ce fut une *marionnette* raisonnable, et c'est la seule de son espèce que j'aie rencontrée en ma vie.

Il y a deux places à prendre dans l'opposition ; celle du censeur qui juge de haut les hommes et les choses dans l'indépendance de sa raison, et celle-là demande l'autorité de la vertu ; celle de l'insulteur qui les diffame par métier, dans la confiance de son impunité, et celle-là ne demande que l'audace sans courage d'un calomniateur retranché sous l'inviolabilité du dégoût qu'il inspire.

Je n'ai pas besoin de dire que Barbisier, transformé en *marionnette*, n'avoit pas balancé sur le choix. Barbisier *marionnette* demeura l'homme que la mémoire du peuple aimoit encore dans Barbisier citoyen, l'esprit grave aux enseignements badins, le sage aimable qui redresse les mœurs sans les corrompre et les corrige en riant, le *facetus consul* de Caton.

Mais *Polichinelle* avait une loge.

Jacquemard avoit une niche.

Il falloit un théâtre à Barbisier.

Les théâtres étoient rares alors, et Besançon n'en avoit point.

Qu'est-ce, hélas ! je vous le demande, qu'une *marionnette* sans théâtre, c'est-à-dire dépourvue de ses planches, de son rideau, de sa coulisse à roulettes, de ses ficelles, et surtout de son compère ? Un soliveau presque informe roulé dans de méchants haillons. Vous la trouveriez cent fois sous la main que vous la repousseriez avec dédain cent fois, comme le livre d'un poëte romantique ou autre oublié par la *réclame*. C'est tout au plus ce *je ne sais quoi* qui n'a de nom dans aucune langue, et dont Tertullien a parlé dans une matière plus grave, quelque chose d'abstrait et d'indéfinissable qui tient dans le vide immense des vanités humaines une place imperceptible, infiniment au-dessous de *rien* : que vous dirois-je? un auteur de vaudeville en disponibilité, sans commerce avec le feuilleton; — un spéculateur égaré dans les pays, s'il en reste, qui produisent des gens de bon sens et qui ne produisent pas d'actionnaires; — un orateur politique tout près d'effacer Démosthènes (au moins à l'avis du journal affidé qu'il prend la peine de rédiger lui-même), et qu'un dérangement inattendu de sa machine électorale a fait tomber de la tribune. Quel néant!

Les seules représentations dramatiques dont la tradition eût conservé le souvenir étoient celles des *Confrères de la Passion*, comédiens nomades comme le sont encore les comédiens de province, mais alors justement avoués par la religion, dont ils développoient naïvement les *Mystères*, et qui ne perdirent plus tard leur crédit moral qu'en associant le talent innocent du mime au succès des muses profanes. Une de leurs pièces vivoit toujours, inaltérable dans le fond, plus ou moins habilement rajeunie dans la forme, et elle florissoit de nouveau chaque année depuis l'octave de Noël jusqu'aux Rois. On l'avoit même vue quelquefois prolonger jusqu'à la Chandeleur, sous le bon plaisir du prélat, le cours de sa vogue et de ses recettes; car elle avoit des recettes, libre et joyeux tribut que les mères et les enfants venoient déposer aux mains de la charité.

C'étoit le drame touchant de la *Nativité*, c'est-à-dire la plus solennelle et la plus gracieuse des histoires, celle d'un Dieu qui daigne naître à la rigoureuse destinée de l'humanité, et qui choisit pour berceau la crèche d'une pauvre étable, au milieu des indigents et des affligés de la terre. Les acteurs n'étoient pas des hommes : quels hommes seroient dignes de représenter un pareil poëme? C'étoient des *marionnettes*. La confection de la troupe étoit remise aux soins habiles et délicats des religieuses, filles toujours pures du Seigneur, qui partagent leur douces vies entre les espérances ineffables que donne la prière et les souvenirs charmants que rappelle la *poupée*. Tous les arts, tous les instruments de la toilette mondaine, étoient mis à contribution dans ce travail coquet, mais innocent : l'aiguille qui brode et qui chamarre, les ciseaux qui festonnent ou qui découpent, le fer qui roule en anneaux la soie flottante des cheveux, le pinceau même qui relève d'une légère couche de vermillon la pâleur d'une joue décolorée. Je vous réponds que ce petit peuple sans subvention, de comédiens pimpants et frais habillés, coiffés, poudrés, parés, attifés, enjolivés, enluminés, enrubannés, étoit une chose merveilleuse à voir.

Quant au théâtre, on le prenoit d'ordinaire sur le parloir du couvent, et on l'appeloit *la crèche*, pour l'étable, comme on dit le parquet pour la justice, la cour pour la monarchie, ou la chambre pour la nation, en vertu d'une figure de rhétorique très-abusive qui consiste à exprimer le *tout* par une de ses *parties*, fût-elle aussi insignifiante que possible, et dont vous trouverez le nom grec dans Dumarsais, si vous n'aimez mieux lui en fabriquer un à votre fantaisie, ainsi que cela se pratique journellement à l'Académie des Sciences.

Dans ce dernier cas, vous pourrez même vous passer de savoir le grec.

VI.

C'est dans cette troupe mignonne et choyée du peuple honnête que fut enrôlé à ses risques et périls le simullacre de BARBISIER, pour y exercer l'emploi du paysan *gracieux* des tragi-comédies espagnoles, mais sans abdiquer tout à fait, je le répète, la gravité imposante de son caractère. Il y a des types naturellement nobles qui peuvent faire sourire l'esprit par quelque défaut de tact et d'à-propos, de convenances et de manières, mais qui ne descendent point, quoi qu'il arrive, jusqu'au galbe grotesque de la caricature, et qui désespéreroient les pinceaux de Callot et de Goya.

On reconnoissoit BARBISIER, dès son entrée, à sa chaussure lourde et sonore, à ses cheveux plats et lustrés, à son chapeau triangulaire aux longues ailes latérales, horizontalement posé sur la tête, à son habit de camelot *gorge de pigeon*, qui chatoyoit au regard, et que portoient de temps immémorial, dans leur solennités, les *confrères de Saint-Vernier*; mais on le reconnoissoit surtout à la vive sympathie de la multitude, qui ne manquoit pas de l'accueillir, de tous les rangs de l'auditoire, par un *hourra* triomphal, tel que les conquérants, les danseuses de l'Opéra et les députés de l'extrême gauche n'en ont jamais ouï de semblable sur leur passage.

La mission spéciale de BARBISIER étoit d'exprimer aux pieds du Dieu nouveau-né les véritables doléances du vrai peuple, qu'il faut bien prendre garde de confondre avec l'autre. Elle consistoit surtout à fronder avec une courageuse liberté les mauvaises mesures de l'administration publique, les mauvaises mœurs dont les grands se faisoient trop facilement un privilége, les mauvaises doctrines que les petits prennent trop vite pour d'utiles enseignements, les abus du pouvoir imprudent qui sort des bornes, et les dangers de la licence, qui ne peut jamais s'y renfermer.

Et c'est ainsi que le despotisme le plus absolu qui eût jusqu'alors pesé sur le monde, car Bonaparte n'avoit pas obtenu encore de la mansuétude révolutionnaire ce scandaleux brevet de perfectionnement qui fut l'EMPIRE, étoit tempéré depuis plus de cent ans, dans la vieille cité séquanoise, par un Aristophane de bois.

Je propose en toute humilité cette institution sublime et commode aux républiques à venir. Elle n'a rien qui répugne à la parcimonie patriotique des gouvernements à bon marché. Cela ne coûte que la bagatelle de DEUX SOUS.

VII.

Si le christianisme n'avoit pas existé, il auroit fallu l'inventer pour fonder une république.

C'est le christianisme qui a émancipé le monde ancien; c'est le christianisme qui a appris aux esclaves, et, ce qui paroit bien plus difficile, c'est lui qui a appris aux maîtres que tous les hommes étoient formés du même limon. C'est le christianisme qui a fait sortir la loi des nations d'un village obscur, et dans ce village d'une étable, et dans cette étable de la bouche d'un enfant proscrit qui n'avoit pour appui qu'un pauvre artisan; c'est le christianisme qui a soumis le sceptre et l'épée à la croix, et qui a donné pour insigne de liberté au genre humain l'instrument du supplice d'un innocent.

Quand les faiseurs de révolutions sauront cela, il leur sera permis d'avoir foi à leur ouvrage.

La révolution de France n'avoit pas de pareilles vues. Elle n'aspiroit qu'au pouvoir, et comme tout pouvoir la gênoit, elle s'étoit prise surtout au pouvoir de Dieu. Elle ne pouvoit d'ailleurs pardonner au Christ d'avoir chassé les marchands du temple; elle vouloit les y faire rentrer, et elle y a réussi. Tous ses résultats ont abouti à livrer le pays, par les mains d'une centaine de courtiers politiques, aux chances d'un encan éternel.

La révolution passa donc comme un météore sur tous les établissements du passé.

Elle emporta dans sa course dévorante le sanctuaire, le trône et le théâtre des *marionnettes.*

La tyrannie royale avoit laissé à Besançon, *fumant sur son roc foudroyé,* les consolations de BARDISIER; la tyrannie républicaine les lui enleva.

L'innocente effigie de BARBISIER, le vigneron patriote, fut abandonnée aux flammes avec celles des pontifes et des rois. Il ne s'étoit attendu, sans doute, ni à cet excès d'honneur ni à cette indignité.

Cependant Besançon, qui n'avoit pas encore produit Victor Hugo, possédoit déjà un de ces hommes de génie que la nature s'essaie longtemps à rendre complets.

Celui-ci n'étoit que sculpteur, mécanicien et poëte; mais il savoit se contenter.

Un jour que Charles Ferréol Landryot se promenoit pensif sur les bords du Doubs, en remontant son cours vers le gracieux ermitage de Saint-Léonard, occupé à la recherche de quelque invention nouvelle ou distrait par quelque douce rêverie du passé, le hasard fit échouer à ses pieds, dans une petite baie que la rivière s'étoit creusé en ce lieu, un joli morceau de bois de cytise, égaré du reste de la flottaison.

Il le prit, il le tourna dans sa main, il en étudia la coupe, les couches concentriques et les accidents.

« Qu'en fera, dit-il, mon ciseau?
« Sera-t-il dieu, table ou cuvette?

« Il sera *marionnette,* reprit-il après un moment de réflexion. Même je veux qu'il ait à sa main un fouet sanglant dont il châtiera les travers et les vices de mon temps. »

Quand il fut rentré chez lui et qu'il eut dégrossi le tronçon informe, il s'aperçut qu'il en avoit tiré BARBISIER.

Chose admirable! BARBISIER, qu'un fanatisme politique, mille fois plus stupide et plus insensé que le fanatisme religieux, croyoit avoir réduit en cendre, s'étoit réfugié dans le tronc d'un frais cytise de la montagne, à la fente de deux rochers penchants qui miroient leurs fronts au cristal de l'eau, et voilà comment il étoit revenu.

Les puritains du parti de BARBISIER firent bien quelque difficulté de le reconnoître; ils contestèrent l'identité de la *marionnette*, et ils eurent raison. Tout le monde sait que BARBISIER étoit de vrai bois de sapin.

— Eh! mon Dieu! dirent les gens raisonnables dont la race n'avoit pas encore entièrement disparu de la terre, conformez-vous aux temps difficiles suivant le précepte de l'apôtre : « Nourrissez religieusement le principe dans votre cœur et dans celui de vos enfants; faites bon accueil à l'emblème, et, s'il le faut absolument, passez-vous de la *marionnette*. Depuis Jupiter qui régna en Crète et abdiqua pour être dieu, on n'a point vu de *marionnette* immortelle. »

Vous pourriez lire d'*alpha* jusqu'à *oméga* cent gros volumes de politique moderne sans y trouver un conseil aussi judicieux.

VIII.

Le bon peuple bisontin alloit encore fredonnant parfois entre ses dents, *et sonum vocis remittens*, comme dit Cicéron, les vieux noëls de François Gauthier, chefs-d'œuvre naïfs, bien préférables aux noëls de Bernard de La Monnoye, qui sont beaucoup plus spirituels, mais qui ne sont pas naïfs. Cela lui arrivoit surtout vers le solstice d'hiver. Quant au noël dramatique et en action, il croyoit l'avoir perdu pour toujours.

Un beau matin des derniers jours de l'année chrétienne, par un soleil resplendissant et froid, les passants s'arrêtèrent tout à coup auprès de la fontaine monumentale où l'on prétend mal à propos que le duc d'Albe étoit représenté sous les traits de Neptune. C'est qu'on y lisoit, appliqué à la muraille extérieure du cloître, l'écriteau que voici :

LIBERTÉ.   ——————   ÉGALITÉ.

UNITÉ

INDIVISIBILITÉ, FRATERNITÉ OU LA MORT.

Aujourd'hui, premier nivôse an II de la République
(22 décembre 1793, vieux style).

Sous la direction du citoyen LANDRYOT, né en cette commune et y demeurant, sapeur de la milice nationale,

LA NATIVITÉ DE J.-C.

ORNÉE DE TOUT SON SPECTACLE.

N. B. BARBISIER y sera représenté en personne naturelle.

Le spectacle commencera à six heures de relevée, et la seconde représentation à huit.

PRIX DES PLACES.
- PREMIÈRES. . . . Un billet de *dix sous.*
- SECONDES et PARTERRE . . . Un billet de *cinq sous.*

Les citoyens défenseurs de la patrie non gradés, 2 sous.
Les enfants au-dessous de trois ans, portés à bras, entrent sans payer.

Si l'on avoit annoncé à Besançon la représentation d'une tragédie posthume de Mairet, son *Eschyle*, dût-elle balancer, comme autrefois *Sophonisbe*, la réputation de Corneille, personne n'auroit su de quoi il étoit question, et, d'un consentement unanime, le public auroit fait défaut à l'appel ; mais l'affiche de Landryot parloit à des passions vivantes qu'aucun événement semblable n'avoit encore mises en présence, et qui ne demandoient qu'un champ de lutte et de bataille. Ce bruit de la naissance du Messie rédempteur est destiné d'ailleurs à faire pâlir en tout temps et partout les oppresseurs de la terre. La synagogue républicaine s'en émut, ses scribes et ses pharisiens désertèrent leurs antres accoutumés et se répandirent en foule dans les lieux publics. L'Hérode à mille têtes de la révolution se demanda si ce n'étoit pas le moment de recommencer le massacre des enfants pour atteindre le roi inconnu qui osoit menacer sa puissance. De leur côté, les vignerons de la ville et de la banlieue, ces sages aristocrates de la glèbe, qui étoient restés jusqu'alors prudemment étrangers à toutes les frénésies d'un âge de misère, descendirent en foule des hauteurs du *mons Cœlius* et des rues escarpées du *mons Charitum*, pour venir adorer encore une fois le Dieu des pauvres. Les deux armées amassées longtemps d'avance et grossies à tout moment de recrues nouvelles se mesuroient et se comptoient du regard en faisant entendre une rumeur menaçante, quand le représentant du peuple en mission envoya dire qu'il assisteroit au spectacle.

Conticuere omnes, intentique ora tenebant.

Le représentant du peuple en mission, qui s'appeloit Bassal, étoit un homme bien né, doué de qualités heureuses, préparé à une vie sérieuse par des études fortes, et que la révolution avoit mis hors de sa place, comme tant d'autres, pour lui imposer une nouvelle destinée, bien étrangère à son caractère et à ses penchants. Il suivoit le torrent révolutionnaire, parce qu'il n'y a guère moyen de remonter contre cette cataracte quand on a eu le malheur d'être emporté dans sa chute; mais, au milieu de la boue, de l'écume et du sang qu'elle rouloit avec elle, il conservoit, par un privilége particulier, un reste de grâce et de dignité. Il souffroit le mal, sans doute, mais il en souffrait peut-être ; et le mal qu'il laissoit faire, quelle puissance humaine, hélas ! eût été capable de l'en empêcher ? C'est une question que l'expérience n'a pas encore résolue. Louis Bassal étoit donc un *conventionnel* d'exception, qui avoit quelquefois un doux langage, un doux regard, un doux sourire, et qu'on étoit porté à aimer, quand on le comparoit aux autres. Sa loge, pavoisée à la hâte de lambeaux tricolores et tapissée au dedans et au dehors de formidables emblèmes, s'ouvrit tout à coup devant lui. L'auditoire se recueillit profondément, ceux-ci dans une attente farouche, ceux-là dans de cruelles angoisses, les enfants seuls dans la muette impatience de la curiosité et du plaisir. Le rideau se leva.

On n'attend pas de moi l'analyse du *mystère* pastoral et divin de *la Nativité*. Elle seroit trop puérile pour les grands esprits qui gouvernent la littérature en Sorbonne, et trop sérieuse pour les beaux esprits qui la jugent souverainement dans les feuilletons. Je me bornerai à dire en quoi le drame de *la Crèche* différoit essentiellement de tout ce qu'on a composé jusqu'ici sur le même sujet, et ce qui en faisait à la fois, à Besançon, une solennité religieuse et une solennité républicaine.

Le lieu de la scène étoit placé, par la plus hardie des fictions poétiques, dans le voisinage immédiat de la ville. Bethléem devenoit, pendant toute la représentation et en dépit de la géographie sacrée, un village idéal de la banlieue. C'est là que le peuple de Besançon, prototype un moment de tous les peuples du monde, venoit, au nom du genre humain tout entier, visiter le berceau du Messie né pour le sauver ; et il est peut-être vrai de dire que la douce et naïve piété de cette bonne nation franc-comtoise n'étoit peut-être pas moins digne du bienfait d'une rédemption spéciale que la famille de Noé et que la postérité d'Abraham. La multitude fidèle s'acheminoit donc processionnellement à *la Crèche* de l'enfant Jésus, dans son ordre hiérarchique, et suivant le cérémonial établi, c'est-à-dire les corps des arts et métiers avec leurs insignes, les confréries de la bourgeoisie avec leurs gonfalons, les compagnies d'arquebuse et de milice avec leurs bannières, les juges sous leurs hermines, les prêtres dans leurs aubes et leurs dalmatiques ; puis la troupe bichonnée des bergers à houlette et des bergères à falbalas ; puis la troupe austère des vignerons, précédée de son BARBISIER, *nec pluribus impar*, comme le soleil royal du dix-septième siècle. En dernier lieu marchoient les hautes puissances de l'ancienne cité, les magistrats élus, le vicomte mayeur, le parlement, le gouverneur, le prélat, résumées en deux personnes dans l'année dont je parle, le citoyen maire et le citoyen procureur de la commune, mais représentées à leur expression la plus hyperbolique par le représentant du peuple en mission, dont l'autorité surpassoit d'une manière qui échappe à toute comparaison, celle des rois absolus du monde ancien, si heureusement émancipé par *la liberté*.

L'action du drame étoit infiniment simple, et digne de l'innocente candeur des temps primitifs. Le Dieu, de qui émane toute souveraineté, et qui exalte quand il le veut les humbles aux dépens des superbes, s'informoit, avec cette bonté qu'on a appelée évangélique à défaut de lui trouver un nom qui la peignit mieux, des griefs du pauvre peuple, et BARBISIER répondoit pour tous. C'étoit cette réponse traditionnelle de BARBISIER, autrefois si véridique et si hardie, aujourd'hui si rigoureusement contrainte, qui tenoit tous les esprits en suspens. Comment exprimer, en effet, au nom d'une population que le progrès social venoit d'affranchir, les plaintes que le despotisme avoit accueillies, ou du moins tolérées pendant plus d'un siècle, du temps où elle étoit esclave? L'entreprise étoit dangereuse et les résultats incertains. BARBISIER fut tout ce qu'il pouvoit être, sincère avec adresse, énergique avec mesure, éloquent dans l'appréciation des choses, habile dans l'appréciation des personnes, assez finement satirique pour ne pas blesser les autres, assez noblement flatteur pour ne pas s'avilir lui-même. Le trait qui menaçoit de dépasser le but s'arrêtoit tout à coup en chemin, comme s'il avoit été retenu par une main invisible. Celui qui paroissoit trop direct ou trop acéré, s'émoussoit à propos dans un quolibet innocent, et la grâce badine du patois sauvoit l'amertume des leçons les plus sévères. C'étoit Bridaine, c'étoit Bossuet, c'étoit mieux encore, c'étoit BARBISIER; mais, pour être plus éclatant, le succès de cette allocution n'en paroissoit pas plus sûr. L'auditoire inquiet attendoit le droit de penser, et craignoit de l'attendre vainement, car le représentant du peuple avoit disparu au fond de sa loge, quand une réaction involontaire le ramena sur le devant dans le paroxysme d'un éclat de rire convulsif. L'effet de l'étincelle électrique n'est pas plus prompt, et, pour la première fois depuis trois longues années, on entendit une assemblée nombreuse rire comme un seul homme. Tous les fronts et tous les cœurs s'épanouirent d'un commun accord à l'idée qu'un député *montagnard* avoit ri, et ce phénomène, jusqu'alors sans exemple dans l'histoire de la république, ne s'est jamais renouvelé.

La représentation terminée, Bassal fit appeler Landryot, lui glissa dans la main un assignat de *cinquante francs*, et lui adressa ces sages paroles, prononcées à basse voix : « Votre pièce est bonne et pleine de sens, mon cher ami; j'y ai pris grand plaisir, et je la reverrois souvent avec la même satisfaction; mais j'attends demain pour collègue à Besançon le citoyen Pioche-Fer Bernard de Xaintes, patriote irréprochable d'ailleurs, qui est malheureusement peu versé dans la saine littérature, et en qui je soupçonne presque aussi peu de sympathie pour les *marionnettes* que pour les hommes. Je vous conseille donc, entre nous, et sans gêner en rien votre liberté, d'aviser au salut de votre troupe dramatique, et de la transporter en lieu de sûreté à la première occasion, si faire se peut. Mes compliments à BARBISIER. »

Landryot profita de ce prudent avis, sans se le faire répéter ; et, dès la nuit suivante, une caisse de sapin scellée avec soin renferma toute la bande comique, les anges avec les humains, les bourgeois avec les paysans, les rois auprès des bergers, et l'âne de l'étable à côté du procureur de la commune. La bonne ville de Fribourg accueillit favorablement, selon son usage, ces tristes restes de la colonie catholique à laquelle ses portes hospitalières étoient ouvertes depuis les premiers jours de la révolution. Je me plais même à croire que l'artiste franc-comtois s'y maria selon son cœur, et qu'il y eut beaucoup d'enfants, parce que c'est une circonstance qui figure à merveille à la fin des contes ; mais ce que je puis assurer d'une manière plus positive, c'est qu'il y fabriqua une quantité innombrable de *marionnettes* qui ont déjà fait les délices de deux générations pour le moins, et qui feront longtemps celles du monde, si le monde devient sage.

IX.

Je suis bien loin de me faire illusion sur l'intérêt qu'on peut trouver à ce récit ; je conviendrai même volontiers qu'il faut des mets d'une saveur plus relevée à nos sens blasés par le haut goût des compositions à la mode. Cependant, en cherchant un peu, si cela en valoit la peine, on verroit du moins jaillir de celle-ci une idée toute nouvelle, et c'est beaucoup par la littérature qui court.

Je ne suis pas de ceux qui tiennent la lumière sous le boisseau, et quand je rencontre une idée nouvelle, ce qui ne m'arrive qu'à mon tour, elle est au service de tout le monde.

Nous comptons un peu plus de cinquante ans de régénération philosophique et libérale, à dater des jours heureux où l'ère du progrès a commencé. Eh bien! ouvrez tous vos *Moniteurs* et toutes vos histoires, et je pose en fait que vous n'y verrez pas DEUX exemples d'une vérité hautement et intelligiblement articulée, en face des pouvoirs constitués et du peuple qui croit constituer les pouvoirs. L'exemple UNIQUE valoit donc la peine d'être recueilli. C'est un *document* comme un autre.

La vérité, je le répète, n'a été exprimée qu'une fois *coram omnibus*, pendant toute la durée d'un demi-siècle largement accompli, et il faut rendre justice aux *marionnettes*.

C'est une *marionnette* qui l'a dite.

Hélas! à force de creuser, pour l'en faire sortir, le puits où se cache la vérité, nos sages l'ont percé d'outre en outre comme le tonneau des Danaïdes; ils en ont fait un abîme sans fond où s'engloutit tout le passé, mais dont l'avenir ne tirera plus rien, je l'en défie! Quant à la vérité, j'imagine qu'aussitôt qu'elle eut trouvé la voie ouverte, elle prit le parti de s'en aller par là, pour ne plus rien avoir de commun avec nous.

Il n'y a peut-être pas grand mal; car, au point où nous en sommes, je ne sais pas trop à quoi elle serviroit.

X.

Comme il faut que tout finisse, et, avant tout, ce livret et moi, je demande pardon au lecteur de l'arrêter un moment encore sur une question qui m'est certainement trop personnelle. Ma conscience d'écrivain y est malheureusement intéressée, et la conscience est quelque chose — pour quelques-uns.

Polichinelle est connu de tout le monde. Quant à moi, si je suis connu de vous et d'un très-petit nombre d'autres, c'est un bénéfice que je dois à la renommée de *Polichinelle*.

La haute critique elle-même ne pense guère à *Polichinelle* sans penser à moi, mais elle ne penseroit jamais à moi, si elle n'avait à penser à *Polichinelle*.

Il est résulté de là que le nom de *Polichinelle* et celui du docteur Néophobus sont devenus inséparables dans les journaux, dans les livres et dans les monuments. *Hæc aliquâ propone columnâ*, dit Properce, c'est-à-dire, écrivez quelque part le nom de *Polichinelle*, et vous êtes sûr de voir le nom de Néophobus à côté.

Ce sont deux idées distinctes à leur origine, quand on les considère de près, mais identifiées par une longue habitude, comme les deux lignes de la parallèle (=), les deux crochets de la paranthèse ( ), et les deux points du tréma (··).

Nous sommes, *Polichinelle* et moi, les deux membres d'une équation. On écriroit volontiers : POLICHINELLE × *son compère* = NÉOPHOBUS, et réciproquement. Je ne me suis jamais informé de ce qu'en pensoit *Polichinelle*, mais cette solidarité m'épouvante.

Qu'est-ce en effet que *Polichinelle*? Depuis près de cinquante ans que je réfléchis sur l'essence et la quiddité des espèces, je ne me suis pas demandé autre chose.

J'ai vu passer une révolution, un empire, une restauration qui n'a rien restauré, si ce n'est le principe absurde et fatal qui avait tout détruit, et j'ai attendu patiemment, parce que la solution des grandes questions politiques est un secret réservé qui n'appartient pas aux puissances de la terre.

C'est le secret de *Polichinelle*.

Polichinelle, en dernière analyse, c'est l'expression du peuple.

Eh, mon Dieu! j'ai chéri *Polichinelle*. Est-il un homme de cœur sur la terre où nous avons si peu de jours à passer à qui *Polichinelle* soit resté indifférent?

En y réfléchissant, je le trouvois quelquefois grossier, stupide et brutal.

Mais j'étois prévenu en sa faveur. Grossier, il me paroissoit hardiment sincère ; stupide, il me paroissoit naïf ; brutal, je ne voyois dans ses excès qu'un usage encore mal raisonné de sa force. J'allois plus loin ; je lui croyois un fonds de bon sens. C'étoient des erreurs de jeune homme.

Depuis, *Polichinelle* est allé en empirant, comme va le monde.

Polichinelle a fait parade de sa violence comme d'une vertu.

Polichinelle est devenu l'effroi de ses voisins, qui étoient ses amis naturels.

Polichinelle a tué les gardiens de la paix publique, les soldats, les magistrats, les juges, et, bien plus que cela, les femmes et les enfants !

Polichinelle a porté ses défis jusqu'au diable qui l'inspiroit, mais qui savoit le punir, et dont il ne reconnoît plus le pouvoir.

Polichinelle est odieux !

Je regrette le *Polichinelle* de mes illusions. Je le plains dans l'amertume de mon cœur ! mais je ne l'estime plus assez pour l'aimer.

Delivrez-moi de *Polichinelle*[1].

Docteur Néophobus.

---

[1] Voir sur *Polichinelle* les *Contes de la Veillée*, page 309, et l'*Histoire du roi de Bohême*, page 203.

POSTFACE

DE L'ÉDITEUR DES ŒUVRES COMPLÈTES DE NÉOPHOBUS.

Les personnes qui seroient curieuses de rapprocher la fin de cet article de son commencement, sont fatalement exposées à en trouver la première partie dans le premier numéro du quatrième trimestre de la quatrième série, tome XI de la *Revue de Paris*, sous la date du 5 novembre 1842. C'est un peu loin, à la vérité, mais nos souscripteurs ne s'en plaignent pas, et l'intérêt général de la composition n'y perdra rien, l'auteur s'étant attaché avec un soin religieux à distribuer les matériaux de ses moindres écrits, de manière à ce qu'il soit fort indifférent de les prendre par le commencement, par la fin ou par le milieu. Ce qu'il y a de particulier dans ce genre de travail, c'est qu'on est même libre de rétrograder sur les pages, sur les lignes et sur les mots, dans un sens opposé à celui de l'impression, et suivant la méthode que les savants ont appelée *Boustrophédon*, sans craindre que la valeur des idées qu'on a voulu y mettre en soit aucunement altérée, et qu'il y ait quelque chose à rabattre du profit qu'en doit retirer le lecteur. C'est un grand progrès qu'a fait l'art d'écrire dans ce siècle-ci.

Nous nous croyons cependant obligés à expliquer ce délai par les lenteurs excessives du docteur Néophobus, qui ne concevoit pas qu'on écrivît quand on pouvoit parler, qu'on parlât quand on pouvoit se promener, et qu'on se promenât quand on pouvoit dormir. Quoique nous eussions estimé à près d'un demi-centime tout acte de sa volonté qui aboutiroit à porter une plume, chargée d'encre, de l'écritoire au papier, pour y configurer un caractère alphabétique, nous n'avons jamais pu en tirer plus d'une ligne par jour. Son orthographe, d'ailleurs, qu'il s'obstinoit à croire étymologique et françoise, étoit si gothique et si barbare qu'il falloit assembler à chaque fois un concile de protes, pour la traduire en écriture vulgaire; et cela demandoit bien du temps. Quand on le prioit de ne plus jeter de nouveaux défis à la pénétration de l'École des Chartes, et d'imiter ces messieurs de l'Académie qui écriront désormais comme Voltaire, il se contentoit de répondre : Cela n'est pas sûr.

Heureusement pour nos lecteurs, pour nous et pour lui-même, car il n'avoit embrassé la profession d'homme de lettres que dans le paroxysme d'un désespoir incurable, il mourut dernièrement, plein de jours et de bile, d'une congestion de voyelles, de consonnes et de diphthongues, à la suite d'une étymologie rentrée, en maudissant la nouvelle philosophie, la nouvelle politique, la nouvelle littérature, la nouvelle nomenclature et la nouvelle orthographe. Ce que l'on sait de son humeur paresseuse donne tout lieu d'espérer qu'il n'a pas laissé d'ouvrage posthume, et que son nom paroît ici pour la dernière fois.

Que l'oraison funèbre lui soit légère!

FIN.

TABLE DES MATIÈRES.

Avertissement.................................. 1
Les Proscrits.................................. 5
A Francis Daïlarde.............................. id.
Préface.. 6
Chap. I. J'écrirai.............................. 7
    II. Proscription et solitude................. 9
    III. Le Fou de Sainte-Marie.................. 12
    IV. J'ai un frère............................ 15
    V. L'île sauvage............................. 17
    VI. Encore un ami............................ 19
    VII. Elle................................... 21
    VIII. La chaumière de Stella................. 23
    IX. Le retour............................... 25
    X. Entrevue................................. 26
    XI. Le pauvre Frantz........................ 29
    XII. La prière du soir...................... 31
    XIII. L'esplanade........................... 34
    XIV. La guirlande........................... 35
    XV. La faute............................... 36
    XVI. La bague d'alliance.................... 37
    XVII. Sophismes............................ 38
    XVIII. Le dernier adieu.................... 40
    XIX. La cloche du village.................. 42
    XX. Une fosse de plus..................... 44
    XXI. Plus de bonheur...................... id.
    XXII. Elle est immortelle................. 46
    XXIII. Conclusion........................ 48
Lettre d'un solitaire des Vosges à l'éditeur *des Proscrits*.. 49

Appendice.	54
Quelques observations pour servir à l'histoire de la nouvelle école littéraire.	Id.
L'Amour et le Grimoire.	66
Trilby, ou le Lutin d'Argail.	183
Une heure, ou la Vision.	162
Inès de Las Sierras.	169
Lydie, ou la Résurrection.	241
Franciscus Columna.	285
Fantaisies du dériseur sensé.	313
Avertissement.	315
I. Hurlubleu, grand Manifafa d'Hurlubière, ou la Perfectibilité.	317
II. Léviathan le Long, archikan des Patagons de l'île Savante, ou la Perfectibilité.	346
III. Voyage pittoresque et industriel dans le Paraguay-Roux et la Palingénésie australe.	368
Les Marionnettes. — Première partie.	385
Ses Marionnettes. — Seconde partie.	404
Postface de l'éditeur des œuvres complètes de Néophobus.	431

FIN DE LA TABLE.

Paris. — Imp. P.-A. BOURDIER et Cⁱᵉ, rue Mazarine, 30.

Reliure serrée

Catalogue de la BIBLIOTHÈQUE CHARPENTIER.

LITTÉRATURE FRANÇAISE.

XV° au XVIII° siècle.

		vol.
La vie Louis XI.	100 Nouvelles nouv.	2
Rousseau.	Œuvres.	
N. de Varville.	Moyen de parvenir.	1
A. des Jardins.	Contes et nouv. devis.	1
Marivaux.	Édit. Auth. Ch. n*r.	
Sainte Warivole.	Édit ou Ch. Lafitte.	1
Asselet	Histoire universelle.	1
Abbé	Gil Blas.	
Prevost (l'abbé)	Manon Lescaut.	1
J. J. Rousseau.	Émile.	
	Nouvelle Héloïse.	1
	Confessions.	1
André Chénier.	Poésies complètes.	1
M. J. Chénier.	Poésies.	1

CLASSIQUES FRANÇAIS
éditions variorum
de CHARLES LOUANDRE

Montaigne.	Essais, éd. complète.	
Corneille P. et T.	Œuvres.	2
Molière.	Œuvres complètes.	3
Pascal.	Pensées.	
	Lettres provinciales.	1
La Bruyère.	Caractères.	1
J. Racine.	Théâtre complet.	1
Boileau.	Œuvres poétiques.	1
La Fontaine.	Fables.	1
	Contes et Nouvelles.	1
Voltaire	Siècle de Louis XIV.	

Mémoires et Correspondances
sur l'histoire et la Société françaises.

Aubig. d'Aubigné.	Mémoires.	1
Voiture.	Lettres et Poésies.	1
Montpensier (M*lle de), Mémoires.		1
Montpensier (M*lle), Mémoires.		1
Louis Baptiste.	Correspond. inédit.	2
Maintenon (M*me).	Lettres sur l'Éducat.	1
	Entretiens idem.	1
	Lettres hist. et diff.	1
	Correspondance gén.	4
	Conversat. et Proverb.	1
	Mémoires sur elle.	2
Crambes (de).	Persécut. des Protest.	1
Orléans (Duch. d'), Correspondance.		1
L'Avocat Barbier Journal sur le XVIII° siècle.		3
Orgastecu (M*me d') Mémoires.		2

XIX° siècle.

Aimé Martin.	Éducation des mères.	2
D Sainte Beuve.	Tableau de littérature.	
Baillot-Savarin.	Physiologie du Goût.	
Benjam. Constant.	Adolphe.	
Duranton	Romans, contes, etc.	
Douglas (A.)	Les Fêtes ci-après.	
Duras M*me de.	Ourika, Édouard.	1
Ferry	Voyage au Mexique.	
Gautier (Théoph.)	Poésies complètes.	
—	Voyage en Espagne.	1
—	Nouvelles.	
—	Mademoiselle Maupin.	1
Gérard de Nerval.	Voyage en Orient.	2
Girardin M*me de.	Lettres parisiennes.	
Guizot.	Essais sur l'histoire.	1
Jurien	Guerres maritimes.	
	Voyage en Chine.	2
Krüdener M*me de.	Valérie.	
Lamart. A. de.	Poésies évangéliques.	
Lavater (Tom.)	Hist. des Français.	4
	Géographie.	
Maistre (Joseph.)	Du Pape.	
—	Lettres, etc., etc.	2
Maistre (Xavier).	Œuvres complètes.	1
Mérimée (P...	Chronq. Charles IX.	
	Colomb. etc., etc.	1
	Clara Gazul.	1

		vol.
Michelet.	Hist. de Marie Stuart.	2
	Notice.	2
	Antonio Perez.	1
	Mémoires historiques.	1
Millevoye.	Poésies.	
Monnier (H.)	Bourgeois de Paris.	1
Musset (Alfred)	Premières poésies.	
	Poésies nouvelles.	
	Comédies et compl.	
	Confess. d'un Enfant.	
	Nouvelles.	
	Contes.	
Musset (Paul)	Les Originaux.	
	Femmes de la Régence.	
	Mémoires de la tri...	
	Nouvelles italiennes.	
	Voyage en Italie.	
	Le Nouvel Aladin.	
Planche (Gust.)	Portraits et critiques.	2
Nodier (Charles)	La Révolution et l'Empire.	
	Souven. de Jeunesse.	
	Contes de la Veillée.	
	Contes fantastiques.	
	Nouvelles.	
	Romans.	
S.-Marc Girardin	Cours de littérature.	3
	Essais de littérature.	1
Sainte Beuve.	Tabl. de la poésie.	1
	Volupté.	
	Poésies complètes.	1
Sainttine.	Picciola.	
Sandeau (Jules)	Marianna.	
	Docteur Herbeau.	
	Fernand.	
	Vaillance et Richard.	
	Valcreuse.	
	Chasse au roman.	
	M*me de Sommerville.	
	Madeleine.	
	Mlle de la Seiglière.	
Senancour.	Obermann.	
Staël (M*me de).	Corinne.	
	Delphine.	
	De l'Allemagne.	
	Révolution française.	
	Mémoires.	
	De la littérature.	
Valmore (M*me)	Poésies.	
Vigny (Alfred)	Cinq-Mars.	
	Stello.	
	Nouvelles.	
	Théâtre.	
	Poésies.	
Waiss.	Pélagiés Protestants.	2
Vitet.	Études beaux-arts.	

Bibliothèque latine-française.

Tacite.	Traduct. Louandre.	2
Jules César.	Traduct. Louandre.	
Horace.	Traduction Patin.	
Suétone.	Trad. Pessonneaux.	2

Bibliothèque grecque-française.

Aristophane.	Comédies, tr. cont.	2
Aristote.	Politique, etc., etc.	1
Démosthène.	Choix d'œuvres.	
Diogène Laerce.	Vies d. Philosophes.	2
Eschyle.	Théâtre, tr. Pierron.	
Euripide.	Théâtre, tr. nouv.	
Hérodote.	Histoire, tr. Larcher.	2
Homère.	Iliade, tr. Dacier.	
	Odyssée, tr. Dacier.	
Héliodore.	Théagènes Chariclée.	
Longus.	Daphnis et Chloé, etc.	
Marc-Aurèle.	Œuvr. tr. Pierron.	
Moralistes Grecs.	Socrate, Épictète.	
Platon.	La République.	
	Les Lois.	
	Dialogues biograph.	
	Dialogues métaphys.	2

		vol.
Plutarque.	Grands Hommes, traduction Pierron.	
Sophocle.	Théâtre, trad. n*v.	
Thucydide.	Histoire, tr. Jessé.	
Xénophon.	Œuvres, tr. Dacier.	

Bibliothèque anglo-française.

M*m. B. Stowe.	Oncle Tom, t. Pelle.	
	Nouvel éclaircissem.	
Lingard.	Hist. d'Angleterre.	
Milton.	Paradis perdu.	
Macaulay.	Révolution de 1688.	
Shakespeare.	Trad. B. Laroche.	
Sterne.	Œuvres.	
Goldsmith.	Vicaire de Wakefield.	
Fielding.	Tom Jones, t. W*l.	
Erasmus.	Philosophie.	

Biblioth. allemande-française.

Goethe.	Théâtre, t. Marm.	
—	Faust, tr. H. B.	
—	Wilhelm Meister, tr.	
—	Werther, t. Pleven.	
—	Affinités, t. Carlos.	
—	Poésies, tr. H. Blaze.	
—	Mémoires t. Carlos.	
Schiller.	Théâtre, tr. Marm.	
—	Guerre de 30 ans.	
—	Louis B., Marie...	
Klopstock.	La Messiade tr.	
Hoffmann.	Contes, tr. Marm.	
Poètes du Nord.	Chants populaires.	
Contes en allem.	Nouvelles allemandes.	

Biblioth. italien-espagnol.-franc.

Le Dante.	Divine Comédie, etc.	
Le Tasse.	Jérusalem délivrée.	
Manzoni.	Les Fiancés.	
Silvio Pellico.	Mes Prisons t. Latour.	
Machiavel.	Hist. de Florence.	
	Œuvres politiques.	
	Œuvres littéraires.	
Cervantès.	Don Quichotte.	

Religion et Philosophie.

Saint-Augustin.	Confessions, t. S.	
	Cité de Dieu, trad. M. Émile Saisset.	
Bossuet.	Hist. des Variat.	
	Élévations Myst.	
	Méditations Myst.	
	Œuvres philosoph.	
Fénelon.	Œuvres philos.	
Descartes.	Œuvres, éd. S.	
Malebranche.	Œuvres, éd. S.	
Leibniz.	Œuvres, éd. Jacq.	
Bacon.	Œuvr., éd. Essais.	
Euler.	Lettres sur la phys.	
Evêq. Saurin.	Philosophie relig.	
Saurin.	Sermons.	

Ouvrages divers.

Quatrefages.	Sourc. d. Naturalist.	
Cabanis.	Du Physique et moral de l'homme.	
Bichat.	Vie et Mort.	
Zimmermann.	De la Solitude.	
Roussel.	Syst. de la Femme.	
J. Licart.	Nouvelles lettres sur la Chimie.	
Mounier.	Le Koran.	
Constant.	Lecad les Jeh*ff.	
Dillustoit.	Le C**** trait.	
—	Petite Venerie.	
Em. et David.	Sculpture antique.	
	Sculpture franç.	
	Vies des Art. etc.	
	Notices historiques.	
	P**** en *yles.	

www.ingramcontent.com/pod-product-compliance
Lightning Source LLC
Chambersburg PA
CBHW071105230426
43666CB00009B/1834